六巻抄

大石寺

日寛上人著

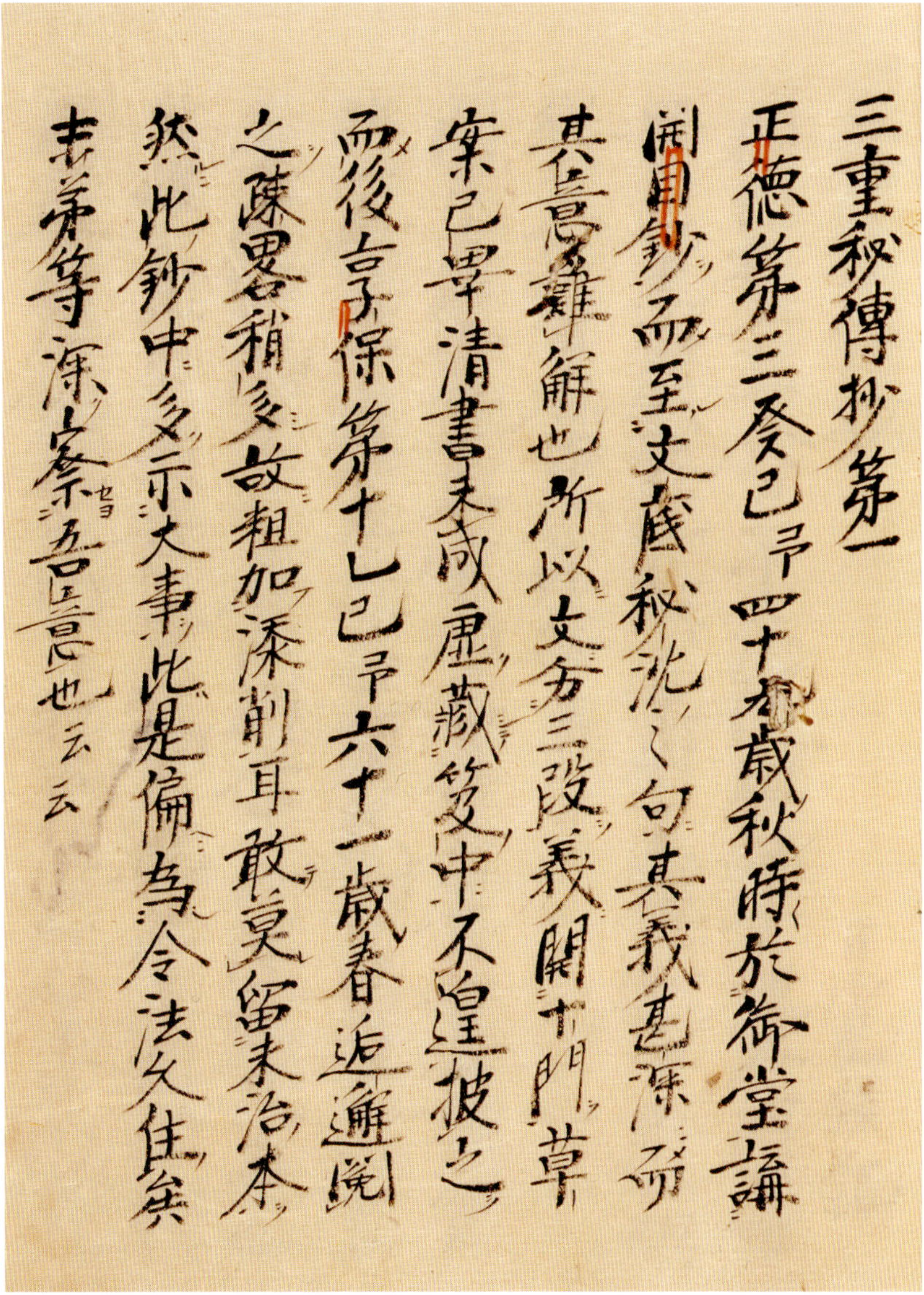

三重秘傳抄第一
正徳第三癸巳予四十九歳秋時於御堂講
開目鈔而至文底秘沈之句其義甚深其
意難解也所以文分三段義開十門草
案已畢清書未成虚蔵篋中不遑披之
而後享保第十乙巳予六十一歳春邂逅閲
之疎略稍多故粗加添削耳敢莫留未治本
然此鈔中多示大事此是偏為令法久住矣
末弟等深察《セヨ》吾意也云云

日寛上人御正筆　『三重秘伝抄』

目次

凡例

一、本書は、日蓮正宗歴代法主全書第七巻に収録されている、総本山第二十六世日寛上人の御真蹟真影版『六巻抄』を、底本として編纂した。

二、漢字は現在の通用字に改め、必要と思われる文字には振り仮名を付した。

三、句読点及び送り仮名を適宜に付して読み易くした。

四、引用文及び必要と思われる語句は、「　」で括った。

三重秘伝抄　第一

三重秘伝抄　第一

三重秘伝抄　第一

正徳《しょうとく》第三癸巳《みずのとみ》予四十九歳の秋、時々《よりより》御堂に於て開目抄を講じ、而して「文底秘沈《もんていひちん》」の句に至る。其の義甚深にして其の意《こころ》解し難し。所以《ゆえ》に文に三段を分かち、義に十門を開く。草案已《すで》に畢《おわ》り清書未だ成らず。虚《むな》しく笈《きゅう》の中に蔵して之れを披《ひら》くに遑《いとま》あらず。而して後、享保《きょうほう》第十乙巳《きのとみ》予六十一歳の春、邂逅《たまさか》に之れを閲《けみ》するに疎略《そりゃく》稍《やや》多し、故に粗《ほぼ》添削《てんさく》を加うるのみ。敢《あ》えて未治《みじ》の本を留むること莫《な》かれ。然るに此の抄の中に多くの大事を示す、此れは是れ偏《ひとえ》に令法久住の為《ため》なり。末弟等深く吾が意を察せよ云云。

三重秘伝抄

日寛《にちかん》謹んで記す

開目抄の上に曰く「一念三千の法門は但《ただ》法華経の本門寿量品の文の底に秘し沈め給えり、竜樹・天親は知って而も未だ弘めたまわず、但我が天台智者のみ此れを懐《いだ》けり」等云云。

問うて云わく、方便品の十如実相・寿量品の三妙合論《さんみょうごうろん》、豈《あに》一念三千経文の面《おもて》に顕然《けんねん》なるに非ずや。宗祖何ぞ「文底秘沈」と言うや。

答う、此れ則《すなわ》ち当流深秘《じんぴ》の大事なり。故《ことさら》に文少なしと雖も義意豊富せり。若《も》し此の文を暁《あきら》むる則《とき》んば一代の聖教《しょうぎょう》鏡に懸《か》けて陰《くも》り無く、三時の弘経掌《たなごころ》に在って観《み》るべし。故に先哲尚《なお》分明に之れを判ぜず、況んや予が如き頑愚《がんぐ》、焉《いずく》んぞ之れを解《さと》るべけんや。然りと雖も今講次《こうじ》に因《ちな》んで文に三段を分かち、義に十門を開き、略して文旨《もんし》を示さん。

文に三段を分かつとは、即ち標《ひょう》・釈《しゃく》・結《けつ》なり。義に十門を開くとは、第一に一念三千の法門は聞き難きを示し、第二に文相《もんそう》の大旨《たいし》を示し、第三に一念三千の数量を示し、第四に一念に三千を具する相貌《そうみょう》を示し、第五に権実相対して一念三千を明かすことを示し、第六に本迹相対して一念三千を明かすことを示し、第七に種脱相対して一念三千を明かすことを示し、第八に事理の一念三千を示し、第九に正像《しょうぞう》未弘《みぐ》の所以《ゆえん》を示し、第十に末法流布の大白法なることを示さん。

第一に一念三千の法門は聞き難きを示すとは

経に曰く「諸仏は世に興出すること懸遠《けんのん》にして値遇すること難し、正使《たとい》世に出ずるとも是の法を説くこと復《また》難し、無量無数劫《むしゅこう》にも是の法を聞くこと亦《また》難し、能《よ》く是の法を聴く者は斯の人亦復難し。譬えば優曇華《うどんげ》を一切皆愛楽《あいぎょう》し、天人の希有《けう》とする所にして時々《とき》乃《いま》し一《ひと》たび出ずるが如し、法を聞いて歓喜《かんぎ》して讃《ほ》むること乃至一言をも発《ほっ》せば則《すなわ》ち為《こ》れ已《すで》に一切三世の仏を供養するなり」等云云。応《まさ》に知るべし、此の中の法の字は並びに一念三千なり。

記の四の末終に云わく「懸遠等とは、若し此の劫に准《じゅん》ずれば六・四・二万なり」文。劫章《こうしょう》の意に准ずるに住劫《じゅうこう》第九の減、人寿《にんじゅ》六万歳の時拘留孫仏《くるそんぶつ》出で、人寿四万歳の時拘那含仏《くなごんぶつ》出で、人寿二万歳の時迦葉仏《かしょうぶつ》出で、人寿百歳の時釈迦如来出ずと云云。是れ則ち人寿八万歳より一百年に人寿一歳を減じ乃至一千年に人寿十歳を減ず、而して六・四・二万等に至る、豈《あに》懸遠に非ずや。

縦《たと》い世に出ずると雖も須扇多仏《しゅせんだぶつ》・多宝如来の如きは遂に一念三千を説かず、大通仏の如きも二万劫の間之れを説かず、今、仏世尊の如きも四十余年秘して説かず、豈是の法を説く、復難きに非ずや。既《すで》に出興懸遠にして法を説くこと亦難し、豈容易《たやす》く之れを聞くことを得んや。縦い在世に生まると雖も舎衛《しゃえ》の三億の如きは尚《なお》不見不聞なり、況んや像末の辺土をや。故に安楽行品に云わく「無量の国中に於て乃至名字をも聞くことを得《う》べからず」等云云。豈聞法の難きに非ずや。聞法すら尚爾《しか》なり、況んや信受せんをや。応に知るべし、「能く聴く」とは是れ信受の義なり、若し信受せずんば何ぞ「能く聴く」と云わんや。故に優曇華に譬うるなり。此の華は三千年に一たび現わるるなり。

而るに今宗祖の大悲に依って一念三千の法門を聞き、若し能く歓喜して讃むること乃至一言をも発せば、則ち為れ已に一切の三世の仏を供養するなり。

第二に文相の大旨を示すとは

文に三段有り。初めに「一念三千の法門」とは標なり、次に「但法華経」の下は釈なり、三に「竜樹」の下は結なり。

釈の文に三意を含む。初めには権実相対、所謂《いわゆる》「但法華経」の四字是れなり、次には本迹相対、所謂「本門寿量品」の五字是れなり、三には種脱相対、所謂「文底秘沈」の四字是れなり。是れ則ち浅きより深きに至り次第に之れを判ず。譬えば高きに登るには必ず卑《ひく》きよりし、遠くに往くには必ず近きよりするが如し云云。

三に「竜樹」の下は結とは、是れ正像《しょうぞう》未弘《みぐ》を結す、意は末法流布を顕わすなり。亦《また》二意有り。初めに正法未弘を挙げ通じて三種を結す、次に像法在懐《ぞうぼうざいかい》を挙げて別して第三を結するなり。応《まさ》に知るべし、「但法華経」の「但」の字は是れ一字なりと雖も意は三段に冠するなり。謂《い》わく、一念三千の法門は一代諸経の中には但法華経、法華経の中には但本門寿量品、本門寿量品の中には但文底秘沈なり云云。故に三種相対は文に在って分明なり。

問う、権実・本迹は是れ常の所談なり、第三の種脱相対の文理《もんり》如何《いかん》。

答う、此れ則ち宗祖出世の本懐《ほんがい》なり、此に於て若し明らむる則《とき》んば諸文に迷わざるなり。故に且《しばら》く一文を引いて其の綱要を示さん。稟権抄《ほんごんしょう》の三十一に云わく「法華経と爾前経と引き向けて勝《しょう》劣浅深《れっせんじん》を判ずるに、当分跨節《とうぶんかせつ》の事に三つの様《よう》有り。日蓮が法門は第三の法門なり。世間に粗《ほぼ》夢の如く一・二をば申せども、第三をば申さず候」等云云。

今謹んで案じて曰く、

一には爾前は当分、迹門は跨節、是れ権実相対にして第一の法門なり。

二には迹門は当分、本門は跨節、是れ本迹相対にして第二の法門なり。

三には脱益は当分、下種は跨節、是れ種脱相対にして第三の法門なり。此れ則《すなわ》ち宗祖出世の本意なり、故に「日蓮が法門」と云うなり。今「一念三千の法門は但文底秘沈」と曰う、意此《こころここ》に在り。学者深く思え云云。

問う、当流の諸師、他門の学者、皆第三の教相を以て即ち第三の法門と名づく。然るに今種脱相対を以て名づけて第三の法門と為《な》す。此の事前代に未だ聞かず、若し明文《みょうもん》無くんば誰か之れを信ずべけんや。

答う、若し第三の教相は仍《なお》天台の法門にして日蓮が法門には非ず。応に知るべし、彼の天台の第一第二は通じて当流の第一に属し、彼の第三の教相は即ち当流の第二に属するなり。故に彼の三種の教相を以て若し当流に望むる則《とき》んば二種の教相と成るなり。妙楽の云わく「前の両意は迹門に約し、後の一意は本門に約す」とは是れなり。更に種脱相対の一種を加えて以て第三と為す、故に「日蓮が法門」と云うなり。今《いま》明文を引いて以て此の義を証せん。十法界抄に云わく「四重興廃《しじゅうこうはい》」云云。血脈抄に云わく「四重浅深《しじゅうせんじん》」云云。又云わく「下種三種の教相」云云。
本尊抄に云わく「彼は脱、此れは種なり」等云云。秘すべし、秘すべし云云。

第三に一念三千の数量を示すとは

将《まさ》に三千の数量を知らんとせば須《すべから》く十界・三世間・十如の相を了すべし。

十界は常の如し。八大地獄には各十六の別処《べっしょ》有り、故に一百三十六、通じて地獄と号するなり。餓鬼は正法念経《しょうぼうねんきょう》に三十六種を明かし、正理論《しょうりろん》に三種・九種を明かす。畜生は魚に六千四百種、鳥に四千五百種、獣《けだもの》に二千四百種、合して一万三千三百種なり、通じて畜生界と名づくるなり。修羅《しゅら》は身長八万四千由旬《ゆじゅん》、四大海の水も膝《ひざ》に過ぎず。人は則《すなわ》ち四大洲。天は則ち欲界の六天と色界の十八天と無色の四天なり。二乗は身子《しんし》・目連《もくれん》等の如し。菩薩は本化《ほんげ》・迹化《しゃっけ》の如く、仏界は釈迦・多宝の如し云云。

三世間とは五陰《ごおん》と衆生と国土なり。五陰とは色《しき》・受《じゅ》・想《そう》・行《ぎょう》・識《しき》なり。言う所の陰とは正《まさ》しく九界に約し、善法を陰蓋《おんがい》するが故に陰と名づくるなり、是れは因に就《つ》いて名を得。又《また》陰は是れ積聚《しゃくじゅ》なり、生死重沓《しょうじじゅうとう》す、故に陰と名づく、是れは果に就いて名を得。若し仏界に約せば常楽《じょうらく》重沓《じゅうとう》し、慈悲覆蓋《じひふがい》するが故なり。次に衆生世間とは十界通じて衆生と名づくるなり。五陰仮《かり》に和合するを名づけて衆生と曰うなり、仏界は是れ尊極《そんごく》の衆生なり。故に大論に曰く「衆生の無上なるは仏是れなり」と。豈凡下《ぼんげ》に同じからんや云云。三に国土世間とは即ち十界の所居《しょご》なり。地獄は赤鉄《しゃくてつ》に依って住し、餓鬼は閻浮の下、五百由旬に住し、畜生は水陸空に住し、修羅は海畔《かいはん》・海底に住し、人は大地に依って住し、天は空殿に依って住し、二乗は方便土に依って住し、菩薩は実報土《じっぽうど》に依って住し、仏は寂光土に住したもうなり云云。並びに世間とは即ち是れ差別《しゃべつ》の義なり。所謂《いわゆる》十種の五陰不同なる故に五陰世間と名づけ、十種の衆生不同なる故に衆生世間と名づけ、十種の所居不同なる故に国土世間と名づくるなり。

十如是とは相・性・体・力・作・因・縁・果・報・等なり。如是相とは譬えば臨終に黒色なるは地獄の相、白色なるは天上の相等の如し。如是性とは十界の善悪の性、其の内心に定まって後世《ごせ》まで改まらざるを性と云うなり。如是体とは十界の身体色質なり。如是力とは十界各《おのおの》の作すべき所の功能《くのう》なり。如是作とは三業《さんごう》を運動し善悪の所作を行ずるなり。善悪に亘《わた》って習因習果有り、先念《せんねん》は習因、後念《ごねん》は習果なり。是れ則ち悪念は悪を起こし、善念は善を起こす、後に起こす所の善悪の念は前の善悪の念に由る。故に前念は習因即ち如是因なり、後念は習果即ち如是果なり。善悪の業体を潤《うるお》す助縁は是れ如是縁なり。習因習果等の業因に酬《むく》いて正しく善悪の報を受くるは是れ如是報なり。初めの相を本と為《な》し、後の報を末と為し、此の本末の其の体究《きわ》まって中道実相《ちゅうどうじっそう》なるを本末究竟等と云うなり云云。

正しく一念三千の数量を示すとは、応に知るべし、玄文《げんもん》両部の中には並びに未だ一念三千の名目《みょうもく》を明かさず、但百界千如を明かす。止観《しかん》の第五巻に至って正しく一念三千を明かすなり。此れに二意有り。一には如是に約して数量を明かす、所謂《いわゆる》百界・三百世間・三千如是なり。二には世間に約して数量を明かす、所謂百界・千如是・三千世間なり。開合《かいごう》異なりと雖も同じく一念三千なり云云。

第四に一念に三千を具する相貌《そうみょう》を示すとは

問う、止観の第五に云わく「此の三千、一念の心に在り」等云云、一念の微少《みしょう》何ぞ三千を具せんや。

答う、凡《およ》そ今経の意は具遍《ぐへん》を明かす、故に法界の全体一念に具し、一念に全体法界に遍《あまね》し。譬えば一微塵《みじん》に十方の分を具し、一滴《てき》の水は大海に遍きが如し云云。華厳《けごん》経に云わく「心は工《たく》みなる画師《えし》の種々の五陰《ごおん》を造るが如し、一切世界の中に法として造らざること無し」等云云。

問う、画師は但是れ一色を画《えが》く、何ぞ四心を画くことを得んや。

答う、色心倶《とも》に画くが故に種々の五陰を造ると云うなり。故に止観の第五二十一に云わく「善画の像を写すに真に逼《せま》り、骨法精霊《こっぽうしょうりょう》の生気《しょうき》飛動《ひどう》するが如し」云云。誰か鍾馗《しょうき》を見て喜ぶと云うべけんや、誰か布袋《ほてい》を見て瞋《いか》ると云うべけんや。故に知んぬ、善く心法を画けることを。止観に又三喩《さんゆ》を明かす云云。

又二寸三寸の鏡の中に十丈・百丈・乃至山河を現わすが如し。況んや石中の火・木中の華、誰か之れを疑うべけんや。

弘《ぐ》の五の上に心論を引いて云わく「慈童女長者《じどうにょちょうじゃ》、伴《とも》を随え海に入り宝を採《と》らんと欲し、母より去ることを求む。母の云わく、吾は唯汝のみ有り、何ぞ吾を棄てて去るや。母其の去らんことを恐れ、便《すなわ》ち其の足を捉《とら》う。童女便ち手を以て母の髪を捉えるに一茎《いっけい》の髪落つ。母乃《すなわ》ち放ち去る。海洲の上に至るに熱鉄輪の空中より其の頂上に臨むを見る、便ち誓いを発《お》こして言わく、願わくば法界の苦、皆吾が身に集まれと、誓願力を以て火輪《かりん》遂に落つ。身を捨てて天に生まる。母に違いて髪を損ずるは地獄の心と成り、弘誓《ぐせい》の願いを発こすは即ち仏界に属す」等云云。一念の心中に已《すで》に獄と仏とを具す、中間《ちゅうげん》の互具は准説《じゅんせつ》して知るべし云云。

本尊抄に云わく「数《しばしば》他面を見るに、或時《あるとき》は喜び、或時は瞋《いか》り、或時は平らかに、或時は貪《むさぼ》り現じ、或時は癡《おろ》か現じ、或時は諂曲《てんごく》なり。瞋るは地獄、貪るは餓鬼、癡かは畜生、諂曲なるは修羅、喜ぶは天、平らかなるは人なり、乃至世間の無常は眼前に在り、豈《あに》人界に二乗界無からんや。無顧《むこ》の悪人も猶《なお》妻子を慈愛す、菩薩界の一分なり。乃至末代の凡夫出生して法華経を信ずるは人界に仏界を具するが故なり」略抄。「法華経を信ずる」等の文深く之れを思うべし云云。

妙楽の云わく「仏界の心強きを名づけて仏界と為《な》し、悪業深重《あくごうじんじゅう》なるを名づけて地獄と為す」云云。既《すで》に法華経を信ずる心強きを名づけて仏界と為す。故に知んぬ、法華経を謗ずる心強きを悪業深重と号し地獄界と名づくるなり。

故に知んぬ、一念に三千を具すること明らかなり。

第五に権実相対して一念三千を明かすことを示すとは

次の文に云わく「此等の経々に二つの失《とが》あり。一には行布《ぎょうふ》を存するが故に仍《なお》未だ権を開せずとて、迹門の一念三千を隠《かく》せり。二には始成《しじょう》を言うが故に尚《なお》未だ迹を発せずとて、本門の久遠を隠せり。迹門方便品には一念三千・二乗作仏を説いて爾前二種の失一つを脱《のが》れたり」已上。「此等の経々」とは四十余年の経々なり、「行布」とは即ち是れ差別《しゃべつ》の異名なり。所謂《いわゆる》昔の経々には十界の差別を存するが故に仍未だ九界の権を開せず、故に十界互具の義無し、故に「迹門の一念三千を隠せり」と云うなり。

問う、応《まさ》に迹門方便品には一念三千を説いて爾前二種の失一つを脱れたりと云うべし、何ぞ「二乗作仏」等と云うや。

答う、一念三千は所詮《しょせん》にして、二乗作仏は能詮《のうせん》なり。今《いま》能所並べ挙ぐるが故に「一念三千・二乗作仏」等と云うなり。謂《い》わく、若し二乗作仏を明かさざれば則《すなわ》ち菩薩・凡夫も作仏せざるなり。是れ則ち菩薩に二乗を具す、所具の二乗作仏せざれば則ち能具の菩薩豈《あに》作仏せんや。故に十法界抄に云わく「然れども菩薩に二乗を具するが故に、二乗の沈空尽滅は即ち菩薩の沈空尽滅なり」云云。菩薩既に爾《しか》り、凡夫も亦《また》然なり。故に九界も同じく作仏せざるなり、故に九界即仏界の義無し、故に一念三千も遂に顕わすことを得ざるなり。若し二乗作仏を明かす則《とき》んば永《よう》不《ふ》成仏《じょうぶつ》の二乗尚《なお》成仏す、何に況んや菩薩・凡夫をや、故に九界即仏界にして十界互具一念三千其《そ》の義炳然《へいねん》なり、故に今「一念三千・二乗作仏」と云うなり。宗印《しゅういん》の北峰《ほっぽう》に云わく「三千は是れ不思議の妙境なり、只《ただ》法華の開顕の二乗作仏・十界互具に縁《よ》る。是の故に三千の法は一念頓円にして、法華独《ひと》り妙なり」文。

問う、昔の経々の中に一念三千を明かさずんば、天台、何ぞ華厳《けごん》心造《しんぞう》の文を引いて、一念三千を証するや。

答う、彼の経に記小久成《きしょうくじょう》を明かさず、何ぞ一念三千を明かさんや。若し大師引用の意は、浄覚《じょうかく》の云わく「今の引用は会入《えにゅう》の後に従う」等云云。又《また》古徳の云わく「華厳は死の法門にして法華は活の法門なり」云云。彼の経の当分は有名無実《うみょうむじつ》なり、故に死の法門と云う。楽天《らくてん》が云わく「竜門《りゅうもん》原上《げんじょう》の土に骨を埋《うず》むとも名を埋めじ」と。和泉式部が云わく「諸共《もろとも》に苔《こけ》の下には朽《く》ちずして埋《うず》もれぬ名を聞くぞ悲しき」云云。若《かくのごと》くならば会入の後は猶《なお》蘇生の如し、故に活の法門と云うなり。

問う、澄観が華厳抄の八十三十三に云わく「彼の経の中に記小久成を明かす」等云云。

答う、従義の補註《ふちゅう》の三三十一に之れを破す、見るべし。

問う、真言宗が云わく、大日経の中に一念三千を明かす、故に義釈の一四十一に云わく「世尊已《すで》に広く心《しん》の実相を説く、彼に諸法実相と言うは即ち是れ此の経の心の実相なり」云云。

答う、大日経の中に記小久成を明かさず、何ぞ一念三千を明かさんや。故に彼の経の心の実相とは但是れ小乗偏真の実相なり、何ぞ法華の諸法実相に同ぜんや。弘《ぐ》の一の下五に云わく「婆《ば》沙《しゃ》の中に処々に皆実相と云う、是くの如き等の名大乗と同じ、是れを以て応に須《すべから》く義を以て判《はん》属《ぞく》すべし」云云。守護章《しゅごしょう》の中《ちゅう》の中《ちゅう》三十に云わく「実相の名有りと雖も偏真の実相なり、是の故に名《みょう》同義異《どうぎい》なり」云云。宗祖の云わく「爾前・迹門の円教すら尚《なお》仏因に非ず、況んや大日経等の諸小乗経等をや」と。故に知んぬ、大日経の中の心の実相は小乗偏真の実相なることを。

問う、彼の宗の云わく、大日経に二乗作仏・久遠実成を明かす。是の故に弘法大師の雑問答《ぞうもんどう》七十に云わく「問う、此の金剛等の中の那羅延力《ならえんりき》・大那羅延力執金剛《だいならえんりきしゅうこんごう》とは若し意有りや。答う、意無きに非ず、上の那羅延力は大勢力《だいせいりき》を以て衆生を救う、次の大那羅延力は是れ不共《ふぐ》の義なり。答う、謂《い》わく、一闡提人《いっせんだいにん》は必死の病、二乗定性《にじょうじょうしょう》は已死《いし》の人なり、余教の救う所に非ず、唯《ただ》此の秘密神通の力のみ即ち能く救療《くりょう》す、不共力《ふぐりき》を顕わさんが為《ため》に大を以て之れを別《わ》かつ」云云。義釈の九四十五に云わく「我一切本初《がいっさいほんじょ》等とは将《まさ》に秘蔵を説かんとするに先ず自ら徳を歎ず、本初は即ち是れ寿量の義なり」云云。

答う、弘法《こうぼう》強《し》いて列衆の中の大那羅延を以て二乗作仏を顕わす、実に是れ不便《ふびん》の引証なり、彼の経の始末に都《すべ》て二乗作仏の義無し。若し有りと言わば正しく其の劫国名号《こうこくみょうごう》等は如何《いかん》、況んや復《また》法華の中の彰灼《しょうしゃく》の二乗作仏を隠没《おんもつ》して余経の救う所に非ずと云うは寧《むし》ろ大謗法に非ずや。次に我一切本初《がいっさいほんじょ》とは是れ法身本有《ほっしんほんぬ》の理に約す、何ぞ今経の久遠実成に同ぜんや。証真の云わく「秘密経に我一切本初と云うは本有の理に帰す、故に本初と云う」云云。妙楽大師の弘《ぐ》の六の末六に云わく「遍《あまね》く法華已前の諸経を尋ぬるに、実に二乗作仏の文及《およ》び如来久遠の寿を明かすこと無し」等云云。妙楽大師は唐の末、天宝年中の人なり、故に真言教を普《あまね》く之れを昭覧《しょうらん》す。故に知んぬ、真言教の中に記小久成《きしょうくじょう》、一向に之れ無し、如何《いかん》ぞ一念三千を明かすと云うや。而も彼の宗の元祖は法華経の宝珠を盗み取って己が家財と為すが故に閻王の責めを蒙《こうむ》るなり。

宗祖の云わく「一代経の中には此の経計《ばか》り一念三千の珠《たま》を懐《いだ》けり、余経の理は珠に似たる黄《こう》石《せき》なり。沙《いさご》を絞《しぼ》るに油無し、石女《うまずめ》に子の無きが如し。諸経は智者尚《なお》仏に成らず、此の経は愚人も仏因を種《う》うべし」等云云。

第六に本迹相対して一念三千を明かすことを示すとは

諸抄の中に二文有り。一には迹本倶《とも》に一念三千と名づく。二には迹を百界千如と名づけ、本を一念三千と名づく。

初文を言わば次下に云わく「然りと雖も未だ発迹顕本《ほっしゃくけんぽん》せざれば、真《まこと》の一念三千も顕われず、二乗作仏も定まらず。猶《なお》水中の月を見るが如し。根無し草の波の上に浮かべるに似たり」云云。文に法譬《ほっぴ》有り。法の中の「一念三千」は是れ所詮《しょせん》なり、「二乗作仏」は是れ能詮《のうせん》なり。譬えの中に「水中の月」は真の一念三千顕われざるに譬え、「根無し草」は二乗作仏定まらざるに譬うるなり。法譬の四文並びに本無今有《ほんむこんぬ》および有名無実《うみょうむじつ》の二失を挙げて以て之れを判ずるなり。

問う、迹門の一念三千何ぞ是れ本無今有ならんや。

答う、既《すで》に未だ発迹せざる故に今有なり、亦《また》未だ顕本せず、豈《あに》本無に非ずや。仏界既に爾《しか》なり、九界も亦《また》然なり。故に十法界抄に云わく「迹門には但《ただ》是れ始覚の十界互具を説いて未だ本覚本有《ほんぬ》の十界互具を顕わさず。故に所化の大衆・能化の円仏皆《みな》悉く始覚なり、若し爾らば本無今有の失《とが》、何ぞ脱るることを得んや」等云云。

問う、迹門の一念三千を亦何ぞ有名無実と云うや。

答う、既に「真の一念三千も顕われず」と云う、豈有名無実と云うに非ずや。故に十章抄に云わく「一念三千の出処は略開三の十如実相なれども義分は本門に限る。爾前は迹門の依義判《えぎはん》文《もん》、迹門は本門の依義判文なり」等云云。迹門は但《ただ》文のみ有って其の義無し、豈有名無実に非ずや。妙楽の云わく「外小権迹《げしょうごんしゃく》を内大実本《ないだいじつほん》に望むるに即ち是れ有名無実《うみょうむじつ》なり」云云。

次に「二乗作仏も定まらず」とは亦《また》二失有り。

問う、迹門の二乗作仏何ぞ是れ本無今有《ほんむこんぬ》ならんや。

答う、種子を覚知《かくち》するを作仏と名づくるなり。而るに未だ根源の種子を覚知せざるが故に爾《しか》云うなり。本尊抄八十二に云わく「久遠を以て下種と為《な》し、大通・前四味・迹門を熟と為して、本門に至って等妙《とうみょう》に登らしむるを脱と為す」等云云。而るに迹門に於ては未だ久遠下種を明かさず、豈《あに》本無に非ずや、而も二乗作仏と云う、寧《むし》ろ今有に非ずや。

問う、本尊抄の文は且《しばら》く久遠下種の一類に約す、何ぞ必ずしも二乗の人ならんや。

答う、天台大師の三種の教相の中の第二化導の始終の時は、三周得道は皆是れ大通下種の人なり。若し第三師弟の遠近《おんごん》顕われ已《お》われば咸《ことごと》く久遠下種の人と成るなり。且く二乗の人の如きは大通覆講《だいつうふっこう》の時に発心《ほっしん》・未発心の二類有り。若し久遠下種を忘失せざるは法華を説くを聞いて即ち発心するなり、若し其れ久遠下種を忘失するは妙法を聞くと雖も未だ発心せざるなり。故に玄の六五十四に云わく「不失心の者は薬を与うるに即ち服して父子を結ぶことを得、其の失心せる者は良薬《ろうやく》を与うと雖も肯《あ》えて服せず」等云云。籤《せん》の六六十三に云わく「本《もと》の所受を忘るるが故に失心と曰う」等云云。彼の発心の中にも亦《また》二類有り。謂《い》わく、第一に不退、第二に退大なり。彼の未発心の人は即ち是れ第三類なり。而るに今日得道《こんにちとくどう》の二乗は、多分は第二退大にして、少分は第三類なり、豈久遠下種の人に非ずや。古来の学者斯《こ》の旨に達せず云云。

問う、所引の玄・籤の文は即ち是れ迹門第九眷属妙《けんぞくみょう》の中の文なり、迹妙の中に於て何ぞ本門の事を明かすべけんや。

答う、此れは是れ取意の釈なり。大師の言えること有り「未だ是れ本門ならずと雖も意を取って説けるのみ」云云。若し爾《しか》らずんば何ぞ迹妙の第一境妙の中に、二諦の意を明かすに尚《なお》本行菩薩道の時を取って以て之れを釈するや。

問う、迹門の二乗作仏を何ぞ有名無実と云うや。

答う、其の三惑を断ずるを名づけて成仏と為す、而るに迹門には二乗未だ見思《けんじ》を断ぜず、況んや無明を断ぜんや。文の九三十に云わく「今生《こんじょう》に始めて無生忍《むしょうにん》を得、及び未だ得ざる者咸《ことごと》く此の謂《おも》い有り」等云云。既に近成《ごんじょう》を愛楽《あいぎょう》す、即ち是れ思惑なり。未だ本因本果を知らず、即ち是れ邪見なり、豈見惑に非ずや。十法界抄に云わく「迹門の二乗は未だ見思を断ぜず、迹門の菩薩は未だ無明を断ぜず、六道の凡夫は本有《ほんぬ》の六界に住せざれば、有名無実の故に涌出品に至って爾前迹門の断無明の菩薩を、五十小劫《しょうこう》半日の如しと謂《おも》えりと説く」等云云。既に二失有るが故に「定まらず」と云うなり。

「猶《なお》水中の月を見るが如し」とは是れ真の月に非ず。故に知んぬ、真の一念三千顕われざるに譬うるなり。而して法体《ほったい》の二失を顕わすなり。一には本無今有《ほんむこんぬ》の失《とが》を顕わす。玄の七に云わく「天月を識《し》らずして但池月《ただちげつ》を観ず」云云。天月を識らざるは豈《あに》本無に非ずや、但池月を観ずとは寧《むし》ろ今有に非ずや。二には有名無実《うみょうむじつ》の失を顕わす。恵心僧都《えしんそうず》の児歌《ちごうた》に曰く「手に結ぶ水に宿れる月影の有るか無きかの世にも住むかな」云云。

「根無し草の波の上に浮かべるに似たり」とは、是れ二乗作仏定まらざるに譬うるなり。「根無し草」とは即ち萍《うきぐさ》の事なり。故に小野小町の歌に曰く「侘《わ》びぬれば身を萍の根を絶えて誘う水有らば往《い》なんとぞ思う」云云。又法体の二失を顕わすなり。一には本無今有の失を顕わす。又小町の歌に曰く「蒔《ま》か無《な》くに何を種とて萍の波の畝々《うねうね》生《お》い茂《しげ》るらん」云云。上の句は即ち本無、下の句は是れ今有なり、学者之れを思え。二には有名無実の失を顕わす、資治通鑑《しじつがん》に曰く「浮《ふ》とは物の水上に浮かぶが如く実に着《つ》かざるなり」云云。既《すで》に草有りと雖も実無し、豈有名無実に非ずや。

法譬《ほっぴ》の二文符節《ふせつ》を合するが如し云云。

問う、啓蒙《けいもう》の第五二十八に云わく「末発迹《みほっしゃく》の末の字、本迹一致の証拠なり、已《すで》に発迹顕本《ほっしゃくけんぽん》し畢《おわ》れば迹は即ち是れ本なるが故なり」云云、此の義如何《いかん》。

難じて曰く、若し爾《しか》らば末顕真実《みけんしんじつ》の末の字は権実一致の証拠ならんや、其の故は已に真実顕われ畢れば権は即ち是れ実なるが故なり。

日講重《かさ》ねて会《え》して云わく「権実の例難、僻案《びゃくあん》の至りなり、若し必ずしも一例ならば則《すなわ》ち宗祖何ぞ予が読む所の迹と名づけて但方便品を誦し、予が誦《よ》む所の権と名づけて弥陀経《みだきょう》を誦せざるや」等云云。

今大弐《だいに》、莞爾《かんじ》として云わく、此の難太《はなは》だ非なり、何となれば権実本迹倶《とも》に法体に約す、故に是れ一例なり。若し其れ読誦は修行に約す、故に時に随って同じからず。日講尚《なお》修行を以て法体に混乱す、況んや三時の弘経を知らんをや。応に明文《みょうもん》を引いて彼が邪謬《じゃみょう》を顕わすべし云云。

玄の七三十に云わく「問う、三世諸仏皆《みな》顕本せば最初実成は若為《なんすれ》ぞ本を顕わさん。答う、必ずしも皆《みな》本を顕わさず。問う、若し仏に始成・久成有り、発迹・不発迹有らば、亦《また》応に開三顕一・不開三顕一有るべしや」等云云。文の九七十に云わく「法華に遠《おん》を開し竟《お》わって常不軽、那《なん》ぞ更に近《ごん》なるや、若し爾《しか》らば会《え》三《さん》帰《き》一《いち》竟《お》わって亦《また》応に会三帰一せざるべしや」等云云。文の六二に云わく「有る人言わく、此の品は是れ迹なり、何となれば如来の成道已《すで》に久し、乃至中間《ちゅうげん》の中止も亦是れ迹なるのみと。私に謂《おも》えらく、義理乃《すなわ》ち然れども文に在って便ならず、何となれば仏未だ本迹を説かず那《なん》ぞ忽《たちま》ちに預領《よりょう》せん、若《かくのごと》くならば未だ三を会《え》せざるに、已に応に一を悟るべし」等云云。「此の品」とは即ち信解品なり。記の九の本三十四に云わく「本門顕われ已《お》わって更に近《ごん》ならば迹門会《え》し已わって会せざらんや」云云。治病抄に云わく「法華経に亦《また》二経有り、所謂《いわゆる》迹門と本門となり。本迹の相違は水火・天地の違目なり。例せば爾前と法華経との違目よりも猶《なお》相違有り」云云。天台・章安・妙楽・蓮祖、並びに是れ僻案《びゃくあん》なりや、日講如何《いかん》。

又修行に約して若し一例を示せば、凡《およ》そ蓮祖は是れ末法本門の導師なり、故に正《しょう》には本門、傍《ぼう》には迹門なり、故に「予が誦む所の迹」と名づけて方便品を読みたまえり。天台亦《また》是れ像法迹門の導師なり、故に正には法華、傍には爾前なり、故に亦弥陀経《みだきょう》等を誦《よ》みたまえり、而も亦他人の読誦《どくじゅ》に異なり、口には権を説くと雖も内心には実法に違わず云云。豈《あに》予が誦む所の権と名づけて弥陀経を読むに非ずや、日講如何。

問う、又啓蒙《けいもう》に云わく「既に二乗作仏の下に於て多宝・分身を引いて真実の旨を定めたり。

故に未だ発迹顕本せざる時も、真の一念三千にして二乗作仏も定まれり。然るに今真の一念三千顕われず二乗作仏も定まらずとは久成を以て始成を奪う言《ことば》なり。是くの如く久成を以て始成を奪う元意《がんい》は天台過時の迹を破せんが為なり」云云、此の義如何。

難じて云わく、拙《つたな》いかな日講、竊盗《せっとう》を行なう者は現に衣食《えじき》の利有り、何ぞ明文を曲げて強《し》いて己情に会するや。妙楽の曰く「凡そ諸の法相《ほっそう》は所対不同なり」と。宗祖の云わく「所詮《しょせん》所対を見て経々の勝劣を弁《わきま》うべきなり」等云云。上に多宝・分身を引いて真実の旨を定むることは是れ爾前の方便に対する故なり。是の故に彼の結文《けつもん》に云わく「此の法門は迹門と爾前と相対する」等云云。今「真の一念三千も顕われず」等と言うは是れ本門に対する故なり、是の故に「未発迹顕本」等と云うなり。同じき迹門と雖も所対に随って虚実天別《きょじつてんべつ》なり。若し強いて爾《しか》らずと言わば重ねて難じて云わく、一代聖教皆《みな》是れ真実ならんや、既に上の文に言わく「一代五十年の説教は外典外道に対すれば大乗なり、大人の実語なり」云云、日講如何。況んや復《また》久成を以て始成を奪うは則ち真の一念三千に非ざること汝も亦《また》之れを知れり。若し実に爾らずんば蓮祖何ぞ無実を以て台宗を破すべけんや。

次の文に云わく「本門に至りて始成正覚を破れば四教の果を破る。四教の果を破れば四教の是れ則ち本《ほん》因破れぬ。爾前迹門の十界の因果を打ち破って、本門の十界の因果を説き顕わす。是れ則ち本因本果《にんほんが》の法門なり。九界も無始の仏界に具し、仏界も無始の九界に備わりて、真の十界互具・百界千如・一念三千なるべし」云云。

「始成正覚を破れば」等とは、経に云わく「我実に成仏してより已来《このかた》無量無辺なり」等云云。是れ即ち爾前迹門の始成正覚を一言に大虚妄《こもう》なりと破る文なり。天台の云わく云云。宗祖の云わく云云。

「四教の果を破れば四教の因破れぬ」等とは、広くは玄文の第七巻の如し。此の中に「十界の因果」とは是れ十界各具の因果には非ず、因は是れ九界、果は是れ仏界の故に「十界の因果」と云うなり、並びに釈尊の因行を挙げ、通じて九界を収むるなり。

「是れ則ち本因本果の法門」とは此《こ》こに深秘《じんぴ》の相伝有り、所謂《いわゆる》文上・文底なり。今は且《しば》らく文上に約して以て此の文を消せん。本因は即ち是れ無始の九界なり、故に経に云わく「我本《もと》菩薩の道《どう》を行じて、成ぜし所の寿命、今猶《なお》未だ尽きず」等云云。天台の云わく「初住に登る時已《すで》に常寿《じょうじゅ》を得」等云云。既に是れ本因常住なり、故に「無始の九界」と云う、本因猶常住なり、何に況んや本果をや。故に経に云わく「我成仏してより已来《このかた》、甚《はなは》だ大いに久遠なり、寿命無量阿僧祇劫なり、常住にして滅せず」云云。既に是れ本果常住なり、故に「無始の仏界」と云う。本《ほん》有《ぬ》常住《じょうじゅう》名体《みょうたい》倶実《くじつ》の一念三千なり、故に真の十界互具・百界千如・一念三千と云うなり云云。

次に迹門百界千如の文とは、本尊抄八八十に云わく「迹門は始成正覚の仏、本無今有・百界千如を説く、本門は十界久遠の上に国土世間既に顕わる」云云。迹門は未だ国土世間を明かさざる故に百界千如に限るなり。而るに迹門方便品に一念三千を説くと云えることは、正しく必ず依るところ有るが故に与えて爾《しか》云うなり。若し奪って之れを論ぜば迹門は但《ただ》是れ百界千如なり。本尊抄に云わく「百界千如と一念三千と差別《しゃべつ》如何。答えて曰く、百界千如は有情界《うじょうかい》に限り、一念三千は情非情に亘《わた》る」云云。

第七に種脱相対して一念三千を明かすことを示すとは

今「文底秘沈」と言うは上に論ずる所の三千は猶《なお》是れ脱益にして未だ是れ下種ならず、若し其れ下種の三千は但《ただ》文底に在るが故なり。

問う、何《いず》れの文底に在るとせんや。

答う、古抄の中に種々の義有り。

有るが謂《い》わく、如来如実知見等の文底なり、此の文能知見《のうちけん》を説くと雖も文底に所知見《しょちけん》有るが故なり云云。

有るが謂わく、是好良薬《ぜこうろうやく》の文底なり、是れ則《すなわ》ち良薬の体、妙法の一念三千なるが故なり云云。

有るが謂わく、如来秘密神通之力の文底なり、是れ則ち文面に本地相即の三身を説くと雖も文底に即ち法体《ほったい》の一念三千を含むが故なり云云。

有るが謂わく、但是れ寿量品の題号の妙法なり、一念三千の珠を裹《つつ》むが故なり。

有るが謂わく、通じて寿量一品の文を指す、是れ則ち発迹顕本の上に一念三千を顕わすが故なり。

有るが謂わく、然我実成仏已来の文なり、是れ則ち秘法抄に此の文を引いて正《まさ》しく一念三千を証し、御義口伝に事の一念三千に約して此の文を釈するが故なり云云。

有る師の謂わく、本因妙を説くに但三妙を明かす、所謂《いわゆる》我本行は是れ行妙なり、菩薩道は是れ位妙なり、所成寿命は是れ智妙なり。故に天台の云わく「一句の文三妙を証成《しょうじょう》す」等云云。然るに妙楽の云わく「一句の下は本因の四義を結す」云云。是れ則ち智には必ず境有るが故なり。故に知んぬ、文面は但《ただ》智行位の三妙なりと雖も文底に境妙を秘沈したまえり、境妙は即ち是れ一念三千なり、故に爾《しか》云うなり。

今謂わく、前来の諸説は皆是れ文の上なり、不相伝の輩焉《いずく》んぞ文底を知らん、若し文底を知らずんば何ぞ蓮祖の門人と称せんや。

問う、当流の意如何《いかん》。

答う、此れ一大事なり、人に向かって説かじ云云。

重ねて問う、如何。

答う、聞いて能《よ》く之れを信ぜよ、是れ憶度《おくたく》に非ず、師の曰く「本因初住《ほんにんしょじゅう》の文底に久遠名字の妙法・事の一念三千を秘沈し給えり」云云。応に知るべし、後々の位に登ることは前々の行に由るなり云云。

問う、正しく種脱相対の一念三千如何。

答う、此れ即ち蓮祖出世の本懐、当流深秘の相伝なり、焉んぞ筆頭に顕わすことを得んや。然りと雖も近代他門の章記に竊《ひそ》かに之れを引用す、故に遂に之れを秘すること能《あた》わず、今亦《また》之れを引く、輪王の優曇華《うどんげ》、西王母《せいおうぼ》が園の桃と深く応に之れを信ずべし。本因妙抄に云わく「問うて云わく、寿量品文底一大事と云う秘法如何。答えて曰く、唯密《ゆいみつ》の正法なり。秘すべし秘すべし。一代応仏の域《いき》を引かえたる方は、理の上の法相なれば、一部共に理の一念三千、迹の上の本門寿量ぞと得意せしむる事を、脱益の文の上と申すなり。文底とは久遠実成名字の妙法を余行に渡《わた》さず、直達正観《じきだつしょうかん》・事行の一念三千の南無妙法蓮華経是れなり」云云。

問う、久遠名字の妙法とは其の体如何《いかん》。

答う、当体抄・勘文抄等往《ゆ》いて之れを勘うべし云云。今且く之れを秘す云云。

第八に事理の一念三千を示すとは

問う、事理の三千其の異なり如何。

答う、迹門を理の一念三千と名づく、是れ諸法実相に約し之れを明かす故なり。本門を事の一念三千と名づく、是れ因果国に約して此れを明かす故なり。若し当流の意は迹本二門の一念三千を通じて理の一念三千と名づけ、但《ただ》文底独一の本門を以て事の一念三千と名づくるなり。是れ当家の秘事なり、口外すべからざる者なり。

問う、迹本二門の一念三千を何ぞ通じて理の一念三千と名づくるや。

答う、此れに二意有り。一には倶《とも》に理の上の法相の故に。二には倶に迹の中の本迹なる故に。

本因妙抄に云わく「一代応仏の域《いき》を引かえたる方は、理の上の法相なれば、一部倶に理の一念三千なり」云云。又云わく「迹門をば理の一念三千と名づけ、脱益の法華経は本迹倶《とも》に迹なり。本門をば事の一念三千と名づけ、下種の法華経は独一本門なり」云云。本尊抄に云わく「一念三千殆《ほとん》ど竹膜《ちくまく》を隔《へだ》つ」等云云。迹本事理の三千殊《こと》なりと雖も通じて理の一念三千と名づく、故に竹膜を隔つと云うなり。是れ則ち文底独一本門事の一念三千に望むるが故なり云云。

問う、文底独一本門を事の一念三千と名づくる意如何。

答えて云わく、是れ唯密の義なりと雖も今一言を以て之れを示さん、所謂《いわゆる》人法体一の故なり。

問う、証文如何。

答う、且《しばら》く一文を引かん、仰いで之れを信ずべし。御義口伝に云わく「自受用身即一念三千。伝教の云わく、一念三千即自受用身」云云。御相伝に云わく「明星《みょうじょう》が池を見たもうに日蓮が影即ち今の大曼荼羅なり」云云。本尊抄に云わく「一念三千即自受用身」云云。報恩抄に云わく「自受用身即一念三千」云云。

問う、本尊・報恩両抄の中に未だ此の文を見ず、如何。

答う、是れ盲者の過《とが》にして日月には非ず云云。

応《まさ》に知るべし、一代の諸経は但是れ四重なり、所謂《いわゆる》爾前・迹門・本門・文底なり。此の四重に就《つ》いて三重の秘伝有るなり。謂《い》わく、爾前は未だ一念三千を明かさず、故に当分《とうぶん》と名づく。迹門は即ち一念三千を明かす、故に跨節《かせつ》と名づく。此れは是れ権実相対第一の法門なり。迹門に一念三千を明かすと雖も未だ発迹顕本せざれば、是れ真の一念三千に非ず、故に当分と名づく。正《まさ》しく本門は真の十界互具・百界千如・一念三千を明かす、故に跨節と名づく。此れは是れ本迹相対第二の法門なり。脱益の本門文上に真の一念三千を明かすと雖も、猶《なお》是れ理の上の法相、迹の中の本なるが故に通じて理の一念三千に属す、故に当分と名づく。但《ただ》文底下種・独一本門・事の一念三千を以て跨節と名づく。此れは是れ種脱相対第三の法門なり。学者若し斯の旨を得ば釈尊一代五十年の勝劣、蓮祖の諸抄四十巻の元意《がんい》、掌中《しょうちゅう》の菓《このみ》の如く了々分明ならん。

第九に正像未弘《しょうぞうみぐ》の所以《ゆえん》を示すとは

文に云わく「竜樹・天親は知って而も弘めたまわず、但《ただ》我が天台智者のみ之れを懐《いだ》けり」文。

文を分かちて二と為《な》す。初めに通じて三種を結し、次に「但」の下は別して第三を結するなり。

初めに通じて結するとは、竜樹・天親内鑑冷然《ないがんれいねん》なりと雖も外適時宜《げちゃくじぎ》の故に正法千年の間、三種倶《とも》に之れを弘めざるなり。故に本尊抄に云わく「問う、竜樹・天親は如何。答う、此等の聖人は知って之れを言わず、或は迹門の一分之れを宣べて本門と観心とを云わず」云云。竜樹・天親は三種倶に之れを弘めず、故に「言わず」と云うなり。然りと雖も若し迹門に於ては一念三千を宣べずと雖も或は自余の法門を宣ぶ、故に「一分之れを宣ぶ」と云うなり。若し本門と観心とに於ては一向に之れを宣べざる故に「云わず」と言うなり。本門と言うは即ち是れ第二なり、観心と言うは即ち是れ第三なり、文底は本《もと》是れ直達正観《じきだつしょうかん》なるが故なり。

次に別して結すとは、天台は但《ただ》第一・第二を宣べて而も第三を宣べず、故に「之れを懐く」と云うなり。

問う、天台は即ち是れ迹門の導師なり、故に但迹門の理の一念三千を宣ぶ、故に治病抄に云わく「一念三千の観法に二つ有り、天台・伝教の御時は理なり。今の時は事なり。彼は迹門の一念三千、是れは本門の一念三千なり。天地遥《はる》かに異なり」云云。既《すで》に「彼は迹門の理の一念三千」と云う。故に知んぬ、但第一を宣べて第二を宣べず、何ぞ第一・第二を宣ぶと云うや。

答う、大師仍《なお》第一・第二を宣ぶるなり、若し第二を宣べざれば則《すなわ》ち一念三千其の義を尽くさざる故なり。十章抄に云わく「止観に十章あり。大意より方便までの六重は前の四巻に限る。

此れは妙解、迹門の意を宣べたり。第七の正観、十境十乗の観法は本門の意なり。一念三千の出処は略開三の十如実相なれども義分は本門に限る」略抄。但《ただ》像法迹門の導師なるが故に第一を面《おもて》と為《な》し第二を裏《うら》と為すなり。故に本尊抄に云わく「像法の中末に観音・薬王、南岳・天台と示現し、迹門を以て面と為し本門を以て裏と為して、百界千如、一念三千其の義を尽くすと雖も、但理具《りぐ》を論じて事行《じぎょう》の南無妙法蓮華経の五字七字並びに本門の本尊、未だ広く之れを行ぜず」等云云。若し治病抄の文は、今日の迹本二門面裏《めんり》異なりと雖も通じて迹門の理の一念三千と名づくるなり。故に本因妙抄に云わく「脱益の法華経は本迹倶《とも》に迹なり」等云云。本尊抄に云わく「迹を以て面と為し本を以て裏と為して、一念三千其の義を尽すと雖も但理具を論ず」等云云、「但理具を論ず」の文、「天台・伝教の御時は理なり」の文、之れを思い合わすべし。故に知んぬ、「彼は迹門の一念三千」と云うは面裏の迹本倶に迹門と名づくるなり云云。若し爾《しか》れば天台は第一・第二を宣ぶること文義分明なり、而も未だ第三を弘めず。故に本尊抄に云わく「事行《じぎょう》の南無妙法蓮華経の五字七字並びに本門の本尊、未だ広く之れを行ぜず」等云云。

問う、天台、第三を弘めざる所以如何《ゆえんいかん》。

答う、太田抄に云わく「一には自身堪《た》えざるが故に。二には所被《しょひ》の機無きが故に。三には仏より譲《ゆず》り与えざるが故に。四には時来たらざるが故なり」云云。

第十に末法流布の大法なることを示すとは

問う、正像末弘《しょうぞうみぐ》を結する其の元意《がんい》如何。

答う、此れ即ち末法流布を顕わさんが為なり。今且《しばら》く前の四故《しこ》に対し、更に末法の四故を明かさん。

第一には自身能《よ》く堪《た》うるが故に。本尊抄に云わく「観音・薬王等は又爾前迹門の菩薩なり、本法所持の人に非ざれば末法の弘法《ぐほう》に足《た》らざる者か」云云。本化《ほんげ》の菩薩は既に本法所持《ほんぽうしょじ》の人なり、故に末法の弘法に堪うるなり。御義口伝の上終に云わく「此の四菩薩は本法所持の人なり。本法とは南無妙法蓮華経なり」云云。太田抄に云わく「地涌千界末法の衆生を利益したもうこと、猶《なお》魚の水に練《な》れ、鳥の虚空に自在なるが如し」云云。

第二に所被の機縁に由《よ》るが故に。立正観抄三十八に云わく「天台弘通の所化の機は在世帯権《たいごん》の円機の如し、本化弘通の所化の機は法華本門の直機《じっき》なり」云云。熟脱に渡らず直《ただ》ちに下種の機縁なり、故に「直機」と云うなり。寧《むし》ろ文底の大法を授けざらんや。

第三に仏より譲り与えらるるが故に。本尊抄に云わく「所詮《しょせん》迹化《しゃっけ》・他方の大菩薩等に我が内証の寿量品を以て授与すべからず。末法の初めは謗法の国にして悪機なるが故に之れを止《とど》めて、地涌千界の大菩薩を召して寿量品の肝心たる妙法蓮華経の五字を以て授与せしめたもう」云云。血脈抄に云わく「我が内証の寿量品とは文底の本因妙の事なり」云云。

問う、仏、迹化・他方を止むる証文如何。

答う、即ち是れ涌出品の、「止《や》みね善男子」の文是れなり。此の文但《ただ》他方のみを止むるに似たりと雖も義意は即ち亦《また》迹化を止むるなり。古抄の中に種々の義有りと雖も之れを挙ぐるに遑《いとま》あらず、故に且《しばら》く之れを略す。

問う、仏、迹化・他方を止めて但《ただ》本化を召す所以《ゆえん》如何。

答う、天台は已《すで》に前三後三の六釈を作り、之れを会《え》して末法に譲る、仍《なお》未だ明了ならず。故に今謹んで他方・本化の前三後三、迹化・本化の前三後三の十二の釈を作り、分明に之れを会せん。

問う、此の義前代未聞なり、若し明証無くんば誰人か之れを信ぜんや。

答う、今一々に文を引かん、何ぞ吾が言を加えんや。

問う、若し爾《しか》れば他方・本化の前三後三其の文如何。

答えて曰く、

一には他方は釈尊の直弟《じきてい》に非ざるが故に。嘉祥《かじょう》大師の義疏《ぎしょ》の第十の巻に云わく「他方は釈迦の所化に非ず」等云云。

二には他方は任国不同の故に。天台大師の文の九に云わく「他方は各々自ら己が任有り、若し此の土に住せば彼の利益を廃せん」等云云。

三には他方は結縁の事浅きが故に。天台大師又云わく「他方は此の土に結縁の事浅し、宣授せんと欲すと雖も必ず巨益《こやく》無からん」等云云。

一には本化は釈尊の直弟なるが故に。天台の云わく「是れ我が弟子応《まさ》に我が法を弘むべし」文。

二には本化は常に此の土に住するが故に。経に云わく云云。太田抄に云わく「地涌千界は娑婆世界に住すること多塵劫《たじんこう》なり」云云。

三には本化は結縁の事深きが故に。天台の云わく「縁深広《じんこう》なるを以て能《よ》く此の土に遍じて益す」等云云。

他方と本化の前三後三畢《おわ》んぬ。

問う、迹化と本化との前三後三其の文如何。

答えて曰く、
一には迹化は釈尊初発心の弟子に非ざるが故に。太田抄に云わく「迹化の大衆は釈尊の初発心の弟子に非ず」等云云。

二には迹化は功《く》を積むこと浅きが故に。新尼抄に云わく「観音・薬王等、智恵美《いみ》じく覚ある人々なりと雖も、法華経を学ぶの日浅く末代の大難忍び難かるべし、故に之れを止む」等云云略抄。

三には迹化は末法の利生《りしょう》応に少なかるべきが故に。初心成仏抄に云わく「観音・薬王等は上古の様に利生有るまじきなり。去《さ》れば当世の祈りを御覧ぜよ、一切叶わざる者なり」等云云略抄。

一には本化は釈尊初発心の弟子なるが故に。観心本尊抄に云わく「地涌千界は釈尊初発心の弟子なり」等云云。

二には本化は功を積むこと深きが故に。下山抄に云わく「五百塵点劫より一向に本門寿量の肝心を修行し習い給う上行菩薩」等云云。

三には本化は末法の利生応に盛んなるべきが故に。初心成仏抄に云わく「当時は法華経二十八品の肝心たる南無妙法蓮華経の七字計《ばか》り此の国に弘まりて利生《りしょう》得益も有るべし、上行菩薩の御利生盛んなるべき時なり」等云云。迹化と本化の前三後三の明文《みょうもん》見るべし。

第四には時已《すで》に来たるが故に。経に曰く「後五百歳の中に広宣流布す」云云。撰時抄に云云。当体義抄に云わく「凡《およ》そ妙法の五字は末法流布の大白法なり、地涌千界の大士の付嘱なり。是の故に天台・伝教等は内に鑑《かんが》みて末法の導師に之れを譲って弘通したまわざりしなり」。

三重秘伝抄畢《おわ》んぬ

享保《きょうほう》十乙巳歳三月上旬　大石の大坊に於て之れを書す

六十一歳

日寛 花押

文底秘沈抄　第二

文底秘沈抄　第二

文底秘沈抄　第二

仏は法華を以て本懐《ほんがい》と為《な》すなり、世人は但《ただ》本懐たることを知って未だ本懐たる所以《ゆえん》を知らず。然らば本懐たる所以応《まさ》に之れを聞くことを得べけんや。謂《い》わく、文底に三大秘法を秘沈する故なり。何を以て識ることを得んや、一大事の文《もん》是れなり。

一は謂わく、本門の本尊なり。是れ則《すなわ》ち一閻浮提第一の故なり。又閻浮提の中に二無く亦《また》三無し、是の故に一と云うなり。

大は謂わく、本門の戒壇なり。旧より勝《すぐ》るるなりと訓ず、権迹の諸戒に勝るるが故なり。又最勝の地を尋ねて建立するが故なり。

事は謂わく、本門の題目なり。理に非《あら》ざるを事と曰う、是れ天台の理行に非ざる故なり。又事を事に行ずるが故に事と言うなり。並びに両意を存す、乃《すなわ》ち是れ待絶《たいぜつ》なり。

於戯《ああ》天晴れぬれば地明らかなり、吾が祖の本懐　掌《たなごころ》に在らんのみ。

文底秘沈抄

日寛謹んで記す

法華取要抄に云わく「問うて曰く、如来滅後二千余年に竜樹・天親・天台・伝教の残したまえる所の秘法何物《なにもの》ぞや。答えて云わく、本門の本尊と戒壇と題目の五字となり」云云。

問う、此の文意如何《いかん》。

答う、此れは是れ文底秘沈の大事、正像未弘《しょうぞうみぐ》の秘法、蓮祖出世の本懐、末法下種の正体にして宗門の奥義此れに過ぎたるは莫《な》し。故に前代の諸師尚《なお》顕わに之れを宣《の》べず、況んや末学の短才何ぞ輒《たやす》く之れを解《げ》せん。然りと雖も今講次《こうじ》に臨《のぞ》んで遂《つい》に已《や》むことを獲《え》ず、粗大旨《ほぼたいし》を撮《と》って以て之れを示さん。初めに本門の本尊を釈し、次に本門の戒壇を釈し、三に本門の題目を明かすなり。

第一　本門の本尊篇

夫《そ》れ本尊とは所縁の境《きょう》なり、境能《よ》く智を発し、智亦《また》行を導く。故に境若《も》し正しからざる則《とき》んば智行も亦随って正しからず。妙楽大師の謂《い》えること有り「仮使《たとい》発心真実ならざる者も正境に縁すれば功徳猶《なお》多し、若《も》し正境に非ざれば縦《たと》い偽妄《ぎもう》無けれども亦種《しゅ》と成らず」等云云。故に須《すべか》らく本尊を簡《えら》んで以て信行を励むべし。

若し諸宗諸門の本尊は処々の文に散在せり、並びに是れ熟脱の本尊にして末法下種の本尊に非ず。今末法下種の本尊を明かすに且《か》つ三段と為す。初めに法の本尊を明かし、次に人の本尊を明かし、三に人法体一の深旨《じんし》を明かす。

初めに法の本尊とは、即ち是れ事の一念三千無作本有《むさほんぬ》の南無妙法蓮華経の御本尊是れなり、具《つぶさ》に観心本尊抄の如し。

問う、法の本尊を以て事の一念三千と名づくる所以如何《いかん》。

答う、将《まさ》に此の義を知らんとせば須く迹・本・文底の一念三千を了すべし。

謂わく、迹門を理の一念三千と名づく、是れ諸法実相に約して一念三千を明かす故なり。弘《ぐ》の五の中《ちゅう》に云わく「既《すで》に諸法と云う、故に実相即十なり、既に実相と云う、故に十即実相なり」云云。金錍論《こんぺいろん》に云わく云云。北峰《ほっぽう》に云わく「諸法は十界十如を出でず、故に三千を成ず」云云。

又本門を事の一念三千と名づく、是れ因果国《いんがこく》に約して一念三千を明かす故なり。本尊抄に云わく「今本時の娑婆世界は三災を離れ四劫を出《い》でたる常住の浄土なり。仏既に過去にも滅せず未来にも生ぜず、所化以て同体なり。此れ即ち己心の三千具足、三種の世間なり」云云。此の文の中に因果国明らかなり。文句《もんぐ》の第十に云わく「因果は是れ深事」等云云。

今《いま》事の一念三千の本尊とは、前に明かす所の迹本二門の一念三千を以て通じて理の一念三千と名づけ、但《ただ》文底独一の本門を以て事の一念三千と名づくるなり。是れ則《すなわ》ち本尊抄に「竹膜《ちくまく》を隔《へだ》つ」と判じ、開目抄に「文底秘沈」と釈したもう故なり云云。

問う、本尊抄の文、古義蘭菊《こぎらんぎく》たり。所謂《いわゆる》、

一には本迹抄の一に云わく「国土世間と十如是と只《ただ》開合の異なるが故に竹膜を隔つと云うなり」云云。

二には決疑抄の下に曰く「九界の一念三千と仏界の一念三千と但《ただ》竹膜を隔つるなり」云云。

三には又云わく「能居《のうご》の十界、所居《しょご》の国土既《すで》に一念に具する故に只竹膜を隔つるなり」云云。

四には幽微録《ゆうびろく》の四に云わく「迹化の内証自行の辺と宗門の口唱《くしょう》と只竹膜を隔つるなり」と。

五には又云わく「十界久遠の曼荼羅《まんだら》と一念三千と只竹膜を隔つるなり」と。

六には又云わく「法相に約すれば本有の三千、行者に約すれば一念三千、少分の異なるが故に竹膜を隔つと云うなり」云云。

七には日朝の抄に云わく「迹門は理円、本門は事円、事理の心地只竹膜を隔つるなり」と。

八には又云わく「本門の一念三千之れを顕わし已《お》わんぬれば自己の一念三千と只竹膜を隔つるなり」云云。

九には日享《きょう》の抄に云わく「迹門には未だ国土世間を説かず、本門には之れを説く、此の不同の相只竹膜を隔つるなり」云云。

十には安心録《あんじんろく》に云わく「一念三千、凡聖《ぼんしょう》同体なり、迷悟之れを隔つること猶《なお》竹膜の如きなり」云云。

十一には啓蒙《けいもう》の十八に云わく「寿量品の因果国の法相と一念三千の本尊と只竹膜を隔つるなり」云云。

十二には日忠の本尊抄の抄に云わく「十界久遠の上に国土世間既に顕わる、一念三千の法門と只竹膜を隔つるなり」云云。

十三には日辰の抄に云わく「一念三千始めの相違は竹膜の如く、終わりの相違は天地の如し。謂わく、迹門の妙法を一念三千と名づくると、本門の妙法を一念三千と名づくると只竹膜を隔つるなり、若し種熟の流通に約して本化迹化の三千の不同を論ぜば天地水火の如くなり」云云。十四には日我の抄に云わく「一念三千殆《ほとん》ど竹膜を隔つとは、久成と始成と、事の一念三千と理の一念三千となり、雖近而不見《すいごんにふけん》の類《たぐい》なり、近き処の事の一念三千を知らざるを竹膜を隔つと云うなり」云云。其の外《ほか》之れを略す云云。

上来示す所の古今の師は、智は月明《げつめい》に等しく徳は日本に耀《かがや》けり。然りと雖も未だ迹本事理の一念三千殆ど竹膜を隔つと言わず、山野の憶度《おくたく》誰人か之れを信ぜん。

答う、不相伝の家には聞き得て応《まさ》に驚くべし、今略して所引《しょいん》の文の意を示さん云云。凡《およ》そ本尊抄の中に五種の三段を明かすに分かちて二と為《な》す。初めは総の三段、二には別の三段なり。総の三段亦《また》二と云云。次の別の三段に亦分かちて三と為す。初めには迹門熟益の三段、次には本門脱益の三段、三には文底下種の三段なり。今所引の文は本門脱益の三段中の所説の法体の下の文なり。此の所説の法体の文に亦二意有り。初めには直《ただ》ちに迹門に対して以て本門を明かす、所謂《いわゆる》彼は本無今有の百界千如、此れは本有常住の一念三千なり、故に所説の法門天地の如し。二には重ねて文底に望んで還って本迹を判ず、所謂本迹の異なり実に天地の如しと雖も、若し文底独一の本門真の事の一念三千に望んで、還って彼の迹本二門の事理の一念三千を見る則《とき》んば只竹膜を隔つるなり云云。譬えば直ちに一尺を以て一丈に望むれば則《すなわ》ち長短大いに異なれども、若し十丈に望んで而も還って彼の一尺一丈を見れば則ち只是《ただ》れ少異と成るが如し。又、玄文の第六・疏記《しょき》の第一等に准《じゅん》ずるに、且《しばら》く二万億仏の時節久しと雖も、若し大通に望むれば始めて昨日と為るが如し、又三千塵点遥《はる》かなりと雖も、若し五百塵点に望むれば猶信宿《しんしゅく》と成るが如し。之れに准じて知るべし云云。

学者応《まさ》に知るべし、所説の法門実に天地の異なり有りと雖も、若し文底独一本門真の事の一念三千に望むる則《とき》んば只竹膜と成ることを。故に知んぬ、諸の法相は所対に随って同じからず、敢《あ》えて偏執《へんしゅう》すること勿《なか》れ、敢えて偏執すること勿れ。故に当流の意は而も文底独一本門真の事の一念三千に望むに、迹本二門の事理の一念三千を以て通じて迹門理の一念三千と名づくるなり。妙楽の云わく「本《ほん》久遠なりと雖も観《かん》に望むれば事に属す」云云。寛が云わく、本久遠なりと雖も観に望むれば理に属す云云。謂《い》わく、本は十界久遠の事の一念三千なりと雖も、文底直達《じきだつ》の正観《しょうかん》に望むる則んば理の一念三千に属するが故なり。還って日忠の一字の口伝《くでん》に同じ。妙楽の云わく「故に成道の時此の本理に称《かな》う」云云。日忠の云わく「故に成道の時此の本事に称う」云云。

問う、但《ただ》文底独一本門を以て事の一念三千の本尊と名づくる意何《いかん》。

答う、云云。

重ねて問う、云云。

問う、修禅《しゅぜん》寺決《じけつ》に曰く「南岳大師一念三千の本尊を以て智者大師に付す、所謂《いわゆる》絵像の十一面観音なり。頭上の面《おもて》に十界の形像《ぎょうぞう》を図し、一念三千の体性を顕わす乃至一面は一心の体性を顕わす」等云云。既に十界の形像を図し顕わす、応《まさ》に是れ事の一念三千なるべきや。

答う、之れを図し顕わすと雖も猶《なお》是れ理なり、何《いかん》となれば三千の体性、一心の体性を図し顕わす故なり。応に知るべし、体性は即ち是れ理なり。故に知んぬ、理を事に顕わすことを。是の故に法体《ほったい》猶是れ理なり、故に理の一念三千と名づくるなり。例せば大師の口唱《くしょう》を仍《なお》理行の題目と名づくるが如し。若し当流の意は事を事に顕わす、是の故に法体本《もと》是れ事なり、故に事の一念三千の本尊と名づくるなり。

問う、若し爾《しか》らば其の法体の事とは何。

答う、未だ曾《かつ》て人に向かって此くの如きの事を説かじ云云。

次に人の本尊とは、即ち是れ久遠元初の自受用報身の再誕、末法下種の主師親、本因妙の教主大慈大悲の南無日蓮大聖人是れなり。

問う、久遠元初の自受用身とは即ち是れ本因妙の教主釈尊なり、而るに諸門流一同の義に曰く、蓮祖は即ち是れ本化上行の再誕なりと云云。其の義文理《もんり》分明なり、処々に之れを示すが如し、今何ぞ蓮祖を久遠元初の自受用身と称し奉るや。

答う、外用《げゆう》の浅近《せんごん》は実に所問の如し、今は内証《ないしょう》の深秘《じんぴ》なるが故に自受用報身の再誕と云うなり。

血脈抄に云わく「久遠名字已来本因本果の主、本地自受用報身の垂迹上行菩薩の再誕、本門の大師日蓮」等云云。若し外用の浅近に拠《よ》れば上行の再誕日蓮なり。若し内証の深秘に拠れば本地自受用の再誕日蓮なり。故に知んぬ、本地は自受用身、垂迹は上行菩薩、顕本は日蓮なり。

問う、顕本日蓮とは前代に未だ聞かず、若し文理無くんば誰か之れを許すべけんや。

答う、宗祖の云わく「日蓮仏法を試みるに、道理と文証とには過ぎず。亦《また》道理文証よりも現証には過ぎず」云云。

今先ず現証を引き、次に文証を引かん。

初めに現証とは、開目抄の下に云わく「日蓮は去ぬる文永八年九月十二日子丑《ねうし》の時に頸刎《くびは》ねられぬ。此れは魂魄《こんぱく》佐渡の国に至る」等云云。上野抄外《げ》の五に云わく「三世の諸仏の成道は、子《ね》丑《うし》の終わり寅《とら》の刻《きざみ》の成道なり」云云。房州日我の本尊抄の見聞に云わく「開目抄の意は是れ凡夫の魂魄に非ず、久遠名字の本仏の魂魄なり」云云。四条金吾抄外の二に云わく「娑婆世界の中には日本国、日本国の中には相模国《さがみのくに》、相模国の中には片瀬、片瀬の中には竜口《たつのくち》に日蓮が命を留め置く事は、法華経の御故なれば寂光土とも云うべきか」云云。寂光豈《あに》自受用土に非ずや。故に知んぬ、佐州已後は蓮祖即ち是れ久遠元初の自受用身なり、寧《むし》ろ現証分明に非ずや。

次に文証とは、血脈抄に云わく「釈尊久遠名字即の御身の修行を、末法今時の日蓮が名字即の身に移せり」云云。又云わく「今の修行は久遠名字の振る舞いに介《け》爾《に》計《ばか》りも相違無し」云云。是れ行位全同を以て自受用身即ち是れ蓮祖なることを顕わすなり。故に血脈抄に云わく「久遠元初の唯我独尊は日蓮是れなり」云云。三位《さんみ》日順の詮要抄に云わく「久遠元初の自受用身とは蓮祖聖人の御事なりと取り定め申すべきなり」云云。

学者応に知るべし、但《ただ》吾が蓮祖のみ内証外用有るには非ず、天台・伝教にも亦《また》内証外用有り。故に等海抄の三に云わく「去《さ》れば異朝の人師は天台を小釈迦と云う乃至又釈尊の智海、竜樹の深位、天台の内観、三祖一体と習うなり、此の時は天台と釈尊と一体にして不同無し」云云。異朝の人師とは、伝法護国論に云わく「竜智天竺《てんじく》に在り、讃じて云わく、震旦《しんだん》の小釈迦広く法華経を開し、一念に三千を具し依正皆《みな》成仏す」云云。此の文を指すなり。書註《しょちゅう》の二に山門の縁起を引いて云わく「釈迦は大教を伝うるの師たり、大千界《だいせんがい》を観るに豊葦原《とよあしはら》の中国《なかつくに》有り、此れ霊地なり、忽《たちま》ちに一叟《そう》有り、仏に白《もう》して言《もう》さく、我《われ》人寿六千歳の時より此《ここ》を領す、故に肯《あ》えて之れを許さず、爾《そ》の時に東土の如来忽ちに前に現じて言わく、我人寿二万歳の時より此の地を領すと、即ち釈迦に付して本土に還帰《げんき》す、爾の時の叟《おきな》とは白髭神《しらひげのかみ》是れなり、爾の時の釈迦とは伝教是れなり、故に薬師を以て中堂の本尊と為《な》す、此れは是れ且《しばら》く寿量の大薬師を表して像法転時の薬師仏と号す」等云云。若し外用の浅近は天台即ち是れ薬王の再誕なり、伝教は亦是れ天台の後身《ごしん》なり、然りと雖も台家《たいけ》内証の深秘は倶に釈尊と是れ一体なり。他流の輩は内証の深秘の相伝を知らざるが故に外用の一辺に執するのみ。

次に末法下種の主師親とは、諸抄の中に其の文《もん》散在す云云。産湯相承に云わく「日蓮は天上天下の一切衆生の主君なり、父母なり、師匠なり。今久遠下種の寿量品に云わく、今此三界《こんしさんがい》乃至三世常恒《じょうごう》に日蓮は今此三界の主なり」云云。

亦《また》次に本因妙の教主とは、血脈抄に云わく「具騰本種《ぐとうほんしゅ》正法実義本勝迹劣の正伝、本因妙の教主、本門の大師日蓮」云云。又云わく「我が内証の寿量品とは脱益寿量の文底本因妙の事なり。

其の教主は某《それがし》なり」云云。

問うて言わく、教主とは応に釈尊に限るべし、何ぞ蓮祖を以て亦教主と称せんや。

答う、釈尊は乃《すなわ》ち是れ熟脱の教主なり、蓮祖は即ち是れ下種の教主なり、故に本因妙の教主と名づくるなり。応に知るべし、三皇・五帝は儒の教主なり、無畏三蔵は真言の教主なり、天台大師は止観の教主なり、今吾が蓮祖を以て本因妙の教主と称するに何の不可有らんや。補註《ふちゅう》の十二十四に云わく「且《か》つ夫《そ》れ儒には乃ち三皇・五帝を以て教主と為す、尚書《しょうしょ》の序に云わく、三皇の書は之れを三墳《さんぷん》と謂い大道を言うなり、五帝の書は之れを五典と謂い常道を言うなり、此の墳典を以て天下を化す、仲尼《ちゅうじ》・孟軻《もうか》は下に但《ただ》是れ儒教を伝うるの人なるのみ、尚《なお》教主に非ず、況んや其の余をや」云云。宋高僧伝の無畏の伝に云わく「開元の始め玄宗《げんそう》夢みらく、真僧と相見《あいまみ》ゆ、丹青《たんせい》を御《ぎょ》して之れを写す、畏《い》の此《ここ》に至るに及んで夢と符合す、帝悦んで内道場を飾り尊んで教主と為《な》す」と。釈書の第一大概《おおむね》之れに同じ。止観の第一に云わく「止観の明静《みょうじょう》なる前代に未だ聞かず、智者、大隋の開皇十四年四月二十六日より荊州《けいしゅう》玉泉寺に於て一夏《いちげ》に敷揚《ふよう》し二時に慈霔《じちゅう》す」云云。弘の一の上八に云わく「止観の二字は正しく聞体《もんたい》を示し、明静の二字は体徳を歎ずるなり、前代未聞とは能聞《のうもん》の人を明かし、智者の二字は即ち是れ教主なり、大隋等とは教を説くの時なり」云云。

亦《また》次に大慈大悲とは、開目抄の上に云わく「去れば日蓮は法華経の智解《ちげ》は天台・伝教には千万が一分も及ぶ事無けれども、難を忍び慈悲の勝れたる事は怖れをも懐《いだ》きぬべし」等云云。報恩抄に云わく「日蓮が慈悲広大ならば則ち南無妙法蓮華経は万年の外《ほか》未来までも流布すべし」云云。応に知るべし、大難を忍びたもうは偏《ひとえ》に大慈悲の故なり。

復《また》次に南無日蓮大聖人とは、
問う、他門流の如きは一同に皆日蓮大菩薩と号す、即ち是れ勅命《ちょくめい》に由るが故なり。所謂《いわゆる》人王《にんのう》九十九代後光厳院《ごこうごんいん》の御宇《ぎょう》、大覚僧正祈雨の効験《こうげん》に依り、文和元年壬辰《みずのえたつ》六月二十五日大菩薩の綸《りん》旨《じ》を賜わる故なり、何ぞ当門流のみ一《ひと》り日蓮大聖人と称するや。

答う、是れ即ち蓮祖の自称、亦是れ仏の別号なるが故なり。撰時抄の下に云わく「南無日蓮聖人と唱えんとすとも、南無と計りにてや有らん、不便《ふびん》なり」云云。又云わく「日蓮当世には日本第一の大人《だいにん》なり」云云。既に大人なり、聖人なり、豈《あに》大聖人に非ずや。聖人知三世抄二十八に云わく「日蓮は一閻浮提第一の聖人なり」等云云。第一と言うは即ち大の義なり。故に開目抄の上十一に云わく「此等の人々に勝れて第一なる故に世尊をば大人と申すなり」云云。聖人の名通ずる故に大を以て之れを簡《えら》ぶなり。

応に知るべし、大聖人とは即ち仏の別号なり。故に経に云わく「慧日大聖尊」云云。尊は即ち人なり、人は即ち尊なり、唯我独尊、唯我一人是れなり。又開目抄に云わく「仏世尊は実語の人なり、故に聖人・大人と号するなり」等云云。故に知んぬ、日蓮大聖人とは即ち蓮祖の自称にして亦《また》是れ仏の別号なり、那《なん》ぞ還って大菩薩と称すべけんや。下山抄二十六五十二に云わく「教主釈尊よりも大事なる日蓮」云云。佐渡抄十四に云わく「斯《か》かる日蓮を用うるとも悪敷《あし》く敬わば国亡《ほろ》ぶべし」等云云。之れを思い合わすべし。

三には人法体一の深旨《じんし》とは、謂《い》わく、前に明かす所の人法の本尊は其の名殊《こと》なりと雖も其の体《たい》是れ一なり。所謂《いわゆる》人は即ち是れ法、自受用身即一念三千なり、法は即ち是れ人、一念三千即自受用身なり。是れ則《すなわ》ち正が中の正、妙が中の妙なり、即ち是れ行人所修の明鏡なり、豈《あに》鏡に臨んで容《かたち》を正すに異なるべけんや。諸宗の学者近くは自門に執し遠くは文底を知らず、所以《ゆえ》に粗《ほぼ》之れを聞くと雖も敢えて之れを信ぜず、徒《いたず》らに水影に耽《ふけ》りて天月《てんげつ》を蔑《ないがし》ろにす、寧《むし》ろ天月を識《し》らずして但池月《ちげつ》を観ずる者に非ずや。妙楽の所謂「目に如意を観《み》て水精《すいしょう》と争い、已《すで》に日光に遇《あ》って灯燭《とうそく》を謀《はか》る」とは是れなり。

問う、曾《かつ》て諸経の明文を開いて衆釈の玄旨《げんし》を伺うに人法の勝劣猶《なお》天地の如し、供養の功徳亦《また》水火に似たり、那《なん》ぞ人法体一と云うや。普賢観経《ふげんかんぎょう》に云わく「此の大乗経典は三世の諸の如来を出生する種なり」云云。又云わく「方等経典は為《こ》れ慈悲の主なり」云云。涅槃経の四に云わく「諸仏の師とする所は所謂法なり、是の故に如来恭敬《くぎょう》供養す」等云云。薬王品に云わく「若し復《また》人有って、七宝を以て三千大千世界を満てて仏を供養せん。是の人の所得の功徳も、此の法華経の、乃至一四句偈《くげ》を受持する、其の福の最も多きには如《し》かじ」云云。文《もん》の十三十一に云わく「七宝をもって四聖に奉ずるも、一偈《いちげ》を持《たも》つに如かず、法は是れ聖の師にして、能《よ》く生じ能く養い、能く成じ能く栄うるは法に過ぎたるは莫《な》し、故に人は軽く法は重し」云云。記の十六十七に云わく「発心、法に由るを生と為し、始終随逐《ずいちく》を養と為し、極果《ごっか》を満たしむるを成と為し、能く法界に応ずるを栄と為す、四不同なりと雖も法を以て本と為す」云云。籤《せん》の八二十五に云わく「父母に非ざれば以て生ずること無く、師長に非ざれば以て成ずること無く、君主に非ざれば以て栄うること無し」云云。方便品に云わく「法を聞いて歓喜し讃めて乃至一言をも発せば則《すなわ》ち為《こ》れ已に一切三世の仏を供養するなり」云云。宝塔品に云わく「若し能く此の経法を護ること有らん者は則ち為れ我及び多宝を供養するなり」云云。又云わく「此の経は持ち難し、若し暫《しばら》くも持つ者は我則ち歓喜す、諸仏も亦然《しか》なり」云云。神力品に云わく「能く是の経を持たん者は我及び分身《ふんじん》滅度の多宝仏をして一切皆《みな》歓喜せしめ、亦は見、亦は供養し、亦は歓喜することを得せしめん」云云。陀羅尼《だらに》品に云わく「八百万億那由他《なゆた》恒河沙《ごうがしゃ》等の諸仏を供養せん、能く是の経に於て、乃至一四句偈を受持せん、功徳甚《はなは》だ多し」抄略。善住天子経《ぜんじゅうてんじきょう》に云わく「法を聞いて謗を生じ地獄に堕つるは、恒沙《ごうじゃ》の仏を供養するに勝る」等云云。名疏《みょうしょ》の十八三十に云わく「実相は是れ三世諸仏の母なり、母若し病を得ば諸子憂愁《うしゅう》す、乃至若し止《ただ》一仏を供養するは余仏に於て功徳無し、若し一仏を謗るは余仏に於て罪無し、仏母《ぶつも》の実相を供養せば即ち三世十方の仏所に於て倶《とも》に功徳を得、若し仏母を毀謗《きぼう》せば則ち諸仏に於て怨《あだ》と為る」等云云。

今此等に准ずれば法は是れ諸仏の主師親なり、那《なん》ぞ人法体一と云うや、若し明文無くんば誰人か之れを信ぜんや。

答う、所引の文は、皆迹中化他の虚仏《こぶつ》、色相荘厳《しきそうしょうごん》の身に約するが故に勝劣有り。若し本地自行の真仏は久遠元初の自受用身、本《もと》是れ人法体一にして更に優劣有ること無し。今明文を出だして以て実義を示さん。法師品に云わく「若しは経巻所住の処、此の中には已《すで》に如来の全身有《いま》す」云云。天台釈して云わく「此の経は是れ法身《ほっしん》の舎利《しゃり》」等云云。宝塔品に云わく「若し能く持つこと有らば、則ち仏身を持つなり」云云。普賢観経《ふげんかんぎょう》に云わく「此の経を持つ者は則ち仏身を持つ」云云。文句の第十に云わく「法を持つは即ち仏身を持つ」云云。又涅槃経には如来行と云い、今経《こんぎょう》には安楽行と云う。天台、文の八六十五に之れを会《え》して云わく「如来は是れ人、安楽は是れ法、如来は是れ安楽の人、安楽は是れ如来の法、総じて之れを言わば其の義異ならず」云云。記の八の末に云わく「如来涅槃、人法名殊《なこと》なれども大理別ならず、人即法の故に」云云。会疏《えしょ》の十三二十一に云わく「如来は即ち是れ人の醍醐《だいご》、一実諦は是れ法の醍醐、醍醐の人醍醐の法を説き、醍醐の法醍醐の人を成ず、人と法と一にして二無し」云云。略法華経に云わく「六万九千三八四、一々文々是れ真仏」云云。諸抄の中、文字は是れ仏と云云。御義口伝に云わく「自受用身即一念三千」と。伝教大師の秘密荘厳論《ひみつしょうごんろん》に云わく「一念三千即自受用身」等云云。報恩抄に云わく「自受用身即一念三千」と。本尊抄に云わく「一念三千即自受用身」云云。

宗祖示して言わく「文は睫毛《まつげ》の如し」云云。斯《こ》の言良《まこと》に由《ゆえ》有るかな、人法体一の明文赫々《かくかく》たり、誰か之れを信ぜざらんや。

問う、生仏尚《なお》一如なり、何に況んや仏々をや、而るに那《なん》ぞ仍《なお》一別の異なり有らんや。

答う、若し理に拠《よ》って論ずれば法界に非ざること無し、今事に就《つ》いて論ずるに差別無きに非ず。謂《い》わく、自受用身は是れ境智冥合《きょうちみょうごう》の真身なり、故に人法体一なり。譬えば月と光と和合するが故に体《たい》是れ別ならざるが如し。若し色相荘厳《しきそうしょうごん》の仏は是れ世情に随順する虚仏なり、故に人法体別なり。譬えば影は池水に移る故に天月と是れ一ならざるが如し。妙楽の所謂《いわゆる》「本地の自行は唯円と合す、化他は不定なり亦《また》八教有り」とは是れなり。

問う、色相荘厳の仏身は世情に随順する証文如何《いかん》。

答う、且《しばら》く一両文を出ださん。方便品に云わく「我《われ》相を以て身を荘《かざ》り光明世間を照らす、無量の衆に尊まれて為に実相の印を説く」云云。文の四に云わく「身相炳著《しんそうへいじゃく》にして光色端厳《こうじきたんごん》なれば衆の尊ぶ所と為《な》り則ち信受すべし」云云。弘の六の本に云わく「謂わく、仏の身相具せざれば一心に道を受けること能《あた》わず、器の不浄なるに好《よ》き味食を盛れども人の喜ばざる所の如し、是の故に相好《そうごう》を以て自ら其の身を荘《かざ》る」云云。安然《あんねん》の教時義《きょうじぎ》に云わく「世間皆知る、仏に三十二相を具することを、此の世情に随って三十二相を以て仏と為す」云云。止観の七六十七に云わく「縁不同と為す、多少は彼に在り」云云。劣応《れっとう》三十二相、勝応《しょうおう》八万四千、他受用《たじゅゆう》の無尽の相好は、只《ただ》道を信受せしめんが為に仮《かり》に世情に順ずる仏身なり。金剛般若経に云わく「若し三十二相を以て如来と見れば転輪聖王《てんりんじょうおう》も即ち是れ如来ならん」云云。又偈《げ》に云わく「若し色《しき》を以て我と見れば、是れ則ち邪道を行ず」等云云。台家《たいけ》の相伝、明匠口決《みょうしょうくけつ》の五二十六に云わく「他宗の権門の意は紫金《しこん》の妙体に瓔珞細軟《ようらくさいなん》の上服を着し威儀具足する仏を以て仏果と為《な》す、一家《いっけ》円実の意は、此くの如きの仏果は且《しばら》く機の前に面形《めんぎょう》を着け、化《ばけ》たる仏なる故に有為《うい》の報仏未だ無常を免れずと下し、此の上に本地無作三身を以て真実の仏果と為す、其の無作三身とは亦《また》何物ぞ、只《ただ》十界三千万法常住の所を体《たい》と為す、山家《さんげ》の云わく、一念三千即自受用身」已上略抄。

問う、本果は正《まさ》しく是れ本地自行の自受用身なり、若し爾《しか》らば則《すなわ》ち人法体一とせんや。

答う、若し文底の意に準ぜば本果は仍《なお》是れ迹中化他の応仏昇進の自受用にして、是れ本地自行の久遠元初の自受用に非ず、何ぞ人法体一と名づけんや。

問う、若し爾らば本果は猶《なお》迹仏化他の成道とせんや。

答う、文底の意に準ぜば実に所問の如し。謂わく、本果の成道に既に四教八教有って全く今《こん》日《にち》の化儀に同じきが故なり。文の一二十一に云わく「唯本地の四仏は皆是れ本なり」云云。籤の七に云わく「既に四義の浅深不同有り。故に知んぬ、不同なるは定めて迹に属す」云云。又云わく「久遠に亦《また》四教有り」云云。又云わく「昔日已《すで》に已今《いこん》を得」等云云。故に知んぬ、本果仍《なお》四教八教有り。記の一に云わく「化他は不定なり、亦八教有り」云云。此等の文に準ずるに本果は仍是れ迹仏化他の成道なり。応に知るべし、三蔵の応仏次第に昇進して寿量品に至り、自受用身と顕わるるが故に応仏昇進の自受用身と名づくるなり、是れ則ち今日の本果と一同なり云云。

問う、二仏の供養に浅深《せんじん》有りや。

答う、功徳の勝劣猶《なお》天地の如し。入大乗論の下十二に云わく「若し法身《ほっしん》を礼すれば即ち一切の色身を礼す、故に知んぬ、法身を本と為す、無量の色身は皆法身に依って現ず、故に仮使《たとい》恒河《ごうが》沙《しゃ》の色身と雖も一法身に如かず」云云。金剛般若論に云わく「法身に於て亦能《よ》く了因と作《な》り、報応の荘厳《しょうごん》相好此《ここ》に於て生因と為る」云云。玄私の五の本に云わく「彼の経論の意は色相の仏を以て仏と為すに非ず、故に今報応の因を以て亦世間の福に属す」云云。名疏の十七三十に云わく「生身を供養するを名づけて生因と為すも菩提に趣《おもむ》かず、法身を供養するを実に了因と名づけ能く菩提に趣く」云云。籤の五八に云わく「生因とは有漏《うろ》の因なり」云云。法師品に云わく云云。妙楽の云わく「供養すること有らん者は福十号に過ぐ」云云。

学者応に知るべし、久遠元初の自受用身は全く是れ一念三千なり、故に事の一念三千の本尊と名づくるなり。秘すべし、秘すべし云云。

第二　本門の戒壇篇

夫《そ》れ本門の戒壇に事有り、義有り。所謂《いわゆる》義の戒壇とは即ち是れ本門の本尊所住の処、義の戒壇に当たる故なり。例せば文句の第十に「仏其の中に住す即ち是れ塔の義なり」と釈するが如し云云。正《まさ》しく事の戒壇とは一閻浮提の人の懺悔滅罪《さんげめつざい》の処なり、但然るのみに非ず、梵天・帝釈も来下《らいげ》して踏みたもうべき戒壇なり。秘法抄に云わく「王臣一同に三秘密の法を持たん時、勅《ちょく》宣《せん》並びに御教書《みぎょうしょ》を申し下して、霊山《りょうぜん》浄土に似たらん最勝の地を尋ねて戒壇を建立すべき者か、時を待つべきのみ、事の戒法と申すは是れなり」等云云。宗祖の云わく「此の砌に臨まん輩《やから》は無始の罪障忽《たちま》ちに消滅し、三業の悪転じて三徳を成ぜんのみ」云云。

問う、霊山浄土に似たらん最勝の地とは何処《いずこ》を指すとせんや。

答う、応《まさ》に是れ富士山なるべし、故に富士山に於て本門の戒壇之れを建立すべきなり。将《まさ》に此の義を明かさんとするに且《しばら》く三門に約す、所謂《いわゆる》道理・文証・遮難《しゃなん》なり。

初めに道理とは

一には謂わく、日本第一の名山なるが故に。都良香《みやこのよしか》の富士山の記に云わく「富士山は駿河の国に在り、峰《みね》削り成すが如く直《す》ぐに聳《そび》えて天に属《つ》けり、其の高きこと測るべからず、史籍《しせき》の記する所を歴覧《れきらん》するに未だ此の山より高きは有らざる者なり、蓋《けだ》し神仙の游萃《ゆうすい》する所なり」云云。

二には謂わく、正《まさ》しく王城の鬼門に当たるが故に。義楚《ぎそ》六帖《じょう》の第二十一五に云わく「日本国亦《また》倭国と名づく、東海の中に在り、都城《とじょう》の東北千里に山有り、富士山と名づく」云云。東北は即ち是れ丑寅《うしとら》なり、丑寅を鬼門と名づくるなり。珠林《じゅりん》の十一十一・簠記《ほき》の第三云云。類聚《るいじゅ》の一の末五十三に云わく「天竺《てんじく》の霊山は王舎城《おうしゃじょう》の丑寅なり、震旦《しんだん》の天台山は漢陽宮《かんようきゅう》の丑寅なり、日本の比叡山は平安城の丑寅なり、共に鎮護国家の道場なり」云云。上野抄外《げ》の五七に云わく「仏法の住処《じゅうしょ》は鬼門の方《かた》に三国倶《とも》に建つなり。此等は相承の法門なり」云云。

三には謂わく、大日蓮華山と名づくるが故に。神道深秘二十六に云わく「駿河国大日蓮華山」云云。今之れを案ずるに山の形八葉の蓮華に似たるが故に爾《しか》名づくるなり。神社考の四十二に云わく「富士縁起に云わく、孝安天皇九十二年六月富士山涌出す、乃《すなわ》ち郡名を取って富士山と云う、形《かたち》蓮華に似て絶頂に八葉あり」云云。古徳の富山《ふさん》の詩に云わく「根は三州に跨《また》がりて煙樹《えんじゅ》老い、峰は八葉に分かれて雪華《せっか》重なる」云云。既《すで》に是れ日蓮山なり、最も此の処に於て戒壇を建つべきなり。自余之れを略す。

次に文証を引くとは、本門寺の額に云わく「大日本国富士山、本門寺根源」等云云。御書外の十六に御相承を引いて云わく「日蓮一期《いちご》の弘法、白蓮阿闍梨日興に之れを付嘱す、本門弘通の大導師たるべきなり。国主此の法を立てらるれば、富士山に本門寺の戒壇を建立せらるべきなり。時を待つべきのみ。事の戒法とは是れを謂《い》うなり」等云云。開山上人の門徒存知に云わく「凡《およ》そ勝地を撰んで伽藍《がらん》を建立するは仏法の通例なり。然るに駿河国富士山は日本第一の名山なり、最も此の砌《みぎり》に於て本門寺を建つべきなり」云云。三位《さんみ》日順の詮要抄に云わく「天台大師は漢土天台山に於て之れを弘宣《ぐせん》す、彼の山名を取って天台大師と号す、富士山亦日蓮山と名づく、最も此の山に於て本門寺を建つべし、彼は迹門の本寺、此れは本門の本山なり、此に秘伝有り」云云。況んや復《また》本門戒壇の本尊所住の処なり、豈《あに》戒壇建立の霊地に非ずや。経に曰く「若しは経巻所住の処、若しは園中《おんちゅう》に於ても、若しは林中に於ても乃至是の中皆《みな》応に塔を起てて供養すべし」等云云。

問う、有るが謂わく、凡《およ》そ身延山は蓮祖自らの草創の地にして諸山に独歩せり、所以に諸抄の中に歎じて曰く「天竺《てんじく》の霊鷲山にも劣らず、震旦《しんだん》の天台山にも勝れたり」云云。故に知んぬ、霊鷲山に似たらん最勝の地とは応に是れ身延山なるべし、如何《いかん》。

答う、最勝の地を論ずるに事有り、義有り。謂わく、富山《ふさん》の最勝は即ち事に約するなり、延山の最勝は是れ義に約するなり。然る所以は蓮祖大聖九年の間、一乗の妙法を論談し摩訶止観を講演したもうが故に霊山金仙洞《りょうぜんこんせんどう》にも劣らず、天台銀地《ごんじ》の峰にも勝る、天台の所謂《いわゆる》「法妙なるが故に即ち処《ところ》尊し」とは是れなり。然るに正応元年の冬、興師離山の後、彼の山已《すで》に謗法の地と成る、云うても余り有り、歎いても何かはせん。彼の摩梨山《まりせん》の瓦礫《がりゃく》の土と成り、栴檀林《せんだんりん》の荊《けい》棘《きょく》と成りしにも過ぎたり云云。

問う、有るが謂わく、宗祖の云わく「教主釈尊の一大事の秘法を霊鷲山にして相伝し、日蓮が肉団の胸中に秘して隠し持てり。去《さ》れば日蓮が胸の間《あいだ》は諸仏入定《にゅうじょう》の処《ところ》なり、舌の上は転法輪の処、喉《のんど》は誕生の処、口中《こうちゅう》は正覚《しょうがく》の砌《みぎり》なり、斯《か》かる不思議なる法華経の行者の住処なれば、争《いか》でか霊山浄土に劣るべき」云云。今此の文に准ずるに延山は正しく是れ法身の四処なり、豈《あに》最勝の地に非ずや。

答う、教主釈尊の一大事の秘法とは結要付嘱の正体、蓮祖出世の本懐、三大秘法の随一、本門の本尊の御事なり。是れ則《すなわ》ち釈尊塵点劫より来《このかた》心中深秘の大法なり、故に一大事の秘法と云うなり。然るに三大秘法随一の本門戒壇の本尊は今富士の山下に在り、故に富士山は即ち法身の四処なり、是れ則ち法妙なるが故に人尊く、人尊きが故に処貴しとは是れなり。

問う、有るが謂わく、凡《およ》そ身延山は蓮師の正墓なり、故に波木井抄三十に云わく「何国《いずく》にて死に候とも、墓をば身延山の沢に立てさすべく候」等云云。既に是れ御墓処《むしょ》なり、豈最勝の地に非ずや。

答う、汝等法水《ほっすい》の清濁を論ぜず但御墓所の在無を論ず、是れ全身を軽んじて砕身《さいしん》を重んずるか。而るに彼の御身骨は正《まさ》しく興師離山の日之れを富山《ふさん》の下《もと》に移し、今に伝えて之れ有り、塔中《ちゅう》の水精輪《すいしょうりん》に盛ること殆《ほとん》ど升余《しょうよ》に満つるなり。而も開山上人の御遺状《ごゆいじょう》有り、謂わく「大石の寺は御堂《みどう》と云い墓所と云い、日目之れを管領《かんりょう》せよ」等云云。既《すで》に戒壇の本尊を伝うるが故に御堂と云い、又蓮祖の身骨を付するが故に墓所と云うなり、故に蓮祖の正墓は今富山《ふさん》に在るなり。

問う、有るが謂わく、宗祖の云わく「未来際までも心は身延の山に住むべく候」云云。故に祖師の御心常に延山に在り、故に知んぬ、是れ最勝の地なることを。

答う、延山は本《もと》是れ清浄の霊地なり、所以に蓮師に此の言《ことば》有り。而るに宗祖滅度の後地頭《じとう》の謗法重畳《ちょうじょう》せり、興師諫暁《かんぎょう》すれども止めず、蓮祖の御心寧《むし》ろ謗法の処に住せんや、故に彼の山を去り遂に富山に移り、倍《ますます》先師の旧業を継ぎ更に一塵の汚れ有ること無し。而して後、法を日目に付し、日目亦《また》日道に付す、今に至るまで四百余年の間《あいだ》一器の水を一器に移すが如く清浄の法水断絶せしむる事無し、蓮師の心月《しんげつ》豈此に移らざらんや、是の故に御心今は富山に住したもうなり。

問う、若し蓮祖の御心、地頭の謗法に依って彼の山に住したまわずと言わば、天子将軍仍《なお》未だ帰依したまわざる故に一閻浮提皆《みな》是れ謗法なり、那《なん》ぞ彼《かじこ》を去って此に移るべけんや。

答う、総じて之れを言わば実に所問の如し、今別して之れを論ずるに縁に順逆有り、故に逆を去って順に移るなり。取要抄に云わく「小大・権実・顕密、倶に教のみ有って得道無し、一閻浮提皆謗法と成り畢《おわ》んぬ。我が門弟は順縁、日本国は逆縁なり」云云。四条抄に云わく「去《さ》れば八幡大菩薩は不正直を悪《にく》みて天に登りたまえども、法華経の行者を見ては争《いか》でか其の影をば惜しむべき」云云。此の文に准例して今意を察すべし云云。

問う、癡山日饒《ちざんにちにょう》が記に云わく「富士山に於て戒壇を建立すべしとは是れ所表《しょひょう》に約する一往の意なり。謂わく、当に大山に於て大法を説くべき故なり、例せば仏十二の大城の最大王舎城《おうしゃじょう》霊山に於て法華経を説けるが如し、即ち是れ大法を説くことを表わす所以なり、再往所縁に約する則《とき》んば本門流布の地皆是れ富士山本門寺の戒壇なり。故に百六箇に云わく、何《いずく》の在処たりとも多宝富士山本門寺と号すべきなり云云。経に云わく、当知是処即是道場《とうちぜしょそくぜどうじょう》とは是れなり、何ぞ必ずしも富士山を以て体《たい》と為し本山と為《な》さんや」抄略、此の義如何《いかん》。

答う、拙《つたな》いかな癡山《ちざん》や、汝は是れ誰が弟子ぞや、苟《いや》しくも門葉《もんよう》に隠れて将《まさ》に其の根《き》を伐らんとするや、且《か》つ其の流れを汲んで将に其の源を壅《ふさ》がんとするや、是れ愚癡《ぐち》の山高く聳《そび》えて東天の月を見ざるに由るが故なり。方《まさ》に今一指《いっし》を下して饒《にょう》が癡山を擘《つんざ》くべし、曷《なん》ぞ須《すべか》らく巨霊が手を借るべけんや。

謂《い》わく、仏実に王舎城に住せずと雖も且く所表に約して「一時仏住。王舎城」と説かんや、若し仏実に王舎城に住して法華経を説かば那《なん》ぞ実に富士山に於て戒壇を建立せざらんや是一。

若し本門流布の地は皆是れ本門の戒壇といわば、応に是れ権迹流布の地も亦皆権迹の戒壇なるべし。若し爾《しか》らば如何ぞ月氏の楼至菩薩《ろうしぼさつ》、祇園《ぎおん》の東南に更に之れを建立せんや、亦復《またまた》如何ぞ震旦《しんだん》の羅什三蔵《らじゅうさんぞう》草堂寺に於て別に之れを建立せんや、亦復如何ぞ日域《にちいき》の鑑真《がんじん》和尚小乗の戒壇を三処に之れを建立せんや、亦復如何ぞ伝教大師迹門の戒壇を叡山に之れを建立せんや。権迹の戒壇既《すで》に別に之れを建立す、本門の戒壇何ぞ更に建てざるべけんや是二。

百六箇に云わく「日興が嫡々《ちゃくちゃく》相承の曼荼羅を以て本堂の正本尊と為すべし乃至何《いず》の在処たり

とも多宝富士山本門寺と号すべし」云云。嫡々相承の曼荼羅とは本門戒壇の本尊の御事なり。故に御遺状《ごゆいじょう》に云わく「日興が身に宛《あ》て賜わる所の弘安二年の大本尊は、日目に之れを授与す。本門寺に掛け奉るべし」云云。故に百六箇の文意は本門戒壇の本尊所在の処を本門寺と号すべし云云。何ぞ上の文を隠して之れを引かざるや是三。

「経に云わく、即是道場《そくぜどうじょう》とは是れなり」といわば、彼の経文を引くと雖も経文の意を知らず、今略して之れを引いて其の意を示すべし。経に云わく「若しは経巻所住の処、若しは園中《おんちゅう》に於ても、若しは林中に於ても是の中に皆応《まさ》に塔を起《た》てて供養すべし。所以は何《いかん》、当に知るべし、是の処は即ち是れ道場なり、諸仏此に於て三菩提を得、諸仏此に於て法輪を転じ、諸仏此に於て般涅槃《はつねはん》す」云云。「若経巻《にゃくきょうがん》」とは即ち是れ本門の本尊なり、「皆応起塔《かいおうきとう》」とは本門の戒壇なり、故に此の文意は本門の本尊所住の処に応に本門の戒壇を起つべし。所以は何、当に知るべし、是の処は法身の四処の故なりと云云。明文白義《びゃくぎ》宛《あたか》も日月の如し、何ぞ曲《ま》げて私情に会せんや是四。

又云わく「何ぞ必ずしも富士山を以て体《たい》と為し、本山と為《な》さんや」と云云。

今謂わく、嗚呼《ああ》我慢偏執抑《そもそも》何の益有りや、富士山を以て本山と仰ぐべきこと文理明白なり。一には富士山は是れ広宣流布の根源なるが故に。根源とは何ぞ、謂わく、本門戒壇の本尊是れなり、故に本門寺根源と云うなり。弘の一の本五十に云わく「像末の四依《しえ》、仏化《ぶっけ》を弘宣《ぐせん》す、化を受け教を稟《う》く、須《すべから》く根源を討《たず》ぬべし、若し根源に迷う則《とき》んば増上して真証を濫《みだ》さん」云云。宗祖の云わく「本門の本尊、妙法蓮華経の五字を以て閻浮提に広宣流布せしめんか」等云云。既《すで》に是れ広布の根源の所住なり、蓋《なん》ぞ本山と仰がざらんや。

二には迹門を以て本門に例するが故に。謂《い》わく、迹門弘通の天台宗は天台山を以て既に本寺と為す、本門弘通の日蓮宗、寧《むし》ろ日蓮山を以て本山とせざらんや。三位《さんみ》日順の詮要抄に云わく「天台大師は漢土天台山に於て之れを弘通す、富士山亦《また》日蓮山と名づく、最も此の山に於て本門寺を建立すべし。彼は迹門の本寺、此れは本門の本山疑い無き者なり、是れ深秘の法門なり」云云。

三には本門大戒壇の霊場なるが故に。凡《およ》そ富士大日蓮華山は日本第一の名山にして正《まさ》しく王城の鬼門に当たれり、故に本門の戒壇応に此の地に建立すべき故なり云云。

四には末法万年の総貫首《そうかんず》の所栖《しょせい》なるが故に。謂わく、血脈抄に云わく「日興を付弟と定め畢《おわ》んぬ、而して予が入滅の導師として寿量品を始め奉るべし、万年已後未来までの総貫首の証拠なり」等云云。

五には一閻浮提の座主《ざす》の所住なるが故に。謂わく、御遺状《ごゆいじょう》に云わく「本門寺建立の時、日目を座主と為し、日本乃至一閻浮提の山寺等に於て、半分は日目嫡子分《ちゃくしぶん》として管領《かんりょう》せしむべし。残る所の半分は自余の大衆等之れを領掌《りょうしょう》すべし」等云云。明文斯《か》くの如し、若し本山に非ずんば何ぞ未来までの総貫首及び一閻浮提の座主と称せんや、日饒《にちにょう》如何是五。

学者応に知るべし、独尊の金言偽り無く、三師の相承虚《むな》しからずんば富士山の下《もと》に戒壇を建立して本門寺と名づけ、一閻浮提の諸寺・諸山、本山と仰ぐべきなり。天台の所謂《いわゆる》「流れを挹《く》んで源を尋ね、香を聞《か》いで根を討《たず》ぬ」とは是れなり。

第三　本門の題目篇

夫《そ》れ本門の題目とは、即ち是れ妙法五字の修行なり。是れ即ち聖人垂教《すいきょう》の元意《がんい》、衆生入理の要蹊《ようけい》なり。豈池《あに》に臨んで魚を観《み》、肯《あ》えて網を結ばず、粮《ろう》を裹《つつ》んで足を束《つか》ね、安座して行かざるべけんや。修行に本有り、所謂《いわゆる》信心なり。弘の一の上六十八に云わく「理に依って信を起こす、信を行の本と為す」云云。記の九の末に云わく「一念信解とは即ち是れ本門立行の首《はじめ》」等云云。故に知んぬ、本門の題目には必ず信行を具す、所謂但《ただ》本門の本尊を信じて南無妙法蓮華経と唱うるを本門の題目と名づくるなり。仮令《たとい》信心有りと雖も若し修行無くんば未だ可ならざるなり。故に起信《きしん》の義記《ぎき》に云わく「信有って行無きは即ち信堅《かた》からず、行を去るの信は縁に遇っては便《すなわ》ち退す」云云。仮令修行有りと雖も若し信心無くんば不可なり。故に宗祖の云わく「信無くして此の経を行ぜんは手無くして宝山に入るが如し」云云。故に知んぬ、信行具足して方《まさ》に本門の題目と名づくるなり、何ぞ但唱題のみと云わんや。玄の一に云わく「百論に盲跛《もうは》の譬え有り」云云。謂わく、跛《は》にして盲《もう》ならざるは信有って行無きが如く、盲にして跛ならざるは行有って信無きが如し、若し信行具足するは猶《なお》二全《まった》きが如し云云。玄の四に云わく「智目行足《ちもくぎょうそく》をもって清涼池《しょうりょうち》に到《いた》る」云云。宗祖の云わく「信を以て慧に代《か》う」云云。当体義抄に云わく「日蓮が一門は当体蓮華を証得して寂光当体の妙理を顕わすは、本門寿量の教主の金言を信じて南無妙法蓮華経と唱うるが故なり」云云。血脈抄に云わく「信心強盛にして唯余念無く南無妙法蓮華経と唱え奉れば凡身即ち仏身なり」云云。

問う、宗祖の云わく「如是我聞の上の妙法蓮華経の五字は即ち一部八巻二十八品の肝心、亦《また》復《また》一切経の肝心なり」云云、此の文如何《いかん》。

答う、凡《およ》そ此の文意、大に二意有り。所謂《いわゆる》一往就法《じゅほう》・再往功帰なり。

一往就法に亦《また》二意有り、一往名通・再往義別なり。一往名通とは即ち是れ妙法の名《な》二十八品に通ず、故に名の中に二十八品を収む。故に妙楽の云わく「略して経題を挙ぐるに玄《げん》に一部を収む」等云云。宗祖の云わく「妙法蓮華経は総名なり、二十八品は別名なり、譬えば日本の両字に六十余州を収むるが如し」云云。次に義別再往とは一部八巻通じて妙法と名づくれども、二門の妙法其の義天別なり。謂わく、迹門は開権顕実の妙法、本門は開迹顕本の妙法なり、具《つぶさ》に玄文の如し。当体義抄等云云。妙楽の云わく「豈是《あに》くの如きの妙中の妙等の名を以て能《よ》く法体《ほったい》を定めんや、是の故に須《すべから》く名の下の義を以て之れを簡別すべし」等云云。名通一往・義別再往、此の文に分明なり。

第二に再往功帰に亦二意有り、所謂《いわゆる》一往脱益・再往下種なり。一往脱益とは、玄の一に曰く「此の妙法蓮華経は本地甚深の奥蔵なり、三世諸仏の証得する所なり」云云。籤の一に云わく「迹中に説くと雖も功を推すに在ること有り、故に本地と云う」云云。応に知るべし、就法は是れ一往なり、故に「迹中雖説《しゃくちゅうすいせつ》」と云う。功帰は是れ再往なり、故に「推功有在《すいくうざい》」と云うなり。次に再往下種とは、四信抄に云わく「妙法蓮華経の五字は文に非ず、義に非ず、一部の意ならくのみ」云云。須《すべから》く知るべし、文は則《すなわ》ち一部の始終能詮《のうせん》の文字なり、義は則ち所詮《しょせん》の迹本二門の所以《ゆえん》なり、意は則ち二門の所以皆《みな》文底に帰す、故に文底下種の妙法を以て一部の意と名づくるなり。文底大事の御相伝に云わく「文底とは久遠下種の名字の妙法に、今日《こんにち》熟脱の法華経の帰入する処を志し給うなり」等云云。古徳の云わく「文は謂わく文字一部の始終なり、義は則ち深く所以有り、意は則ち所以帰する有り」云云、此の釈之れを思い合わすべし。妙楽の云わく「脱《だつ》は現に在りと雖も具《つぶさ》に本種に騰《とう》ず」云云。応に知るべし、脱益は是れ一往なり、故に「雖脱在現《すいだつざいげん》」と云い、下種は是れ再往なり、故に「具騰本種《ぐとうほんしゅ》」と云うなり云云。故に知んぬ、文義意の中の意の妙法、種熟脱の中の種の妙法、即ち是れ文底秘沈の大法にして寿量品の肝心本門の題目是れなり。

問う、有るが謂《い》わく、本門の一品二半の妙法なるが故に本門の題目と云う云云。有るが謂わく、八品所顕神力の妙法なるが故に本門の題目と云うなり云云、此の義如何《いかん》。

答う、吾が祖の所判四十巻の中に都《すべ》て此の義無し、誰か之れを信ずべけんや。

問う、若し爾《しか》らば寿量肝心の明文如何。

答う、今略して七文を引かん。

一には三仏舌相《ぜっそう》の本意に由る。下山抄に曰く「実には釈迦・多宝・十方の諸仏は寿量品の肝心たる南無妙法蓮華経の五字を信ぜしめんが為に出だし給う広長舌なり」等云云。

二には如来別命の本意に由る。撰時抄に曰く「寿量品の肝心南無妙法蓮華経の末法に広宣流布せんずる故に、此の菩薩を召し出だす」云云。

三には本化《ほんげ》所修の正体に由る。下山抄に曰く「五百塵点劫より一向に本門寿量の肝心を修行し習い給う上行菩薩」等云云。

四には如来付嘱の正体に由る。本尊抄に曰く「是好良薬とは寿量品の肝要たる名体宗用教《みょうたいしゅうゆうきょう》の南無妙法蓮華経是れなり。仏尚《なお》迹化に授与したまわず。何に況んや他方をや」云云。

五には本化授与の正体に由る。本尊抄に云わく「但地涌千界《じゆせんがい》の大菩薩を召《め》して寿量品の肝心たる南無妙法蓮華経の五字を以て閻浮《えんぶ》の衆生に授与せしむるなり」云云。

六には末法下種の正体に由る。教行証抄外《げ》十二に云わく「当世逆謗の二人に、初めて本門寿量の肝心南無妙法蓮華経を以て下種と為《な》す。是の好き良薬《ろうやく》を、今留めて此に在《お》くとは是れなり」云云。

七には末法所修の正体に由る。下山抄に曰く「地涌の大菩薩末法の初めに出現し給いて、本門寿量品の肝心たる南無妙法蓮華経の五字を、一閻浮提の一切衆生に唱えさせ給う」云云。開目抄に云わく「一念三千の法門は但法華経の本門寿量品の文の底に秘し沈め給えり」云云。血脈抄に云わく「文底とは久遠名字の妙法を余行に渡さず、直達正観《じきだつしょうかん》・事行の一念三千の南無妙法蓮華経なり」。

文底秘沈抄畢《おわ》んぬ

享保《きょうほう》十乙巳年三月下旬　大石の大坊に於て之れを書す

六十一歳

日　寛　花押

依義判文抄　第三

依義判文抄　第三

依義判文抄　第三

明者《めいしゃ》は其の理を貴び闇者《あんじゃ》は其の文を守る。苟《いや》しくも糟糠《そうこう》に執し橋を問う、何《なん》の益《やく》かある。而《しか》も亦謂《い》えること有り、文証無くんば悉《ことごと》く是れ邪偽《じゃぎ》なりと。縦《たと》い等覚の大士、法を説くと雖も経を手に把《と》らずんば之れを用うべからざるなり。故に開山上人の口決《くけつ》に慣《なら》って謹んで三大秘法の明文を考え、而して文底秘沈の誠証《じょうしょう》に擬《ぎ》し、以て後世の弟子に贈る。此れは是れ偏《ひとえ》に広宣流布の為なり、必ず其の近きを以て之れを忽《ゆるが》せにすべからず云云。

依義判文抄

日寛謹んで記す

撰時抄の上に曰く「仏の滅後に迦葉・阿難・馬鳴・竜樹・天台・伝教の未だ弘通しましまさぬ最大深秘の大法、経文の面《おもて》に顕然《けんねん》なり。此の深法今末法の始め後五百歳に一閻浮提に広宣流布す」等云云。

問う、夫《そ》れ正像未弘の大法、末法流布の正体、本門の三大秘法とは、一代諸経の中には但《ただ》法華経、法華経の中には但本門寿量品、寿量品の中には但文底秘沈の大法なり。宗祖何ぞ「最大深秘の大法、経文の面に顕然なり」と言《の》たもうや。

答う、一代聖教《いちだいしょうぎょう》は浅きより深きに至り、次第に之れを判ずれば実に所問の如し。若し此の経の謂《いわ》れを知って立ち還って之れを見る則《とき》んば、爾前の諸経すら尚《なお》本地の本法を詮せずということと莫《な》し。何《いか》に況《いわ》んや今経《こんぎょう》の迹本二門をや。天台大師の玄文の第九に「皆本地の実因実果、種々の本法を用《もっ》て諸の衆生の為に而も仏事を作《な》す」と云うは是れなり。故に知んぬ、文底の義に依って今経の文を判ずるに三大秘法宛《あたか》も日月の如し。故に「経文の面に顕然なり」と云うなり。

問う、此の経の謂《いわ》れを知るとは其の謂れ如何《いかん》。

答う、宗祖の云わく「此の経は相伝に非ざれば知り難し」等云云。三重秘伝云云。

問う、若《も》し爾《しか》らば其の顕然の文如何。

答う、此《ここ》に開山上人の口決《くけつ》有り、今略して之れを引いて以て綱要を示さん云云。

三大秘法口決に云わく「一には本門寿量の大戒、虚空《こくう》不動戒を無作の円戒と名づけ、本門寿量の大戒壇と名づく。二には本門寿量の本尊、虚空不動定、本門無作の大定を本門無作の事の一念三千と名づく。三には本門寿量の妙法蓮華経、虚空不動慧を自受用本分の無作の円慧と名づく云云。口決に云わく、三大秘法の依文は神力品なり。疏《しょ》に曰く、於諸法之義《おしょほうしぎ》の四偈《げ》は甚深の事を頌《じゅ》す云云。能持是経者《のうじぜきょうしゃ》は三大秘法の中の本門の妙法蓮華経なり乃至畢竟住一乗《ひっきょうじゅういちじょう》は三大秘法の中の本門寿量の本尊なり、一切衆生の生死の愛河を荷負《かぶ》する船筏《せんばつ》、煩悩の嶮路《けんろ》を運載する車乗なり乃至応受持斯経《おうじゅじしきょう》は三大秘法の中の本門の戒壇なり。裏書きに曰く、受持即持戒なり。持戒清潔にして作法受得の義なり」等云云略抄。秘すべし秘すべし、仰いで之れを信ずべし云云。

問う、更に勘文有りや、若し爾らば聞くことを得べけんや。

答う、勘文無きに非ず。若し之れを聞かんと欲せば、先ず須《すべから》く三大秘法の開合の相を了すべし。若し之れを了せずんば経文を引くと雖も、恐《おそ》らくは解《げ》し易《やす》からざらんことを云云。

問う、若し爾らば三大秘法開合の相如何《いかん》。

答う、実には是れ一大秘法なり。一大秘法とは即ち本門の本尊なり。此の本尊所住の処を名づけて本門の戒壇と為《な》し、此の本尊を信じて妙法を唱うるを名づけて本門の題目と為すなり。故に分かちて三大秘法と為すなり。又本尊に人有り法有り、戒壇に義有り事有り、題目に信有り行有り、故に開して六義と成る。此の六義散じて八万宝蔵と成る。例せば高僧伝に「一心は万法の総体なり。分かちて戒定慧と為し、開して六度と為り、散じて万行と為る」と云うが如し。当に知るべし、本尊は万法の総体なり。故に之れを合する則《とき》んば八万宝蔵は但《ただ》六義と成り、亦《また》此の六義を合すれば則ち但三大秘法と成り、亦三大秘法を合すれば則ち但一大秘法の本門の本尊と成るなり。故に本門戒壇の本尊を亦は三大秘法総在の本尊と名づくるなり。若し此の開合の意を得ば亦所引《しょいん》の文意を得ん云云。

問う、已《すで》に開合の相此れを聞くことを得たり、正《まさ》しく三大秘法の経文如何。

答う、三大秘法とは即ち戒定慧なり。一部の文、三学に過ぎたるは莫《な》し。然りと雖も今管見《かんけん》に任《まか》せて略して三大秘法具足の文を引かん。

第一に法師品の「若復有人《にゃくぶうにん》」等の文

法師品に云わく「若《も》し復《また》人有って妙法華経の乃至一偈《げ》を受持し読誦し解説し書写し、此の経巻に於て敬《うやま》い視《み》ること仏の如くにして、種々に供養せん」等云云。応《まさ》に知るべし、「受持」は即ち是れ本門の戒壇なり、「読誦」等は本門の題目なり、「於此経巻、敬視如仏《おしきょうがん、きょうじにょぶつ》」は本門の本尊なり、此の文に則《すなわ》ち人法の本尊を含むなり。

問う、受持・読・誦等は是れ五種の妙行なり。何ぞ受持の両字を以て即ち本門の戒壇とせんや。

答う、開山上人既《すで》に「応受持斯経《おうじゅじしきょう》」の文を以て、即ち本門の戒壇と為《な》す。故に今「受持」の両字を以て本門の戒壇と為すなり。若し汎《ひろ》く之れを論ぜば受持の言に即ち三意を含む。一に所持の法体《ほったい》に約すれば即ち是れ本門の本尊なり。「畢竟住一乗《ひっきょうじゅういちじょう》」の文を以て即ち本門の本尊と為すが如きは是れ所住の辺を取る、所住は即ち是れ所持の法体なり。二に能持の信行に約すれば即ち是れ本門の題目なり。「能持是経者《のうじぜきょうしゃ》」の文を以て即ち本門の題目と為すが如し。但し「能持是経」の「能」は、能・所の能と謂《い》うに非ざるなり。

三に受持の儀式に約すれば即ち是れ本門の戒壇なり。此れ則ち作法受得の義なり。

問う、既に「読誦乃至一偈」と云う。故に知んぬ、応《まさ》に一部に亘るべし、何ぞ唯題目と云うや。

答う、広略は時に適《かな》って一准《いちじゅん》なるべからず。今は既に末法なり、故に要法に約す。読誦と云うと雖も何ぞ広略に限らん。正《まさ》しく本尊に向かって妙法を唱え奉るは即ち是れ読なり、本尊に向かわずして妙名を唱うるは即ち是れ誦なり。天台の所謂《いわゆる》「文を看《み》るを読と為し、忘れざるを誦と為す」とは是れなり。修禅寺《しゅぜんじ》の決《けつ》に曰く「天台大師行法の日記に云わく、読誦し奉る一切経の総要毎日一万遍と。玄師の伝に云わく、一切経の総要とは所謂妙法蓮華経の五字なり」云云。豈《あに》要行を読誦と云うに非ずや。又「妙法華経乃至一偈」と云うと雖も何ぞ広略に限らん。「仏欲《ぶつよく》以此《いし》、妙法華経」及び「能持是経者」等の句の如き豈要法に非ずや。況んや復《また》「句々の下、通じて妙名を結す」の文、之れを思い合わすべし。

問う、法は是れ聖の師なり、何ぞ「於此経巻、敬視如仏」と云うや。

答う、若し附文《ふもん》の辺は且《しばら》く世情に順ずる故なり。若し復《また》元意の辺は人法の名は殊《こと》なれども其の体《たい》異ならず、故に「如」と云うなり。

第二に法師品の「在々処々《ざいざいしょしょ》」等の文

法師品に云わく「薬王、在々処々に、若しは説き、若しは読み、若しは誦《じゅ》し、若しは書き、若しは経巻所住の処には、皆応《まさ》に塔を起て」等云云。応に知るべし、「若説《にゃくせつ》、若読《にゃくどく》」等は本門の題目なり、「若経巻《にゃくきょうがん》」は即ち本門の本尊なり、「所住之処《しょじゅうししょ》、皆応起塔《かいおうきとう》」は本門の戒壇なり。中に於て「所住之処」は義の戒壇なり、「皆応起塔」は事の戒壇なり。

問う、五種の妙行は応に広略に亘《わた》るべし、何ぞ題目と云うや。

答う、修禅寺決の中に仍《なお》一字五種の妙行を明かす、況んや要法五種の妙行をや。御義口伝の上に「若説此経」の文を釈して云わく「此経とは題目なり」云云。今文に准知《じゅんち》せよ云云。

問う、「若経巻」とは応に是れ黄巻朱軸《おうがんしゅじく》の経巻なるべし、何ぞ本門の本尊と云うや。

答う、今は末法に約して経文を消《しょう》する故なり。況んや復《また》本尊問答抄に正《まさ》に此の文を引いて「末代悪世の衆生は、法華経の題目を以て本尊とすべし」等云云。

問う、但《ただ》「皆応起塔」と云う、何ぞ必ずしも本門の戒壇ならんや。

答う、凡《およ》そ戒定慧は仏家の軌則なり、是の故に須臾《しゅゆ》も相《あい》離るべからず。然《しか》るに「若説」等は本門の題目、虚空《こくう》不動慧なり。「若経巻」は本門の本尊、虚空不動定なり。定慧已《すで》に明らかなり、豈《あに》虚空不動戒を欠くべけんや。故に知んぬ、「皆応起塔」は本門の戒壇なり。所以《ゆえ》に三位《さんみ》日順の心底抄《しんていしょう》に云わく「行者既《すで》に出現して久成の定慧を広宣流布す、本門の戒壇豈其れ建たざらんや」云云。

問う、若し爾《しか》らば戒壇の戒相如何《いかん》。

答う、三位日順の心底抄に云わく「戒壇の方面は地形《ちぎょう》に随うべし。国主信伏し造立の時至らば智臣・大徳宜《よろ》しく群議を成すべし、兼日《けんじつ》の治定《ちじょう》は後難を招くに在り、寸尺高下注記すること能《あた》わず」等云云。順公尚《なお》爾り、況んや末学をや。

今略して一両の文を引き、以て後の君子を俟《ま》つのみ。

仏祖統記の第三十三に云わく「仏祇園《ぎおん》の外院の東南に戒壇を建立せしむ。地より立って三重を相と為《な》し以て三空を表わす、帝釈又覆釜《ふふ》を加え以て舎利を覆《おお》う、大梵天王無価《むげ》の宝珠を以て覆釜の上に置く。是れを五重と為し五分法身を表わす」等云云。書註の六二十三に伝通記の下を引いて云わく「鑑真《がんじん》、大仏殿の西に別して戒壇院を建つ。所立の戒場に三重の壇有り、大乗の菩薩の三聚浄戒《さんじゅじょうかい》を表わす。故に第三重に於て多宝の塔を安《やす》んず。塔中に釈迦・多宝の二仏の像を安んじ、一乗深妙・理智冥合の相を表わす」云云。学生式問答《がくしょうしきもんどう》の第五に云わく「問うて曰く、其の第一菩薩戒の本師、塔中の釈迦伝戒の相何《いかん》。答えて曰く、塔中の釈迦は分身を集め以て垢衣《くえ》を脱し、地涌を召して以て常住を示す」等云云。

第三に宝塔品の「此経難持《しきょうなんじ》」等の文

宝塔品に云わく「此の経は持《たも》ち難し、若《も》し暫《しばら》くも持つ者は我即《すなわ》ち歓喜《かんぎ》す、諸仏も亦然《しか》なり。是くの如きの人は諸仏の歎《ほ》めたもう所なり、是れ則ち勇猛《ゆうみょう》なり、是れ則ち精進《しょうじん》なり。是れを戒を持ち、頭陀《ずだ》を行ずる者と名づく。則ち為《こ》れ疾《と》く無上の仏道を得たるなり。能《よ》く来世に於て此の経を読み持たんは、是れ真の仏子にして淳善《じゅんぜん》の地《じ》に住するなり」云云。応《まさ》に知るべし、「此経難持」より「無上仏道」に至る三行の文は、即ち是れ本門の本尊なり、「能於来世《のうおらいせ》、読持此経《どくじしきょう》」は即ち是れ本門の題目なり、「是真仏子《ぜしんぶっし》、住淳善地《じゅうじゅんぜんじ》」は即ち是れ本門の戒壇なり。

初めに本門の本尊の文、亦分かちて二と為《な》す。初めに三大秘法総在の本尊を明かすなり、総在の本尊とは題目・戒壇の功能《くのう》を具足する故なり。亦は一大秘法の本尊と名づく、題目・戒壇の功能を具すると雖も、但是れ一箇の本尊なるが故なり。次に「則為《そくい》」の下は行者の疾成《しつじょう》を明かす。謂《い》わく、此の本尊を受持すれば理即の凡夫、全く是れ究竟《くきょう》の仏果なり。故に「疾得《しっとく》無上仏道」と云うなり。

初めに三大秘法総在の本尊を明かすに亦分かちて三と為す。初めに所持の本尊を明かし、次に「是則《ぜそく》」の下は能持即題目なるを明かし、三に「是名《ぜみょう》」の下は能持即戒壇なるを明かすなり。応に知るべし、我等《われら》信行を励まずと雖も、我等戒法を持たずと雖も、若し能《よ》く此の本尊を受持する則《とき》んば、自然《じねん》に信行を励まし戒法を持つに当たるなり。故に「是則」「是名」等と云うなり。無量義経に云わく「未だ六波羅蜜《はらみつ》を修行することを得ずと雖も、六波羅蜜自然に在前す」等云云。宗祖の云わく「釈尊の因行・果徳の二法は妙法蓮華経の五字に具足す。我等此の五字を受持すれば自然に彼の因果の功徳を譲り与えたもう」云云。法仏の深恩《じんのん》此れを思い見るべし云云。

初めに所持の本尊を明かすに亦分かちて三と為す。初めに法の本尊を明かす、「此経難持」等の二句是れなり。言う所の「此経」とは即ち是れ所持の法体《ほったい》なり、故に法の本尊なり。次に「我即」の下は人の本尊を明かす、「我」は即ち釈尊、「諸仏」は即ち是れ多宝・分身なり、此の三仏は即ち久遠元初の無作三身を表わす。所表の本仏豈《あに》人の本尊に非ずや。三に「如是」の下は一念三千を明かして人法体一を示すなり。「如是之人《にょぜしにん》」は即ち九界なり、「諸仏所歎《しょぶつしょたん》」は是れ仏界なり、九界は能く仏身を持ち、仏界は能く九界を歎《たん》ず。是の故に十界冥薫《みょうくん》し一念三千最も明らかなり。宗祖の云わく「一念三千即自受用身、自受用身即一念三千」云云。寧《むし》ろ人法体一に非ずや。次上の文に云わく「若《も》し能く持つこと有らば、則ち仏身を持つなり」と、之れを思い合わすべし。

問う、「勇猛精進」を題目と為す意如何《いかん》。

答う、本門の題目は即ち二意を具す、所謂《いわゆる》信心・唱題なり。応に知るべし、「勇猛精進」は即ち是れ信心・唱題なり、故に本門の題目と為すなり。中に於て「勇猛」は是れ信心なり。故に釈に曰く「敢《いさ》んで為すを勇と曰い、智を竭《つく》すを猛と曰う」云云、故に勇み敢んで信力を励み竭すを勇猛と名づくるなり。「精進」は即ち是れ唱題の行なり。故に釈に曰く「雑無きの故に精、間《ひま》無きの故に進」云云。宗祖の云わく「専ら題目を持って余文を雑《まじ》えず」云云、又云わく「此の妙法に余事を雑うるは由々《ゆゆ》敷《し》き僻事《ひがごと》なり」云云。記の三の下六十五に云わく「勇猛精進とは二意有り。一には期心《ごしん》在ること有り、二には身心倶《とも》に勤む」等云云。応に知るべし、「期心有在」は即ち信心なり。若し本尊を信ぜざる則《とき》んば期心在ること無し、虚空《こくう》を射《い》るに期心在ること無きが如し。若し能《よ》く本尊を信ずる則んば期心在ること有り、若し的《まと》を射る則んば期心在ること有るが如し。

故に是れ信心なり。「身心倶勤」は即ち唱題なり。宗祖の云わく「日蓮が弟子等、此の咎《とが》を免《まぬか》れんと欲せば、薬王・楽法の如く臂《ひじ》を焼き皮を剝《は》ぎ、雪山・国王の如く身を投げ心を仕えよ。若し爾《しか》らずんば遍身に汗を流せ。若し爾らずんば珍宝を以て仏前に積め。若し爾らずんば奴婢《ぬひ》と為《な》って持者に仕え奉れ。若し爾らずんば」等云云。

疏《しょ》の八四十一に正《まさ》しく当文を釈して云わく「是れ則《すなわ》ち勇猛の下は、能く持ち難きを持てば、即ち勝行と成ることを明かす」云云。応《まさ》に知るべし、「能持難持」は即ち信心なり、「即成勝行」は豈《あに》唱題に非ずや。

「是名持戒」は即ち戒壇とは、文の九八十一に云わく「経を持つは即ち是れ第一義戒なり」云云。宗祖此の文を釈して曰く「但此の経を信ずるが即ち是れ持戒なり」等云云。

大文の第二、「能於来世《のうおらいせ》、読持此経《どくじしきょう》」とは即ち本門の題目なり。「能於来世」は即ち是れ末法なり、「読」は是れ唱題なり、「持」は是れ信心なり。但《ただ》本門の本尊を信じて余事を雑《まじ》えずして之れを唱うる故に「能」と云うなり。

大文の第三、「是真仏子《ぜしんぶっし》、住淳善地《じゅうじゅんぜんじ》」とは即ち本門の戒壇なり。凡《およ》そ戒は防止を以て義と為す。非を防ぐが故に「淳」なり、悪を止むるが故に「善」なり、豈本門の戒壇に非ずや。今は並びに事に約す、前の文に同じからざるなり。
学生式《がくしょうしき》の第五に曰く「虚空《こくう》不動戒、虚空不動定、虚空不動慧、三学倶《とも》に伝うるを名づけて妙法と曰う。故に見宝塔品に云わく、此経難持乃至住淳善地」云云。之れを思い合わすべし。

第四に寿量品の「此大良薬《しだいろうやく》」等の文

寿量品に云わく「此の大良薬《だいろうやく》は、色香美味《しきこうみみ》、皆悉《ことごと》く具足せり」云云。此の文に三大秘法顕然《けんねん》なり。大師釈して曰く「色は是れ戒に譬う、事相彰顕《しょうけん》なり。香は定に譬う、功徳の香一切に薫ず。味は慧に譬う、理味を得るなり」等云云。「色香美味」既に是れ三学、豈本門の三大秘法に非ずや。開山上人の云わく「本門寿量の大戒、虚空不動戒。本門寿量の本尊、虚空不動定。本門寿量の妙法蓮華経、虚空不動慧」云云。学者応《まさ》に知るべし、今此《こ》の経文は正《まさ》しく三大秘法総在の本尊を顕わす、故に「此大良薬」「皆悉具足」と云うなり。伝教大師の所謂《いわゆる》「三学倶に伝うるを名づけて妙法と曰う」は是れなり。

問う、涅槃経の第九三十七に云わく「爾《そ》の時に是の経閻浮提に於て当に広く流布すべし。是の時に諸の悪比丘有って能《よ》く正法の色香美味を滅せん。是の諸《もろもろ》の悪人は復《また》是くの如きの経典を読誦すと雖も、如来の深密の要義を滅除す。当に知るべし、此くの如きの比丘は是れ魔の伴侶《はんりょ》なり」已上。略抄　此の文の「色香美味」と同異如何《いかん》。

答う、宗祖の云わく「涅槃経の正法は即ち法華経なり」云云、若《も》し爾《しか》らば法華・涅槃の両文豈《あに》異なるべけんや。「深密の要義」「文底秘沈」之れを思い合わすべし。若し文の前後は持品に同じきなり。

問う、「諸悪比丘、能滅正法」の文旨《もんし》如何。

答う、「正法」の文に三重の秘伝有り。故に「諸悪比丘」は亦《また》一類に非ざるなり。今退《しりぞ》いて且《しばら》く一種を指《さ》さば、即ち本迹一致の輩なり。是れ則ち曲げて本門三大秘法の本門の言を会《え》し、強《し》いて本迹一致の秘法と成すが故なり。

問う、若し爾らば其の文如何。

答う、今彼の解を引いて幸いに僻見《びゃっけん》を破らん。諫迷論《かんめいろん》の第十の巻・啓蒙《けいもう》の第二十巻の意に云わく「実には本迹一致の秘法なりと雖も、本門の三大秘法と名づくることは多くの所以《ゆえん》有り。一には謂《い》わく、其の功を推す則《とき》んば久成の釈尊の所証なるが故に。二には謂わく、本門神力品に於て之れを付嘱するが故に。三には謂わく、既《すで》に本化《ほんげ》の大士の所付嘱なるが故に。四には謂わく、迹化の弘通に対して本化弘通の規模を顕わすが故に。五には謂《い》わく、本迹一致の本迹は本が家の迹にして一部唯本なるが故に」已上。

若し此の義の如くんば、豈能《よ》く本門の三大秘法を滅するに非ずや。若し爾らば本迹一致の輩は、寧《むし》ろ「諸悪比丘、能滅正法、色香美味」の者に非ずや。今一言を以て破法罪を責めん。

一には謂わく、凡《およ》そ今日始成の所証を説くを名づけて迹門と為《な》し、乃《いま》し久遠本果の所証を説くを名づけて本門と為す。若し爾らば久遠本果の釈尊の所証、豈本門の妙法に非ずや。何ぞ本迹一致と云わんや云云。

二には謂わく、神力《じんりき》・嘱累《ぞくるい》、総別殊《こと》なりと雖も付嘱の事同じ。若し爾らば本門嘱累品に於て、法華経及び前後一代の諸経を一切の菩薩に付嘱す。然らば則ち前後一代の諸経皆《みな》本門と名づくべしや。既《すで》に本門嘱累品に於て付嘱するが故なり。

三には謂わく、本化《ほんげ》の大士には但本門寿量の妙法を付す。故に道暹《どうせん》の曰く「法は是れ久成の法なるが故に久成の人に付す」等云云。宗祖の云わく云云。何ぞ本迹一致の妙法を本化に付嘱すと云わんや。

四には謂わく、難じて曰く、若し爾らば汝等本化弘通の規模を隠さんとして本迹一致と云うや、豈《あに》仏敵に非ずや。

五には謂わく、若し与えて之れを論ずれば既に一部唯本と云う。若し爾らば但是れ本門なり、何ぞ本迹一致と云わんや。若し奪って之れを論ぜば一部亦《また》是れ唯迹なり。是れ則ち今日《こんにち》迹中の所説なるが故なり。若し爾らば汝等は但是れ迹門宗にして全く是れ蓮祖の末弟に非ず、豈涅槃経に指す所の悪比丘に非ずや。

問う、三大秘法並びに本門と曰う、其の意如何《いかん》。

答う、本門の言に於て且《しばら》く二意有り。一には本門寿量文底の秘法なり、故に本門と云うなり。二には久遠元初の独一の本門なり、故に本門と云うなり。応に知るべし、久遠元初は唯是れ本門の一法にして更に迹として論ずべき無し、故に独一と云うなり。二意有りと雖も往《ゆ》いては是れ一意なるのみ。

第五に寿量品の「是好良薬《ぜこうろうやく》」等の文

寿量品に云わく「是の好《よ》き良薬《ろうやく》を今留めて此《ここ》に在《お》く、汝取って服すべし。差《い》えじと憂《うれ》うること勿《なか》れ」等云云。応に知るべし、此の文正《まさ》しく三大秘法を明かすなり。所謂《いわゆる》「是好良薬」は即ち是れ本門の本尊なり。「今留在此《こんるざいし》」は即ち是れ本門の戒壇なり。「汝可取服《にょかしゅぶく》」は即ち是れ本門の題目なり。

問う、天台大師の云わく「経教を留めて在く、故に是好良薬と云う」等云云。此の釈の意に准《じゅん》ぜば通じて一代を指して倶《とも》に「是好良薬」と名づく。那《なん》ぞ本門の本尊とせんや。妙楽大師の云わく「頓漸《とんぜん》に被《こうむ》ると雖も、本《もと》は実乗に在り」等云云。若し此の釈に依らば乃《いま》し法華経を指して名づけて「是好良薬」と為《な》す。曷《なん》ぞ本門の本尊と言わんや。

答う、像・末、時異《こと》にして付嘱同じからざるが故なり。今は末法本化《ほんげ》の付嘱に約す、故に本門の本尊と云うなり。本尊抄に云わく「是好良薬とは寿量品の肝要たる名体宗用教《みょうたいしゅうゆうきょう》の南無妙法蓮華経是れなり。此の良薬をば仏尚《なお》迹化に授与したまわず。何に況んや他方をや」云云、是れ則ち神力付嘱の正体なり、豈《あに》本門の本尊に非ずや。応に知るべし、「寿量品の肝要」とは、肝要は即ち是れ文底なり、故に開目抄には「文底」と云い、本尊抄には「肝要」と云う。故に知んぬ、文底・肝要は眼目の異名なり。御相伝に云わく「文の底とは久遠名字の妙法に、今日熟脱の法華経の帰入する処を志し給うなり。故に妙楽大師の云わく、雖脱在現具騰本種《すいだつざいげんぐとうほんしゅ》」云云。之れを思い合わすべし。

「名体宗用教」とは、天台已《すで》に三徳に約して良薬具足の色香美味《しきこうみみ》を釈す。此れ即ち五重玄《ごじゅうげん》なるが故なり。文の九六十二に云わく「色は是れ般若《はんにゃ》、香は是れ解脱《げだつ》、味は是れ法身《ほっしん》なり、三徳不縦《ふじゅう》不横《ふおう》なるを秘密蔵と名づく。教に依って修行して此の蔵に入ることを得」已上略抄。妙楽の云わく「体等の三章は只《ただ》是れ三徳」云云。故に知んぬ、「色是般若」は即ち妙宗なり、「香是解脱」は即ち妙用なり、「味是法身」は即ち妙体なり、「秘密蔵」は即ち是れ妙名なり、「依教修行」は即ち是れ妙教なり、故に「是好良薬」は即ち是れ五重玄なり。若し色香等を具足せずんば何ぞ「好良薬」と名づけん。而《しか》るに色香美味皆悉《ことごと》く具足す、故に是れ好き良薬なり、豈五重玄に非ずや。更に亦《また》深意有り、吾《われ》人に向かって説かじ云云。

問う、其の深意如何《いかん》。

答う、是れ秘事なりと雖も一言之れを示さん。証真法印の玄文私記の第一に云わく「而るに妙法の名に体宗用を含む。故に必ず応に人法の二義を兼ぬべし」等云云。宗祖の云わく「三徳は即ち是れ三身なり」等云云。故に知んぬ、「色是般若」は即ち報身なり、「香是解脱」は即ち応身なり、「味是法身」は即ち法身なり。此れ即ち寿量の肝要、文底の三身なり。故に知んぬ、久遠元初の自受用報身、報中論三《ほうちゅうろんさん》の無作三身なり。此の無作三身の宝号を南無妙法蓮華経と云うなり。故に「三徳不《ふ》縦《じゅう》不《ふ》横《おう》名秘密蔵」と言うなり。又此の無作三身の所作は何物ぞ、即ち是れ南無妙法蓮華経なり。故に「依教修行得入此蔵」と言うなり。此の無作三身は即ち是れ末法の法華経の行者なり云云。若《も》し爾《しか》らば「是好良薬」の文、豈《あに》人法体一の本尊に非ずや。耆婆《ぎば》が薬童《やくどう》、之れを思い合わすべし云云。

問う、有る人の云わく「名体宗用教は序品より起こる故に迹門の五重玄なり。今本門の是好良薬を迹門の名体宗用教と判じたもうが故に本迹一致なり」云云、此の義如何《いかん》。

答う、彼の義の如くんば、則ち迹門には永く約説の次第無く、本門には亦《また》約行の次第無きなり云云。

難じて云わく、若し爾らば天台何ぞ玄文の中に於て但約行の次第を以て、並びに迹本二門の五重玄を明かしたもうや是一。

妙楽の曰く「迹を以て本に例す」云云。又云わく「若し迹を借らずんば何ぞ能《よ》く本を識らん」云云。今迹を以て本に例し迹を借りて本を識る、豈本門に約行の次第無かるべけんや是二。

況んや復《また》序品は並びに迹本を表わす。故に記の三の上二十に曰く「近は則ち迹を表わし、遠は本を表わす」云云。能表《のうひょう》は既に是れ約行の次第なり、所表《しょひょう》の本門豈《あに》約行無からんや是三。

況んや復迹門の開示悟入は正《まさ》しく是れ約行なり。故に玄の一に曰く「開示悟入亦《また》行の次第に約す」云云、然るに顕本の後は即ち本門の開示悟入と成《な》る。故に記の八に云わく「開示悟入は是れ迹の要なりと雖も若し顕本し已《お》われば即ち本の要と成る」云云、本門の約行豈分明なるに非ずや是四。

記の第一に曰く「本地の総別は諸説に超過す、迹中の三一は功一期に高し」云云、道暹《どうせん》の曰く「一は則《すなわ》ち前十四品に超え、二は則ち一代の教門に超ゆ」等云云。迹本二門の五重玄の勝劣、文に在って分明なり、何ぞ本迹一致と云わんや是五。

「今留在此《こんるざいし》」は即ち是れ本門の戒壇なり。此れ即ち本門の本尊所住の処なり、故に是れ本門の戒壇なり云云。

「汝可取服《にょかしゅぶく》」は即ち是れ本門の題目なり。謂《い》わく、此の文《もん》信行具足して本門の題目最も明かなり。謂わく、「取」とは是れ信心、「服」は是れ唱題なり。凡《およ》そ「取」と言うは手を以て之れを取る、故に信心なり。大論の第一に曰く「経の中に信を説いて手と為《な》す、手有って宝山に入れば自在に能く取るが如し」等云云。言う所の「服」は口を以て之れを服す、故に唱題なり。天台の所謂《いわゆる》「修行を服と名づく」とは是れなり。

第六に寿量品の「一心欲見仏《いっしんよっけんぶつ》」等の文

寿量品に云わく「一心に仏を見たてまつらんと欲《ほっ》して、自ら身命を惜しまず、時に我及び衆《しゅ》僧《そう》、倶《とも》に霊鷲山に出《い》ず」云云。此の文に三大秘法分明なり。所謂初めの二句は本門の題目なり。「時我及衆僧」等は即ち本門の本尊なり。「霊鷲山」と言うは即ち是れ本門の戒壇なり云云。初めの二句の中に「一心欲見仏」とは即ち是れ信心なり。「不自惜身命」とは即ち是れ唱題の修行なり、此れに自行化他有り、倶に是れ唱題なり。三大秘法抄に云わく「今日蓮が唱うる所の題目は前代に異なり、自行化他に亘《わた》りて南無妙法蓮華経なり。名体宗用教の五重玄の五字なり」云云。

問う、録外《ろくげ》の二十五に云わく「自我偈に云わく、一心に仏を見たてまつらんと欲して、自ら身命を惜しまず云云。日蓮が己心の仏果を此の文に依って顕わすなり。其の故は寿量品の事の一念三千の三大秘法を成就せん事此の文なり、秘すべし秘すべし」云云。既《すで》に此の文を引いて三大秘法等と云う、如何《いかん》ぞ但《ただ》本門の題目と云わんや。

答う、此の文は即ち是れ本門の題目なり。而も所引《しょいん》の文の中に三大秘法と云うは是れ三大秘法総在の本尊に約する故に「事の一念三千の三大秘法」と云うなり、例せば「此大良薬、色香美味」の文の如し云云。「日蓮が己心の仏果」等とは、即ち是れ事の一念三千の三大秘法総在の本尊なり。此の本尊は本門の題目に依って顕わる、故に「此の文に依って顕わす」等と釈し給えり。「事の一念三千の三大秘法」とは、日蓮が己心の仏果、久遠元初の自受用報身、報中論三《ほうちゅうろんさん》の無作三身を成就せん事但《ただ》是れ本門の題目なり。故に「此の文なり」と云うなり。一念三千は即ち自受用身なり。三大秘法は無作三身なり云云。

「時我及衆僧」等は即ち是れ本門の本尊なり。御義口伝に曰く「此の文は本門事の一念三千の明文なり。御本尊は此の文を顕わし出だするなり。時とは末法第五の時なり。我とは釈尊、及は菩薩、衆僧は二乗、倶は六道なり。出とは霊山浄土に列出《れっしゅつ》するなり」云云。

「霊鷲山」とは即ち是れ本門の戒壇なり。故に御義口伝に又云わく「霊山とは御本尊並びに日蓮等の類《たぐい》南無妙法蓮華経と唱え奉る者の住所を説くなり」云云。板本《はんぽん》の「利出」の「利」の字は応《まさ》に「列」の字に作るべし。「御本尊也」の「也」の字は応に「並」の字に作るべし云云。録外の十八三十に云わく「法華経所坐《しょざ》の処、行者所住の処、皆是れ寂光なり」等云云。之れを思い合わすべし。

第七に神力品の「爾時仏告上行《にじぶつごうじょうぎょう》」等の文

神力品に云わく「爾《そ》の時に仏、上行等の菩薩大衆《だいしゅ》に告げたまわく、諸仏の神力は是くの如く無量無辺不可思議なり。若し我、是《こ》の神力を以て、無量無辺百千万億阿僧祇劫に於て嘱累《ぞくるい》の為の故に、此の経の功徳を説かんに、猶《なお》尽くすこと能《あた》わず。要を以て之れを言わば、如来の一切の所有の法、如来の一切の自在の神力、如来の一切の秘要《ひよう》の蔵《ぞう》、如来の一切の甚深《じんじん》の事、皆此の経に於て宣示顕説《せんじけんぜつ》す。是の故に汝等《なんだち》如来の滅後に於て、応当《まさ》に一心に受持《じゅじ》・読《どく》・誦《じゅ》・解説《げせつ》・書写《しょしゃ》し、説の如く修行すべし。所在の国土に、若しは受持・読・誦・解説・書写し、説の如く修行すること有らん。若しは経巻所住《きょうがんしょじゅう》の処《ところ》、若しは園中《おんちゅう》に於ても、若しは林中《りんちゅう》に於ても、若しは樹下《じゅげ》に於ても、若しは僧房に於ても、若しは白衣《びゃくえ》の舎《いえ》、若しは殿堂に在《あ》っても、若しは山谷《せんごく》曠野《こうや》にても、是の中に、皆応《まさ》に塔を起てて供養すべし。所以《ゆえん》は何《いかん》。当に知るべし、是の処は即ち是れ道場なり。諸仏此《ここ》に於て阿耨多羅三藐三菩提《あのくたらさんみゃくさんぼだい》を得、諸仏此に於て法輪《ほうりん》を転じ、諸仏此に於て般涅槃《はつねはん》したもう」已上。

今謹《つつし》んで案じて曰く、「爾時仏告上行」より下は是れ結要付嘱《けっちょうふぞく》なり。文を四と為《な》す。一に称歎《しょうたん》付嘱、二に「以要言之《いようごんし》」の下は本尊付嘱、三に「是故汝等《ぜこにょとう》」の下は題目勧奨《かんしょう》なり。四に「所在国土」の下は戒壇勧奨なり、亦《また》三と為す。一には義の戒壇を示す、二には「是中皆応」の下は正しく事の戒壇を勧《すす》む、三には「所以者何《しょいしゃが》」の下は釈なり。

初めに称歎付嘱とは、将《まさ》に之れを付嘱せんとするに、先ず所嘱の法体《ほったい》、本門の本尊の功徳を歎《たん》ず、故に称歎付嘱と云うなり。文中に「説此経功徳」と言うは、即ち是れ本門の本尊、妙法蓮華経の功徳なり。

二に「以要言之」の下は本尊付嘱とは、即ち是れ如来の一切の名体宗用は、皆本門の本尊、妙法蓮華経の五字に於て宣示顕説する故に「皆於此経」等と云うなり。此の本尊を以て地涌千《じゆせん》界《がい》に付嘱する故に「其の枢柄《すうへい》を撮《と》って而《しか》して之れを授与す」と言う、豈《あに》本尊に非ずや。

問う、大師は但《ただ》結要付嘱と云って本尊付嘱と云わず、故に宗門の先哲未だ曽《かつ》て爾《しか》云わず、若し誠証《じょうしょう》無くんば誰か之れを信ずべけんや。

答う、内鑑冷然《ないがんれいねん》なれども末法に譲《ゆず》るが故に顕《あらわ》に之れを言わず、今既《すで》に末法なり。何ぞ像法に同ぜんや。今明文を引いて略《ほぼ》之れを示すべし。本尊抄に云わく「此の本門の肝心、南無妙法蓮華経の五字に於ては仏猶《なお》文殊等にも之れを付嘱したまわず。但《ただ》地涌千界を召《め》して之れを付嘱したもう。其の本尊の為体《ていたらく》、本地の娑婆の上に宝塔空《くう》に居《こ》し、塔中《たっちゅう》の妙法蓮華経の左右に釈迦牟尼仏・多宝仏、釈尊の脇士《きょうじ》には上行等の四菩薩」云云。此の文分明なり。応に知るべし、「其の本尊の為体」とは、即ち是れ上の「本門の肝心、南無妙法蓮華経の五字」を指して「其の本尊」と云うなり。新尼抄外《げ》の十二二十七に云わく「今此の御本尊は五百塵点劫《ごひゃくじんでんごう》より心中に納めさせ給いて、世に出現せさせ給いても四十余年、其の後迹門走《は》せ過ぎて、宝塔品より事起《こと》こりて寿量品に説き顕わし、神力《じんりき》・嘱累《ぞくるい》に事究《きわ》まりて候いしぞかし乃至上行菩薩等を涌出品《ゆじゅっぽん》に召し出ださせたまいて、法華経の本門の肝心たる妙法蓮華経の五字を譲らせ給う」云云。之れを思い合わすべし云云。当に知るべし、「其の本尊の為体」とは、且《しばら》く是れ今日《こんにち》迹中脱益の儀式なり。而るに妙楽の曰く「若し迹を借らずんば何ぞ能《よ》く本を識《し》らん」云云。又云わく「脱は現に在りと雖も具《つぶさ》に本種に騰《とう》ず」云云。

三に「是故汝等《ぜこにょとう》」の下は即ち題目勧奨《かんしょう》なり。「一心」と言うは即ち是れ信心なり。「受持」等は見るべし。故に信行具足の本門の題目分明なり。

四に「所在国土」の下は即ち戒壇勧奨なり。文を亦《また》三と為《な》す。初めに義の戒壇を示し、次に「是中」の下は事の戒壇を勧め、三に「所以者何《しょいしゃが》」の下は釈なり。

初めに義の戒壇を示すに亦《また》二と為す。初めに本門の題目修行の処を示し、次に「若経巻《にゃくきょうがん》」の下は本門の本尊所住の処を明かす。故に知んぬ、本門の題目修行の処、本門の本尊所住の処、並びに義は本門の戒壇に当たるなり。故に宗祖の云わく「霊鷲山とは御本尊並びに南無妙法蓮華経と唱え奉る者の住処を説くなり」云云。又云わく云云。

次に「是中皆応」の下は正《まさ》しく事の戒壇を勧むるなり。三大秘法抄十五三十一に云わく「戒壇とは、王法《おうぼう》仏法に冥《みょう》じ、仏法王法に合して、王臣《おうしん》一同に三つの秘密法を持ちて、有徳王《うとくおう》・覚徳比丘《かくとくびく》の其の乃往《むかし》を末法濁悪の未来に移さん時、勅宣《ちょくせん》并びに御教書《みぎょうしょ》を申し下して、霊山浄土《りょうぜんじょうど》に似たらん最勝の地を尋ねて戒壇を建立すべき者か。時を待つべきのみ。事の戒法と申すは是れなり」云云。「霊山浄土に似たらん最勝の地」とは、応に是れ富士山なるべきなり。録外《ろくげ》の十六四十一に云わく「日蓮一期《いちご》の弘法《ぐほう》、白蓮阿闍梨日興に之れを付嘱す、本門弘通の大導師たるべきなり。国主此の法を立てらるれば、富士山に本門寺の戒壇を建立せらるべきなり。時を待つべきのみ。事の戒法と謂うは是れなり」云云。応に知るべし、「日蓮一期の弘法」とは、即ち是れ本門の本尊なり。「本門弘通」等とは、所弘は即ち是れ本門の題目なり。戒壇は文の如し。全く神力品の結要付嘱《けっちょうふぞく》の文に同じ云云。秘すべし秘すべし云云。

三に「所以者何」の下は釈なり。疏《しょ》の十二十四に云わく「阿含に云わく、仏の出世したもうに唯《ただ》四処に塔を起つ、生処《しょうしょ》・得道《とくどう》・転法輪《てんぽうりん》・入涅槃《にゅうねはん》なり」云云。文の八七十に云わく「此の経は是れ法身の生処」等云云。記の八の本六十に云わく「化身《けしん》の八相すら此の四相の処に尚《なお》応に塔を起つべし、況んや復《また》五師及び此の経の所在は即ち是れ法身の四処なり。皆応に塔を起つべきなり」云云。文中の「法身」等とは、即ち是れ久遠元初の自受用身なり、今生身《しょうじん》に対する故に法身と云う、理《り》・智《ち》并びに是れ法身なるが故なり。南条抄二十二に云わく「教主釈尊の一大事の秘法を霊鷲山にして相伝し、日蓮が肉団の胸中に秘して隠し持てり。去れば日蓮が胸の間は諸仏入定《にゅうじょう》の処《ところ》なり、舌の上は転法輪の処、喉《のんど》は誕生の処、口中《こうちゅう》は正覚の砌《みぎり》なるべし。斯《か》かる不思議なる法華経の行者の住処なれば、争でか霊山浄土に劣るべき。法妙なるが故に人尊し、人尊きが故に処貴しと申すは是れなり」云云。応に知るべし、「教主釈尊の一大事の秘法」とは、即ち是れ本門の本尊なり。「日蓮が肉団の胸中」とは、即ち本尊所住の処、是れ義の戒壇なり。「去れば日蓮が胸の間」等とは、即ち今文に同じ。「斯かる不思議なる法華経の行者の住処」等とは、所修は即ち是れ本門の題目なり、「住処」と言うは題目修行の処、即ち義の戒壇なり。「法妙なるが故に人尊し」等とは、即ち上の義を証するなり。

第八に本門の因果国の三妙の文

本因妙の文に云わく「我本《もと》菩薩の道《どう》を行じて成ぜし所の寿命」云云。「我本行菩薩道」は即ち是れ唱題なり。「所成寿命」は即ち是れ信心なり、信を以て慧《え》に代《か》うるが故なり。是の故に本因妙の文は即ち本門の題目なり。

本果妙の文に云わく「我成仏してより已来《このかた》、甚《はなは》だ大いに久遠なり」云云。「我」は即ち是れ法身なり、「仏」は即ち是れ報身なり、「已来」は即ち是れ応身なり、此れは是れ久遠元初の無作三身なり、故に「甚大久遠」と云う。是の故に本果妙の文は即ち本門の本尊なり。

本国土妙の文に云わく「我常に此の娑婆世界に在って」云云。本尊所在の処は即ち是れ戒壇なり。

第九に本因の境智行位の文

玄文の第七に云わく「我本《もと》菩薩の道を行ぜし時、成ぜし所の寿命とは、慧命即ち本時の智妙なり。我本行とは即ち本の行妙なり。菩薩は是れ因人《いんにん》なれば復《また》位妙を顕わす。一句の文に三妙を証成す、即ち本時の因妙なり」云云。妙楽の曰く「一句の下は本因の四義を結す」云云。応に知るべし、智は必ず境有り、即ち是れ本門の本尊なり。智・行の二妙は即ち本門の題目なり。位は是れ可居《かこ》の義、戒壇亦《また》是れ所居《しょご》の処なる故に位妙は戒壇を顕わすなり。故に本因の四義は即ち三大秘法なり。

第十に天台の「遠霑妙道《おんでんみょうどう》」の文

天台大師の文の一に云わく「後五百歳、遠く妙道に霑《うるお》う」云云。

応に知るべし、「後五百歳」は末法の初めなり、「遠霑」は即ち是れ流布の義なり、「妙」は是れ能歎《のうたん》の辞、「道」は即ち所歎《しょたん》の三大秘法なり。

問う、何ぞ「道」の字を以て即ち三大秘法と為《な》すや。

答う、天台の常に「道」と言うは即ち三義有り。

一には虚通《こつう》の義、即ち本門の本尊なり。故に文の第二に云わく「中理《ちゅうり》虚通之れを名づけて道と為す」云云。応に知るべし、「中理」は即ち是れ中道実相《ちゅうどうじっそう》、一念三千の妙法なり。此の妙法は法界に周遍《しゅうへん》して更に壅《ふさ》がる所無し、故に虚通と云うなり。既に中道実相の一念三千なり。故に知んぬ、本門の本尊なり。

二には所践《しょせん》の義、即ち本門の戒壇なり。輔記《ふき》の第四に云わく「道は是れ智の所践なるが故に」云云。戒壇亦是れ行者の所践の故なり。秘法抄に云わく「王臣一同に三秘法を持つ時乃至戒壇を建立すべし、但三国並びに一閻浮提《いちえんぶだい》の人懺悔滅罪《さんげめつざい》の戒法なるのみに非ず、大梵天王・帝釈天王も来下《らいげ》して践《ふ》みたもうべき戒壇なり」云云。

三には能通《のうつう》の義、即ち本門の題目なり。天台大師の云わく「道は能通を以て義と為す」等云云。玄文の四に云わく「智目行足《ちもくぎょうそく》をもって清涼池《しょうりょうち》に到《いた》る」云云。智目・行足、是の二相扶《あいたす》けて通じて清涼池に到る。故に能通の義は本門の題目なり。

問う、宗旨の三箇経文に分明なり、宗教の五箇の証文如何《いかん》。

答う、当流の五義は永く諸門に異なる故に、須《すべから》く先ず五義を暁《あき》らめて、後に証文を尋《たず》ぬべし云云。

問う、若し爾らば宗教の五箇、其の義如何。

答う、今《いま》略して要を取り応に其の相を示すべし。此の五義を以て宜《よろ》しく三箇を弘むべし云云。

夫《そ》れ宗教の五箇とは、所謂《いわゆる》教・機・時・国・教法流布の前後なり。

第一に教を知るとは、即ち一代諸経の浅深勝劣《せんじんしょうれつ》を知るなり。大師は五時八教を以て一代聖教を判じ、吾が祖は三重の秘伝を以て八万法蔵《はちまんほうぞう》を暁《あき》らむ云云。開山上人の実相寺《じっそうじ》申状に云わく「大覚世尊は霊山虚空の二処三会《にしょさんね》・二門《にもん》八年の間、三重の秘法を説き究《きわ》むと雖も、仏滅後二千二百三十余年の間而《しか》も之れを伝えず、第三の秘法今に残す所なり」云云。権実、本迹、種脱云云、云云。宗祖の云わく「日蓮が法門は第三の法門なり。世間に粗《ほぼ》一二をば申せども、第三をば申さず候」云云。此くの如く知るを則《すなわ》ち之れを教を知ると謂《い》うなり。

第二に機を知るとは、太田抄に云わく「正像二千余年に猶《なお》下種の者有り。今は既《すで》に末法に入って、在世《ざいせ》の結縁《けちえん》の者は漸々《ぜんぜん》に衰微《すいび》して、権実の二機皆悉《ことごと》く尽きぬ。彼の不軽菩薩《ふきょうぼさつ》をして毒鼓《どっく》を撃《う》たしむるの時なり」云云。今謹んで案じて曰く、文に互顕《ごけん》有り、謂わく、「正像二千余年」等とは、但過去の下種を挙げて在世の結縁を略す。「今は既に末法に入って」等とは、但在世の結縁を挙げて過去の下種を略し、而《しか》も互いに之れを顕わすなり。「権実の二機」とは、権は即ち熟益の機、実は即ち脱益の機なり。「毒鼓」とは即ち是れ下種の機なり。故に文意の云わく、正像二千年に、猶過去の下種・在世の結縁の者有り。今は既に末法に入って、過去の下種・在世の結縁の者は漸々に衰微して、熟脱の二機皆悉く尽きぬ。彼の不軽菩薩、世に出現して下種せしむるの時なり云云。証真の云わく「聞法を下種と為《な》す、了因《りょういん》の種なるが故に。発心《ほっしん》を結縁と為す、仏果《ぶっか》の縁なるが故に」云云。若し他門流の如く在世の聞法下種を許さば、恐《おそ》らくは大過を成《じょう》ぜんか。何となれば既《すで》に三周の声聞は三千塵点《さんぜんじんでん》を経歴《きょうりゃく》し、本種現脱の人は五百塵点を経歴す。今日《こんにち》の在世下種の人は何ぞ僅《わず》かに二千余年の間に皆悉く尽きんや。故に知んぬ、釈尊の御化導は久遠元初に始まり、正像二千年に終わるなり。此に相伝有り云云。故に末法の衆生は皆是れ本未有《ほんみう》善《ぜん》にして最初下種の直機《じっき》なり。

問う、経に云わく「已《すで》に曾《かつ》て十万億の仏を供養す」等云云。故に知んぬ、末法と云うと雖も何ぞ必ずしも皆是れ本未有善ならんや。

答う、今《いま》当流の意に准《じゅん》ずるに、是れ熟脱の仏に約するが故に、之れを供養すと雖も仏種と成らざるなり。

問う、十万億の仏、那《なん》ぞ皆熟脱の仏ならんや。

答う、是れ経論の常の談に由《よ》る故なり。謂わく、経論は常に色相荘厳《しきそうしょうごん》を以て説いて名づけて仏と為す、今豈《あに》爾らざらんや。既に是れ色相荘厳の身体なり、寧《むし》ろ熟脱の仏に非ずや。況んや復《また》宗祖の云わく「法華経の題目は過去に十万億の生身の仏に値い奉りて、功徳を成就する人、初めて妙法蓮華経の名《みな》を聞き、始めて信を致すなり」云云。初めて妙名を聞き始めて信を致すとは、即ち是れ今日最初聞法名字下種《こんにちさいしょもんぽうみょうじげしゅ》の位なり。故に知んぬ、過去の供養は皆熟脱の仏なることを。是の故に末法の衆生は皆是れ本未有善、最初下種の機縁《きえん》なり。妙楽の曰く「已《い》は熟脱、未《み》は下種」云云。宗祖の云わく「本化《ほんげ》弘通の所化《しょけ》の機は法華本門の直機なり」等云云。此くの如く知るを則ち之れを機を知ると謂《い》うなり。

第三に時を知るとは、今末法に入って一切の仏法悉《ことごと》く皆滅尽《めつじん》す。故に大集経に「後五百歳白《びゃく》法隠没《ほうおんもつ》」と云うなり。正しく爾《そ》の時に当たって三大秘法を広宣流布す。故に薬王品に「後五百歳広宣流布」と説くなり。宗祖の云わく「後五百歳に一切の仏法の滅せん時、上行菩薩に妙法蓮華経の五字を持たしめて謗法一闡提《いっせんだい》の輩《やから》の白癩《びゃくらい》病の良薬《ろうやく》とせん」云云。具《つぶさ》には撰時抄の如し。此くの如く知るを則ち之れを時を知ると謂うなり。

第四に国を知るとは、通じて之れを論ぜば、法華有縁《うえん》の国なり。別して之れを論ぜば、本門の三大秘法広宣流布の根本の妙国なり。日本の名に且《しばら》く三意有り。

一には所弘《しょぐ》の法を表わして日本と名づくるなり。謂わく、日は是れ能譬《のうひ》、本は是れ所譬《しょひ》、法《ほっ》譬《ぴ》倶に挙げて日本と名づくるなり。経に云わく「又、日天子《にってんじ》の、能《よ》く諸の闇《やみ》を除くが如く」云云。

宗祖の云わく「日蓮が曰く、日は本門に譬うるなり」云云。日は文底独一本門に譬うるなり。四条抄に「名の目出度《めでた》きは日本第一」と云うは是れなり云云。

二には能弘《のうぐ》の人を表わして日本と名づくるなり。謂わく、日蓮の本国なるが故なり。故に顕仏未来記に云わく「天竺《てんじく》・漢土にも亦法華経の行者之れ有るか如何。答えて云わく、四天下《てんげ》の中に全く二の日無し、四海の内豈《あに》両主有らんや」云云。故に知んぬ、此の国は日蓮の本国なり云云。

三には本門広布の根本を表わして日本と名づくるなり。謂わく、日は即ち文底独一の本門三大秘法なり。本は即ち此の秘法広宣流布の根本なり、故に日本と云うなり。応に知るべし、月は西より東に向かい、日は東より西に入る、之れを思い合わすべし。

然れば則ち、日本国は本因妙の教主日蓮大聖の本国にして、本門の三大秘法広宣流布の根本の妙国なり。

問う、若《も》し爾《しか》らば蓮祖出世の後応《まさ》に日本と名づくべし、何ぞ開闢《かいびゃく》已来日本国と名づくるや。

答う、是れ霊瑞感通《れいずいかんつう》し嘉名早立《かみょうそうりゅう》する故なり、例せば不害国の名の如し。記の一の末に云わく「摩訶提《まかだ》は此に不害と云う、劫初《こうしょ》已来刑殺《けいせつ》無き故なり。阿闍世《あじゃせ》に至って指を截《き》るを刑と為《な》す。後に自ら指を齧《か》むに痛し、復《また》此の刑を息《や》む。仏当《まさ》に其の地に生まるべき故に吉兆《きっちょう》預《あらかじ》め彰《あら》わる。

所以《ゆえ》に先より不害国の名を置く」等云云。今復《また》是くの如し。蓮祖当に此の国に生まれ独一本門の妙法を弘通すべき故に吉兆《きっちょう》預《あらかじ》め彰《あら》わる。所以に先より日本国の名を置くなり。彼此《ひし》異なりと雖も其の趣《おもむき》是れ同じきなり、豈之れを信ぜざるべけんや。此くの如く知るを則《すなわ》ち之れを国を知ると謂《い》うなり。

第五に教法流布の前後を知るとは、太田抄に云わく「迦葉《かしょう》・阿難は小乗教を弘通し、竜樹《りゅうじゅ》・無著《むじゃく》は権大乗を申べ、南岳《なんがく》・天台は観音・薬王の化身として小大・権実・迹本二門の化導の始終・師弟の遠近《おんごん》等悉く之れを宣べ、其《の》の上に已今当《いこんとう》の三説を立てて一代超過の由《よし》を判ず。然りと雖も広略を以て本と為《な》して、肝要に能《あた》わず。自身に之れを存ずと雖も敢《あ》えて他伝に及ばず」云云。既に像法の中に於て広略二門を弘通す。故に知んぬ、今末法に於て応に但《ただ》要法を弘通すべきなり。此くの如く知るを則ち之れを教法流布の前後を知ると謂うなり。

問う、宗教の五義最も皎然《こうぜん》なり、正《まさ》しく其の証文如何《いかん》。

答えて云わく、文に云わく「是の好《よ》き良薬《ろうやく》を今留《とど》めて此《ここ》に在《お》く、汝取って服すべし。差《い》えじと憂《うれ》うること勿《なか》れ」文。応に知るべし、「是好良薬《ぜこうろうやく》」は即ち是れ教を明かす、他の毒薬に対して「好良薬」と云う故に勝劣分明なり。「今留《こんる》」の二字は即ち時を明かすなり、滅後の中にも別して末法を指すなり。「在此《ざいし》」の両字は是れ国を明かすなり。閻浮提《えんぶだい》の中に別して日本を指すなり。「汝《にょ》」の一字は即ち機を明かすなり、三時の中に別して末法の衆生なり。御義口伝に云わく「是好良薬は、或は経教、末法に於て南無妙法蓮華経なり。今留とは末法なり、在此とは日本国なり、汝とは末法の衆生なり」略称。若し四義を了する則《とき》んば前後は其の中に在り。

神力品に云わく「如来の滅後に於て、仏の所説の経の因縁及び次第を知って、義に随って実の如く説かん」云云。応に知るべし、「於如来滅後」は即ち時を知るなり。「知仏所説経」は即ち是れ教を知るなり。「因縁」亦感応《かんのう》に名づく、即ち機を知るなり。「及」は即ち国を知るなり。「次第」は即ち教法流布の前後を知るなり。

依義判文抄畢《おわ》んぬ

六十一歳

享保《きょうほう》十乙巳年四月中旬　大石の大坊に於て之れを書す

日寛　花押

末法相応抄　第四

末法相応抄　第四

末法相応抄　第四

春雨昏々《こんこん》として山院寂々たり。客有り、談《だん》著述に逮《およ》ぶ。客の曰く、永禄の初め洛陽の辰《しん》、造読論を述して専《もっぱ》ら当流を難ず、爾来《じらい》百有六十年なり。而る後、門葉の学者四《よも》に蔓《はびこ》る。其の間に一人も之れに酬《むく》いざるは何ぞや。予謂《おも》えらく、当家の書生、彼の難を見ること闇中の礫《つぶて》の一も中《あた》ることを得ざるが如く、吾に於て害無きが故に酬いざるか。客の曰く、設《たと》い中らずと雖も亦《また》遠からず、恐らくは後生《こうせい》の中に惑《まど》いを生ずる者の無きに非ざらんことを。那《いず》くんぞ之れを詳《つまび》らかにして幼稚の資《たす》けと為《な》さざるや。二三子も亦辞《またことば》を同じうす。予、左右を顧《かえり》みて欣々然《きんきんぜん》たり。聿《つい》に所立の意を示して、以て一両の難を遮《しゃ》す。余は風を望む、所以《ゆえ》に略するのみ。

末法相応抄　上

日寛謹んで記す

問う、末法の初心の行者に、一経の読誦を許すや否《いな》や。

答う、許すべからざるなり。将《まさ》に此の義を明かさんとするに、初めに文理を立て、次に外難《げなん》を遮す。

初めに文理とは

一には、正業《しょうごう》の題目を妨ぐるが故に。四信五品抄十六六十八に文《もん》の九八十を引いて云わく「初心は縁に紛動《ふんどう》せられて正業を修するを妨《さまた》げんことを畏《おそ》る。直ちに専ら此の経を持つは即ち上供養なり。事《じ》を廃して理を存するは所益弘多《しょやくぐた》なり云云。直専持此経《じきせんじしきょう》とは一経に亘《わた》るに非ず、専ら題目を持ちて余文を雑えず、尚《なお》一経の読誦を許さず、何に況んや五度をや」已上。

二には、末法は折伏の時なるが故に。経に曰く「専らに経典を読誦せずして但《ただ》礼拝を行ず」云云。記の十三十一に云わく「不専等とは、不読誦を顕わす。故に不軽《ふきょう》を以て詮と為して但礼と云う」

云云。聖人知三世抄二十八九に云わく「日蓮は不軽の跡《あと》を紹継《しょうけい》す」等云云。開山上人の五人所破抄に云わく「今末法の代を迎えて折伏の相を論ぜば一部読誦を専らとせず。但《ただ》五字の題目を唱え、諸師の邪義を責むべし」云云。

三には、多く此の経の謂《いわ》れを知らざるが故に。一代大意抄十三二十に云わく「此の法華経は謂れを知らずして習い読む者は但《ただ》爾前経の利益なり」云云。深秘の相伝に三重の謂れ有り云云。

次に外難を遮すとは

問う、日辰《にっしん》が記に云わく「蓮祖身延九箇年の間読誦したもう所の法華経一部、触手《そくしゅ》の分、黒白色を分かつ。十月中旬二日、九年読誦の行功を拝見せしむ」云云、此の事如何《いかん》。

答う、人の言謬《ことばあやま》り多し、但文理に随わん。天目日向問答記《てんもくにこうもんどうき》に云わく「大聖人一期《いちご》の行法は本迹なり、毎日の勤行は方便・寿量の両品なり、御臨終の時亦復爾《しか》なり」云云。既《すで》に毎日の勤行は但是れ方便・寿量の両品なり、何ぞ九年一部読誦と云うや。又《また》身延山抄十八初に云わく「昼は終日《ひねもす》一乗妙典の御法を論談し、夜は竟夜《よもすがら》要文誦持《じゅじ》の声のみす」云云。既に終日竟夜の御所作、文に在って分明なり、何ぞ一部読誦と云うや。又佐渡抄十四五に云わく「眼には止観・法華を曝《さら》し、口には南無妙法蓮華経と唱うるなり」云云。故に知んぬ、並びに説法習学の巻舒《けんじょ》に由って方《まさ》に触手の分有り、那《なん》ぞ一概に読誦に由ると云わんや。而《しか》も復《また》三時の勤行、終日竟夜の一乗論談要文誦持、習学口唱の外更《さら》に御暇《おんいとま》有れば、時々《よりより》に或は一品一巻容《まさ》に之れを読誦したもうべし。然りと雖《いえど》も、宗祖は是れ四重の浅深・三重の秘法源《みなもと》を窮《きわ》め底を尽くし、一代の聖教八宗の章疏《しょうしょ》膺《むね》に服《あ》て掌《たなごころ》に握る。故に自他の行業自在無碍《むげ》なること、譬えば魚の水に練《な》れ鳥の虚空に翔《かけ》るが如し。故に時《よりより》に之れを行ずと雖も何の妨碍《ぼうげ》有らんや、而るに那ぞ蓮師を引いて輙《たやす》く末弟に擬《ぎ》せんや。

問う、又云わく「蓮祖自筆の紺紙《こんし》金泥《こんでい》の法華経一部、富士の重須《おもす》に之れ在り。書写即読誦なり」云云、此の義如何《いかん》。

答う、但《ただ》重須に在るのみに非ず、又大石にも之れ有り。所謂《いわゆる》宗祖自筆の一寸八分細字の御経一部一巻、又開山上人自筆の大字・細字の両部是れなり。此れ亦《また》前の如く、自他行業の御暇の時々に或は二行三行五行七行之れを書写し、遂《つい》に以て巻軸《かんじく》を成ず。是れ滅後に留めんが為なり。故に義は化他に当たれり。曷《なん》ぞ必ずしも書写即読誦と云わんや。

問う、又云わく「生御影の御前に法華一部有り。大曼荼羅の宝前にも亦《また》之れを安置す。住持毎日三時の勤行は即ち机上の八軸に向かう」等云云、此の事如何。

答う、世人は但《ただ》眼に法華経を見て、此の経の謂《いわ》れを知らざるが故なり。秘法抄十五三十に云わく「法華経を諸仏出世の大事と説かれて候は、此の三大秘法を含めたる経にて渡らせ給えばなり」云云。即ち此の意を以て之れを安置する者なり。

問う、又云わく「日代は是れ日興の補処《ふしょ》なり。正慶二年二月七日、師の入滅の後《のち》御追善の為《ため》に、日代は法華一部を石に記して重須《おもす》の開山堂の下に納む。之れを石経と名づく。其の石の大きさ掌の如し、或は大小有り。日辰等之れを見るに其の石の文、時に観音品《かんのんぼん》なり」云云、此の事如何。

答う、擯出《ひんずい》の現証に由るに応《まさ》に是れ迷乱なるべきか。既に是れ補処なり、更に大罪無し。若し迷乱に非ずんば那《なん》ぞ之れを擯出せん。補処と云うと雖《いえど》も何ぞ必ずしも謬《あやま》り無からん、例せば慈覚等の如し云云。

問う、又云わく「転重軽受抄十七二十九に云わく、今《いま》日蓮法華経一部読んで候。一句・一偈に尚《なお》授記を蒙《こうむ》れり。何に況んや一部をやと、弥《いよいよ》憑《たの》もしく候」云云、此の文如何。

答う、此れは是れ身業《しんごう》読誦にして口業《くごう》の読誦に非ざるなり。此の抄は文永八年辛未九月十二日竜口の後、相州《そうしゅう》依智に二十余日御滞留《たいりゅう》の間、佐州《さしゅう》に遷《うつ》されんとする五日已前《いぜん》の十月五日の御書なり。此の時、法華経一部皆《みな》御身に当てて之れを読ませたもうが故なり。是の故に次上の文に云わく「不軽菩薩・覚徳比丘は身に当てて読み進《まい》らせ候、末法に入って日本国当時は日蓮一人と見えて候」云云。前後の文相《もんそう》分明なり。正に是れ身業読誦なり、曷《なん》ぞ此の文を引いて口業読誦を証せんや。下山抄二十六三十七に「法華経一部読み進らせ」等の文の意も亦然《またしか》なり云云。

問う、日辰の御書抄の意に謂わく「身業既《すで》に爾《しか》り、口業も亦然らん」云云、此の義如何。

答う、今反難《はんなん》して云わく、若《も》し爾らば不軽菩薩は但《ただ》身業に読誦して口業に読誦せざるは如何。宗祖の云わく「不軽菩薩は身に当てて読み進らせ候」云云、豈《あに》身業読誦に非ずや。又《また》経に云わく「専らに経典を読誦せずして但礼拝を行ず」云云、寧《むし》ろ口業不読に非ずや。何ぞ必ずしも一例ならんや。

問う、彼の抄の次上に観行即の例を引いて云わく「行ずる所《ところ》言う所の如く、言う所《ところ》行ずる所の如し」云云。豈《あに》身口一例に非ずや。

答う、此れは是れ随義転用《ずいぎてんゆう》なり。今の所引の意は、行者の所行《しょぎょう》は仏の所言《しょごん》の如く、仏の所言は行者の所行の如し云云。仏の所言は即ち是れ経文なり、故に次の文に云わく「彼の経文の如く振る舞う事難く候」云云。

問う、真間《まま》の供養抄に云わく「法華経一部を仏の御六根に読み入れ進らせて、生身《しょうじん》の教主釈尊に成し進らせ、返し迎い進らせ給え」等云云、此の文如何。

答う、且《しばら》く一縁の為《ため》に仍《なお》造仏を歎ず。故に知んぬ、開眼も亦其《そ》の宜《よろ》しきに随うか。宗祖の云わく「仏の御意は法華経なり。日蓮が魂は南無妙法蓮華経なり」云云。

問う、又日辰が記に云わく「法蓮は慈父十三年の為に法華経五部を転読す、若《も》し読誦を以て謗罪に属せば何ぞ之れを責めずして却《かえ》って称歎《しょうたん》したもうや」云云、此の難如何。

答う、一経の読誦を許さざる所以《ゆえん》は是れ正業を妨げ、折伏を碍《さ》ゆるが故なり、曷《なん》ぞ読誦を以て直ちに謗罪に属せんや。法蓮は暇《いとま》の間《まま》に或は一品二品之れを読み遂《つい》に五部と成る。本意に非ずと雖《いえど》も弘通の初めなり、況んや日本国中一同に称名念仏・三部経等なり。而るに法蓮は妙経を読誦す、豈《あに》称歎せざらんや。

問う、又云わく「若し、余文を雑えず《不雑余文》の四字に依り一部読誦を禁制せば、何ぞ亦《また》方便・寿量を読誦するや。是れ亦題目の外の故なり」云云、此の難如何。

答う、「余文を雑えず」の四字に依るに非ず。正しく「一経の読誦を許さず《不許一経読誦》」の六字に依るなり。

問う、又云わく「尚《なお》一経の読誦を許さずとは、末法初心の正業に約す。若し助行に至っては、之れを許すべき旨分明なり」云云、此の義如何。

答う、若し爾らば其の分明の文、如何。四信抄の意の謂わく「若し正業に於ては、専ら題目を持ちて余文を雑えず。若し助行に於ても尚一経の読誦を許さず、何に況んや五度をや」云云。

問う、又云わく「蓮祖は不軽の跡を紹継《しょうけい》すとは、不軽の不読誦を顕わす。不軽菩薩に亦《また》読誦の経釈有り、何ぞ之れを覆蔵《ふぞう》するや。不軽品に云わく、我先仏《せんぶつ》の所《みもと》に於て此の経を受持し読誦し、人の為に説きしが故に、疾《と》く阿耨菩提《あのくぼだい》を得たり云云。文の十に云わく、読誦経典は即ち了因性、皆行菩薩道は即ち縁因性、不敢軽慢而復深敬《ふかんきょうまんにぶじんきょう》は即ち正因性文。不軽の三仏性の中に、不軽の読誦を挙げて了因仏性を証す。汝、但《ただ》不専読誦の文を見て、一部不読を宣ぶること太《はなは》だ謂《いわ》れ無きなり」云云、此の難如何。

答う、一翳《えい》眼に在り、空華乱墜《くうげらんつい》すと云云。日辰の博学《はくがく》、州の額を県に打つ。前代未聞の珍謬《ちんみょう》、後世不易《ふえき》の恥辱《ちじょく》なり。

謂《い》わく、五失有る故に

一には時節混乱の失《とが》。謂わく、「読誦経典は即ち了因性」とは、威音王《いおんのう》仏の像法の時なり。故に文句に「不専読誦」の下に於て此の釈を作すなり。若《も》し所引の経文に「我先仏《せんぶつ》の所に於て受持し読誦し」とは雲自在王の時なり、故に補注《ふちゅう》の十十四に云わく「若し我宿世に於て受持読誦せずんば疾く菩提を得ること能《あた》わずとは、此れは雲自在王の時を指す」云云。威音王と雲自在王と実に多劫を隔つるなり、応に経文を見るべし。那《なん》ぞ多劫後の事を引いて、多劫前の事に擬するや。

二には次位混乱の失。謂わく、威音王仏の像法の不軽は観行初品の位なり、故に文の十十六に云わく「不専読誦経典とは、初随喜の人の位なり」云云。又《また》雲自在王の所《みもと》の不軽は是れ初住の位なり、故に経に云わく「復《また》二千億の仏に値いたてまつる。同じく雲自在灯王と号《な》づく。此の諸仏の法の中に於て、受持読誦して、諸の四衆の為《ため》に此の経典を説くが故に、是の常眼清浄《じょうげんしょうじょう》、耳《に》鼻舌身意《びぜつしんに》の諸根の清浄を得たり」云云。補注の十十五に云わく「前に六根浄を得たるは是れ十信なり。又六根浄を得たるは恐らくは是れ初住なり」云云。証真の云わく「前に相似を得、今は真位を得る。故に常と云うなり」云云。何ぞ初住の事を以て初品の事に擬するや。

三には能所混乱の失。謂わく、不軽は是れ能随喜の人なり、三仏性は是れ所随喜なり。故に文句に云わく「一切の人、皆三仏性有ることを随喜す」云云。何ぞ所随喜の仏性を以て能随喜の人に擬するや。

四には信謗混乱の失。謂わく、疏《しょ》に云う「読誦経典は即ち了因性」とは、是れ謗者の四衆の読誦にして不軽の読誦に非ず。故に玄文の第五七十四に云わく「是の時の四衆の衆経を読誦するは即ち了因性」云云。那ぞ謗者の読誦を以て信者の不軽に擬するや。

五には所例混乱の失。謂わく、吾が祖の諸抄の所例は、但《ただ》威音王仏の像法の不軽に限るなり。且く一文を引かん。顕仏未来記二十七三十に云わく「本門の本尊、妙法蓮華経の五字を以て閻浮提に広宣流布せしめんか。例せば威音王仏の像法の時、不軽菩薩は我深敬汝等《がじんきょうにょとう》の二十四字を以て彼の土に広宣流布し、一国の杖木等の大難を招きしが如し。彼の二十四字と此の五字と其の語《ことば》異なりと雖《いえど》も其の意之れ同じ。彼の像法の末と此の末法の初めと全く同じ」云云。明文此《ここ》に在り、何ぞ恣《ほしいまま》に雲自在王の所の不軽の読誦を引いて、吾が祖の正義を破らんと欲するや。

問う、尼崎《あまがさき》の相伝に云わく「読誦するに就《つ》いて不専と曰うなり」云云、此の不審如何《いかん》。

答う、此の義太《はなは》だ非なり。妙楽の云わく「但《たん》は不雑を顕わし、不専は専に対す」等云云。既に「但行礼拝《たんぎょうらいはい》」と云う、故に知んぬ、余行を廃するなり。「不専」と言うは「不敢軽慢《ふかんきょうまん》」と云うが如く是れ決定なり、故に正経《しょうきょう》に「不肯読誦《ふこうどくじゅ》」と云うなり。

問う、又日辰の記に云わく「御草案に曰く、日興が云わく、如法・一日の両経乃至但《ただ》四悉の廃立・二門の取捨宜《よろ》しく時機を守るべし、敢《あ》えて偏執すること勿《なか》れ已上。但四悉の下は、或時《あるとき》は世界悉檀を用い王法に順じて仏法の滅を致さず、或時は第一義悉檀を用いて仏法を以て正理を立つ、或時は摂受門を用いて折伏門を捨て、或時は折伏門を用いて摂受門を捨つ。是れを四悉の廃立・二門の取捨と謂う。或は四悉・折伏之れを用うるべく亦《また》之れを捨つべし。其の故は時に依り機に依る故なり、敢えて一偏の局見を生ずること勿《なか》れ。是れを、宜しく時機を守るべし敢えて偏執すること勿れと謂うなり。不読の一類は、但《ただ》四已下の文を見ず。故に末法と雖《いえど》も摂受無きに非ず、何ぞ一部読誦を制せんや」云云、此の義如何。

答う、此れは是れ辰公の邪解なり、今《いま》全文を引いて以て其の意を示さん。開山上人の五人所破抄に云わく「五人一同に云わく、如法・一日の両経は共に法華の真文を以てす、書写読誦に於ても相違すべからず云云。日興が云わく、如法・一日の両経は法華の真文たりと雖も、正像伝持の往古、平等摂受の修行なり。今末法の代を迎えて折伏の相を論ぜば、一部読誦を専らとせず但《ただ》五字の題目を唱え、三類の強敵を受くと雖も諸師の邪義を責むべきか。是れ則ち勧持・不軽の明文、上行弘通の現証なり。何ぞ必ずしも折伏の時《とき》摂受の行を修すべけんや。但《ただ》四悉の廃立二門の取捨宜《よろ》しく時機を守るべし、敢えて偏執すること勿《なか》れ」云云。

此の文分かちて四と為す。初めに五人の謬解《みょうげ》を牒《ちょう》し、二に「日興云わく」の下は興師の正義を示し、三に「何ぞ必ずしも」の下は五人の義を破し、四に「但《ただ》四悉」の下は重ねて五人を勧誡《かんかい》するなり。

前の三段は其の文を見るべし。「但四悉」等とは、上代は本已有善《ほんいうぜん》の衆生にして是れ熟益の時なり、故に退治・第一義を廃して世界・為人を立つ、宜しく楽欲《ぎょうよく》に随って宿善を生ぜしむべし、故に正像に於ては折伏門を捨てて摂受門を用うるなり。末代は本未有善《ほんみうぜん》の衆生にして是れ下種の時なり、故に世界・為人を廃して退治・第一義を立つ。宜しく諸宗の邪義を破して五字の正道を聞かしむべきが故に、末法に於ては摂受門を捨てて折伏門を用うべし。敢えて偏《ひとえ》に正像摂受の行に執すること勿れ云云。聖愚問答抄の下に云わく「取捨宜しきを得て一向なるべからず」云云、此の釈分明なり。今の世は濁世《じょくせ》なり。此の時は読誦・書写の修行も無用なり。只《ただ》折伏を行じて邪義を責むべし。取捨其の旨を得て一向に執すること勿れと書かれたり」云云。故に「但《ただ》四悉の廃立・二門の取捨宜しく時機を守るべし」とは即ち是れ「取捨宜しきを得」の文意なり、「敢えて偏執すること勿れ」とは「一向なるべからず」の文意なり。若《も》し爾《しか》らば重ねて五人を勧誡《かんかい》すること文に在って分明なり。何《なん》ぞ須《すべか》らく此の文を隠すべけんや、但《ただ》略して引かざるのみ。日辰の、能破の文を紛《まぎ》らかさんと欲して、所破の五人の義を覆蔵《ふぞう》するに同じからざるなり。

評して曰く、此の文分明《ふんみょう》に五人を勧誡す。然るに日辰は門弟子に約す、是れ一の不可なり。此の文の「時機」とは是れ正像末の大段の時機なり。而るに日辰は但《ただ》末法の中に約す、是れ二の不可なり。此の文正しく五人の末法摂受の行を誡《いまし》む。而るに日辰は恣《ほしいまま》に之れを許す、是れ三の不可なり。

問う、日賙《にっしゅう》の略要集に、玄文の第七の文を釈して云わく「迹権本実より非権非実に至る、是れ一往なり。但約此《たんやくし》法性《ほっしょう》の下は、是れ再往なり。例せば興師の御草案に、但《ただ》四悉の廃立二門の取捨宜しく時機を守り、敢《あ》えて偏執すること勿《なか》れと云うが如し。又《また》十章抄に、円の行区《まちまち》なり、砂を数え大海を見る尚《なお》円の行なり、何に況んや爾前の経を読み、弥陀等の諸仏の名号を唱えんをや、但し此等は時々《よりより》の行なるべし、真実の円の行に順じて応《まさ》に口号《くちずさ》みにすべき事は南無妙法蓮華経なりと云うが如し」已上、此の義如何《いかん》。

答う、十章抄を以て用いて玄文に例す、此れ則ち然るべし。「但四悉」を以て十章抄に同《どう》ず、此れ則ち不可なり。若し強いて一例なりと言わば、難じて云わく、悲しいかな痛ましいかな、

「但五字の題目を唱え」は空しく弥陀の名号に同じ、「不惜身命の立行」は算砂《さんしゃ》の修行に異ならず、「勧持・不軽の明文」は徒《いたずら》に爾前の権説の如く、「上行弘通の現証」は還って虚戯《こけ》の行と成らん。何《いかん》せん、何せん、学者思量せよ。

本因妙抄に云わく「彼は安楽・普賢《ふげん》の説相に依り、此れは勧持・不軽の行相を用う」云云。三位日順の詮要抄に云わく「迹化は世界悉檀に准じて摂受の行を修し、高祖は法華折伏の掟《おきて》に任せて謗法の邪義を破す。彼は安楽・普賢の説相に依るとは摂受門の修行なり、読誦等の因に依って六根清浄の位に至る。此れは勧持・不軽の行相を用うとは折伏門を本と為《な》し、不専読誦の上に不軽の強毒を抽《ぬき》んず」云云。然れば則ち末法の折伏は法華流通の明鏡《みょうきょう》時機相応の綱格なり、何ぞ此れを以て一往の義とせんや。

問う、若し爾らば「但《ただ》四悉」等の例文、如何。

答う、譬喩品に云わく「但楽《ただねが》って大乗経典を受持して、乃至余経の一偈をも受けざらん」云云。「但楽《ねが》って大乗経典を受持して」は是れ勧門なり、即ち「但四悉の廃立・二門の取捨宜しく時機を守るべし」に同じ。「乃至余経の一偈をも受けざらん」は是れ誡門なり、即ち「敢《あ》えて偏執すること勿《なか》れ」に同じ云云。止観に云わく「但《ただ》法性を信じて、其の諸を信ぜず」云云、会疏《えしょ》に云わく「取捨宜しきを得て、一向にすべからず」云云。並びに勧誡の二門有り、学者は准説《じゅんせつ》して知んぬべし。

問う、又日辰が記に取要抄の「我が門弟は順縁、日本国は逆縁なり」等の文を引いて云わく「逆縁の下種は但妙法に限り、門弟の順縁は一部を読むべし」云云、此の義如何《いかん》。

答う、此れは是れ僻解《びゃくげ》なり。彼の抄の意に謂《い》わく「今《いま》末法に入って一閻浮提皆《みな》謗法と成り畢《おわ》んぬ。故に不軽品の如く但《ただ》妙法五字に限って之れを弘むるに、之れを信ずる者は我が門弟と成りて順縁を結び、日本国中の之れを謗る者も仍《なお》逆縁を結ぶなり」云云、即ち初心成仏抄の意に同じ。彼の文に云わく「当世の人は何と無くとも法華経に背く失に依って、地獄に落ちん事疑いなき故に、兎も角も法華経を強いて説き聞かすべし。信ぜん人は仏に成るべし、謗ぜん者は毒《どっ》鼓《く》の縁と成って仏に成るべきなり」云云。取要抄の意、弥《いよいよ》以て分明なり。更に門弟の順縁、一部を読むべきの意無し、何ぞ曲げて私情に会するや。

問う、又云わく「不読の輩、五種の妙行を欠く」等云云、此の難如何。

答う、吾《われ》今尋ねて云わく、五種の妙行は名利《みょうり》の為《ため》に之れを修するや、成仏の為に之れを修するや。若《も》し名利の為と言わば具足せずんばあるべからず。若し成仏の為と言わば一行と雖《いえど》も則ち足りぬべし、何ぞ必ずしも具足することを俟《ま》つべけんや。

経に曰く「我が滅度の後に於て応に斯の経を受持すべし。是の人仏道に於て決定して疑い有ること無けん」等云云。宗祖釈して云わく「是の人とは名字即の凡夫なり、仏道とは究竟即なり。末法当今は此の経受持の一行計りにて成仏すべしと定むるなり」一是。

又法師功徳品に云わく「若し善男子・善女人、是の経を受持し、若しは読み、若しは誦し、若しは解説し、若しは書写せん。是の人は当に六根清浄を得」云云。此の文の中の「若」の字の顕わす所の五種の妙行に随って一行を修する則《とき》んば、六根浄を得るなり二是。

又末法当今の日本国中の不学無智の俗男俗女は皆《みな》必ず五種の妙行を具足するや三是。

況んや復《また》五種の妙行は一部に限るに非ず、今信者の為に更に三義を示さん。

一には一字五種の妙行。修禅寺決十六に云わく「妙の一字に於て五種法師の行を伝う。広く五種を行ずれば心散乱するが故に要に非ず。大師好んで常に此の行を修し、亦《また》之れを以て道俗に授く。和尚の云わく、一字五種の妙行」云云。

二には要法五種の妙行。又二十に云わく「天台大師毎日行法日記に云わく、読誦し奉る一切経の総要毎日一万返云云。玄師の伝に云わく、一切経の総要とは所謂《いわゆる》妙法蓮華経の五字なり」云云。

三には略品五種の妙行。大覚抄十八に云わく「二十八品の中に勝れてめでたきは方便品と寿量品とにて侍《はべ》り。余品は皆枝葉にて候。されば常の御所作には、此の二品を習い読ませ給え」云云。

三義分明《ふんみょう》なること宛《あたか》も日月の如し。故に広く之れを行ぜずと雖《いえど》も、五種の妙行を欠くること無し。一部読誦の輩は還って欠くる所有り。本因妙抄に云わく「彼は一部を読誦すと雖も二字を読まず、此れは文々句々悉《ことごと》く之れを読む」云云。二字と言うは、三位《さんみ》順公の云わく云云、房州の要公が云わく云云。

問う、又云わく「報恩抄に他事を捨ててと云うは、顕応の云わく、読誦を捨てよと云云、悲しいかな経文を見ず。経に云わく、何に況んや読誦をやと。又云わく、何に況んや一心に聴き説き読誦しと。又云わく、何況擁護《がきょうおうご》具足受持と已上。功徳の浅深を論ぜず、経釈の淵底《えんでい》を知らず。嗚呼《ああ》、聾騃《ろうがい》なり」云云、此の義如何《いかん》。

答う、文に云わく「一同に他事を捨てて南無妙法蓮華経と唱うべし」云云、此の文分明に唱題の外を「他事を捨てて」と云う。「他事」の中に曷《なん》ぞ読誦を除かんや。四信抄に云云、上野抄に云云。若《も》し爾《しか》らば辰公の破責、恐らくは蓮祖に当たるか。

所引の文に「読誦」と言うは、即ち「他事を捨てて南無妙法蓮華経と唱うる」を読誦と云うなり。「読誦し奉る一切経の総要毎日一万返」云云。当《まさ》に知るべし、法華経は一法なりと雖も、機に随い時に随って其の行万差なり。日辰偏《ひとえ》に像法の釈相に執して未だ末法の妙旨を知らず、寧《むし》ろ株《くいぜ》を守るに非ずや、那《なん》ぞ舷《ふなばた》に刻するに異ならんや。「何況擁護」等とは即ち二意有り。所謂《いわゆる》一には題号入文相対なり、二には但《ただ》是れ名義相対なり。日辰但《ただ》初義を知って、未だ後義を識《し》らざる者なり。

問う、若し此の経の謂《いわ》れを知る者には応《まさ》に一部読誦を許すべきや。

答う、若し三事相応の人有らば何ぞ之れを制すべけんや。三事と言うは、一には此の経の謂れを知り、二には正業を妨げず、三には折伏を碍《さ》えず云云。運末法に居《こ》し根機漸《ようや》く衰う。有識の君子能く之れを思量せよ、恐らくは三事相応の人無からんか。

問う、化他の辺は一部に通ずとせんや。

答う、化他の正意は但題目に在り。若し助証を論ぜば尚《なお》一代に通ず、何に況んや一部をや。太田抄に云わく「此の大法を弘通せしむるの法には、必ず一代の聖教を安置し、八宗の章疏《しょうしょ》を習学すべし」等云云。

末法相応抄上畢《おわ》んぬ

末法相応抄　下

問う、末法蓮祖の門弟色相荘厳《しきそうしょうごん》の仏像を造立して本尊と為《な》すべきや。
答う、然るべからざるなり。将《まさ》に此の義を明かさんとするに且《しばら》く三門に約す。

初めに道理とは

一には是れ熟脱の教主なるが故に。謂《い》わく、凡《およ》そ末法は是れ下種の時なり、故に下種の仏を本尊と為すべし。然るに釈尊は、久遠に下種し大通に結縁し、其の機漸《ようや》く熟し仏の出世を感ずるが故に本より迹を垂れ、王宮に誕生し樹下に成道し、世情に随順し色相を荘厳し、爾前迹門を演説し漸く其の機を熟し、次に本門寿量を説いて咸《ことごと》く得脱せしむ。故に色相荘厳の尊容は、在世熟脱の教主にして末法下種の本仏に非ず。故に造立して本尊と為《な》さざるなり。血脈抄に云わく「仏は熟脱の教主、某は下種の法主なり」云云。

二には是れ三徳の縁浅きが故に。謂わく、三徳有縁《うえん》を本尊と為すべし。然るに正像の群類は本已有善なり、故に色相の仏に於て其の縁最も深きなり。末法の衆生は本未有善なり、故に色相の仏に於て三徳の縁浅し、故に造立して本尊と為さざるなり。太田抄に云わく「正像二千年に猶《なお》下種の者有り。今は既に末法に入って、在世の結縁の者は漸々《ぜんぜん》に衰微《すいび》して、権実の二機皆悉《ことごと》く尽きぬ」云云。

三には是れ人法勝劣あるが故に。謂《い》わく、凡そ本尊とは勝れたるを用うべし。然るに色相の仏を以て若し法に望むる則《とき》んば勝劣宛《あたか》も天地の如し云云。疏《しょ》の十三十一に云わく「法は是れ聖の師、能く生じ、能く養い、能く成じ、能く栄ゆるは法に過ぎたるは莫《な》し、故に人は軽く法は重し」云云。籤《せん》の八二十五に云わく「父母に非ざれば以て生ずること無く、師長に非ざれば以て成ずること無く、君主に非ざれば以て栄ゆること無し」云云。故に造立して本尊と為さざるなり。

次に文証を引くとは

法師品に云わく「若しは経巻所住の処には、皆応《まさ》に塔を起《た》つべし。復《また》、舎利を安んずることを須《もち》いず。所以《ゆえん》は何《いかん》。此の中には、已《すで》に如来の全身有《いま》す」等云云。文の八十七に云わく「此の経は是れ法身の舎利なり、須《すべから》く更に生身《しょうじん》の舎利を安んずべからず」文。記の八の本十六に云わく「生身の全砕《ぜんさい》は釈迦と多宝との如し」等云云。法華三昧四に云わく「道場の中に於て好《よ》き高座を敷き法華経一部を安置し、未だ必ずしも形像《ぎょうぞう》・舎利并《なら》びに余の経典を安んずべからず」等云云。本尊問答抄に云わく「問うて云わく、汝云何《いかん》ぞ釈迦を以て本尊とせずして、法華経の題目を本尊とするや。答う、上に挙ぐる所の経釈を見たまえ、私の義には非ず」云云。開山上人の門徒存知に云わく「五人一同に云わく、本尊に於ては釈迦如来を崇《あが》め奉るべし云云。日興が云わく、聖人御立の法門は全く絵像木像の仏菩薩を以て本尊と為さず、唯《ただ》御抄の意に任せて妙法蓮華経の五字を以て本尊と為すべし、即ち御自筆の本尊是れなり」等云云。文証多しと雖《いえど》も今且《しばら》く之れを略す。

三に外難を遮すとは

問う、日辰が記に云わく「唱法華題目抄に云わく、本尊は法華経八巻一巻或は題目を書いて本尊と定むべし、又堪えたらん人は釈迦・多宝を法華経の左右に書き作り立て奉るべし、又堪えたらんは十方の諸仏・普賢菩薩等をも書き造り奉るべし已上。此の文の意は両尊・四菩薩を法華経の左右に或は書き或は作り立て奉るべしと見えたり」云云、此の義如何《いかん》。

答う、此れは是れ佐渡已前文応元年の所述なり。故に題目を以て仍《なお》「或」義と為す、本化の名目未だ曾《かつ》て之れを出ださず、豈《あに》仏の爾前経に異ならんや。日辰若《も》し此の文に依って本尊を造《ぞう》立《りゅう》せば須《すべか》らく本化を除くべし、何ぞ恣《ほしいまま》に四大菩薩を添加《てんか》するや云云。

問う、又云わく、真間供養抄三十七に云わく「釈迦御造仏の御事。無始曠劫《むしこうごう》より已来未だ顕われ有《まし》まさぬ己心の一念三千の仏を造り顕わし在《まし》ますか。馳《は》せ参りて拝み進《まい》らせ候わばや。欲令衆生開仏知見乃至我実成仏已来は是れなり」云云。又《また》四条金吾釈迦仏供養抄二十八に云わく「御日記の中に釈迦仏の木像一体云云。乃至此の仏こそ生身《しょうじん》の仏にて御座《おわ》しまし候」云云。又日眼女釈迦仏供養抄に云わく「三界の主《あるじ》教主釈尊一体三寸の木像之れを造立し奉る檀那日眼女。現在には日々月々の大小の難を払い、後生には必ず仏に成るべし」云云、此等の文如何《いかん》。

答う、古来会《え》して云わく「此れは是れ且《しばら》く一機一縁の為なり、猶継子《けいし》一旦《たん》の寵愛《ちょうあい》の如し、若し爾《しか》らずば如何ぞ大黒を供養せんや」等云云、真間抄の終わりに云わく「日外《いつぞや》大黒を供養し候」云云。

問う、日辰重ねて難じて云わく「若し一機一縁ならば何ぞ真間・金吾・日眼の三人有るや。次に継子一旦の寵愛とは宗祖所持の立像の釈尊なり、何ぞ当宗の本尊に同じからんや」云云、此の難如何。

答う、一機一縁の名目何ぞ須《すべから》く必ずしも一人に限るべけんや、一乗要決の下三十八に云わく「法華は広大・平等・明了の演説なり。余経の所説は則ち是くの如くならず、或は略説し或は一機に逗《とど》まり或は明了ならず」云云。既《すで》に平等に非ざるを名づけて一機と為す。故に知んぬ、設《たと》い三五と雖《いえど》も豈《あに》一機と云わざらんや。又梵網《ぼんもう》経の下初に云わく「爾の時に盧舎那《るしゃな》仏、此の大衆の為に略して百千恒沙《ごうじゃ》の法門の中の心地を開く」云云。天台の文の九二十一に云わく「梵網は別して一縁の為に此くの如きの説を作《な》す」文。既に大衆を以て尚《なお》一縁と名づく、何に況んや三五をや。日辰如何ぞ天台を難ぜざる。開山上人の云わく「諸仏の荘厳同じと雖も印契《いんげい》に依って異を弁ず、如来の本迹は測り難し、眷属を以て之れを知る。一体の形像《ぎょうぞう》豈頭陀《ずだ》の応身《おうじん》に非ずや」云云。日眼・金吾・真間倶《とも》に是れ一体仏《いったいぶつ》なり、故に全く立像の釈迦に同じ、豈継子一旦の寵愛《ちょうあい》に非ずや。日辰実に一機一縁の為に非ずと思わば、那《なん》ぞ一体仏を以て本尊とせざるや。

今謹んで案じて曰く、本意に非ずと雖も之れを称歎《しょうたん》したもうに略して三意有り。一には猶《なお》是れ一宗弘通の初めなり、是の故に用捨時宜《じぎ》に随うか。二には日本国中一同に阿弥陀仏を以て本尊と為す、然《しか》るに彼の人々適《たまたま》釈尊を造立す、豈称歎せざらんや。三には吾が祖の観見《かんけん》の前には一体仏の当体全く是れ一念三千即自受用の本仏の故なり。学者宜《よろ》しく善く之れを思うべし。

問う、又云わく「宝軽法重抄二十七に云わく、一閻浮提の内に法華経の寿量品の釈迦仏の形を書き作れる堂未《いま》だ候わず」云云、此の文如何《いかん》。

答う、此れは是れ寿量品文底の釈迦仏、久遠元初の自受用身の御事なり。故に上の文に云わく「天台云わく、人は軽く法は重し。妙楽云わく、四同《おな》じからずと雖も法を以て本と為《な》す」云云。又云わく「天台伝教は事極《きわ》め尽くさず、日蓮が弟子と成らん人々は易《たやす》く之れを知るべし」云云。当に知るべし、自受用身は人法体一なることを云云。

問う、又云わく「本尊抄八に云わく、其の本尊の為体《ていたらく》、本時の娑婆の上に宝塔空に居し、塔中の妙法蓮華経の左右に釈迦牟尼仏・多宝仏、釈尊の脇士には上行等の四菩薩乃至正像に未だ寿量品の仏有《ましま》さず。末法に来入して始めて此の仏像出現せしむべきか云云。此の仏像の言は釈迦多宝を作るべしと云う事分明なり」云云、此の義如何。

答う、「其の本尊の為体」等とは、正しく事の一念三千の本尊の為体を釈するなり。故に是れ一幅の大曼荼羅即ち法の本尊なり。而《しか》も此の法の本尊の全体を以て即ち「寿量品の仏」と名づけ、亦《また》「此の仏像」と云うなり、「寿量品の仏」とは、即ち是れ文底下種の本仏、久遠元初の自受用身なり。既に是れ自受用身なり、故に亦「仏像」と云うなり。自受用身とは即ち是れ蓮祖聖人なるが故に「出現」と云うなり。故に山家《さんげ》大師の秘密荘厳論に云わく「一念三千即自受用身、自受用身とは尊形を出でたる仏」云云。全く此の釈の意なり、之れを思い見るべし。又「仏像」の言未《いま》だ必ずしも木絵に限らず、亦《また》生身を以て仏像と名づくるなり、即ち文句の第九の如し。若し必ず木絵と言わば出現の言恐らくは便ならず、前後の文「本化出現」云云、之れを思い合わすべし云云。

問う、又云わく「本尊抄に云わく、南岳・天台は迹面本裏《しゃくめんほんり》の一念三千其の義を尽くすと雖《いえど》も、但《ただ》理具を論じて事行の南無妙法蓮華経の五字並びに本門の本尊、未だ広く之れを行ぜず已上。此の抄の意は本門の教主釈尊を以て本尊と為すべきこと文に在って分明なり」云云、此の義如何。

答う、「事行の南無妙法蓮華経」とは、即ち是れ第三の本門の題目なり。「本門の本尊」とは、即ち事の一念三千の法本尊なり。凡《およ》そ本尊抄一巻の大旨、一幅の大曼荼羅の御抄なるが故なり。何ぞ此の文を以て人の本尊と為すや。妙楽の云わく「若し文の大旨を得る則《とき》んば元由《がんゆ》に瞶《くら》からず」等云云。日辰既に文の大旨を失う、焉《いずく》んぞ元由を知ることを得んや。

問う、又云わく「報恩抄の下に云わく、日本乃至一閻浮提一同に本門の教主釈尊を本尊とすべし、所謂《いわゆる》宝塔の中の釈迦・多宝以外《そのほか》の諸仏并《なら》びに上行等の四菩薩脇士と成るべし已上、此の文分明なり」云云、此の義如何。

答う、当山古来の御相伝に云わく「本門の教主釈尊とは蓮祖聖人の御事なり」云云。

問う、日辰重ねて難じて云わく「正しく是れ曲会私情なり。若し蓮祖を以て本尊と為さば、左右に釈迦・多宝を安置し、上行等脇士と為すべきなり、若し爾らば名字の凡僧を以て中央に安置し、左右は身皆金色《こんじき》の仏菩薩ならんや」云云、此の難如何。

答う、日辰未だ富山《ふさん》の蘭室《らんしつ》に入らず、如何ぞ祖書の妙香を聞《か》ぐことを得んや。今謂わく、御相伝に「本門の教主釈尊とは蓮祖聖人の御事なり」と云うは、今《いま》此の文の意は自受用身即一念三千なることを釈するが故なり。誰か蓮祖の左右に釈迦・多宝を安置すと言わんや。

問う、義意解し難し、具《つぶさ》に之れを聞くことを得んや。

答う、此の一文を釈するに且《しばら》く三門に約す。初めに異解《いげ》を牒《ちょう》し、次に邪難を破し、三に正義を示さん。

初めに異解を牒すとは、既に「本門の教主釈尊を本尊とすべし」と云う、然るに「所謂《いわゆる》」の下に亦《また》「釈迦」を挙ぐ、其の謂《いわ》れ消《しょう》し難し、故に多解有り。

有るが謂《い》わく、今人《いま》の本尊を明かす、而も本仏・迹仏相対するに猶《なお》天月水月の如し。故に本門の教主釈尊に望むる則《とき》んば、迹門塔中《たっちゅう》の釈迦は便ち脇士と成るなり。例せば本尊抄の三変土《ぺんど》田《でん》を無常土に属するが如し云云。

有るが謂わく、今法の本尊を明かす。故に「所謂」の下に妙法中尊の義を顕わして釈迦・多宝等を脇士とするなり。然るに標の文に「本門の教主釈尊を本尊とすべし」と云うは、既に人法一体なる故に能証の釈尊に寄せて所証の妙法を顕わすなり。然れども直ちに妙法を本尊とすべしと言わざる所以《ゆえん》は、第三の本門の題目に簡異するが故なり。本尊抄に「塔中の妙法蓮華経の左右に釈迦牟尼仏・多宝仏」等と云う、之れを思い合わすべし云云。

有るが謂わく、今文《こんもん》の標・釈是れ一轍《いってつ》なり。故に文の意に謂わく、本門の教主釈尊を本尊とすべし、所謂宝塔の中の釈迦なり、多宝以外の諸仏等は脇士と成るべし云云。例せば取要抄に多宝を所従とするが如きなり。

有るが謂わく、今文の標・釈是れ一轍なるに非ざるなり。故に文の意に謂わく、本門の教主釈尊を本尊とすべし、所謂宝塔の中の釈迦・多宝なり、以外の諸仏等は脇士と成るべし云云。是れ標の文に単に「釈尊」を挙ぐと雖《いえど》も、「所謂」の下は境智不二の義に約して二仏倶《とも》に本尊とするなり。然る所以は二仏の境智冥合に寄せて兼ねて妙法本尊の義を顕わすなり。
啓蒙《けいもう》の十五に此れ等の義を挙げ畢《おわ》って云わく「祖意測《はか》り難し、衆義並び存す」云云、多難有りと雖も且く置いて未だ論ぜず。

次に邪難を破すとは

妙楽の云わく「凡そ一義を銷《しょう》するに皆一代を混じて其の始末を窮《きわ》む」等云云。而るに日辰何ぞ教機時国をも思量せず、在滅三徳の有無をも弁《わきま》えずして卒爾《そつじ》に僻難《びゃくなん》を興《おこ》すや是一。

今文は正しく正像未弘の三大秘法を明かす。故に是れ文底秘沈の法門にして文上の所談に非ず。日辰如何ぞ但《ただ》文上を論じて文底を論ぜざるや是二。

今文は正しく末法下種の本因の教主を明かす。日辰那《なん》ぞ在世脱益の教主と為《な》すや是三。

今文は正しく末代理即の観心の本尊を明かす。日辰曷《なん》ぞ身子等の教相の本尊に約するや是四。

今文は分明に法を以て人を釈す。故に人法体一の自受用身なり。日辰那ぞ色相荘厳の仏に為すや是五。

日辰の重難の文に云わく「若し蓮祖を以て本尊と為せば、左右に釈迦・多宝を安置するや」云云。今反詰して云わく、若し脱益の釈尊を以て本尊と為せば、左右に亦釈迦・多宝を安置するや是六。

又重難の文に云わく「若し爾らば名字の凡僧を以て中央に安置し、左右は身皆《みな》金色の仏菩薩ならんや」云云。今謂わく、当文の意に云わく、蓮祖一身の当体は全く是れ十界互具の大曼荼羅なり云云。故に蓮祖の外に別に釈迦・多宝等有るに非ず。那ぞ左右に身皆金色の仏菩薩と言わんや是七。

吾が祖、諸抄の中に示して云わく「日蓮は日本国の一切衆生の主師父母なり」云云。日辰如何ぞ三徳の大恩を忘却して輙《たやす》く名字の凡僧と云うや是八。

血脈抄に云わく「本地自受用報身の垂迹上行の再誕、日蓮」云云。日辰如何ぞ但《ただ》示同凡夫の辺に執して本地自受用の辺を抑止《よくし》するや是九。

撰時抄に云わく「欽明《きんめい》より当帝に至る七百余年、未だ聞かず、未だ見ず、南無妙法蓮華経と唱えよと勧めたるの智人無し。日蓮は日本第一の法華経の行者なること敢《あ》えて疑い無し。之れを以て之れを推せよ。漢土・月氏・一閻浮提の内に肩を並ぶる者は有るべからず」云云。当に知るべし、第一は即ち是れ最極《さいごく》の異名なり、妙楽の云わく「一部最極の理、豈《あに》第一に非ずや」云云。最極豈亦《また》究竟《くきょう》の異名に非ずや。若し爾らば一閻浮提第一とは、即ち是れ名字究竟の本仏なり。

日辰如何ぞ軽《かるがるし》く名字の凡僧と言うや是十。

知三世抄に云わく「日蓮は一閻浮提第一の聖人なり。我が弟子仰いで之れを見よ」云云。吾が祖現に三度の高名有り、自余の兼讖毫末《けんしんごうまつ》も差《たが》わず、豈兼知未萠《けんちみぼう》の大聖に非ずや。日辰如何ぞ蔑《べっ》如《じょ》して凡僧と言うや、豈魯人《ろひと》に異なるべけんや是十一。

血脈抄に云わく「我が内証の寿量品とは文底の本因妙の事なり。其の教主は某なり」云云。又云わく「本因妙の教主日蓮」云云。既に是れ本因妙の教主なり、日辰那ぞ本尊と為すことを拒《こば》むや是十二。

金剛般若《こんごうはんにゃ》経に云わく「若し三十二相を以て如来と見、若し色を以て我と見れば、是れ則ち邪道を行ず」云云。日辰は但《ただ》色相に執して真仏の想いを成す。若し経文の如くんば寧《むし》ろ邪道を行ずるに非ずや是十三。

法蓮抄に云わく「愚人の正義に違うこと昔も今も異ならず。然れば則ち迷者の習い外相のみを貴んで内智を貴まず」等云云。豈日辰の見計正しく蓮師の所破に当たるに非ずや是十四。

三に正義を示すとは、今此の文を消するに即ち分かちて二と為《な》す。初めに「本門の教主釈尊」等とは是れ標の文にして人の本尊に約するなり、次に「所謂《いわゆる》宝塔」の下は是れ釈の文にして法の本尊に約す。全く本尊抄に同じきなり。而《しか》るに標・釈の二文、人法同じからず。是の故に先《ま》ず須《すべか》らく人法一別の相を了すべし。謂わく、若し理に拠《よ》って論ずれば法界に非ざること無し。若し事に拠って論ずれば一別無きに非ず。謂わく、迹中化他の色相の仏身は能生所生・人法体別なり、是れ世情に随順する方便の身相なるが故なり。譬えば天月水月の其の体同じからざるが如し。若し本地自行の自受用身は倶《とも》に是れ能生にして人法体一なり、是れ本地難思の境智冥合する故なり。譬えば月と光と和合して其の体是れ一なるが如きなり。妙楽の云わく「本地の自行は唯円と合す。化他は定まらず、亦《また》八教有り」云云。此に相伝有り云云。

然るに当文は明らかに法を以て人を釈す。故に文の意に謂わく、本門の教主釈尊を本尊とすべし、所謂教主釈尊の当体全く是れ十界互具、百界千如、一念三千の大曼荼羅なるが故なり云云。是れ豈《あに》人法体一を顕わすに非ずや。故に知んぬ、是れ迹中化他の色相の仏身に非ず、応《まさ》に是れ本地自行の自受用身なるべし。本地自行の自受用身は即ち是れ本因妙の教主釈尊なり。本因妙の教主釈尊は即ち是れ末法出現の蓮祖聖人の御事なり。是れ則ち行位《ぎょうい》全《まった》く同じき故なり。名異体同の御相伝、「本因妙の教主日蓮」、之れを思い合わすべし、之れを思い合わすべし。故に当文の意は、人法体一の故に蓮祖を以て本尊と為すべし云云。又標の文に「本門の教主釈尊を本尊とすべし」と云うは、文の意は、蓮祖は本因下種の教主なり、故に本尊と為《な》すべし云云。又次下の文に蓮祖自身の三徳を示して云わく「日蓮が慈悲広大乃至日本国の一切衆生の盲目を開ける功徳有り。無間地獄の道を塞《ふさ》ぎぬ」等云云。「慈悲」は父母なり、「盲目を開ける」は師なり、「道を塞ぎぬ」は主君なり、蓮祖の三徳分明なり、故に本尊と為すべし云云。故に此の文の中に三義を具足す、有智の君子寧《むし》ろ之れを信ぜざらんや。当流の相伝敢《あ》えて之れを疑うこと勿《なか》れ。

問う、又日辰が記に云わく「一宗の本尊久遠元初の自受用身なり。久遠の言、本因本果に亘《わた》ると雖《いえど》も、久遠元初の自受用身の言は但《ただ》本果に限って本因に亘らず。自受用身とは寿量品の教主三身宛《おんそく》足の正意なり。故に疏《しょ》の九に云わく、此の品の詮量《せんりょう》は通じて三身を明かす、若し別意に従わば正しく報身に在り」云云、此の義如何《いかん》。

答う、久遠元初の自受用身とは、本因名字の報身にして色相荘厳の仏身に非ず、但是れ名字凡身の当体なり。今日《こんにち》寿量の教主は応仏昇進の自受用にして、久遠元初の自受用に非ず、即ち是れ色相荘厳の仏身なり。謂《い》わく、界内の仏は身皆《みな》金色の応仏に非ざる莫《な》し。三蔵は劣応《れっとう》、通教は勝応《しょうおう》、別教は他受用《たじゅゆう》、亦《また》勝応と名づく。法華迹門は応即法身なり。寿量品に至って始成の三身を破し久成の三身を顕わす故に「通じて三身を明かす」と云う。而《しか》も自受用を以て正意と為す、故に「正しく報身に在り」と云うなり。既に三蔵の応仏次第に昇進して自受用を顕わす、故に応仏昇進の自受用と名づくるなり。故に三位《さんみ》日順の詮要抄に云わく「応仏昇進の自受用とは、今日の釈尊・三蔵の教主、次第に昇進して寿量品に至って自受用を成ずる故なり」云云。

然《しか》るに日辰は応仏昇進の自受用を以て而も久遠元初の自受用と名づく。故に応仏昇進の自受用に非ず、亦《また》久遠元初の自受用にも非ず、今古並びに迷い二身倶《とも》に失う。豈《あに》顚倒迷乱《てんどうめいらん》の甚《はなは》だしきに非ずや是一。

又若し今日寿量の教主を以て而も久遠元初の自受用と名づけば、応《まさ》に何《いず》れの教の教主を以て応仏昇進の自受用身と名づくべしや、日辰如何是二。

又若し汎《ひろ》く久遠と言う則《とき》んば尚《なお》大通に通ず、何ぞ止《ただ》本果に通ずるのみならん。若し久遠元初とは但《ただ》本因名字に限って、尚本因の初住に通ぜず。何に況んや本果に通ぜんや。血脈抄に云わく「久遠元初直行の本迹。名字の本因妙は本種なれば本なり」云云。又云わく「久遠名字の時受《う》くる所の妙法は本、上行等は迹なり。久遠元初の結要付嘱と今日寿量付嘱とは同意なり」云云。日辰眼を開いて応に此の文を見るべし、久遠元初の言豈《あに》本因名字に非ずや是三。

問う、又云わく「本因名字の報身とは法華論及び天台・妙楽並びに末師の中に全く文証無し、何ぞ私曲の新義を述ぶるや」云云、此の難如何《いかん》。
答う、難勢太《はなは》だ非なり。凡《およ》そ本因名字の報身とは、三大秘法の随一・正像未弘の本仏なり。前代の論釈豈《あに》之れを載すべけんや是一。

況んや久遠元初の言は即ち本因名字なり、了々たる明文具《つぶさ》に向《さき》に示すが如し。故に久遠元初の自受用とは即ち是れ本因名字の報身なり。何ぞ更に其の文を尋ぬべけんや是二。

凡そ天台一家の四教五時・六即の配立・一念三千の名目、皆是れ大師の所立にして天親・竜樹・阿難・迦葉の所述に非ず。日辰応《まさ》に天台を難じて私曲の新義を述ぶと言うべし是三。

太田抄に云わく「迦葉・阿難・竜樹・天親・天台・伝教等、知って而も未だ弘宣せざる所の肝要の秘法は法華経の文に赫々《かくかく》たり。論釈等に載せざること明々たり。生知は自ら知るべし。賢人は明師に値遇《ちぐう》して之れを信ぜよ。罪根深重の輩は邪推を以て人を軽しめ之れを信ぜず」等云云。今此の文の意、正像未弘の秘法を論釈に載せざること明々たり云云。若し爾《しか》らば日辰応に蓮師を難じて私曲の新義を述ぶと言うべし是四。

「罪根深重の輩は人を軽しめ之れを信ぜず」云云。此の呵責《かしゃく》正しく日辰に当たる。哀れむべし、悲しむべし云云是五。

問う、又云わく「法華論に云わく、報仏《ほうぶつ》菩提《ぼだい》十地満足して常涅槃を得、経の我実成仏已来の如し已上。本因の五十二位中、第十地修行満足して報仏菩提を得。故に知んぬ、本果の報身なり。若し報身、因位に亘《わた》らば五十八位中何処《いずこ》に於て之れを立つるや」云云、此の難如何。

答う、正法の天親は権経に附順して五十二位の階級を明かす、故に十地満足等と云うなり。末法の蓮祖は直ちに円頓速疾《えんどんそくしつ》の深旨《じんし》に准ずる故に本因名字の報身と云うなり。勘文抄に云わく「一切の法は皆是れ仏法なりと通達し解了する、是れを名字即と為《な》づく。名字即の位にて即身成仏する故に円頓の教には位の次第無し。権経の行は無量劫を経て昇進する次位なれば位の次第を説けり。今の法華は八教に超えたる円なれば、速疾頓成《そくしつとんじょう》にして、下根の行者すら尚《なお》一生の中に妙覚の位に入る。何に況んや上根をや」已上。又録外の十七九に云わく「天台六即を立てて円人の次位を判ず。尚是れ円教の教門にして証道の実義に非ず。何に況んや五十二位は別教の権門に附する廃立なり」云云。明文白義宛《あたか》も日月の如し。日辰如何ぞ此の文を覆蔵《ふぞう》して凡夫即極の美談を蔑《あなず》るや。

問う、又云わく「凡《およ》そ身土の相配は、劣応《れっとう》は同居《どうご》、勝応《しょうおう》は方便、報身は実報《じっぽう》、法身《ほっしん》は寂光なり。若し記の九に云うが如く常在の言に拠《よ》らば、即ち自受用土に属すと。則ち自受用も亦《また》寂光に居するなり。又所化の身土の相配は、理即・名字・観行は同居の穢土、相似は方便、住上は実報、究竟は寂光なり。本因名字是れ報身ならば則ち応に名字即は寂光土に居すべしや」と。

答う、妙法受持の行者は外相は是れ名字の凡夫なりと雖《いえど》も実には是れ究竟円満の仏果なり。故に師弟倶に寂光に居するなり。南条抄二十二に云わく「教主釈尊の一大事の秘法を霊鷲山にして相伝し、日蓮が肉団の胸中に秘して隠し持てり。斯《か》かる不思議なる法華経の行者の住処なれば、争《いか》でか霊山浄土に劣るべき」云云。蓮師豈《あに》寂光土に居するに非ずや。

当体義抄に云わく「南無妙法蓮華経と唱うる人は、煩悩・業・苦の三道、法身・般若・解脱の三徳と転じて、其の人の所住の処は常寂光土なり。是れ則ち日蓮が弟子檀那等の中の事なり」抄略。所化豈《あに》寂光土に居するに非ずや。

経に云わく「須臾聞之《しゅゆもんし》。即得究竟《そくとっくきょう》」云云。「須臾聞之」とは即ち是れ名字なり、「即得究竟」とは文の如し、見るべし。「我が滅度の後に於て応に斯の経を受持すべし。是の人仏道に於て決定《けつじょう》して疑い有ること無けん」云云。「是人」と言うは名字即なり、「仏道」と言うは究竟即なり。此れ等の文、之れを思い合わすべし。

問う、本果の報身は久遠元初に属すとせんや、応仏昇進に属すとせんや。

答う、是れ応仏昇進の自受用身なり。何となれば本果の説法に即ち四教五味有り、全《まった》く今日《こんにち》の化儀に同じき故なり。籤《せん》の七に云わく「久遠に亦四教有り」云云。又云わく「昔日已《すで》に已今を得」云云。文句の第一に云わく「唯《ただ》本地の四仏は皆《みな》是れ本なり」云云。故に知んぬ、三蔵の応仏次第に昇進して自受用を顕わす、豈《あに》今日に異なるべけんや。

問う、若し爾らば血脈抄の中に那《なん》ぞ勝劣を判じて「今日の本果は従因至果《じゅういんしか》なれば本の本果に劣る」と云うや。

答う、此れは是れ同じく応仏昇進と雖《いえど》も、若し所顕に従う則《とき》んば亦《また》勝劣有るなり。謂《い》わく、今日の本果は迹の因門を開して本の果門を顕わす、故に従因至果なり。若し本の本果は迹の本果を開して本の本因を顕わす、故に従果向因《じゅうかこういん》なり。勝劣を言わば、今日の本果は迹の因門を開して本の果門を顕わせども、所顕の本果は、若し本因に望むれば仍《なお》本の上の迹なり。故に今日の本果は劣るなり。若し本の本果は迹の本果を開して本の本因を顕わす。所顕の本因は独一本門の故に、本の本果は勝るるなり。所顕の法門勝劣殊《こと》なりと雖も、今日の本果と同じく是れ色相荘厳の応仏昇進の自受用身なり。

問う、久遠元初の自受用身と応仏昇進の自受用身と其の異如何。

答う、多異有りと雖も今一二を説かん。一には謂わく、本地と垂迹。二には謂わく、自行と化他。三には謂わく、名字凡身と色相荘厳。四には謂わく、人法体一と人法勝劣。五には謂わく、下種の教主と脱益の化主云云。

問う、又日辰が記に云わく「興師の御筆の中に造仏制止の文全く之れ無き所なり」云云、此の義如何。

答う、今《いま》明文を引いて日辰の慢幢《まんどう》を倒すべし。開山上人の門徒存知に云わく「聖人御立ての法門は全く絵像・木像の仏菩薩を以て本尊と為さず、唯《ただ》御書の意に任せて妙法蓮華経の五字を以て本尊と為すべし」云云。開山の本意は此の文に分明なり。「全く」「唯」の両字に意を留めて見るべし。日辰如何。

問う、興師の五人所破抄に云わく「五人一同に云わく、立像の釈迦仏を本尊と為すべし云云。日興が云わく、諸仏の荘厳同じと雖《いえど》も印契《いんげい》に依って異を弁ず。如来の本迹は測り難きも眷属を以て之れを知る乃至一体の形像《ぎょうぞう》豈頭陀《ずだ》の応身に非ずや。強《あなが》ちに執する者尚《なお》帰依を致さんと欲せば、須《すべか》らく四菩薩を加うべし、敢《あ》えて一体仏《いったいぶつ》を用うること勿《なか》れ」云云。此の文寧《むし》ろ但《ただ》一体仏を斥《しりぞ》けて四脇士を加うるを許すに非ずや。

答う、此れは是れ且《しばら》く一縁の為なり、故に「強ちに執する者」等と云うなり。又波木井殿御返事に云わく「仏は上行等の四脇士を造り副《そ》え進《まい》らせ、久成の釈尊を造立し進らせて、又安国論の趣に違《たが》うべからず」等の文、亦《また》強執の一機の為なり、前に准じて知るべし。

問う、又原殿御返事に云わく「日蓮聖人出世の本懐《ほんがい》南無妙法蓮華経の教主釈尊、久遠実成の如来の絵像は一二人書き奉り候えども、未だ木像をば誰も造り奉らず候に、入道殿御微力を以て形の如く造立し奉らんと思《おぼ》し召《め》し立ち候に、御用途も候わざるに乃至御力も契《かな》い給わずんば、御子孫の御中に作り給う仁《ひと》出来し給うまでは、聖人の文字に遊ばしたるを御安置候え」云云、此の文如何。

答う、蓮師出世の本懐は前に門徒存知を引く、「全く」「唯」の両字宛《あたか》も日月の如し。故に知んぬ、一体仏に望みて且《しばら》く久成の仏像を以て出世の本懐と云うなり、例せば爾前に望みて迹門を本懐と為すが如し。是れ真実の本懐に非ざるなり。学者応《まさ》に知るべし、猶《なお》是れ宗門草創の時なり、設い信心の輩も未だ是れ一轍《てつ》ならず、是の故に容預《ようよ》に之れを誘引す。故《ことさら》に事《こと》を子孫の中に寄せて、意は実に造立を制止するなり。若し強いて是れ本懐と言わば、開山曷《なん》ぞ之れを造立せざるや。

問う、又門徒存知に云わく「伊予阿闍梨の下総《しもうさの》国真間の堂は一体仏なり。而るに年月を経て日興が義を盗み取って四脇士を造り副《そ》う」等云云。既に「日興が義」と云う、何ぞ制止と云うや。

答う、若し五人一同の義とは、立像の釈迦を本尊と為すべし云云。若し興師の正義は全く絵像木像を以て本尊と為さず、唯《ただ》妙法の五字を以て本尊と為すなり云云。而も強《し》いて執する者尚《なお》帰依を致さんと欲するには、四菩薩を加うるを許すなり。故に四脇士を造り副《そ》うるは是れ五人の義に非ず、興師一機の為に且く之れを許す義なり。故に「日興が義」と言う、是れ正義と謂うには非ざるなり。

問う、日尊実録に云わく「日興上人仰せに云わく、末法は濁乱《じょくらん》なり三類の強敵《ごうてき》之れ有り、爾《しか》るに木像等の色相荘厳の仏は崇敬憚《はばか》り有り、香華《こうげ》灯明の供養も称《かな》うべからず、広宣流布の時まで大曼荼羅を安置し奉るべし」云云。若し此の文に准ぜば、広宣流布の時には両尊等を造るべきや。

答う、広布の時と雖《いえど》も何ぞ之れを造立せん。故に此の文亦事《こと》を三類の強敵等に寄せて広宣流布の時に譲る、而も其の意、実には当時の造立を制止するなり。

問う、三位《さんみ》日順の心底抄に云わく「戒壇の方面は地形に依るべし。安置の仏像は本尊の図の如し」云云。又日代師日印に酬《こた》うる書簡に云わく「仏像造立の事、本門寺建立の時なり、未だ勅許有らず。国主御帰依の時、三箇の大事一度に成就せしむべきの由の御本意なり。御本尊の図は其の為なり。只今仏像造立過《とが》無くんば、私の戒壇又建立せらるべく候か」云云。此等の師の意、豈仏像造立を広布の時に約するに非ずや。

答う、亦《また》是れ当時の造立を制せんが為に且く事を広布の時に寄するか。応に知るべし、開山上人、御弟子衆に対するの日、仍容預《なおようよ》進退有り、是れ宗門最初の故に宜《よろ》しく信者を将護すべき故なり。

末法相応抄畢《おわ》んぬ

享保《きょうほう》第十乙巳年五月上旬　大坊に於て之れを書す

六十一歳

日寛　花押

当流行事抄　第五

当流行事抄　第五

当流行事抄　第五

日寛謹んで記す

大覚世尊設教《せっきょう》の元意《がんい》は、一切衆生をして修行せしめんが為なり。修行に二有り、所謂《いわゆる》正行及び助行なり。宗々殊《こと》なりと雖《いえど》も同じく正助を立つ、同じく正助を立つれども行体各異《おのおのこと》なり。流々の正助は今論ぜざる所なり。

当門所修の二行の中に、初めに助行とは、方便寿量の両品を読誦し、正行甚深《じんじん》の功徳を助顕す。譬《たと》えば灰汁《あく》の清水を助け、塩酢《えんそ》の米麵《まいめん》の味を助くるが如し。故に助行と言うなり。此の助行の中に亦傍正《ぼうしょう》有り。方便を傍と為《な》し、寿量を正と為す。是れ則《すなわ》ち遠近親疎《おんごんしんそ》の別有るに由《よ》る故なり。傍正有りと雖も倶《とも》に是れ助行なり。

次に正行とは、三世の諸仏の出世の本懐・法華経二十八品の最要・本門寿量の肝心・文底秘沈の大法・本地難思の境智冥合・久遠元初の自受用身の当体・事の一念三千・無作本有《むさほんぬ》の南無妙法蓮華経是れなり。荊渓《けいけい》尊者の謂《い》えること有り「正助合行《ごうぎょう》して因《ちな》んで大益を得《う》」云云。行者応《まさ》に知るべし、受け難きを受け値《あ》い難きに値う、曇華《どんげ》にも超え浮木《うきぎ》にも勝れり。一生空《むな》しく過ごさば万劫必ず悔《く》いん、身命を惜《お》しまずして須《すべから》く信行を励むべし。「円頂方袍《えんちょうほうほう》にして懶惰《らんだ》懈怠《けだい》の者は是れ我が弟子に非ず、即ち外道の弟子なり」と云云。慎《つつし》むべし慎むべし、勤めよや勤めよや。

第一　方便品篇

問う、凡《およ》そ当流の意は一代経の中には但《ただ》法華経、法華経の中には但本門寿量品を以《もっ》て用《もち》いて所依《しょえ》と為《な》し、専《もっぱ》ら迹門無得道の旨を談ず。何ぞ亦《また》方便品を読誦し以て助行と為すや。

答う、但是れ寿量品が家の方便品なり。宗祖の所謂《いわゆる》「予が読む所の迹門」とは是れなり。「予が読む所の迹門」に亦両意を含む。所謂一には所破《しょは》の為、二には借文《しゃくもん》の為なり。故に開山上人の曰く「一に所破の為とは、方便称読《しょうどく》の元意は只是れ牒破《ちょうは》の一段なり。二に借文の為とは、迹の文証を借りて本の実相を顕わすなり」等云云。今謹んで解して曰く、文々句々自《おの》ずから両辺有り、所謂《いわゆる》文・義なり。文は是れ能詮《のうせん》、義は是れ所詮《しょせん》、故に読誦に於て亦両意を成ず。是れ則ち所詮の辺に約せば所破の為なり、能詮の辺に約せば借文の為なり。故に所破の為とは即ち迹門所詮の義を破するなり、借文の為とは迹門能詮の文を借りて本門の義を顕わすなり。

且《しばら》く「唯仏与仏乃能究尽《ゆいぶつよぶつないのうくじん》」の文の如き、此の一文を誦《じゅ》するに即ち両意を含む。一には所破の為とは、立正観抄に云わく「経に唯仏与仏乃能究尽とは迹門の仏当分《とうぶん》に究尽する辺を説くなり」等云云。二には借文の為とは、十章抄に云わく「一念三千の出処は略開三《りゃっかいさん》の十如実相なれども義《ぎ》分《ぶん》は本門に限る」等云云。一文既《すで》に然《しか》り、余は皆准説《じゅんせつ》せよ。両意有りと雖《いえど》も是れ前後に非ず、是れ別体に非ず、唯是れ一法の両義にして明闇の来去《らいこ》同時なるが如きなり。

問う、寿量品が家の方便品とは其の相如何《いかん》。

答う、通じて迹門に於て自《おの》ずから両意有り。一には顕本已前《けんぽんいぜん》の迹門、是れを体外《たいげ》の迹門と名づく、即ち是れ本無今有《ほんむこんぬ》の法なり。譬えば「不識天月但観池月《ふしきてんげつたんかんちげつ》」の如し。二には顕本已後《いご》の迹門、是れを体内《たいない》の迹門と名づく、即ち本有常住《ほんぬじょうじゅう》の法と成るなり。例せば「従本垂迹如月現水《じゅうほんすいじゃくにょげつげんすい》」の釈の如し。此の二義諸文に散在せり云云。今は是れ体内の迹門を読誦する故に寿量品が家の方便品と云うなり。

問う、若《も》し所破・借文と言うは応《まさ》に体外の迹門に約すべし、若し体内の迹門は即ち是れ本門なり、豈《あに》所破・借文と言うことを得べけんや。

答う、古徳《ことく》の釈に云わく「体内の権に非ずんば焉《いずく》んぞ実を引くことを得ん」云云。今亦復爾《またまたしか》なり、故に両義並びに顕本已後に約するなり。十章抄に云わく「止観《しかん》一部は法華経の開会《かいえ》の上に建立せり、爾前外典《げてん》を引くと雖も而も爾前外典の意には非ず、文をば借《か》れども義をば削《けず》り捨つるなり」云云。開会の上の所破・借文、宛《あたか》も晴天に日輪の赫々《かくかく》たるが如し云云。

問う、若し体内《たいない》の迹門は即ち本有常住の法なり、那《なん》ぞ其の義を破せんや。

答う、体内と云うと雖も仍《なお》是れ迹門なり、是の故に体内の本門に及ばず。例せば十章抄に云うが如し、「仮使《たとい》開会を悟れる念仏なりとも仍《なお》体内の権《ごん》なり、体内の実《じつ》に及ばず」云云。十法界抄に云わく「本門顕われ已《お》わりぬれば迹門の仏因は則《すなわ》ち本門の仏果なるが故に、天月・水月倶《とも》に本有《ほんぬ》の法と成りて本迹倶に三世常住と顕わるるなり」云云。当に知るべし、三世常住の水月は三世常住の天月に及ばず、焉《いずく》んぞ破せざるを得んや。一致《いっち》門流此の義を知らず、曲げて私情に会《え》し己義《こぎ》を荘厳するなり。

問う、在々処々《ざいざいしょしょ》に破する所の迹門と、所破の為に読む所の迹門と、正《まさ》しく其の不同如何《いかん》。

答う、在々処々に破する所の迹門は是れ体外《たいげ》の迹門にして、天台過時《かじ》の迹なり。若し所破の為に誦《よ》む所の迹門は是れ体内の迹門にして、予が誦む所の迹なり。

問う、往古《おうこ》の難に云わく「若し所破の為ならば何ぞ爾前を読まざるや」云云、此の難如何。

答う、此の難甚《はなは》だ非なり。是れ三時の弘経に昧《くら》く、四重の興廃《こうはい》を弁《わきま》えざる故なり。謂《い》わく、天台は像法迹門の導師、故に但爾前を破して専《もっぱ》ら迹門を弘む。吾が祖は末法本門の導師、故に迹門を破して専ら本門を弘む。是れ則ち像末適時《ちゃくじ》の破立《はりゅう》なり。況んや爾前に於ては更に一念三千の文無し、何ぞ借用《しゃくゆう》すべけんや。

問う、顕本已後那《なん》ぞ其の文を借《か》るや。

答う、玄文の第九に云わく「諸迹悉《ことごと》く本より垂《た》る、還《かえ》って迹を借りて本を顕わす」云云。即ち此の文の意なり。

問う、迹本の実相方《まさ》に何の異なり有って「迹の文証を借りて本の実相を顕わす」と言うや。

答う、二門の実相豈《あに》浅深無からん。所詮《しょせん》の実相若し浅深無くんば能詮《のうせん》の教も勝劣無かるべし。能詮の勝劣宛《あたか》も天地の如し、所詮の浅深何ぞ水火に異ならんや。妙楽大師の弘《ぐ》の一の末に云わく「一期《いちご》の仏教並びに所詮を以《もっ》て体と為《な》す、体亦《また》教に随い権実一ならず」等云云。伝教大師の守護章の中《ちゅう》に云わく「凡《およ》そ能詮の教権《ごん》なれば所詮の理も亦権なり、能詮の教実なれば所詮の理も亦実なり」等云云。宗祖の云わく「教の浅深を知らざれば理の浅深を知る者無し」等云云。故に知んぬ、理の浅深は全く教の浅深の如し、何ぞ煩《わずら》わしく異解《いげ》を生ずべけんや。況んや復《また》迹理は是れ所開にして本理は是れ能開なり。故に玄の九に云わく「開迹顕本此れ亦理に就《つ》く」云云。荊《けい》渓《けい》の籤《せん》の第七に云わく「今此の本門は身に約し事に約す、身事を開すと雖も猶須《なおすべから》く理を開すべし」等云云。宗祖の云わく「能開所開を弁《わきま》えずして物知り顔に申し候なり」云云。況んや復妙楽大師の記の九に云わく「此の釈を作《な》さざれば尚昔教《しゃっきょう》の中の実を見ること能《あた》わず、況んや開顕の実をや、況んや久遠の実をや」云云。若《も》し浅深無くんば曷《なん》ぞ「何況《がきょう》」と云わんや。又妙楽、本理《ほんり》を称歎《しょうたん》して云わく「密《ひそ》かに寿量を開す、是れ第一義とは、即ち此れ一部最極の理、豈第一に非ずや」云云。若し浅深無くんば何ぞ「最極」と云わんや。天台大師の疏《しょ》の第十に云わく「仏の本地の深遠《じんのん》深遠を聞き、信順して逆《さか》らわず」等云云。妙楽釈して云わく「但指《さ》すこと久本《くほん》に在り、功は実証に帰す、理深《りじん》事遠《じおん》の故に深遠と云う」云云。若し浅深無くんば何ぞ理深と云わんや。宗祖の云わく「経に唯仏与仏乃能究尽《ゆいぶつよぶつないのうくじん》とは、迹門の仏当分《とうぶん》に究尽する辺を説くなり。本地難思の境智の妙法は迹仏等の思慮《しりょ》に及ばず」等云云。

故に知んぬ、開山の意は迹仏究尽の実相の文を借りて本地難思の境智の妙法を顕わすことを。故に「迹の文証を借りて本の実相を顕わす」と云うなり。若し諸文の中に実相同《どう》を明かすは、是れ異《い》を明かさんが為に且《しばら》く同を示すのみ。荊渓《けいけい》の云わく「若し通を識《し》ること無くんば安《いずく》んぞ能く別を知らん」等云云。

問う、御法則《ごほっそく》の抄に云わく「在々処々に迹門を捨てよと書きて候事は予が読む所の迹には非《あら》ずとは、此の寿量品は聖人の迹門なり。文在迹門義在本門《もんざいしゃくもんぎざいほんもん》」等云云。若し此の文に拠《よ》らば正しく寿量品を以《もっ》て予が読む所の迹門と名づく、何ぞ方便品と云うや。

答う、此の文の由来は「教信の坊等、観心本尊抄の未得道教《みとくどうきょう》等の文章に就《つ》いて迹門を誦《よ》まず」等云云。故に宗祖の意は直《ただ》ちに寿量品を指して「予が誦む所の迹」と名づくるに非ざるなり。故に知んぬ、御法則の抄の意、既に寿量品が家の迹門なるを以て方便品を直ちに寿量品と云うなり。例せば産湯記《うぶゆき》の中に譬喩品《ひゆほん》を直ちに寿量品と云うが如し。彼の文に云わく「寿量品に云わく今《こん》此三界《しさんがい》」云云。況んや次下《つぎしも》の文に云わく「文在迹門義在本門」云云。即ち此の意なり。

問う、日辰の造読論《ぞうどくろん》の中に当山鎮師《ちんし》の記を引いて云わく「日代云わく、迹門は施迹《せしゃく》の分には捨つべからず云云。日道師云わく、施開廃《せかいはい》倶に迹門は捨つべし」已上。又日道師、日尊師に酬《こた》うる書に云わく「或は天目《てんもく》に同じ迹門を誦《よ》むべからず、或は鎌倉方に同じ迹門に得道有り等云云。日道一人正義を立て候」略抄。天目に同ずるは讃州《さんしゅう》の日仙なり、鎌倉方に同ずるは即ち日代師なり。此の義如何云云。

問う、日尊師の実録《じつろく》に云わく「迹門は衆生法妙《しゅじょうほうみょう》、本門は仏法妙《ぶっぽうみょう》、観心は即ち心法妙《しんぽうみょう》なり。方便品には心法所具《しょぐ》の衆生法妙を説き、寿量品には心法所具の仏法妙を説く、題目は心法の直体《じきたい》なり。此くの如き深意を知らずして所破の為に之れを読む」等云云。実録は即ち是れ日大の所述なり。此の義如何《いかん》云云。

今更に未解《みげ》の者の為に要を取って之れを言わば、且《しばら》く「唯仏与仏《ゆいぶつよぶつ》」等の一文の如き、汎《ひろ》く之れを論ずれば則《すなわ》ち而《しか》も多意と成る。謂《い》わく、所破《しょは》の辺自ら二意を含む。一には体外《たいげ》の迹門、即ち是れ今日《こんにち》始成正覚の仏の所証の法なり、在々処々多く此の意に拠《よ》る。二には体内《たいない》の迹門、此れ即ち従本垂迹《じゅうほんすいじゃく》の仏の所証の法なり、読誦の意正しく此《ここ》に在り。又借文《しゃくもん》の辺も亦両意を含む。一には近く久遠本果所証の法を顕わすなり、通得引用多く此の意に拠る。二には遠く久遠名字の所証の法を顕わすなり、読誦の意正しく此《ここ》に在り云云。当に知るべし、若し文底の眼を開く則《とき》んば此の文即ち是れ久遠名字の本仏「唯仏与仏乃能究尽《ないのうくじん》」なり云云、云云。

問う、今当門流或は但《ただ》十如を誦《じゅ》し、或は広開長行を誦す。其の謂《いわ》れ如何。

答う、十如の文は既《すで》に是れ一念三千の出処なり。故に但之れを誦すれば其の義則ち足んぬ。然りと雖も略開は正開顕《しょうかいけん》に非ず、故に一念三千猶《なお》未だ明了ならず、故に広開に至るなり。疏記《しょき》の三の下に云わく「今諸仏及び釈迦を歎《たん》ずるは下の五仏の弄引《ろういん》の為なり」等云云。又第七に云わく「略開は但是れ動執生疑《どうしゅうしょうぎ》にして正開顕に非ず」等云云。宗印《しゅういん》の教義に云わく「三千は是れ不思議の妙境なり、若し開権顕実に非ずんば豈《あによ》能く互具互融《ごぐごゆう》せんや」云云。開目抄の上に云わく「法華経の方便品の略開三顕一の時、仏略して一念三千の本懐を宣《の》ぶれども、時鳥《ほととぎす》の初音《はつね》を寝臥《ねおび》れたる耳に聞くが如く、月の山の端《は》に出でて薄雲の覆《おお》えるが如く幽《かす》かなり」等云云。故に知んぬ、若し広開に至らずんば一念三千其の義仍《なお》未だ分明《ふんみょう》ならず、故に広開長行を誦するなり。大覚《だいがく》抄の中に「方便品の長行をも習い誦むべし」と言うは、即ち広開の長行を指すなり。其の間に偈《げ》頌《じゅ》有りと雖も比丘偈《びくげ》の長篇に望むれば、其の前は通じて皆長行と名づくるなり。

第二　寿量品篇

問う、凡《およ》そ当流の意は、本門寿量品の中には但文底に依って以て宗旨を立つ。今寿量品を読誦する其の心地《しんじ》聞くことを得べけんや。

答う、唯《ただ》是れ文底が家の寿量品を読誦して以て助行と為《な》すなり。此《ここ》に亦二意有り。一には所《しょ》破《は》の為、二には所用《しょゆう》の為なり。是れ則ち此の品元《もと》両種の顕本、体内《たいない》・体外《たいげ》等の義を含むが故なり。

問う、両種の顕本其の相如何。

答う、法は是れ一法なり、是れ一法なりと雖も時に随い機に随って義は則ち無量なり。今両種の顕本と言うは、一には謂《い》わく文上の顕本、二には謂わく文底の顕本なり。文上の顕本とは、久遠本果の成道を以て本地の自行と名づけ、此の本果の本を顕わすを文上の顕本と名づくるなり。文底の顕本とは、久遠元初の成道を以て本地の自行と名づけ、此の久遠元初を顕わすを文底の顕本と名づくるなり。且《しばら》く「我実成仏」の文の如き、若し久遠本果の成道を「我実成仏」と説くと言わば即ち是れ文上の顕本なり、若し久遠元初の成道を「我実成仏」と説くと言わば即ち是れ文底の顕本なり。両種の顕本其の相斯《か》くの若《ごと》し。

文上の顕本に亦二意有り。一には謂わく体外《たいげ》、二には謂わく体内《たいない》なり。

問う、体外・体内其の相如何。

答う、是れ則ち顕と未顕と、知と不知と、天地遥《はる》かに異なり。謂わく、文底未だ顕われざるを名づけて体外と為す、猶《なお》天月を識《し》らずして但池月《ただちげつ》を観ずるが如し。文底已《すで》に顕わるれば即ち体内と名づく、池月は即ち是れ天月の影なりと識るが如し。且く「我実成仏」の文の如き、若し本地第一・本果自行の成道を「我実成仏」と説くと言わば、即ち是れ体外の寿量品なり。若し迹中最初の本果化他の成道を「我実成仏」と説くと言わば、即ち是れ体内の寿量品なり。内外殊《こと》なりと雖も倶《とも》に脱迹《だっしゃく》と名づく、是れ文底の種本《しゅほん》に対するが故なり。応《まさ》に知るべし、迹門既に内外有り、今の脱迹豈爾《あにしか》らざらんや。若し体外の寿量品は天台常途《じょうず》の釈の如し、若し体内の寿量品は血脈抄に本果を迹と名づくるが如し云云。

問う、内外の得脱、同とせんや異とせんや。

答う、此れ即ち天地水火の不同なり。本尊抄に云わく「久遠を以て下種と為《な》し、大通・前四《ぜんし》味《み》・迹門を熟《じゅく》と為して、本門に至って等妙《とうみょう》に登らしむるを脱と為す」云云。解《げ》して云わく「等覚に登らしむ」とは即ち体外の意なり、「妙覚に登らしむ」とは即ち体内の意なり。若し体外の意は常の所談の如し。在世の衆生寿量品を聞き、但二住《にじゅう》乃至等覚に至る、而も妙覚に至るの人は都《すべ》て経文に之れ無きなり。然るに体内の意は、霊山一会《りょうぜんいちえ》の無量の菩薩、体内の寿量を聴聞して但《ただ》文上脱迹を信ずるのみに非ず、復《また》文底秘沈の種本を了して久遠元初の下種の位に立ち還って本地難思の境智の妙法を信ずるが故に、皆悉《ことごと》く名字妙覚の極位《ごくい》に至るなり。是れ即ち体内得脱の相なり。故に荊渓《けいけい》の云わく「故に長寿を聞いて復宗旨を了す」云云。又云わく「若し但只《ただ》事中の遠《おん》寿《じゅ》を信ぜば、何ぞ能《よ》く此の諸の菩薩等をして増道損生《ぞうどうそんしょう》して極位に至らしめん、故に本地難思の境智を信解す」等云云。吾が祖、祈禱抄に「諸菩薩皆妙覚の位に上《のぼ》って釈迦如来の悟りと等し」と判じたもうは是れなり。当流の口伝《くでん》に云わく「等覚一転名字妙覚」云云。

問う、今日《こんにち》在世得脱の衆生は皆是れ三五下種の輩なり、何ぞ久遠元初の下種等と云うや。

答う、三五下種と言うは且《しばら》く是れ当家第一第二の教相の意なり。若し第三の教相顕われ已《お》わんぬれば在世の衆生は皆悉く久遠元初の下種の人なり。且く身子《しんし》の如き、鹿苑《ろくおん》の断惑《だんなく》は只是れ当分《とうぶん》の断惑にして跨節《かせつ》の断惑に非ず、是れ則ち種子を知らざる故なり。然るに法華に来至《らいし》して大通の種子を覚知す、此れ即ち跨節の断惑なり。然りと雖も若し本門に望むれば猶是れ当分の断惑にして跨節の断惑に非ず、未だ久遠下種を了せざるが故なり。而して後本門に至って久遠下種を顕わす、此れ即ち跨節の断惑なり。然りと雖も若し文底に望むれば、猶《なお》是れ当分の断惑にして跨節の断惑に非ざるなり。若し文底の眼を開いて還って彼《か》の得道を見れば、実に久遠元初の下種の位に還って名字妙覚の極位に至る、此れ即ち真実の跨節の断惑なり。故に経に云わく「以信得入」等云云。「以信」豈名字に非ずや、「得入」は即ち是れ妙覚なり。又云わく「我等当信受仏語」云云。宗祖釈して云わく「此の無作三身は一字を以て得たり、所謂《いわゆる》信の一字なり」云云。信は即ち慧の因、名字即なり、「無作三身」豈妙覚に非ずや。身子既に爾《しか》り、一切皆然《しか》らん云云。当流深秘《じんぴ》、三重相伝云云。

問う、疏《しょ》の第一の四節の釈に准《じゅん》ずるに、本因本果下種の輩多く近世に得脱す、地涌《じゆ》等是れなり。残る所は今日の序品に度脱《どだつ》す、本種現脱《げんだつ》の人是れなり。故に知んぬ、本因果種の人尚《なお》迹門正宗に至らず、況《いわ》んや復久遠元初下種の輩本門に至りて方《まさ》に度脱を得べけんや。

答う、縁微少《みしょう》の故に、退して修せざる故に、惑厚重《わくこうじゅう》の故に、根回《こんめぐ》らし難き故に、塵劫遠々《じんこうおんのん》に方《まさ》に得ることを妨《さまた》げざるなり。

問う、仮令《たとい》然りと雖も若し明文無くんば有智無智誰か之れを信ずべけんや。

答う、明文有りと雖も人之れを見ず。宗祖の云わく「文は睫《まつげ》毛の如し」と。良《まこと》に由《ゆえ》有るかな。吾《われ》今之れを示さん、他に向かって説くこと勿《なか》れ云云。

疏の第九に云わく「然るに本門の得道の数、衆経に倍す。但数多きのみに非ず、又薫修《くんじゅう》の日《ひ》久《ひさ》し。元本《がんぽん》より迹を垂れ、処々に開引し、中間《ちゅうげん》に相値《あい》うて数々《しばしば》成熟し、今日《こんにち》五味に節々《せっせつ》に調伏《じょうぶく》し、収羅結撮《しゅうらけっさつ》して法華に帰会《きえ》す」等云云。此の文正しく本門の得道を明かす。文を分かちて二と為す。初めに横に多きことを明かし、次に「非但」の下は竪《たて》に久しきことを明かす。亦分かちて三と為す。初めには久遠元初の下種を明かし、二に「元本」の下は本果・中間・今日の調熟《じょうじゅく》を明かし、三に「収羅」の下は体内の寿量の得脱を明かすなり云云。

初めの文は見るべし。「薫修の日久し」とは、釈尊久遠元初に一迷先達して余迷《よめい》に教うる時、順逆二縁に始めて仏種を下し、爾来《じらい》其の種漸々《ぜんぜん》に薫修すること五百塵点、復倍上数《ぶばいじょうしゅ》、塵々劫々《じんじんこうごう》、久々遠々《くくおんのん》なり、故に「薫修の日久し」と言うなり。而して機縁已《すで》に熟して仏の出世を感ず。故に久遠元初の本より本果第一番の迹を垂れ、五時に経歴《きょうりゃく》し開化引導す、故に「元本より迹を垂れ、処々に開引し」と云うなり。「元本」の二字に意を留めて見るべし。第二番の後、今日《こんにち》已前、世々番々にして之れを調熟す、故に「中間《ちゅうげん》に相値うて数々《しばしば》成熟し」と言うなり。凡《およ》そ「中間」とは、第二番より後、今日已前を方《まさ》に「中間」と名づく。此れは是れ台家常途《じょうず》の法相なり。故に知んぬ「元本より迹を垂れ」等の文は、正しく本果第一番に当たるなり。有智の君子深く之れを案ずべし。今日四味および迹門も亦之れを調伏す、故に「今日五味に節々に調伏し」と云うなり。而して後、体内の寿量に至って皆悉く久遠元初の下種の法華に帰会《きえ》し、名字妙覚の極位に至らしむ。故に「収羅結撮《しゅうらけっさつ》して法華に帰会す」と云うなり云云。明文赫々《かくかく》たり、誰か之れを信ぜざらんや。

問う、大段の第二の文底の顕本、若し誠証《じょうしょう》を尋ねられば応に何《いず》れの文を出だすべきや。

答う、深く之れを秘すと雖も、若し復《また》伝えずんば当門の法灯何に由《よ》ってか光を増さん。故に明文を考えて以て末弟に贈る。公場《こうじょう》に非ざるよりは妄《みだ》りに之れを宣《の》ぶること莫《なか》れ。玄文の第七に云わく「若し過去は最初所証の権実の法を名づけて本と為《な》すなり。本証より已後方便化他し、三を開し一を顕わし、発迹顕本するは還って最初を指して本と為す。中間《ちゅうげん》の示現の発迹顕本も亦最初を指して本と為す。今日《こんにち》の発迹顕本も亦最初を指して本と為す。未来の発迹顕本も亦最初を指して本と為す。三世は乃《すなわ》ち殊《こと》なれども毘盧遮那《びるしゃな》の一本は異ならず、百千の枝葉同じく一根に趣《おもむ》くが如し」等云云。

今此の文を釈するに大いに分かちて二と為す。初めには正釈、次に「三世」の下は結。初めに正釈の文亦《また》分かちて五と為す。一には久遠元初、二に「本証より」の下は本果、三に中間、四に今日、五に未来なり。又此の五段更《さら》に分かちて二と為す。初めには本地の自行を明かし、次に「本証より」の下は垂迹化他を明かす。亦分かちて四と為す。謂《い》わく、本果・中間・今日・未来なり。初めに本果の文亦分かちて二と為す。初めに「本証より已後」と云うは是れ本果の時を示すなり。次に「方便」の下は是れ本果の説法を明かす。初めに「方便化他」と云うは是れ四味を明かすなり。次に「三を開し一を顕わす」とは是れ迹門を明かすなり。三に「発迹顕本」等とは正しく本門を明かすなり。発《ほっ》とは開なり、謂わく、本果成道の迹を開して久遠元初の本を顕わす、故に「還って最初を指して本と為す」と云うなり。

問う、何ぞ本果を以て垂迹に属するや。

答う、本果の儀式全《まった》く今日に同じ。四味および迹本二門、今文《こんもん》に顕然なり。況んや復疏《しょ》の第一に云わく「本時の四仏は皆是れ本なり」云云。籤《せん》の第七に云わく「既に四義の深浅不同有り。故に知んぬ、不同なるは定めて迹に属す」云云。

問う、何ぞ本果を以て化他に属するや。

答う、是れ亦前に同じ、既に四教八教有るが故なり。籤の第七に云わく「最初実得《じっとく》に亦四教有り」云云。疏記《しょき》の第一に云わく「化他は不定《ふじょう》なり、亦八教有り」等云云。

問う、本果は正しく是れ最初成道なり、何ぞ寿量を説き発迹顕本せんや。故に玄の第七に云わく「必ずしも皆顕本せず」云云。

答う、若し文上に准《じゅん》ぜば実に久本《くほん》の顕わすべき無し、故に顕本せず。若し文底に拠《よ》らば実に久本の顕わすべき有り、故に顕本と云う。義一概《いちがい》に非ず、故に「不必」と云うなり。

問う、本果の成道に正しく本門を説く証文如何《いかん》。

答う、今文に分明《ふんみょう》なり。況んや復《また》籤の第七に云わく「又已今《いこん》とは、即ち是れ昔日已得《いとく》の已今を本と為し、中間《ちゅうげん》・今日《こんにち》所対の已今を迹と為し、四味及び迹門を已と為し、長遠の寿を開するを今と為す」等云云。「昔日」と言うは正しく本果を指し、「已得の已今」とは本果所説の四味及び迹門を「已」と為し、而して寿量を説くを「今」と為すなり云云。明文此《ここ》に在り、敢《あ》えて之れを疑うこと勿《なか》れ。

次に「中間示現《じげん》」等と言うは、中間の文は前に之れを示すが如し、第二番の後、今日已前なり。故に知んぬ「本証より」の下の二十四字は正しく本果を明かすなり。台家の学者異義多端《たたん》なり、故に亦之れを示すなり。「発迹顕本亦《また》最初を指して本と為す」等は准説《じゅんせつ》して知るべし。

三に「今日の発迹顕本も亦最初を指して本と為す」とは、故に知んぬ、今日の発迹顕本の文に「我実成仏」と云うは、正しく久遠元初の自行の成道を指す。故に「亦最初を指して本と為す」と云う。文底の顕本寧《むし》ろ炳焉《へいえん》なるに非ずや。

四に「未来の発迹顕本も亦最初を指して本と為す」とは、「未来」と言うは即ち末法を指すなり。末法の発迹顕本とは蓮祖即ち久遠元初の自受用身と顕わる、是れを末法の発迹顕本と名づくるなり。

問う、蓮祖は乃《すなわ》ち是れ上行の再誕なり、故に応に須《すべか》らく上行菩薩と顕われたもうべし。何ぞ久遠元初の自受用身と顕われたまわん。況んや復久遠元初の自受用身は即ち是れ本因妙の教主釈尊にして上行等の主師親なり。故に涌出品に云わく「悉く是れ我が化する所、大道心を発《お》こさしむ師なり此等は是れ我が子親なり是の世界に依止《えし》す主なり」等云云。経文明白なり、何ぞ別義を存せんや。

答う、此《ここ》に相伝有り、略引して之れを示さん。血脈抄に云わく「本地自受用身の垂迹上行菩薩の再誕、日蓮」等云云。「再誕」の言、上の二句に冠す。若し外用《げゆう》に拠《よ》らば今の所問の如く上行の再誕日蓮なり、若し内証に拠らば自受用身の再誕日蓮なり。故に日蓮即ち是れ自受用身なり。

問う、内証の辺の文理如何《いかん》。

答う、文理多しと雖も且《しばら》く一二を示さん。

一には種脱勝劣の故に。諫暁抄に云わく「天竺国をば亦月氏《がっし》国と名づく、仏応《まさ》に出現したもうべき名なり。扶桑《ふそう》国をば亦日本国と名づく、聖人豈《あに》出現したまわざらんや。月は西より東へ向かえり、月氏の仏法の東に移るべき瑞相《ずいそう》なり。日は東より西に入る、日本の仏法の月氏に還《かえ》るべき瑞相なり。月は光明らかならず、在世は但是れ八箇年なり。日は光明らかにして月に勝る、後五百歳の長き闇《やみ》を照らすべき瑞相なり。仏は法華誹謗《ひぼう》の者をば治《じ》したまわず、在世には則ち無かりし故に。末法には一乗の強敵《ごうてき》充満す、不軽《ふきょう》菩薩の利益是れなり」取意。此の文正しく種脱勝劣を明かすなり。文に二段有り。初めに勝劣を明かし、次に種脱を明かす。初めに勝劣を明かすに亦三意有り、同じく日月を以て即ち種脱に喩《たと》う。一には国名に寄す。謂《い》わく、月氏は是れ迹門の名なり、故に脱迹《だっしゃく》の仏応に出現すべきなり。日本は即ち是れ本門の名なり、下種の本仏豈《あに》出現せざらんや。国名寧《むし》ろ勝劣に非ずや。二には順逆に寄す。謂わく、月は西より東に向かう、是れ左道《さどう》にして逆なり。日は東より西に入る、是れ右繞《うにょう》にして順なり。順逆豈勝劣に非ずや。三には長短に寄す。月は光明らかならず在世は但八年なり、日は光明らかにして末法万年の闇を照らす。長短寧ろ勝劣に非ずや。次に種脱を明かす。法華誹謗の者を治せざるは即ち在世脱益の迹仏なり。末法は即ち不軽の利益に同じ、豈下種の本仏に非ずや。十勝抄に所《いわ》謂《ゆる》「迹門を月に譬え、本門を日に譬う」云云。学者応に知るべし、蓮祖若し久遠元初の自受用身に非ずんば焉《いずく》んぞ教主釈尊に勝るることを得べけんや。

二には行位全《まった》く同じきが故に。本因妙抄に云わく「釈尊久遠名字即の御身《おんみ》の修行を、末法今《こん》時《じ》の日蓮が名字即の身に移すなり」云云。血脈抄に云わく「今の修行は久遠名字の振る舞いに芥《け》爾《に》計りも相違無し」云云。行位全く同じきなり、故に知んぬ、蓮祖即ち是れ自受用身なり。

三には本因妙の教主なるが故に。血脈抄に云わく「本因妙の教主・本門の大師日蓮」云云。又云わく「下種法華経の教主の本迹。自受用身は本、上行日蓮は迹なり。我が内証の寿量品とは脱益寿量の文底の本因妙の事なり。其の教主は某《それがし》なり」云云。文に二段有り。初めは是れ従本垂迹なり、次は是れ発迹顕本なり、故に「其の教主は某」と云うなり。故に知んぬ、蓮祖即ち是れ自受用身なり。是の故に応に知るべし、下種の教主は但是れ一人なり。謂《い》わく、久遠元初の教主も自受用身なり、末法今時の教主も自受用身なり。久末《くまつ》一同之れを思い合わすべし。

四には文証分明なるが故に。血脈抄に云わく「久遠元初の天上天下唯我独尊は日蓮是れなり」云云。久遠元初の唯我独尊豈《あに》自受用身に非ずや。故に三位《さんみ》日順の詮要抄に云わく「久遠元初の自受用身とは蓮祖聖人の御事なりと取り定め申すべきなり」云云。

五には現証顕然《けんねん》なるが故に。開目抄の下に云わく「日蓮は去ぬる文永八年九月十二日子《ね》丑《うし》の時に頸《くび》刎《は》ねられぬ。此れは魂魄《こんぱく》佐渡に至る」等云云。応に知るべし、丑寅の時は是れ陰《いん》の終わり死の終わり、陽の始め生の始め、陰陽《おんよう》生死の中間なり。上野抄五に云わく「御臨終の刻《きざ》み生死の中間に、日蓮必ず迎いに参り候べし。三世諸仏の成道は、子丑の終わり寅《とら》の刻みの成道なり」等云云。故に知んぬ、子丑の時は末法蓮祖垂迹凡身の死の終わりなり、故に「頸刎ねられぬ」と云うなり。寅の刻みは即ち是れ久遠元初の名字本仏の生の始めなり、故に「魂魄」等と云うなり。日我の本尊抄見聞に云わく「開目抄に魂魄佐渡に到るとは、是れ凡夫の魂魄に非ずして久遠元初の名字本仏の魂魄なり」云云。然れば則ち蓮祖大聖佐渡已後に今日《こんにち》凡身の迹を開して久遠元初の本を顕わす、豈《あに》発迹顕本の現証に非ずや。是の故に須《すべか》らく知るべし、文底下種の寿量品に「我実成仏」等と云うは、「我」は即ち日蓮、「成仏」は即ち是れ自受用身なり。謂わく、能成《のうじょう》は是れ智、所成《しょじょう》は是れ境なり。境智冥合《みょうごう》豈自受用身の成道に非ずや。故に文意の謂わく「日蓮実に自受用身の成道を唱えてより已来《このかた》、無量無辺百千万億劫なり」云云。末法の発迹顕本も亦最初を指して本と為す、豈顕然なるに非ずや。

次に「三世は乃《すなわ》ち殊《こと》なれども」の下は結文なり。文自《おの》ずから二と為す。初めに法、次に譬えなり。初めに法の中に「毘盧遮那《びるしゃな》」と云うは此《ここ》に法身《ほっしん》と翻《ほん》ず。是れ単の法身に非ず。故に記の第三に云わく「但法身を以て本と為さば何《いず》れの教にか之れ無からん」云云。故に知んぬ、境智和合は自受用身なり。学者須く知るべし、初めの正釈の中に能証《のうしょう》の人を挙げず但所証《しょしょう》の法を挙ぐ、故に「最初所証」等と云うなり。今結文の中に所証の法を挙げず但能証の人を挙ぐ、故に「毘盧遮那」等と云うなり。実に是れ能証所証体一なり、是れ体一なりと雖も人法宛然《おんねん》なり。故に知んぬ、釈・結の二文、人法互顕《ごけん》なり。是の故に明らかに知んぬ、久遠元初は人法倶《とも》に本なり、本果已後は人法倶に迹なり。

文に「一本は異ならず」と云うは、

問う、凡《およ》そ寿量品の意は唯釈尊一仏とやせん、別に余仏有りとやせん。若《も》し唯一仏と言わば、玄文の第七に正しく東方の善徳仏及び神力品の十方諸仏を以て便《すなわ》ち余仏と為《な》す。若し余仏有りと云わば那《なん》ぞ「毘盧遮那《びるしゃな》の一本」等と云うや。

答う、若し文上の意は久遠本果を以て本地と為す、故に余仏有り。何となれば本果は実に是れ垂迹なり。故に本果の釈尊は万影の中の一影、百千枝葉の中の一枝一葉なり。故に本果の釈尊の外更《さら》に余仏有るなり。若し文底の意は久遠元初を以て本地と為す、故に唯一仏のみにして余仏無し。何となれば本地自受用身は天の一月の如く樹の一根の如し、故に余仏無し。当に知るべし、余仏は皆是れ自受用身の垂迹なり。故に日眼女抄に云わく「寿量品に云わく、或説己身或説他身云云。東方の善徳仏・中央の大日如来・十方の諸仏・過去の七仏・三世の諸仏・上行菩薩等乃至天照太神・八幡大菩薩其の本地は教主釈尊なり。例せば釈尊は天の一月、諸仏菩薩等は万水に浮かべる影なり」等云云。

次に譬えの文に「百千の枝葉同じく一根に趣くが如し」と云うは、横には十方に遍じ竪《たて》には三世に亘《わた》り、微塵《みじん》の衆生を利益したもう垂迹化他の功、皆同じく久遠元初の一仏一法の本地に帰趣《きしゅ》するなり。

総勘文抄に云わく「釈迦如来五百塵点の当初《そのかみ》、凡夫にて御座《おわ》せし時、我が身地水火風空なりと知ろしめして即座に悟りを開きたまいき。後に化他の為に世々《せせ》番々《ばんばん》に出世成道し、在々処々に八相作仏《はっそうさぶつ》し、王宮に誕生し、樹下に成道して始めて仏に成る様を衆生に見知《けんち》せしめ、四十余年方便教を儲《もう》けて衆生を誘引《ゆういん》し、其の後方便の教経を捨てて正直の妙法蓮華経の五智の如来の種子の理を説き顕わす」等云云。

謹《つつし》んで此の文を釈するに亦分かちて二と為す。初めに本地自行を明かし、次に「後に化他の為」の下は垂迹化他を明かすなり。初めの本地自行、其の文少なしと雖も義意豊富せり、故に多義を以て之れを解す云云。

一には謂《い》わく、是れ久遠元初の自受用身を明かすなり。応に知るべし「五百塵点」は即ち是れ久遠なり、「当初」の二字豈《あに》元初に非ずや。言う所の「知」とは即ち是れ能称如々《のうしょうにょにょ》の智なり。「我が身」等は是れ所称如々《しょしょうにょにょ》の境なり。境智相称《かな》う、豈自受用報身に非ずや。疏《しょ》の第九に云わく「如来は如実に三界の相を知見すと。如々の智、如々の境に称う、此れは是れ報身如来の義なり」等云云。

問う、疏に「三界の相を知見す」と云うと、今の「我が身地水火風と知ろしめす」と云うと、同とやせん、異とやせん。

答う、其の言異なりと雖も其の意是れ同じ。謂わく、三界・五大倶に法界なるが故なり。妙楽釈して云わく「但三界と云う、法界に非ざるなし」云云。当家深秘の御相伝に云わく「我が身の五大は即ち法界の五大なり、法界の五大は即ち我が身の五大なり」云云。

二には謂わく、是れ本極法身《ほんごくほっしん》を明かすなり。謂わく「五百塵点の当初」なり、故に本極と云うなり。「知」は謂わく、能如《のうにょ》の智即ち是れ智法身、「我が身」等は所如《しょにょ》の境即ち是れ理法身、境智倶に法身の故に法身と称するなり。玄の第七に云わく「本極法身微妙《みみょう》深遠」云云。金光明《こんこうみょう》に云わく「唯有如々《にょにょ》、如々智」云云。「唯有如々」は境法身なり、「如々智」は即ち智法身なり。故に天台の云わく「法如々境、法如々智」云云。玄に云う「微妙深遠」とは、「微妙」は総じて法身を歎《たん》ず、微妙浄法身の如し。「深遠」は別して境智を歎ず、故に妙楽の云わく「理深く事遠し、故に深遠と云う」云云。当に知るべし、玄文に「本極法身」と云うは、即ち是れ久遠元初の自受用身の御事なり。久遠は即ち「本」、元初は即ち「極」、自受用は即ち「法身」なるが故なり。

三には謂わく、是れ久遠元初の無作三身を明かすなり。久遠元初は前に准じて知るべし。無作三身とは即ち是れ自受用報身一体三身の徳なり。「知」は謂わく能成《のうじょう》の智、此れ即ち無作の報身なり。「我が身」等は所成《しょじょう》の境、此れ即ち無作の法身なり。境智合する則《とき》んば必ず大悲有り、大悲は必ず用《ゆう》を起こす、起用は即ち是れ無作の応身なり。譬えば函蓋《かんがい》相応せば必ず含蔵《がんぞう》の用有り、所蔵の物方《まさ》に外に資《たす》くるに任《た》えたるが如し。止観の六に云わく「境に就《つ》くを法身と為《な》し、智に就くを報身と為し、起用を応身と為す」云云。又此の三身は即ち三徳三章なり。謂わく、無作の法身は即ち法身の徳、是れ妙体なり。無作の報身は即ち般若《はんにゃ》の徳、是れ妙宗なり。無作の応身は即ち解脱《げだつ》の徳、是れ妙用なり。無作三身の宝号を南無妙法蓮華経と云うなり。是好良薬《ぜこうろうやく》結要付嘱《けっちょうふぞく》之れを思い合わすべし、之れを思い合わすべし。

四には謂わく、是れ久遠元初の名字の報身を明かすなり。久遠元初は准説《じゅんせつ》して知るべし。「釈尊凡夫の御時」豈《あに》名字に非ずや。「知」「我が身」等とは即ち是れ境智和合、寧《むし》ろ報身に非ずや。若し証文を訪《と》わば此の文を出だすべし。

問う、止観の一に云わく「名字の中に於て通達解了《つうだつげりょう》して、一切の法は皆是れ仏法なりと知る」云云。今、彼の文と同異如何《いかん》。

答う、其の辞《ことば》異なりと雖も其の意是れ同じ。今「釈尊凡夫の御時」と云うは即ち「名字の中に於て」等に同じきなり。今「我が身地水火風空と知ろしめす」と云うは即ち「一切の法は皆是れ仏法なりと知る」に同じ。謂《い》わく、一切の法の外《ほか》我が身無く、我が身の外一切の法無し、故に我が身全《まった》く一切の法なり。地水火風空は即ち妙法の五字なり、妙法の五字の外に仏法無し、故に五大全く皆是れ仏法なり。故に其の意是れ同じきなり。然れば則《すなわ》ち釈尊名字凡夫の御時、一切の法は皆是れ仏法なり我が身の五大は妙法の五字なりと知ろしめし、速やかに自受用報身を成ず、故に「即座に悟りを開く」と云うなり。宗祖の云わく「一切の法は皆是れ仏法なりと通達し解了する、是れを名字即と為《な》づく。名字即の位にて即身成仏する故に円頓《えんどん》の教には次位の次第無し」等云云。授職抄十七に云わく「天台六即を立て円人の次位を判ず。尚是れ円教の教門にして証道の実義に非ず。何に況んや五十二位は別教に附する権門の廃立《はいりゅう》なり」云云。止観の六二十一に云わく「円人は最も利なり、復是れ実説なり、復品秩《ほんちつ》無し」云云。相伝に云わく「寿量品の意は三世諸仏悉《ことごと》く名字妙覚の成道なり」云云。尼崎《あまがさき》流之れに同じ云云。

五には謂わく、是れ久遠元初の種家《しゅけ》の本因本果を明かすなり。久遠元初は具《つぶさ》に前に釈するが如きなり。「釈尊凡夫の御時」は名字即下種の位なり、「知」は謂わく能照の智、「我が身」等とは是れ所照の境なり。天台釈して云わく「境智和合する則《とき》んば因果有り、境を照らして未だ窮《きわ》まらざるを因と名づけ、源《みなもと》を尽くすを果と為す」云云。当に知るべし、境智和合の始めを名づけて因と為す、故に「境を照らして未だ窮まらず」と云い、境智和合の終わりを名づけて果と為す、故に「源を尽くすを果と為す」と云うなり。是れ則ち刹那《せつな》の始終、一念の因果なり。

問う、玄文の第七に脱家《だつけ》の本因妙を明かすに即ち四妙を具す、所謂《いわゆる》境智行位なり。今種家の本因妙も亦四妙を具するや。

答う、実に所問の如く四妙を具するなり。謂わく「釈尊凡夫の御時」は即ち是れ位妙なり、「知」は即ち智妙なり、「我が身」等は境妙なり、境智合する則んば行其《そ》の中に在り。此くの如き四妙は即ち種家の本因妙なり。「即座に悟りを開く」は即ち種家の本果妙なり。又此の因果は即ち是れ本門の当体蓮華なり。「釈尊凡夫の御時」とは即ち当体を示すなり、種家の因果豈《あに》蓮華に非ずや。玄の一に釈して云わく「即ち因果を弁ず、是れを蓮華と名づく」云云。宗祖の云わく「釈尊久遠塵点の当初、此の妙法の当体蓮華を証得す」とは是れなり。

六には謂わく、是れ本地難思の境智の妙法を明かすなり。謂わく「五百塵点の当初」なり、故に本地と云う。「知」と謂うは能証の智、「我が身」等は是れ所証の境、此の境智冥符《みょうふ》の内証は、甚深《じんじん》甚深不可思議なり。故に難思の境智と云うなり。難思は即ち妙なり、境智は即ち法なり。経に云わく「我が法は妙にして思い難し」云云。天台の云わく「法如々《にょにょ》境、法如々智」云云。応に知るべし、此の本地難思の境智の妙法は即ち一切衆生の成仏の種子なり。経に云わく「諸仏両足尊、法は常に無性なりと知ろしめす」云云。「知」の一字は両処全く同じ、「我が身地水火風空」は即ち「法は常に無性なり」に同じきなり。倶《とも》に是れ一切衆生の成仏の種子なるが故なり。天台釈して云わく「中道無性は即ち是れ仏種なり」云云。宗祖の云わく「地水火風空、今経《こんぎょう》に之れを開して一切衆生身中の五仏性・五智の如来の種子と説けり。是れ則ち妙法蓮華経の五字なり」云云。

次に「後に化他の為」の下は垂迹化他なり。亦分かちて二と為す。初めに本果已後、次に「王宮」の下は今日《こんにち》。亦分かちて二と為す。初めに能説の教主、次に「四十余年」の下は所説の法。亦分かちて二と為す。初めに爾前、次に「其の後」の下は法華経なり。法華の文《もん》略なり、然りと雖も既に「種子の理を説き顕わす」と云う、故に文底の顕本皎在《こうざい》目前なり。若し上来の旨を得る則《とき》んば此の文意を知らん云云。

当体義抄に云わく「釈尊五百塵点の当初《そのかみ》此の妙法の当体蓮華を証得し、世々番々に成道を唱え、能証所証の本理を顕わす」云云。此の文、略なりと雖も其の意前に同じ。初めに本地の自行を明かし、次に垂迹化他を明かすなり。已《すで》に「能証所証の本理を顕わす」豈文底の顕本に非ずや。此の文底の顕本を亦「我が内証の寿量品」と名づくるなり。

問う、血脈抄に云わく「我が内証の寿量品とは脱益寿量品の文底本因妙の事なり」云云、此の文如何《いかん》。

答う、此れに二意有り、所謂《いわゆる》能所なり。且《しばら》く「我実成仏」の文の如し。能詮の辺は唯是れ四字なり、所詮の辺は即ち妙法なり。謂わく、能成は即ち智、所成は即ち境、豈本地難思の境智の妙法に非ずや。故に知んぬ、能詮の辺の二千余字、是れを「我が内証の寿量品」と名づけ、所詮の辺の妙法五字、是れを「本因妙」と名づくるなり。今所詮を以て能詮に名づく、故に「内証の寿量品とは本因妙の事なり」と云うなり。法華一部通じて妙法と名づく、豈《あに》所を以て能に名づくるに非ずや。

問う、両種の顕本・体内体外《たいないたいげ》の文理、分明なること宛《あたか》も白日の如し。然れば則ち所破所用《しょゆう》に具《つぶさ》に之れを聞くべけんや。

答う、唯是れ一返読誦の中に此の二意自ずから是れ宛然《おんねん》なり。謂わく、体内の辺は即ち所破と成り、文底の辺は乃《すなわ》ち所用と成る。二意有りと雖も是れ前後に非ず。一室の中の明闇《めいあん》の来去《らいこ》全《まった》く是れ同時なるが如し云云。

問う、応に体外を破すべし、何ぞ体内を破するや。

答う、体外の寿量は去年の暦《こよみ》の如し。今末法に入って文底顕われ已《お》わんぬれば一部の始終体内に非ざる無し。体内と云うと雖も仍《なお》是れ脱迹なり、那《なん》ぞ種本に及ばん、寧《むし》ろ破せざるを得んや。例せば体内の権迹を破するが如し。尚体内を破す、況んや体外をや。

問う、方便品に借文と云い、寿量品に所用と云う。各其《おのおの》の謂《いわ》れ何《いかん》。

答う、方便品は文は但迹の義を詮《せん》して本の義を詮せず、而も之れを借用《しゃくゆう》して以て本の義を顕わす、故に借文と云う。若し寿量品は、文の上は乃《すなわ》ち是れ脱迹の義を詮し、文底は亦是れ種本の義を沈む。故に二意倶に文が家の所得なり。何ぞ借用と云わんや。故に直ちに所用と云うなり。

問う、寿量読誦の所破・所用は前代に未だ聞かず。正しく其の証文如何。

答う、本尊抄及び血脈抄の中に正しく文上を以て脱益迹門理の一念三千の教相と名づけ、但文底を以て下種本門事の一念三千の観心と名づく。此れ即ち所破・所用の両意、文に在って分明なり、何ぞ更に証文を求めんや。然りと雖も且《しばら》く一文を引いて之れを示さん。本尊抄に云わく「彼は脱、此れは種」云云。「彼は脱」豈所破に非ずや、「此れは種」寧ろ所用に非ずや。本因妙抄に云わく「今日《こんにち》熟脱の本迹二門を迹と為し、久遠名字の本門を本と為し、信心強盛に唯《ただ》余念無く南無妙法蓮華経と唱え奉れば凡身即ち仏身なり」云云。又云わく「一代応仏の寿量品を迹と為し、内証の寿量品を本と為し、釈尊久遠名字即の身に約し位に約し南無妙法蓮華経と唱え奉る、是れを出離生死《しゅつりしょうじ》の一面と名づく」云云。此の二文に正助の二行、所破・所用、最も是れ明著《めいちょ》なり。

問う、有る抄の中に高祖の譲《ゆず》り状《じょう》を引いて云わく「方便寿量を読誦することは、在世一段の一箇の三千、心破《しんぱ》の一段是れなり」云云、此の文意何《いかん》。

答う、両品の三千、事理殊《こと》なりと雖も倶《とも》に理の一念三千と名づく、故に「一箇の三千」と云うなり。読誦の心地《しんじ》所破に在り、故に「心破の一段」と云うなり。

問う、房州方の義に云わく「方便寿量の両品倶に所破助行に之れを用う」云云、此の義如何。

答う、応に是れ所破即助行の義なるべし。若し爾らば但是れ所破の一義なり。若し所破及び助行と言わば所破は是れ助行に非ずや。故に知んぬ、但一義を挙ぐるのみ。

問う、諸流の勤行各々不同なり。或は通序及び十如・提婆品等を誦し、或は此経難持《しきょうなんじ》・以要《いよう》言《ごん》之《し》・陀《だ》羅《ら》尼《に》品《ほん》・普《ふ》賢《げん》呪《じゅ》等を誦し、或は一品二半、或は本門八品、或は一日一巻等、心に任せて之れを誦す。然るに当流の勤行は但両品に限る。其の謂《いわ》れ如何《いかん》。

答う、諸流は名を蓮師に借ると雖も実には蓮祖聖人の門弟に非ず。只是れ自己所立の新義なり。故に蓮師の古風を仰がずして専ら各自の所好《しょこう》に随うなり。但吾が富山《ふさん》のみ蓮祖所立の門流なり。故に開山已来化儀化法、四百余年全く蓮師の如し。故に朝暮の勤行は但両品に限るなり。

問う、其の証文何《いかん》。

答う、証は汝が家に在り、吾に向かって尋ぬる莫《なか》れ。然りと雖も且《しばら》く幼稚《ようち》の為に之れを引かん。日講《にちこう》が啓蒙《けいもう》の十八に日向天目問答記を引いて云わく「大聖人一期の行法は本迹なり、毎日の勤行は方便・寿量の両品なり乃至御遷化の時亦復爾《しか》なり」等云云。

問う、興師の行事如何。

答う、開山の勤行全く蓮祖の如し。故に又啓蒙に云わく「決要抄に天目の抄を引いて云わく、白蓮阿闍梨は口には末法は是れ本門大法の時機なりと云い、及び公処に奉上《ぶじょう》する申状には爾前迹門の謗法を停止《ちょうじ》して本門の大法を建立せんと之れを書き載《の》すと雖も、自行には方便寿量の両品を朝夕に読誦す、是れ自語相違の人なり」云云。吾が家の証文宛《あたか》も日輪の如し、汝等の所行寧《むし》ろ自立《じりゅう》に非ずや。既に宗祖に違《たが》う、何ぞ門弟子と云わんや。授職潅頂抄《じゅしょくかんじょうしょう》に云わく「問う、一経は二十八品なり、毎日の勤行は我等が堪えざる所なり。如何が之れを読誦せんや。答う、二十八品本迹の高下浅深は教相の所談なり、今は此の義を用いず。仍《よ》って二経の肝心、迹門は方便品、本門は寿量品なり。天台・妙楽の云わく、迹門の正意は実相を顕わすに在り、本門の正意は寿の長遠を顕わす」云云。大覚抄《だいがくしょう》に云わく云云。

第二　唱題篇

夫《そ》れ唱題の立行《りゅうぎょう》は余事を雑《まじ》えず。此れ乃《すなわ》ち久遠実成名字の妙法を余行に渡さず直達正観《じきだつしょうかん》する事行の一念三千の南無妙法蓮華経是れなり。末法の観心は信を以て本と為す。信無くして此の経を行ずるは、手無くして宝山に入り、足無くして千里の路《みち》を企つるが如し。是れ吾が家の最深秘、蓮祖化導の一大事なり。

問う、末法は応《まさ》に何《いか》なる法、何なる仏を信ずべしや。

答う、文上脱益の三宝に執せず、須《すべから》く文底下種の三宝を信ずべし。是れ則ち末法適時《ちゃくじ》の信心なり。起信論に云わく「一には根本を信じ、二には仏宝を信じ、三には法宝を信じ、四には僧宝を信ず」已上取意。初めの一は総じて明かし、後の三は別して明かすなり。

初めの一は総じて明かすとは、総じて久遠元初の三宝を信ずることを明かすなり。血脈抄に云わく「久遠元初の自受用報身・無作本有《むさほんぬ》の妙法」と。又云わく「久遠元初の結要付嘱《けっちょうふぞく》」云云。自受用身は即ち是れ仏宝なり、無作本有の妙法は法宝なり、結要付嘱豈僧宝に非ずや。久遠元初は仏法の根本なり、故に「根本を信ず」と云うなり。後の三は別して明かすとは、久遠元初の仏法僧は則ち末法に出現して吾等を利益したもう。若し此の三宝の御力に非ずんば極悪不善の我等争《いか》でか即身成仏することを得ん。故に応に久遠元初の三宝を信じ奉るべし、故に「二に仏宝を信じ、三に法宝を信じ、四に僧宝を信ず」と云うなり。

問う、凡《およ》そ法華本門の三宝とは、塔中の両尊即ち仏宝なり、法華一部は是れ法宝なり、上行已下《いげ》は是れ僧宝なり。斯くの如き三宝は経文に顕然《けんねん》なり。是の故に吾等信を投ずるに地有り。久遠元初の三宝末法に出現すとは此れは是れ前代未聞の事なり。若し誠証《じょうしょう》無くんば誰か之れを信ずべけんや。

答う、諸流は但在世の三宝を知って未だ末法の仏法僧を知らず、然も亦共に本未有善を許す。下種の三宝は耳を惑《まど》わし心を驚《おどろ》かす。今明文を引いて不信の闇を晴らさん。経に曰く「時に我及び衆僧倶《とも》に霊鷲山に出ず」等云云。「時」は即ち末法なり、「我」は即ち仏宝なり、「及」は即ち法宝なり、「衆僧」豈僧宝に非ずや。此くの如き三宝末法に出現するが故に「時我及《じがぎゅう》・倶出《くしゅつ》」と云うなり。然りと雖も謗法罪の衆生は悪業の因縁を以て無量阿僧祇劫を過ぐれども、此くの如き三宝の名《みな》を聞かず。故に経に説いて「是の諸の罪の衆生は三宝の名を聞かず」と云うなり。唯《ただ》信行具足の輩のみ有って則ち皆此くの如き三宝を見ることを得。故に経に云わく「諸の有《あら》ゆる功徳を修《しゅ》し柔和質直《にゅうわしちじき》なる者は、則ち皆我が身此《ここ》に在《あ》って法を説くと見る」云云。「諸有修功徳《しょうしゅくどく》」は即ち是れ行なり、「柔和質直《にゅうわしちじき》」豈信心に非ずや、「即皆見我身《そっかいけんがしん》」とは「我が身」即ち是れ仏宝なり、「在此而説法《ざいしにせっぽう》」とは「法」は即ち所説豈《あに》法宝に非ずや、「説」は即ち能説寧《むし》ろ僧宝に非ずや。然れば則ち経文明白なり、仰いで之れを信ずべきのみ。

問う、其の文有りと雖も未だ其の体を見ず、正しく是れ末法出現の三宝如何。

答う、西隣《せいりん》聖を知らず、近しと雖も見ず云云。

久遠元初の仏宝豈異人《ことひと》ならんや、即ち是れ蓮祖大聖人なり。五百塵点の当初《そのかみ》より已来《このかた》「毎《つね》に自ら是の念を作《な》さく、何を以てか衆生をして無上道に入ることを得て、速《すみ》やかに仏身を成就せしめん」と。此の大悲願力を以て則ち末法に出現し、自ら身命を惜しまず此の大法を授与す。

此くの如きの大慈悲心、豈末法の仏宝に非ずや。

久遠元初の法宝とは、即ち是れ本門の大本尊是れなり。「釈尊の因行果徳の二法は妙法蓮華経の五字に具足す。我等此の五字を受持すれば自然《じねん》に彼の因果の功徳を譲り与えたもう」と。「我が滅度の後に於て、応《まさ》に斯《こ》の経を受持すべし。是の人《ひと》仏道に於て、決定《けつじょう》して疑い有ること無けん」云云。此くの如き大恩、香城《こうじょう》に骨を摧《くだ》き雪嶺《せつれい》に身を投ぐとも寧《むし》ろ之れを報ずるを得んや。

久遠元初の僧宝とは、即ち是れ開山上人なり。仏恩甚深《ぶっとんじんじん》にして法恩も無量なり。然りと雖も若し之れを伝えずんば則ち末代今時の我等衆生、曷《なん》ぞ此の大法を信受することを得んや。豈開山上人の結要伝受《けっちょうでんじゅ》の功に非ずや。然れば則ち末法出現の三宝、其の体最も明らかなり。宜《よろ》しく之れを敬信して仏種を植《う》うべし云云。

問う、有る人難じて云わく「日興上人は上足《じょうそく》の第三なり。何ぞ是れ結要付嘱《けっちょうふぞく》の上首ならんや」云云、此の難如何。

答う、六老の次第は受戒の前後に由り、伝法の有無は智徳の浅深に由る、故に孔子は道を曾《そう》子《し》に伝うるなり、玄奘《げんじょう》は法を慈恩に付す、並びに嫡弟《ちゃくてい》に非ず、誰人か之れを難ぜん云云。吾が開山上人は智は先師に等しく徳は諸弟に超えたり。故に塔中伝受の秘要を付して本門弘通の大導師と称し、末法万年の総貫首と定め、二箇の相承を授けて延山の補処《ふしょ》と為す。文証現証了々《りょうりょう》分明なり。汝等智有らん者此《ここ》に於て疑いを生ずること勿《なか》れ云云。

問う、有る人尋ねて云わく「既に本尊を以て中央に安置す、世の帝王の如し。蓮祖・興師を左右に安置す、世の左右の大臣の如し。若し爾《しか》らば応に須《すべか》らく蓮師を左に安んじ、興師を右に安《やす》んずべし、是れ則ち左尊右卑《さそんうひ》の故なり。況んや所図の本尊に於て上下自ずから明らかなり。謂《い》わく、多宝は是れ客仏、上行・無辺行は第一第二なり、故に倶《とも》に左に居《こ》す。釈尊は是れ主人、浄行・安立行は第三第四なり、故に倶に右に居す。全《まった》く世間の如く左尊右卑なり。蓮興両師の左右何ぞ異なるや」云云、此の事如何。

答う、深く所以《ゆえ》有り、暁《あき》らめずんばあるべからず。応に知るべし、千古《せんこ》より国風自然《じねん》に同じからず。所謂《いわゆる》漢土日本は天子南面す、故に左は東にして陽、右は西にして陰なり、故に左尊右卑なり。若し月氏の如くんば君父東面《くんぷとうめん》す、故に右は南にして陽なり、左は北にして陰なり、故に右尊左卑なり。国風同じからざれば尊卑《そんぴ》已《すで》に定まる。故に其の処に随って何方《いずかた》に向かう時も日本は左を上座と為し、月氏は右を上座と為すなり。本尊の左右亦復爾《またまたしか》なり。謂わく、宝塔西に向く、故に釈尊は右の上座に居《こ》し、多宝は左の下座に居するなり。大衆は東に向く、故に上行・無辺行は右の上座に居し、浄行・安立行は左の下座に居す。是れ霊山《りょうぜん》の儀式を移す故なり。

問う、日饒《にちにょう》が記に云わく「寿量題目倶《とも》に是れ正行なり」云云、此の義如何。

答う、此れは是れ種子の法体を知らず、祖抄の大意を暁らめざる故なり。信者当に知るべし、末法今時は全く是れ久遠元初なり。運《うん》末法に居すと雖も宗は久遠に立つ。久遠は今に在り、今は則ち久遠なり。然れば久遠元初に於て更に一句の余法無く、唯《ただ》本地難思境智の妙法の五字のみ有り。仏此の妙法を以て一切衆生に下種す。故に種子の法体は妙法五字に限るなり。太田抄に云わく「一乗を演説すれども題目の五字を以て下種と為すべきの由来《ゆらい》を知らざるか」云云。秋元抄に云わく「三世十方の諸仏は必ず妙法蓮華経の五字を種として仏に成りたまえり」云云。本尊抄に云わく「此れは種、此れは但題目の五字なり」云云。四信抄に云わく「一向に南無妙法蓮華経と称《とな》えしむ、是れ此の経の本意なり」云云。取要抄に云わく「広略を捨てて肝要を好む」等云云。報恩抄に云わく「一同に他事を捨てて南無妙法蓮華経と唱うべし」云云。高橋抄に云わく「余経も法華経も文字は有れども病《やまい》の薬とは成るべからず」云云。上野抄に云わく「余経も法華経も詮《せん》無し、但南無妙法蓮華経」云云。寿量品の御義口伝に云わく「此の品は在世の脱益なり、題目の五字計り当今の下種なり」云云。諸抄の明白なること宛《あたか》も日月の如し。豈末法の我等の正行は但妙法五字に限るに非ずや。日饒如何云云。

問う、文底の寿量応に是れ下種なるべし、何ぞ此れを以て倶に正行と為《な》さざるや。

答う、文底の寿量品は能く種子の法体を説き顕わす、然るに種子の法体は唯妙法の五字に限るなり。能詮の寿量品は二千余言に及ぶが故に、此の品を読誦して以て正行五字の功徳を顕わす、故に助行と名づくるなり。故に宗祖の云わく「読誦し奉る寿量品を以て助行と為し、唱え奉る妙法蓮華経を以て正行と為す」云云。況んや復《また》二十八品は能詮なり、題目の五字は一部の所詮なり。然れば宗祖判じて云わく「二十八品は用なり助行なり、題目の五字は体なり正行なり」云云。今例して亦然《しか》なり。能詮の二千余字は用なり助行なり、所詮の妙法五字は体なり正行なり。

問う、我等が唱え奉る所の本門の題目、其の体《たい》何物ぞや。

謂《い》わく、本門の大本尊是れなり。

本門の大本尊、其の体何物ぞや。

謂わく、蓮祖大聖人是れなり。故に御相伝に云わく「中央の首題、左右の十界、皆悉く日蓮なり。故に日蓮判と主付《ぬしづ》け給えり」と。又云わく「明星《みょうじょう》が池《いけ》を見るに不思議なり、日蓮が影今の大曼荼羅なり」と。又云わく「唱えられ給う処の七字は仏界なり。唱え奉る我等衆生は九界なり。是れ則ち真実の十界互具なり」云云。

問う、我等之れを唱え奉る其の功徳如何。

答う、当体義抄に云わく「正直に方便を捨て但法華経を信じ、南無妙法蓮華経と唱うる人は、煩悩・業・苦の三道、法身《ほっしん》・般若《はんにゃ》・解脱《げだつ》の三徳と転じて、三観《さんがん》・三諦《さんたい》一心に顕われ、其の人の所住の処は常寂光土なり。能居《のうご》・所居《しょご》、身土・色心、倶体《くたい》・倶用《くゆう》の無作三身、本門寿量の当体蓮華の仏とは、日蓮が弟子檀那等の中の事なり」云云。又云わく「当体蓮華を証得して寂光当体の妙理を顕わすことは、本門寿量の教主の金言を信じて南無妙法蓮華経と唱うるが故なり」等云云。本因妙抄に云わく「信心強盛にして唯余念無く南無妙法蓮華経と唱え奉れば凡身即ち仏身なり。天真独朗《てんしんどくろう》の即身成仏とは是れなり」云云。余は且《しばら》く之れを略す。

問う、古《いにしえ》より今に至るまで毎朝の行事、丑寅の刻《きざ》みに之れを勤《つと》む、其の謂《いわ》れ如何。

答う、丑の終わり寅の始めは即ち是れ陰陽《おんよう》生死の中間《ちゅうげん》にして、三世諸仏成道の時なり。是の故に世尊は明星の出づる時豁然《かつねん》として大悟し、吾が祖は子丑に頸を刎《は》ねられ、魂佐渡に到る云云。当山の行事亦復斯《か》くの若《ごと》し。朝な朝な刹那《せつな》成道・半偈成道を唱うるなり。

本因妙抄に云わく「天台の云わく、刹那成道・半偈成道云云。伝教の云わく、仏界の智は九界を境と為し、九界の智は仏界を境と為す、境智互いに冥薫《みょうくん》して凡聖常恒《ぼんしょうじょうごう》なり、此れを刹那成道と謂《い》い、三道即三徳と解すれば諸悪倐《たちま》ちに真善なり、是れを半偈成道と名づく。今会釈《えしゃく》して云わく、刹那半偈の成道も吾が家の勝劣修行の南無妙法蓮華経の一言に摂し尽くす者なり」云云。

当流行事抄畢《おわ》んぬ

享保《きょうほう》十乙巳歳五月下旬　上野大坊に於て之れを書す

六十一歳

日　寛　花押

当家三衣抄　第六

当家三衣抄　第六

当家三衣抄　第六

左伝に曰く「衣は身の章《しょう》なり」と。注に云わく「章は貴賤を明らかにするなり」云云。天子は十二章。謂《い》わく、日・月・星辰、此の三つは下を照臨するを取るなり。第四は是れ山、雲を興し雨を致す、左右に二つ画《えが》くなり。第五は是れ竜《りょう》、変化窮《へんげきわ》まり無し、左に上《のぼ》り右に下《くだ》る。第六は是れ華虫《かちゅう》、此れ即ち雉《きじ》なり、耿介《こうかい》を取る、向かい合って左右に之れを画く。第七は是れ宋彝《そうい》、左は即ち白猿、右は是れ白虎なり。第八は是れ藻《そう》、是れ文章なり、形は藤巴《ふじともえ》の如く左右に之れを画く。第九は火、炎上《のぼ》って以て徳を助く、亦是れ左右に画くなり。第十は粉米《ふんべい》、潔白《けっぱく》能く養う、丸《がん》じて米を散ずるの体、二つ左右に画くなり。第十一は是れ黼《ほ》、斧《おの》なり、断割の義を取る、刃を向かい合わせて左右に之れを画く。第十二は是れ黻《ふつ》、是れ古の弗《ふつ》の字なり、亞《ふつ》は両己《りょうこ》相背くなり。周礼《しゅらい》の司服《しふく》の注に云わく「臣民悪に背き、善に向かうを取るなり、此の古文字を左右に之れを画くなり」と。前の六は衣に画き、後の六は裳《も》に繡《ぬいとり》す。上を衣と曰《い》い、下を裳と曰うなり。此れ則ち天子の十二章なり。諸侯は八章、大夫《たいふ》は四章、士は二章、庶人《しょにん》には則ち無し。

故に「貴賤を明らかにす」と云うなり。若し斯《こ》の旨を暁《あき》らかにせば、則ち吾が家の法衣《ほうえ》を知らんのみ。

当家三衣抄

日寛謹んで之れを記す

夫《そ》れ法衣とは法に応じて作る、故に法衣と云うなり。法衣に三つ有り。一には僧伽梨《そうぎゃり》、即ち大衣なり。二には鬱多羅僧《うたらそう》、即ち七条なり。三には安陀会《あんだえ》、即ち五条なり。此れを三衣《さんね》と名づくるなり。色に亦三つ有り。謂《い》わく、青《しょう》・黒《こく》・木蘭《もくらん》なり。抄に云わく「青は謂わく銅青、黒は謂わく雑泥《ぞうでい》、木蘭は即ち樹の皮、是れを壊色《えじき》と名づく。此れ青・赤《しゃく》・白《びゃく》・黒・黄《おう》の五正《ごしょう》及び緋《ひ》・紅《こう》・紫《し》・緑《ろく》・磂黄《りゅうおう》の五間《ごけん》を離るるが故なり」と。諸文広博なり、是の故に之れを略す。

問う、一致・勝劣宛《あたか》も雲泥の如し、流々の所伝亦天地を分かつ。然りと雖も其の法衣に及んでは更に異なり有ること無く、全《まった》く是れ同じきなり。所謂紫衣《しえ》・香衣《こうえ》・綾羅錦繍《りょうらきんしゅう》の七条・九条等なり。唯当流の法衣のみ薄墨《うすずみ》の素絹《そけん》・五条にして永く諸門流に異なるなり。其の謂《いわ》れ聞くことを得べけんや。

答う、其の謂れ一に非ず、所表甚だ多し。今三門に約し略して之れを示すべし。所謂、道理・引証・料簡《りょうけん》なり。

初めに道理、亦二と為す。

初めに但素絹《そけん》・五条を用いる道理とは

問う、但素絹・五条を用いる其の謂れ如何《いかん》。

答う、今略して之れを言うに且《しばら》く二意有り。

一には是れ末法の下位を表する故なり。左伝に曰く「衣は身の章なり」云云。注に云わく「章は貴賤を明らかにするなり」云云。外典既に爾《しか》り、内典亦然なり。妙楽大師の云わく「教弥《きょういよいよ》実なれば位弥下《くらいいよいよひく》し」と。宗祖大聖人の云わく「教弥実位弥下《きょうみじついみげ》の六字に意を留めて案ずべし」云云。今謹んで案じて云わく、凡《およ》そ正法一千年の如き、初めの五百年の間は迦葉・阿難等は羅漢《らかん》の極位に居《こ》して小乗教を弘通し、後の五百年の間は馬鳴《めみょう》・竜樹等は初地の分果に居して権大乗を弘《ぐ》宣《せん》す。次に像法千年の間は南岳・天台等は相似《そうじ》・観行に居して法華迹門を弘む。今末法に至らば即ち蓮祖大聖人は理即名字に居して法華本門を宣《の》ぶ。豈《あに》教弥実位弥下に非ずや。是の故に当流は但下劣の素絹・五条を用いて、教弥実位弥下の末法の下位を表するなり。

二には是れ末法折伏の行に宜《よろ》しき故なり。謂わく、素絹・五条は其の体短狭《たんきょう》にして起居動作に最も是れ便なり、故に行道雑作衣《ぎょうどうぞうさえ》と名づくるなり。豈東西に走り折伏の行を修するに宜しきに非ずや。如幻三昧経《にょげんざんまいきょう》には忍辱鎧《にんにくがい》と名づくるなり。勧持品に云わく「悪鬼其の身に入りて我を罵詈毀辱《めりきにく》せん。我等仏を敬信《きょうしん》して当に忍辱《にんにく》の鎧《よろい》を着るべし」等云云、之れを思い合わすべし。

次に但薄墨《うすずみ》を用いる道理とは

問う、法衣の色に但薄墨を用いる其の謂れ如何。

答う、亦多意有り。

一には是れ名字即を表するが故なり。謂わく、末法は是れ本未有善の衆生にして最初下種の時なり。然るに名字即は是れ下種の位なり。故に荊渓《けいけい》の云わく「聞法を種と為す」等云云。「聞法」豈名字に非ずや、「種と為す」豈下種の位に非ずや。故に名字即を表して但薄墨を用いるなり。

二には是れ他宗に箇異《かんい》せんが為なり。謂わく、当世の他宗名利の輩、内徳を修せず専《もっぱ》ら外相を荘《かざ》り、綾羅錦繍《りょうらきんしゅう》以て其の身に纏《まと》い、青黄の五綵《ごさい》、衆心を耀動《ようどう》す。真紫《しんし》の上色《じょうしき》・金襴《きんらん》の大衣は、夫人・孺子《じゅし》をして愛敬《あいぎょう》の想いを生ぜしめ、以て衆人の供養を俟《ま》つなり。今此《か》くの如きの輩に箇異せんが為に但薄墨を用いるなり。薩婆多論《さつばたろん》に「外道と異にせんが為に三衣を着す」と言うは是れなり。

三には是れ順逆二縁を結ばんが為なり。謂わく「僧祇律《そうぎりつ》に云わく、三衣は是れ賢聖沙門の標《ひょう》幟《じ》なり」と。済縁記《さいえんき》に云わく「軍中の標幟は別《わ》かつ所有るが故に」云云。標幟は即ち是れ旗幟《はたじるし》なり。凡《およ》そ諸宗諸門の標幟と当門流の標幟と、其の相天地雲泥にして源平の紅白よりも明らかなり。故に信ずる者は馳《は》せ集まって順縁を結び、謗《そし》る者は敵と成って逆縁を結ぶ、故に但薄墨を用いるなり。

四には是れ自門の非法を制せんが為なり。悲しい哉《かな》、澆季《ぎょうき》の沙門、行跡多くは宜《むべ》ならず、是れ併《しか》しながら自宗・他宗、自門・他門、皆是れ黒衣等にして更に分かつべき所無し。故に悪侶《あくりょ》心を恣《ほしいまま》にして多く非法を行じ、猶《なお》罪を他宗・他門に推《お》さんとす。然るに当門流の法衣は顕著にして更に紛《まぎ》るる所無し、故に名乗らずと雖も万人之れを知る。故に若侶《にゃくりょ》たりと雖も尚《なお》強いて之れを恥じ忍んで、多くは非法を行ぜず。故に但薄墨を用いるなり。

次に引証とは

第一には生御影《しょうみえい》、即ち重須《おもす》に在《おわ》すなり。

第二には造初《つくらぞめ》の御影、即ち当山に在すなり。蓮師御伝記の八に云わく「弘安二年、富士の戒壇の板本尊を造立し奉る時、日法《にっぽう》心中に末代の不見不聞の人の為に聖人の御影を造らんと欲するの願有り。故に先ず一体三寸の御影を造って便《すなわ》ち袂《たもと》に入れ、聖人の高覧に備え奉る。而して免許を請うに聖人此の御影を取って御手の上に置き、笑《えみ》を含ませられ即ち免許有り。之れに因《ちな》んで等身の御影を造り奉り、而して聖人の御剃髪《ごていはつ》を消《け》し、御衣を彩色し給うなり」云云。「一体三寸」とは即ち造初の御影なり。「等身の御影」とは即ち是れ生御影の御事なり。此の両御影、並びに是れ薄墨の素絹・五条の袈裟なり。

第三に鏡の御影、今鷲巣《わしのす》に在《おわ》す。亦是れ薄墨の法衣なり。

第四に御書類聚《るいじゅ》に云わく「大聖人薄墨染の袈裟、真間《まま》に之れ在り」と。

第五に録外《ろくげ》の十五に云わく「薄墨の染衣一つ、同じ色の袈裟一帖《じょう》給び候」已上。

第六に阿仏房抄三十一に云わく「絹の染袈裟一つ進《まい》らせ候」云云。定めて是れ薄墨なり。

第七に開山上人の二十六箇条に云わく「衣の墨黒くすべからざる事」云云。

三に料簡とは

問う、唯当流に於て法服七条等を許さざる其の謂《いわ》れ如何《いかん》。

答う、凡そ法服とは上を偏衫《へんざん》と曰い、下を裙子《くんず》と曰う。抑《そもそも》仏弟子は本《もと》腰に裳《も》を巻き、左の肩に僧祇支《そうぎし》を着し、以て三衣の襯《したがさね》にするなり。僧祇支とは覆膊衣《ふばくえ》と名づけ、亦掩腋衣《えんえきえ》と名づく。是れ左の肩を覆《おお》い、及び右の腋《わき》を掩《おお》う故なり。阿難端正《あなんたんじょう》なり、人見て皆悦ぶ、仏覆肩衣《ふけんえ》を着せしむ、此れ右の肩を覆うなり。而るに後魏《こうぎ》の宮人、僧の一肘《ひじ》を袒《はだぬ》ぐを見て以て善《よ》しとせず、便《すなわ》ち之れを縫合《ほうごう》して以て偏衫と名づく。会《え》に云わく「衫《ひとえ》未だ袖端《しゅうたん》有らざるなり」云云。其の後、唐の代に大智禅師《だいちぜんじ》亦頸袖《けいしゅう》を加え、仍《すなわ》ち偏衫と名づく、是れ本に従《よ》って名を立つるなり。裙子と言うは旧には涅槃僧と云い、本帯襻《もとたいはん》無し。其の将《まさ》に服せんとする時、衣《きぬ》を集めて襵《ひだ》と為し、束帯《そくたい》に条を以《もち》いるなり。今は則ち襵を畳《たた》み帯を付くるなり。今偏衫・裙子を取って通じて法服と名づくるなり。此《か》くの如き法服七条九条は乃《すなわ》ち是れ上代高位の法衣にして、末法下位の着する所に非ず。何ぞ之れを許すべけんや。孝経に曰く「先王の法服に非ずんば敢《あ》えて服せず」云云。注に云わく「法服は法度《はっと》の服なり。先王は礼を制して章服を異にし、以て品秩《ほんちつ》を分かつ。卿《けい》に卿の服有り、大夫に大夫の服有り。若し非法の服を服せば僣《せん》なり」云云。又云わく「賤にして貴服を服する、之れを僣上《せんじょう》と謂う。僣上を不忠と為す」云云。外典尚爾《しか》り、況んや内典をや。

問う、他流の上人皆香衣《こうえ》を着す、是れ平僧《ひらそう》に簡異《かんい》せんが為の故なり。中正論の第二十に云わく「吾が宗の上人の色衣《しきえ》は木蘭色《もくらんじき》を用う。而るに此の木蘭の皮に香気有り。彼の色に准じて之れを染むる故に亦香衣と名づくるなり。皆此の衣を着ることは是れ平僧に簡異せんが為なり」云云。最も其の謂《いわ》れ有り。何ぞ之れを許さざるや。

答う、是れ将《まさ》に平僧に簡異せんとして却《かえ》って他宗の住持に濫《みだ》す。曷《なん》ぞ之れを許すべけんや。応に知るべし、畠山《はたけやま》が白旗には而も藍《あい》の皮有り。吾が家の平僧には則ち袖裏《そでうら》無し。今古《きんこ》異なりと雖も倶に濫《みだ》るる所無きなり。

問う、他流皆直綴《じきとつ》を着す、当家何ぞ之れを許さざるや。

答う、凡そ直綴とは唐代新呉《しんご》の百丈山懐海大智禅師《ひゃくじょうざんえかいだいちぜんじ》、偏衫《へんざん》・裙子《くんず》の上下を連《つら》ね綴《と》じて始めて直綴と名づく。故に知んぬ、只是れ法服を縫合《ほうごう》す。既に法服を許さず、曷《なん》ぞ直綴を免《ゆる》すべけんや。況んや復由来《ゆらい》謗法の家より出づ、那《なん》ぞ之れを用うべけんや。

問う、若し爾らば横裳《よこも》は慈覚より始まる、何ぞ亦之れを用うるや。

答う、実には是れ伝教大師の相伝なり。故に健抄《ごんじょう》の四五十二に云わく「天台宗の裳付衣《もつけころも》は慈覚大師より始まるなり。根本は是れ伝教大師の御相伝なり」云云。何ぞ直綴の来由《らいゆ》に同じからんや。故に開山の云わく云云。

問う、他流皆黒衣《こくえ》を着す、何ぞ之れを許さざるや。

答う、北方の黒色は是れ壊色《えじき》に非ず。録外の二十一に法鼓経《ほっくきょう》を引いて云わく「黒衣の謗法なる、必ず地獄に堕す」云云。謗とは乖背《けはい》の別名なり。法は謂わく法度《はっと》なり。北方の黒衣豈謗法に非ずや。例せば六物図《ろくもつず》に云うが如し、「自ら色衣を楽《ねが》って妄《みだ》りに王制と称し、過《とが》を飾ると云うと雖も深く謗法を成ず」云云。況んや復当世の黒衣は其の色甚《はなは》だ美にして紺瑠璃《こんるり》の如し。烏鵲《うじゃく》の羽に似たり。若し藍染《あいぞ》めに非ずんば焉《いずく》んぞ彼の色を得ん。方等陀羅尼経《ほうどうだらにきょう》の如くんば、尚《なお》藍染めの家に往来《おうらい》することを許さず。何《いか》に況んや三衣を染むるを免《ゆる》すべけんや。是れ則ち藍より而も多くの虫を生ず。其の虫と藍と倶に臼《うす》に入れて之れを舂《つ》き、而して後《のち》一切の物を染む。但不浄なるのみに非ず、亦多くの虫を殺す。何ぞ之れを免すべけんや。然るに諸宗の輩、唯其の色の美なることを愛して仏制に背くことを識らず。若し当流に於ては謹んで謗法を恐る、故に之れを許さず。故に開山の云わく云云。

問う、諸流の中、或は楽《ねが》って紫衣《しえ》を着す有り。但当流のみ曷《なん》ぞ之れを楽わざるや。

答う、此れは是れ唐の則天《そくてん》の朝《ちょう》に始まり、而して後諸代に此の事有るなり。然りと雖も流俗の貪《むさぼ》る所、夫人・女子の愛する所にして儒家《じゅけ》尚之れを斥《しりぞ》く。況んや仏氏に於てをや。資持記《しじき》の下の一に云わく「嘗《かつ》て大蔵を考うるに、但青・黒・木蘭の三色有って如法なり。今時の沙門多く紫服を尚《とうと》ぶ。唐記を按《あん》ずるに則天の朝《ちょう》に薛懐義《せつかいぎ》宮庭に乱る。則天寵用《ちょうよう》して朝議に参ぜしむ。僧衣の色異なるを以て因《ちな》んで紫の袈裟を服し、金亀袋《きんきたい》を帯せしむ。後に偽《いつわ》って大雲経を撰し、十僧を結して疏《しょ》を作り進上す。復《また》十僧に紫衣・亀袋を賜う。此の弊源《へいげん》一たび洩《も》るるに由って今に返らず。無智の俗子跡を釈門に濫《みだ》す。内修を務めずして唯外飾《げしき》に誇る。矧《いわ》んや乃《すなわ》ち輒《たやす》く耆年《きねん》の上に預り、僣して大聖の名を称す。国家の未だ詳《つまび》らかにせざる所、僧門の挙《あ》げざる所なり。貪婪嗇悋《どんらんしょくりん》の輩をして各奢華《しゃか》を逞《たくま》しうせしむるを致し、少欲清浄の風茲《ここ》に於て墜滅《ついめつ》す。且つ儒宗人倫の教なれば則ち五正を衣と為し、釈門出世の儀なれば則ち正間倶《とも》に離る。故に論語に云わく、紅紫《こうし》は以て褻服《せっぷく》と為《な》さず乃至況んや律論の明文に判じて非法と為す。苟《いや》しくも信受せずして安《いずく》んぞ則ち之れを為さん」云云。応法記《おうぼうき》に云わく「朱紫は世に以て栄と為す。出家は世を超ゆる故に須《すべか》らく之れを捨つべし。今時の釈子反《かえ》って紫服を求めて以て栄身と為す。豈聖道を厭棄《えんき》し翻《かえ》って入俗を希《ねが》うに非ずや」云云。六物図《ろくもつず》に云わく「自ら色衣を楽《ねが》って妄《みだ》りに王制と称し、過《とが》を飾ると云うと雖も深く謗法を成ず」云云。色衣は即ち是れ紫衣なり。

問う、扶桑記《ふそうき》に云わく「伝教大師自ら法華を講ず、八幡大菩薩手《て》ずから紫の袈裟衣を供養す」云云。八幡大菩薩豈《あに》非法の法衣を供養すべけんや。

答う、神明《しんみょう》の内証は凡《ぼん》の測る所に非ず。或は恐らくは応に是れ随方の護法なるべきか。五分律に云わく「是れ我が語なりと雖も余方に於て清浄ならずんば行ぜざるも過《とが》無し。我が語ならずと雖も余方に於て清浄ならば行ぜざるを得ず」云云。此の方の風俗専ら紫衣を尚《とうと》ぶ。故に其の尚ぶ所に随って之れを供養するか。是れ一向格別の事なり。那《なん》ぞ彼を引いて此れに例すべけんや。

問う、当流に七条九条を許さず、已《すで》に三衣を欠く。焉《いずく》んぞ其の可なることを知らんや。

答う、当家の意三衣を欠くに非ず、但上古の三衣に異なるのみ。謂わく、衣・袈裟・珠数《じゅず》、是れを三衣と名づく。

珠数那《なん》ぞ衣と名づくるや。謂わく、初めの二つに相従《あいしたが》うが故なり。或は法性の珠、百八煩悩を隠蓋《おんがい》する故に衣と名づくるなり。白虎通《びゃっこつう》に云わく「衣は隠《おん》なり。文子《ぶんし》の曰く、衣は以て形を蓋《おお》うに足れり」云云。

問う、当流の薄墨《うすずみ》は三種の中には是れ何《いず》れの色に属するや。

答う、此れは是れ顕露分明に泥色《でいしき》なり。諸文に青《しょう》・黒《こく》・木蘭《もくらん》と云うと雖も是れ北方の黒色に非ず、只黒泥を以て之れを涅染《くりぞめ》にするなり。故に注に緇泥涅《しでいねつ》と云うなり。是の故に十誦《じゅうじゅ》には青《しょう》・泥《でい》・栈《せん》と名づけ、補注《ふちゅう》の十四には青・泥・木蘭と云うなり。黒の名同じきを以て、当世他家の黒衣に濫《みだ》すこと勿《なか》れ云云。

問う、当流或時《あるとき》白袈裟を着す、謂《いわ》れ無くんばあるべからず。応に之れを聞くことを得べけんや。

答う、此れに多くの謂れ有り、今略して之れを示さん。

一には最極《さいごく》初心の理即《りそく》の位を表する故に。謂わく、泥色の中に於て亦六即を分かつ。白色なるは是れ理即なり、淡薄《たんぱく》なるは是れ名字即なり乃至黒色なるは是れ究竟即なり。況んや復天台宗初心の比丘及び京都宗門の諸寺の新発意《しんぼっち》の如き、始めて袈裟を係《か》くる時は必ず先ず白袈裟を係くるなり。豈最極初心を表するに非ずや。血脈抄に曰く「日蓮は名字即の位、弟子檀那は理即の位なり」等云云。

二には蓮祖或時白袈裟を係けたもう故に。謂わく、正中山《しょうちゅうざん》に蓮祖の御袈裟之れ有り。地は仁《に》田山絹《たやまぎぬ》にして白袈裟なり。蓮師御身を謙下《けんげ》して理即の位を表し、白袈裟を係けたもうか。本尊抄に云わく「末代理即の我等」云云、之れを思い合わすべし。蓮祖尚爾《しか》り、況んや末弟をや。

三には白蓮華を表する故に。此れ亦二意有り。一には当体の蓮華を表す。謂わく、薄墨の衣の上に白袈裟を係く、豈泥水《でいすい》白蓮華を生ずるに非ずや。此れ即ち吾が当体の蓮華を表するなり。故に本門寿量当体の蓮華仏とは但当流の行者に限るなり。二には世法に染まざることを表す。謂わく、薄墨の衣の上に白袈裟を係く、豈泥濁《でいじょく》に在りと雖も泥濁に染まざるに非ずや。如幻三《にょげんざん》昧経《まいきょう》に袈裟を亦蓮華衣と名づけ、亦離染服《りぜんふく》と名づくるなり。涌出品に云わく「世間の法に染まざること、蓮華の水に在るが如し」云云。是の故に但本化の末弟に限るなり。

問う、是れ白袈裟は法滅の相なり。摩耶経《まやきょう》の下に曰く「時に摩訶摩耶《まかまや》、此の語を聞き已《お》わって即ち阿難に問う。汝往昔《むかし》仏に侍してより以来《このかた》世尊の説を聞けり、如来の正法は幾《いくばく》の時にか当に滅すべき。阿難涙を垂れて便《すなわ》ち答う。我曾《かつ》て世尊の当来《とうらい》法滅の後の事を説きたもうを聞く。仏涅槃の後、摩訶迦葉《まかかしょう》、阿難と共に法蔵を結集《けつじゅう》し悉《ことごと》く事畢《お》わって、摩訶迦葉、狼跡山《ろうしゃくせん》の中に於て滅尽定《めつじんじょう》に入らん乃至六百歳已わって馬鳴《めみょう》善く法要を説き、七百歳已わって竜樹善く法要を説く。八百歳の後、諸比丘等好《よ》き衣服を楽《ねが》い縦逸嬉戯《じゅういつきけ》せん。九百歳已《お》わって奴《ぬ》は比丘と為《な》り、婢《ひ》は比丘尼と為る。千歳已わって諸比丘等、不浄観を聞いて瞋恚《しんに》して欲せず。千一百歳已わって諸比丘等、世の俗人の如く嫁娶《かしゅ》・行媒《こうばい》し、大衆の中に於て毘尼《びに》を毀謗《きほう》せん。千二百歳已わって是の諸比丘、若し子息有らば男は比丘と為し、女は比丘尼と為さん。千三百歳已わって袈裟白に変じて染色を受けじ。千四百歳已わって四衆殺生し三宝の物を売らん。千五百歳に比丘相互いに殺害し、是《ここ》に於て仏法而も滅尽せん」已上。略抄

応法記に云わく「摩耶経に云わく、仏滅一千三百年の後、袈裟白に変じて染色を受けず。若し付嘱の儀に准ぜば、仏阿難をして僧伽梨《そうぎゃり》を将《もっ》て須弥《しゅみ》の頂に往き、塔を起て供養せしむ。又帝釈に勅して新華《しんげ》を粉雨《ふんう》し、仍《なお》風神に告げて其の萎《しぼ》める者を去らしむ。諸の比丘、仏に問う。仏言《のたま》わく、後に袈裟白に変ずるを慮《おもんぱか》るとなり。今時目に観《み》る、実に痛心を為す。豈魔外の吾が教を壊滅《えめつ》するに非ずや。悲しい哉《かな》」云云。「今時」の下は元照の辞なり。

大集経の第十法滅尽品に云わく「王既《すで》に正法隠没し已わるを知り、余残の在る比丘を召し喚《よ》んで一処に集め、肴膳《きょうぜん》衆《もろもろ》の美味種々に供養し、復《また》千万の宝を捨す。一宝の直《あたい》百千、此の衆《もろもろ》の宝物を以て五百の寺を造るに擬《ぎ》す。一々諸の比丘に各《おのおの》百千の物を施し、師等此に在って住せよ、

我等当に養育すべし、我が為に正法を説け、我当に至心に聴くべし。一切皆黙然《もくねん》として住し、一切説く者無し。王諸《もろもろ》の比丘に白《もう》す、法を知らざるべけんや。語り已わって袈裟白し。染色復《また》現ぜず」等云云。

法滅尽経に云わく「仏阿難に告ぐ、吾《われ》涅槃の後法滅せんと欲する時、五逆濁世に魔道興盛《こうじょう》し魔沙門《しゃもん》と作《な》り吾が道を壊乱《えらん》せん。俗の衣裳を着し、好き袈裟五色の服を楽《ねが》い、酒を飲み肉を噉《くら》い、生を殺し味を貪《むさぼ》り、慈心有ること無し。更に相憎嫉《あいぞうしつ》し、自ら共に後に於て道徳を修せず。寺廟空荒《じびょうくうこう》にして復《また》修理すること無く、但財物を貪って積聚《しゃくじゅ》して散ぜず。法滅せんと欲する時、女人は精進して恒《つね》に福徳を作り、男子は懈怠《けだい》にして法語を用いず、眼に沙門を見ること糞土《ふんど》を視《み》るが如し。悪人転《うたた》多くして海中の沙《いさご》の如く、善者甚だ少なくして若しは一、若しは二ならん。劫尽きんと欲する処、日月転促《うたたつま》り、人命転《うたた》短く四十にして頭白し乃至聖王去って後、沙門の袈裟自然《じねん》に白に変ず。吾が法滅せん時、譬えば油灯の滅せんと欲する時に臨み、光更に明らかに盛んなるが如し」等云云。

名義《みょうぎ》の七に云わく「捜玄《そうげん》に大集を引いて云わく、王比丘に問うに説く能《あた》わず、遂に羞《は》じて地に堕ち、袈裟白に変ず。法滅尽経に云わく、沙門の袈裟自然に白に変ず」云云。書註《しょちゅう》の下に云わく「法滅尽経に云わく、沙門の袈裟自然に白に変ず。大集に曰く、法滅せんと欲する時に袈裟白に変ぜん」等云云。

此等の文、豈是れ白袈裟は法滅の相に非ずや。

答う、今両意を以て須《すべか》らく此の文を会《え》すべし。

一には是れ月氏と日本と国風異なるが故に。顕戒論《けんかいろん》の中に梵網経《ぼんもうきょう》を引いて云わく「比丘皆《みな》応に其の国土の衣服の色と異にし、俗服と異なり有らしむべし」等云云。謹んで此の文に准ずるに、月氏と日本と国風已《すで》に異にして、衣服の色乃《すなわ》ち是れ同じからず。謂わく、月氏の俗皆《みな》白色を着る、故に経論の常談、俗を呼んで白衣《びゃくえ》と名づく。故に袈裟白に変ずる則《とき》んば俗服に同じ、故に法滅の相と成る。是れ則ち其の国土の衣服の色と異ならず、俗服と異なり有らざる故なり。若し日本の俗は喪服《もふく》の外《ほか》は白色を着《き》ず、故に袈裟白に変ずるとも俗服に同じからず。若し爾らば其の国土の衣服の色と異にし、俗服と異なり有り。如何《いかん》ぞ法滅の相と云うべけんや。然らば則ち仏は月氏の法に准ずる故に法滅の相と言い、今は日本の風《ふう》に准ずる故に白袈裟を係《か》け更に妨碍《ぼうげ》無きなり。

二には是れ当分《とうぶん》・跨節《かせつ》の法相《ほっそう》異なるが故に。今謹んで案じて曰く、袈裟白に変ずるは已に両時に在り。一には像法の初めなり。謂《い》わく、摩耶《まや》経付嘱儀の文是れなり。二には末法の初めなり。大集経・法滅尽経の文是れなり。当に知るべし、此の両文倶に当分・跨節の二意有り。何を以て之れを知るを得んや。一には謂わく、総じて一代四味三教に於て皆二意を具す、豈此の一文に二意を具せざるべけんや。天台大師の玄文の第二云云。妙楽の云わく「当分は一代に通ず。跨節は唯今経《こんぎょう》に在り。仏意は今に適《かな》うに非ざるなり」等云云。二には謂わく、袈裟変白の後法華の迹本二門広宣流布す。謂わく、天台大師は仏滅後一千五百年漢土に出現して法華の迹門を弘宣し、蓮祖大聖は如来滅後後五百歳に日本に出現して法華の本門を流布す。此等の現事豈分明に非ずや。三には謂わく、白は是れ無作の本色にして清浄無染なり。是の故に宜《よろ》しく白法流布を表すべし。故に一代諸経の中に多く白色を以て善事を表す。所謂眉間白毫《みけんびゃくごう》・顔色鮮白《げんしきせんびゃく》・白業・白善・白法・白論・法華の白牛《びゃくご》・普賢《ふげん》の白象等是れなり。天台の云わく「白色は天に譬《たと》う」云云。又云わく「白は即ち浄を表す」云云。且《しばら》く眉間白毫の光を放つが如き即ち二意を具す。謂わく、一には闇を破し、二には普《あまね》く照らすなり。破闇《はあん》は法滅を表するが如く、普照は流布を表するが如し。自余の諸文は准説《じゅんせつ》して知るべし。是の故に袈裟変白の文は並びに当分・跨節の二意を具するなり。故に摩耶経に「千三百歳已わって袈裟変白、乃至千五百歳に仏法滅尽す」とは、若し当分《とうぶん》に約せば「千三百歳袈裟変白」は是れ法滅の前相なり。「千五百歳」は即ち是れ仏法の正滅尽なり。若し跨節《かせつ》に約せば「千三百歳袈裟変白」は即ち是れ白法流布の瑞相なり。「千五百歳」は天台の弘通、即ち是れ法華の白法正流布なり。大集・法滅の二経も亦然《しか》なり。若し当分に約せば「沙門の袈裟自然に変白」は是れ前代流布の一切の仏法滅尽を表するなり。若し跨節に約せば、却《かえ》って是れ本門三大秘法の大白法広宣流布の瑞相なり。末法の初め蓮師の弘通豈其の事に非ずや。然れば則ち当分の辺は是れ法滅の相と雖も、跨節の辺は却って是れ白法流布の瑞相なり。故に今白袈裟を係くるは但風俗に妨げ無きのみに非ず、亦《また》白法流布を表するなり。

問う、当流の法衣は宜しく麻苧《あさ》を用うべし。既に如来は麁《そ》布の僧伽梨《そうぎゃり》を着す。天台は四十余年唯一衲《いちのう》を被《き》る。南山は繒纊《そうこう》を兼ねず。妙楽は太布《たふ》にして而して衣《き》る。然るに当家に於ては尚緞子《どんす》・紗《しゃ》・綾《りょう》・縮緬《ちりめん》等の法衣を許す、如何《いかん》ぞ仏制に違わざるを得べけんや。

答う、実に所問の如し、是れ吾が欲する所なり。然るに之れを制せざることは強いて世に准ずるのみ。智度論に云わく「仏言《のたま》わく、今日より若し比丘有って一心に涅槃を求め世間を背捨《はいしゃ》せん者には、我価直《けじき》十万両金の衣を着し、百味の食《じき》を食らうことを聴《ゆる》す」等云云。然るに当世に及ばば門葉の中に於ても、一心に仏道を求め世間を背捨する者は爪上《そうじょう》の土の如し。徒《いたずら》に万金の衣を着し、百味の食を食らう者は猶大地の如し。嗚呼《ああ》後生《こうせい》日々三たび身を省《かえり》みよ云云。

問う、袈裟の功徳実に是れ無量なり。所謂《いわゆる》、悲華経の五種の功徳、心地観経《しんじかんぎょう》の雷電無畏《らいでんむい》、賢愚経の賢誓師子《けんせいしし》、海竜王経の竜得一縷《る》、大智度論の蓮華色尼、酔《すい》波羅門等枚挙《まいきょ》するに遑《いとま》あらず。今疑う、諸宗諸門の袈裟皆此くの如き微妙の功徳を具するや。

答う、妙楽大師の記の三の中に云わく「経に被法服とは瓔珞《ようらく》経に云うが如し、若し天竜・八部闘諍《とうじょう》せんに、此の袈裟を念ずれば慈悲心を生ず乃至然らば必ず須《すべか》らく行体を弁じ教を顕わし、以て味の殊《こと》なるを分かつべし」等云云。是れ肝心の文なり、学者善く思え。又当家三重の秘伝云云。

問う、数珠の由来如何《いかん》。

答う、夫れ数珠とは此れ乃《すなわ》ち下根を引接《いんじょう》して修業を牽課《けんか》するの具なり。木槵子経《もくげんじきょう》に云わく「昔国王有り、波流梨《はるり》と名づく。仏に白《もう》して言《もう》さく、我が国辺小なり、頻年寇疫《ひんねんこうやく》し穀貴《こくたか》く民困《くる》しむ、我常に安んぜず、法蔵は深広なり、遍《あまね》く行ずることを得ず、唯願わくば法要を垂示したまえ。仏言《のたま》わく、大王、若し煩悩を滅せんと欲さば当に木槵子一百八箇を貫き、常に自ら身に随え、志心《ししん》に南無仏・南無法・南無僧と称し、乃《すなわ》ち一子を過ごすべし」云云。応に知るべし、木槵子の円形《えんぎょう》は是れ法性の妙理を表するなり。玄文の第一に云わく「理は偏円《へんえん》を絶すれども、円珠《えんじゅ》に寄せて理を談ず」云云。弘の五の上に云わく「理体欠くる無し、之れに譬うるに珠を以てす」云云。土宗《どしゅう》の平形《ひらがた》は大いに所表に違うなり。一百八箇は即ち百八煩悩を表するなり。数珠は須臾《しゅゆ》も身を離すべからず。故に「常自随身《じょうじずいしん》」と云うなり。

南無仏・南無法・南無僧とは、若し当流の意は、

南無本門寿量の肝心、文底秘沈の大法、本地難思の境智冥合、久遠元初の自受用報身《じじゅゆうほうしん》、無作三身、本因妙の教主、末法下種の主師親、大慈大悲、南無日蓮大聖人師。

南無本門寿量の肝心、文底秘沈の大法、本地難思の境智冥合、久遠元初の自受用報身の当体、事の一念三千、無作本有、南無本門戒壇の大本尊。

南無本門弘通の大導師、末法万年の総貫首《そうかんず》、開山・付法・南無日興上人師。南無一閻浮提の座主、伝法・日目上人師。嫡々付法歴代の諸師。

此くの如き三宝を一心に之れを念じて、唯当《まさ》に南無妙法蓮華経と称《とな》え、乃《すなわ》ち一子を過ごすべし云云。

行者謹んで次第を超越する勿《なか》れ、勢至経の如きんば「妄語の罪に因《よ》って当に地獄に堕《お》つべし」と。亦復母珠《もじゅ》を超ゆること勿れ、数珠経の如きんば「過《とが》諸罪に越ゆ、数珠は仏の如くせよ」云云。

母珠を超ゆるの罪、何ぞ諸罪に越ゆるや。今謂わく、蓋《けだ》し是れ名を忌《い》むか。孔子勝母《しょうぼ》に至って暮れぬ、而も宿《やど》らずして過ぐ。里を勝母と名づくれば曾子《そうし》入らず等云云。外典尚然《しか》り、況んや仏氏をや。

当家三衣抄畢《おわ》んぬ

享保《きょうほう》第十乙巳年六月中旬　大坊に於て之れを書し畢んぬ

六十一歳

日寛　花押

付録

六巻抄引用文集

目次

凡例

一、引用文集の見方

例

七①-12② **稾権抄の三十③に云わく**

【常忍抄】④ 法華経と爾前と引き向けて勝劣浅深を判ずるに、当分跨節の事に三つの様有り。日蓮が法門は第三の法門なり。世間に粗夢の如く一・二をば申せども、第三をば申さず候。⑤（新編一一八四-末行）⑥

① 六巻抄本文の頁数を示す。

② 六巻抄本文の行数を示す。

③ 六巻抄本文の語句を示す。（書名又は著者名など）

④ ③の語句で書名が明らかでないもの、書名が記されていても略称・異称の場合には、【　】を設け、その中に現在一般的に称されている書名を記した。参考文献として挙げた場合には、【参考】と記した。

⑤ 引用文。⑥に挙げた出典を元に校訂した。したがって、六巻抄本文中の引用文とは異なる場合がある。

⑥ 出典名の略号。出典不明の場合は（未検）と記した。

二、出典名の略号

校　定…平成校定日蓮大聖人御書
新　編…平成新編日蓮大聖人御書
新　定…昭和新定日蓮大聖人御書
聖　典…日蓮正宗聖典
歴　全…歴代法主全書
富　要…富士宗学要集
開　結…大石寺版の妙法蓮華経並開結
学　林…富士学林版の天台三大部会本
影　印…富士学林版の天台三大部、及び妙楽の天台三大部注釈書
日宗全…日蓮宗宗学全書
日教全…日蓮教学全書
正　蔵…大正新脩大蔵経
続　蔵…大日本続蔵経
新　続…新纂大日本続蔵経
日　蔵…日本大蔵経
仏　全…大日本仏教全書
国　訳…国訳一切経　部については大正新脩大蔵経目録の略号にしたがった。
天　全…天台大師全集
伝　全…伝教大師全集
玄　会…法華玄義会本
文　会…法華文句会本
止　会…摩訶止観会本
雪　文…雪山文庫に蔵される和本

三重秘伝抄 第一

四―2　開目抄の上に曰く

一念三千の法門は但法華経の本門寿量品の文の底に秘してしづめたまへり。竜樹天親は知って、しかもいまだひろめたまはず、但我が天台智者のみこれをいだけり。（新編五二六―16）

四―4　方便品の十如実相

所謂諸法の如是相、如是性、如是体、如是力、如是作、如是因、如是縁、如是果、如是報、如是本末究竟等なり。（開結九〇―1）

四―4　寿量品の三妙合論

【如来寿量品】我本菩薩の道を行じて、成ぜし所の寿命、今猶未だ尽きず。（開結四三三―7）

【如来寿量品】我成仏してより已来、甚だ大いに久遠なり。（開結四三三―6）

【如来寿量品】　我常に此の娑婆世界に在って、説法教化す。亦余処の百千万億那由他阿僧祇の国に於ても、衆生を導利す。（開結四三一－4）

【参考・法華玄義】　文云《ニク》、我本行《スル》二菩薩道《ヲ》一時、所レ成寿命今猶未レ尽《キ》者、即《チ》是《レ》本之《ノ》行因妙也。文云《ニク》、我実《ニ》成仏《シテヨリ》已来、無量無辺億那由他《ト》。又云《ク》、我実《ニ》成仏《シテヨリ》已来、久遠《ナルコト》若《シ》レ斯《クノ》、但以《テ》二方便《ヲ》一教二化《ス》衆生《ヲ》一。作《スト》二如《キ》レ此説《ヲ》一、即《チ》是《レ》本果妙也。文云《ニク》、我於《テ》二娑婆世界《ニ》一、得《テ》二三菩提《ヲ》一已《テ》、教二化《シ》示三導《スト》是《ノ》諸《ノ》菩薩《ヲ》一。又云《ク》、自二従是一来《タ》、我常在《ニテ》二此《ノ》娑婆世界《ニ》一説法教化《ス》、亦《タ》於《テ》二余処《ニ》一導二利《スト》衆生《ヲ》一。此之《ノ》国土非《ス》二復《タ》今時《ノ》娑婆《ニ》一、即《チ》本国土妙也。
（正蔵33－七六五C－23、国訳・経疏1－二七六－3、学林・玄会下二二一－6、影印・玄義下二二九、玄会7上41ウ、天全・玄義4－三九五）

五－5　経に曰く

【方便品】　諸仏世に興出したもうこと　懸遠にして値遇すること難し　正使世に出でたもうとも　是の法を説きたもうこと復難し　無量無数劫にも　是の法を聞くこと亦難し　能く是の法を聴く者　斯の人亦復難し　譬えば優曇華の　一切皆愛楽し　天人の希有にする所として　時時に乃し一たび出ずるが如し　法を聞いて歓喜し讃めて　乃至一言をも発せば　則ち為れ已に　一切三世の仏を供養するなり
（開結一二五－3）

五―10　記の四の末終に云わく

【法華文句記】経《ニ》云二懸遠等一者、若準《セハ》二此劫《ノニ》一、六四二万《ナリ》、望《ムレハ》二下梵天一、百八十劫《ナリ》、空レ無レ有仏、仍未レ為レ遠、弥勒仏《ノ》後第十五《ノ》減、九百九十五仏次第出興《ニ》、応《ス》レ無二此説一。

（正蔵34―二五二C―21、学林・文会上八三二―7、影印・文句記中三二一、文会13―21ヲ、天全・文句2―一〇五四B）

六―4　安楽行品に云わく

無量の国の中に於て、乃至名字をも、聞くことを得べからず。（開結三九六―10）

七―3　譬えば高きに登るには

【参考・中庸】辟《ヘハ》如《シ》二行《クハ》レ遠《キニ》必《ス》自《リスルカ》一レ邇《キ》、辟《ヘハ》如《シ》二登《ルハ》レ高《キニ》必《ス》自《リスルカ》一レ卑《キ》　（漢籍国字解全書14―五〇二B―11）

七―12　稟権抄の三十に云わく

【常忍抄】法華経と爾前と引き向けて勝劣浅深を判ずるに、当分跨節の事に三つの様有り。日蓮が法門は第三の法門なり。世間に粗夢の如く一・二をば申せども、第三をば申さず候。（新編一二八四―末行）

八―12　妙楽の云わく

【法華玄義釈籤】　前之《ノ》両意約《ハシ》二迹門《ニ》一、後之《ノ》一意約《ハス》二本門《ニ》一。
（正蔵33―八二二B―14、学林・玄会上五七―4、影印・釈籤上八八、玄会1上―23ヲ、天全・玄義1―一五四）

八―14　十法界抄に云わく

【十法界事】　迹門の大教起これば爾前の大教亡じ、本門の大教起これば迹門爾前亡じ、観心の大教起これば本迹爾前共に亡ず。
（新編一七六―14）

九―1　血脈抄に云わく

【本因妙抄】　三には四重浅深の一面、名の四重有り。
（新編一六七六―末行）

九―1　又云わく

【百六箇抄】　下種の三種教相の本迹　二種は迹門、一種は本門なり。本門の教相は教相の主君なり。二種は二十八品、一種は題目なり。題目は観心の上の教相なり。
（新編一六九八―6）

九―2　本尊抄に云わく

【観心本尊抄】　但し彼は脱、此は種なり。　（新編六五六－13）

九－5　八大地獄には各十六の別処有り

【法苑珠林】　八大地獄並《ニ》諸《ノ》眷属便《チ》有一百三十六所、是《ノ》故《ニ》経《ニ》説《ク》有《リ》一百三十六《ノ》捺落迦、故《ニ》長阿含経《ニ》云、大地獄其《ノ》数総《シテ》八、其《ノ》八地獄各《ニ》有《テ》十六小地獄囲繞《スルコト》如《シ》四天下《ノ》外《ニ》有八万《ノ》天下而囲繞《スルカ》。

（正蔵53－三二三A－5）

九－6　正法念経に三十六種を明かし

【正法念処経】　何等《ヲカ》為《ス》三十六種、一者迦婆離、鑊身餓鬼。二者甦支目佉、針口餓鬼。三者槃多婆叉、食吐餓鬼。四者毘師咃、食糞餓鬼。五者阿婆叉、無食餓鬼。六者揵陀、食気餓鬼。七者達摩婆叉、食吐餓鬼。八者婆利藍、食水餓鬼。九者阿賒迦、悕望餓鬼。十者唵吒、食唾餓鬼。十一者摩羅婆叉、食鬘餓鬼。十二者囉訖吒、食血餓鬼。十三者蕒娑婆叉、食肉餓鬼。十四者蘇揵陀、食香煙餓鬼。十五者阿毘遮羅、疾行餓鬼。十六者蚩陀邏、伺便餓鬼。十七者波多羅、地下餓鬼。十八者矣利提、神通餓鬼。十九者闍婆隷、熾燃餓鬼。二十者蚩陀羅、伺嬰児便餓鬼。二十一者迦摩、欲色餓鬼。二十二者三牟陀羅提波、海渚餓鬼。二十三者閻羅王使、執杖餓鬼。二十四者婆羅婆叉、食小児餓鬼。二十五者烏殊婆叉、食人精気餓鬼。二十六者婆羅門、羅刹餓鬼。二十七者君荼火炉、焼食餓鬼。二十八者阿輸婆囉他、不浄巷陌餓鬼。二十九者婆移婆叉、食風餓鬼。三十者鳶伽囉婆叉、食火炭餓鬼。三十一者毘沙婆叉、食毒餓鬼。三十二者阿吒毘、昿野餓鬼。三十三者賒摩舍羅、塚間住食熱灰土餓鬼。三十四者毘利差、樹中住餓鬼。三十五者遮多波他、四交道餓鬼。三十六者魔羅伽耶、殺身餓鬼。

（正蔵17―九二A―25、国訳・経8―三〇三―15）

九―6　正理論に三種・九種を明かす

【阿毘達磨順正理論】　鬼有二三種一、謂《ク》無・少・多財《ナリ》。無財《ニ》復三、謂《ク》炬鍼・臭・口《ナリ》。炬口鬼者《ト》此鬼口中《ヨリ》常《ニ》吐《キ》二猛焰《ヲ》一熾然《トシテ》無《ク》レ絶《ルコト》、身《ハ》如《シ》二被《ル》レ燎《ヤカ》多羅樹《ノ》形《ノ》一、此《レヲ》受《ク》二極慳所招《ノ》苦果《ト》一。鍼口鬼者《ト》、此鬼腹大《ニシテ》量如二山谷一、口如《ク》二鍼孔《ノ》一雖レ見二種種《ノ》上妙《ノ》飲食《ヲ》一不レ能二受用《スルコト》一、飢渇難《シ》レ忍。臭口鬼者《ト》、此鬼口中《ヨリ》恒《ニ》出《ス》二極悪腐爛《ノ》臭気《ヲ》一、過《キタリ》二於糞穢沸溢《ノ》厠門《ニ》一、悪気自薫《ラシテ》恒《ニ》空《ク》嘔逆《ス》、設《ヒ》遇《ヘトモ》二飲食《ニ》一亦不レ能レ受《ルコト》、飢渇《ニ》所《テ》レ悩《マサ》狂叫乱奔《ス》。少財《ニ》亦有レ三、謂《ク》鍼・臭・毛癭《ナリ》。鍼毛鬼者《ト》、此《ノ》鬼《ノ》身毛堅剛銛利《ニシテ》不レ可二附近《ス》一、内《ニ》鑽《リ》二自体《ヲ》一外射《ル》二他身一如下鹿《ノ》箭《ノ》中《リテ》レ毒《ニ》晞《レテ》狂走《スルノ》時《ノ》上、若逢《ヘハ》二不浄《ニ》一少《シ》済《フ》二飢渇《ヲ》一。臭毛鬼者、此《ノ》鬼《ノ》身毛臭甚《シク》、常穢薫二爛《シ》肌骨《ヲ》一蒸二坌腸腹《ヲ》一衝《イテ》レ喉変嘔《ス》茶毒難レ忍、攫《フル》レ体《ニ》抜《キ》レ毛《ヲ》傷二裂《ス》皮膚《ヲ》一、転《タ》加《フ》二劇苦《ヲ》一時逢《ヘハ》二不浄《ニ》一少済《フ》二飢渇一。言癭鬼者謂《ク》此《ノ》鬼咽《ニ》悪業《ノ》力《ノ》故《ニ》生《ス》二於大癭《ヲ》一、如大《ニ》癰腫《ニシテ》熱晞酸疼《シ》更《ニ》相劇臠《ニシテ》臭膿涌出《ス》、争《テ》共《ニ》取《リ》食《テ》少得レ充レ飢。多財《ニ》亦有レ三、謂《ク》希祠・希棄・大勢《ナリ》。希祠鬼者《ト》、此鬼恒時住《テ》二祠祀《ノ》中《ニ》一饗二受《ス》他《ノ》祭《ヲ》一、生処法爾《トシテ》能歴《ルコト》二異方《ニ》一如《シ》二鳥《ノ》数《テ》レ虚《ヲ》往還無礙《ナルカ》一、由《テ》二先勝解《ノ》一作《ス》二是《ノ》希望《ヲ》一、我《レ》若《シ》命終《セハ》諸子孫等必当二祠《ルニ》レ我資具飲食《ヲモテス》一、由二勝解《ノ》力一生《ス》二此《ノ》鬼《ノ》中《ニ》一乗《よつテ》二宿善《ノ》因《ニ》一感《ス》二此祠祭《ヲ》一、或《ハ》有《リ》下先世《ニ》性愛《シ》親知《ヲ》、為《ニ》欲《スルカ》皆令《ント》豊足《セ》資具《ヲ》如不如法積集《シ》珍財《ヲ》慳悋《ヲ》居《キ》心《ニ》不《ル》能布施《スルコトヲ》、乗《テ》斯《ノ》悪業《ニ》生《シ》此鬼《ノ》中《ニ》住《ス》本舎《ノ》辺便穢等《ノ》処《ニ》、親知追念《シテ》為《ニ》請《シテ》沙門梵志《ノ》孤窮《ヲ》供施崇福《スルニ》彼鬼見已於《テ》自《ノ》親知及《ヒ》財物《ノ》中《ニ》生《シ》已有《ノ》想、又自明《ラニ》見《テ》慳果現前《スルヲ》於《テ》所《ノ》施田《ニ》心《ニ》生《シ》浄信《ヲ》、相続生長《シテ》捨《ツ》相応思《ノヲ》、由《テ》此便《ニ》成《ス》順現法受《ノヲ》、乗《よるカ》斯《ニ》故《ニ》得資具豊饒《ナルコトヲ》。希棄鬼者《ト》、此鬼《ノ》恒《ニ》欲収《テ》他《ノ》所《ノ》棄《ル》吐残糞等《ヲ》用《テ》充《テンコトヲ》所食《ニ》、亦得豊饒《ナルコトヲ》。謂《ク》彼《ノ》宿生慳過《ノ》失《アルカ》故有《ル》飲食処《ニハ》見《ル》穢或空《ハヲ》、楽《ヘハ》穢《ヲ》見《ヲ》空楽《ヘハ》浄《ヲ》見《ル》穢《ヲ》、亦由《テ》現福《ニ》如《ク》其《ノ》所応《ノ》各得豊饒、飲食資具生処法爾《ナリ》、所受《ノ》不同不可推徴祠到《ス》、所以《ニ》如《キ》地獄《ノ》趣《ノ》異熟生色《ノ》、断已還続《シテテク》、余趣則無《チシ》、於人趣《ノ》中《ニ》有勝念智修梵行等《ヲ》、余趣《ノ》中《ニハ》無《シ》、天《ノ》中《ノ》随欲衆具《ニ》皆現《ス》、如斯《ノ》等《ノ》事生処法然《ナリ》、不可於中求《ム》其《ノ》定量《ヲ》。大勢鬼者《ト》、謂《ク》諸薬叉及邏刹娑恭畔荼等《ノ》所受《ノ》富楽与諸天同、或依樹林《ニ》或住《シ》霊廟《ニ》或居《シ》山谷《ニ》或処《ス》空宮《ニ》。

（正蔵29–五一七B–13、国訳・毘28–七五一–15）

一〇–2　大論に曰く

【大智度論】問曰、何《ンカ》無上《ナル》、答曰、涅槃《ノ》法無上《ナリ》、仏自知《ル》是《ヲ》、涅槃《ニ》不従他聞《ニ》、亦将導《テ》衆生《ヲ》令至涅槃《ニ》、如諸法《ノ》中《ニ》涅槃無上《ナルカ》、衆生《ノ》中《ニ》仏亦無上《ナリ》。

（正蔵25–七二B–1、国訳・釈1–六六–1）

一一–5　止観の第五巻に至って正しく一念三千を明かす

【摩訶止観】夫一心具《ニシ》十法界《ヲ》、一法界又具《ニ》十法界《ヲ》、百法界《ナリ》、一界具《ス》三十種《ノ》世間《ヲ》、百法界即具《ニシ》三千種《ノ》世間《ヲ》一、此三千在《ハリ》二一念《ノ》心《ニ》一。

（正蔵46-五四A-5、国訳・諸宗3-一七八-13、学林・止会中二九六-11、影印・止観上六二七、止会5-3-20ウ、天全・止観3-二七二）

一-10　止観の第五に云わく

【摩訶止観】　夫一心具《ニシ》二十法界《ヲ》一、一法界《ニ》又具《ス》二十法界《ヲ》一、百法界《ナリ》、一界具《ニシ》二三十種《ノ》世間《ヲ》一、百法界《ニ》即具《ス》二三千種《ノ》世間《ヲ》一、此三千在《ハリ》二一念《ノ》心《ニ》一。
（正蔵46-五四A-5、国訳・諸宗3-一七八-13、学林・止会中二九六-11、影印・止観上六二七、止会5-3-20ウ、天全・止観3-二七二）

一-13　華厳経に云わく

心如二工画師一、画二種種五陰一。
（正蔵9-四六五C-26）

一二-3　止観の第五一二十に云わく

【摩訶止観】　又如下善《キ》画《ノ》図《シ》二其《ノ》匡郭《ヲ》一。写《スコト》レ像偪レ真骨法精霊。生気飛動《スルカ》上。
（正蔵46-五二B-11、国訳・諸宗3-一七四-3、学林・止会中二六九-10、影印・止観上六〇八、止会5

－2－36ヲ、天全・止観3－二三〇）

一二－5　止観に又三喩を明かす

【摩訶止観】　如《キハ》二如意珠《ノ》一天上勝宝《ナリ》。状《チ》如《シテ》二芥粟《ノ》一。有《リ》二大《ナル》功能一。浄妙《ノ》五欲七宝《ノ》琳琅。非《ス》二内《ニ》畜《ヘタルニ》一非《ス》二外《ヨリ》入《ルニ》一。不レ謀《ハ》二前後《ヲ》一不レ択《ハ》二多少《ヲ》一。不レ作《サ》二麁妙《ヲ》一称《テ》レ意《ニ》豊倹《ナリ》。降雨《スルコト》穣穣《タリ》。不レ添《ヘ》不レ尽《キ》。蓋《シ》是《レ》色法尚《ヲ》能《ク》如《シ》レ此《ノ》。況《ンヤ》心神《ノ》霊妙《ナル》。寧《ロ》不レ具《セ》二一切法《ヲ》一耶。又三毒《ノ》惑心。一念《ノ》心《ヨリ》起《ルニ》。尚《ホ》復《タ》身辺利鈍《ノ》八十八使。乃至八万四千煩悩《アリ》。若《シ》言《ハハ》二先《ヨリ》有《リト》一那《ソ》忽《チニ》待《タン》レ縁《ヲ》。若《シ》言《ハハ》二本《ト》無《シト》一縁《ノ》対《スルニ》即《チ》応《ス》。不レ有《ナラ》不レ無《ナラ》。定有《ハ》即《チ》邪。定無《ハ》即《チ》妄《ナリ》。当レ知《ルヘシ》有《ニシテ》而不レ有《ナラ》。不《シテ》レ有《ナラ》而有《ナリ》。惑心尚《ホ》爾《ナリ》。況《ンヤ》不思議《ノ》一心《ヲヤ》耶。又如《シ》下眠夢《ニ》見《ルカ》二百千万《ノ》事《ヲ》一豁寤《スレハ》無《シ》レ一《モ》。況《ンヤ》復《タ》百千《ヲヤ》。未《タ》レ眠《ラサレハ》不レ夢不レ覚《セ》。不レ多《ナラ》不レ一《ナラ》。眠力《ノ》故《ニ》謂《ヒ》レ多《ト》。覚力《ノ》故《ニ》謂《フ》レ少《ト》。荘周夢《ニ》為《テ》二蝴蝶《ト》一翾翔《スルコト》百年。寤《ムレハ》知二非《ス》レ蝶《ニ》亦《タ》非《サルコトヲ》レ積レ歳《ニ》。無明法《テ》二法性《ニ》一心一切心《ナルコト》。如《シ》二彼昏《ノ》眠《ノ》一。達《シテ》二無明即《チ》法性《ナリト》一一切心一心《ナルコト》。如《シ》二彼醒《ノ》寤《ノ》一云云。又行《スルノ》二安楽行《ヲ》一人一《タヒ》眠《ルニ》レ夢《ヲ》。初《メテ》発心《シ》乃至作《リ》レ仏《ト》坐《シ》二道場《ニ》一転《シ》二法輪《ヲ》一度《シ》二衆生《ヲ》一入《ルト》二涅槃《ニ》一。豁寤《スレハ》祇《タ》是《レ》一夢《ノ》事《ナリ》。若《シ》信《セハ》二三喩《ヲ》一則《チ》信《セン》二一心《ヲ》一非《ス》二口《ノ》所《ニ》レ宣《ル》非《ス》二情《ノ》所《ニ》レ測《ル》。此《ノ》不思議境何《ノ》法《カ》不《ン》レ収《メ》。此境発《ス》レ智《ヲ》何《ノ》智《カ》不《ン》レ発《セ》。依《テ》二此境《ニ》一発《ス》レ誓《ヲ》。乃至無《シ》二法愛一。何《ノ》誓《カ》不《ン》レ具《セ》何《ノ》行《カ》不《ン》二満足一耶。説時《ハ》如《シ》二上《ノ》次第《ノ》一。行《スル》時《ハ》一心《ノ》中《ニ》具《ス》二一切心《ヲ》一云云。

（正蔵46－五五C－4、国訳・諸宗3－一八三－3、学林・止会中三－一三－5、影印・止観上六四六、止会5－3－41ウ、天全・止観3－三一八）

一二―9　弘の五の上に心論を引いて云わく

【止観輔行伝弘決】　慈童女長者、欲二随レ伴入レ海采一レ宝従レ母求レ去（下略）

（正蔵46―二八九B―13、学林・止会中二五五―1、影印・弘決上末五八七、止会5―2―24ウ、天全・止観3―二〇四）

一三―2　本尊抄に云わく

【観心本尊抄】　数他面を見るに、或時は喜び、或時は瞋り、或時は平らかに、或時は貪り現じ、或時は癡か現じ、或時は諂曲なり。瞋るは地獄、貪るは餓鬼、癡かは畜生、諂曲なるは修羅、喜ぶは天、平らかなるは人なり（中略）世間の無常は眼前に有り、豈人界に二乗界無からんや。無顧の悪人も猶妻子を慈愛す、菩薩界の一分なり（中略）末代の凡夫出生して法華経を信ずるは人界に仏界を具足する故なり。

（新編六四七―10）

一三―7　妙楽の云わく

【法華玄義釈籤】　若仏界《ノ》心強《ハ》已《ニ》名《ケ》二仏界《ト》一、益在二九界一則名三仏界《ニ》有《リト》二九界《ノ》機一、若已堕二九界一則名三九界《ニ》有二仏界《ノ》機一、如《キヲ》二悪業深重《ニシテ》　本《ヨリ》是《レ》地獄《ナルカ》一　名二地獄界《ト》一。

（正蔵33―九〇三A―28、学林・玄会下二六―2、影印・釈籤下三二一、玄会6上―20ウ、天全・玄義4―三八）

一三―12　次の文に云わく

【開目抄上】　此等の経々に二つの失あり。一には「行布を存するが故に仍未だ権を開せず」と、迹門の一念三千をかくせり。二には「始成を言ふが故に曾て未だ迹を発せず」と、本門の久遠をかくせり。此等の二つの大法は一代の綱骨、一切経の心髄なり。迹門方便品は一念三千・二乗作仏を説いて爾前二種の失一つを脱れたり。

（新編五三五―16）

一四―10　十法界抄に云わく

【十法界事】　然れども菩薩に二乗を具す。二乗成仏せずんば菩薩も成仏すべからざるなり。衆生無辺誓願度も満ぜず。二乗の沈空尽滅は即ち是菩薩の沈空尽滅なり。

（新編一七七―15）

一四―14　北峰に云わく

【北峰教義】　三千是不思議妙境、金錍云指二的妙境一出レ自二法華一山家学者無レ不レ知レ由二法華開顕一故也理固然矣、仍須二精究一只縁二法華開顕二乗作仏十界互具一、是故三千之法一念頓円法華独妙也。

（新続57―一一三一B―10、続蔵2―6―3―二三九A―9、北峰教義1ウ）

一五―5　浄覚の云わく

【四明尊者教行録】　今引用者ハ。従二会入ノ後一説也。

（正蔵46―八八〇A―18、啓蒙30―17ヲ、啓蒙・下五〇四B『本満寺版』）

一五―6　古徳の云わく

【仏祖統紀】　華厳大論、是死法門。法華十如是、是活法門。

（正蔵49―二二六C―24、国訳・史伝2―二七六―17）

一五―7　楽天が云わく

龍門原上の土、骨を埋んで名を埋まず　（空過致悔集・上3ヲ、日本古典文学大系73・和漢朗詠集一七〇）

一五―8　和泉式部が云わく

諸トモニ苔ノ下ニハ朽スシテ埋モレヌ名ヲミルソ悲シキ

（空過致悔集・上3ヲ、群書類従17―三九四―17）

一五―10　華厳抄の八十三十三に云わく

【大方広仏華厳経随疏演義】　経云二或見釈迦成仏道已経不可思議劫一。所三以疏中牒二此言一者。遮二天台師之謬釈一也。謂彼学者多云。華厳雖二則玄妙一。而有二二事不一レ如二法華一兼二別義一。是故不レ説二声聞作仏一。二説二如来始成正覚一。不レ説二本師寿量久成一。故疏中指二此経文一。即是此経説二久成一処。若以二此後不レ得レ該レ前則法華寿量不一レ能レ該二於我始坐道場者於三七日思惟等迹一。就二彼師一以二久成一為レ本。始成為レ迹。今経之本則非レ古非レ今。若就二迹門一則能今能久。生公亦云是以極設二長寿言一。伽耶是之。若伽耶是者非二復伽耶一。伽耶既非。彼長安独是乎。長短斯非則所二以長短存一焉。誠為二妙悟一。不レ説三声聞得二作仏一者。約二不共義一。既不二厭捨一曾何棄レ之。況一成一切成。

（正蔵36-六九九B-10、新続7-六一〇A-15）

一五-11　補註の三三十

【法華三大部補注】　清涼観師初《メ》学《スルニ》二天台《ヲ》一所見既《ニ》僻《メリ》。乃遭《テ》二荊渓《ニ》一諸文破《ル》レ之。而《モ》清涼師遂《ニ》棄《テ》二天台《ヲ》一却《テ》宗《ム》二賢首《ヲ》一、雖三復遵二稟《スト》天台《ノ》止観《ニ》一、而反《テ》斥《ク》二於天台《ノ》判教《ヲ》一、豈不《ヤ》二教観胡越《ノ》解行矛盾一哉。故清涼《ノ》云《ク》、経《ニ》云《ク》、成道不思議劫《ト》、挙レ此《ヲ》以《テ》遮《ス》二天台《ノ》之謬《ヲ》一。謂《ク》彼《ノ》学者多《ク》云《フ》、華厳雖《モ》二則玄妙一而有二二事一、不レ如《カ》二法華《ニ》一。一《ニハ》兼二別義《ヲ》一、是《ノ》故《ニ》不レ説二声聞《ノ》作仏《ヲ》一、二《ニハ》説二如来始成正覚《ヲ》一、不レ説二本師《ノ》寿量久成《ヲ》一、故《ニ》今《ノ》疏《ノ》中《ニ》指二此《ノ》経文《ヲ》一即《チ》是《レ》華厳説《ク》二久成《ヲ》一処《トス》。若以《テ》二此《ノ》後《ヲ》一不レ該二於前《ヲ》一則法華《ノ》寿量《ニ》不レ能レ廃二於我始坐道場、於三七日中思惟等《ノ》迹《ヲ》一也。不《ンハ》レ説《カ》二声聞《ノ》作仏《ヲ》一者、約二不共《ノ》義《ニ》一既《ニ》無《シ》二厭捨一、曾《テ》何《ソ》棄《ン》レ之。況一成《ニシテ》一切成無《シ》三一切衆生《モ》不《ルハ》レ具《セ》二仏智《ヲ》一。今謂《ク》、清涼雖レ学《スト》二天台《ヲ》一深《ク》不レ見二於天台之道《ヲ》一。所以《ニ》棄背妄《リニ》生《シ》二譏毀《ヲ》一、以《テ》惑《ハス》二末学天台《ノ》教者《ヲ》一、是可レ哀《ム》也。善財未《タ》レ見《エ》二弥勒普賢文殊《ニ》一之時行布宛然《タリ》、豈非《スヤ》二兼別《ニ》一。二乗不レ聞、何況《ヤ》受持《センヲヤ》。故雖《ニ》レ在レ座《ニシ》如レ聾如レ瞽《ノ》、何曾授《テ》記《セン》。若謂《ハハ》二授記《スト》一、応レ問二作仏名号及劫国等《ヲ》一、何所レ謂乎。且《ク》法華《ノ》前《ノ》諸部《ノ》中《ノ》円顕実《ハ》是同、何曾《ソ》不《テ》レ明《サ》二二乗作仏《ヲ》一、但不《ル》下彰灼《ニ》対《シテ》二二乗《ニ》一説《カ》上耳。又復何曾《ソ》不《テ》レ説《ル》三一切衆生皆具《スト》二仏智《ヲ》一、何得《ソ》二約レ之《ニ》而為レ難《ヲ》耶。顕実雖レ同《ト》開権局《ハル》レ此《ニ》。何得《ソンヤ》下引《テ》四於諸仏菩薩不レ厭《ハ》二不レ捨《ルヲテ》三二乗《ヲ》一為《スコトヲ》上難耶。仏雖レ不二厭捨一而《モ》二乗未レ悟。故《ニ》至《テ》二法華《ノ》中《ニ》一方《ニ》開悟《シ》作仏《ス》。是《ヲ》以《テ》法華《ノ》前仏意《ハ》無《レトモ》レ所レ隔《ツル》、但説時未《ルカ》レ至《ラ》故《ニ》有《リ》二兼帯等一。清涼不レ知《ラ》レ此《ヲ》、妄《リニ》斥《フ》二天台師《ヲ》一、此義若《シ》不《ンハ》レ弁《セ》天台宗須レ壊《ス》。故《ニ》今述《シ》二祖道《ヲ》一以《テ》対《ス》二於清涼《ニ》一。後賢或覧《ミテ》レ之《ヲ》無《レ》レ謂《コト》二余《カ》狂簡《ト》一。余《ハ》如《シ》二上下《ノ》文《ノ》一、此《ニ》不二委説《クカ》一也。況《ヤ》大唐《ノ》霊感伝《ニ》、天神謂《テ》二南山《ニ》一云《ク》、但説《クハ》二六度等《ノ》行《ヲ》一即入《リ》二華厳《ニ》一、但是授《ケ》二声聞《ニ》一記《スルハ》二作仏《ヲ》一即入《ルト》二法華《ニ》一。天神面《タリ》於二仏前《ニ》一親《ク》承《ク》二斯《ノ》旨《ヲ》一。清涼何得《ソン》レ建下立《スルコトヲ》華厳《ニ》授《ケ》二二乗《ニ》仏記《ヲ》一顕《スコトヲ》中如来《ノ》遠本《ヲ》上、豈非《スヤ》二乖戻之甚《シキ》一乎。問、何《ヲ》以《テカ》得《ン》レ知《ルコトヲ》三清涼《ノ》観師元《ト》学《ストイフコトヲ》二天台《ヲ》一。答、大宋《ノ》僧伝《ニ》云《ク》、五台山《ノ》清涼寺《ノ》澄観於《テ》二大暦年中《ニ》一詣《テ》二蘇州《ノ》湛然法師《ニ》一、習《フト》二天台止観法華維摩経疏等《ヲ》一云云

（続蔵1-44-1-一五ヲB-12、補注3-31ウ、新続28-一八二A-6）

一五-12　真言宗が云わく

【参考・大毘盧遮那成仏神変加持経】　毘盧遮那世尊、告《テ》二執金剛秘密主《ニ》一言《ク》、我《ハ》一切《ノ》本初《ナリ》、号《シテ》名《ノリ》二世《ノ》所依《ト》一、説法《ニ》無《ク》二等比一、本寂《ニシテ》無レ有《ルコト》レ上。

（正蔵18-二二B-27、国訳・密1-一一四-17）

【参考・御書】

（新編三〇九-17、五五五-2）

一五―12　義釈の一一四十に云わく

【大日経義釈】　世尊前《ニ》已《ニ》広《ク》説《タマヘル》二浄菩提心如実相《ノヲ》一、以《テ》下衆生未《タ》レ能《ハ》中得《テ》二是《ノ》意《ヲ》一懸悟《スルコトヲ》上、復作《シテ》二方便《ヲ》一説《タマフ》二此《ノ》頓覚成仏入心実相門《ノヲ》一。亦為《ノ》レ決《センカ》二了十方三世《ノ》一切《ノ》仏法《ヲ》一故《ナリ》。如《キハ》丁一切《ノ》経《ノ》中《ニ》、或《ハ》説《キ》二諸蘊和合《ノ》中我不可得《ナリト》一、或《ハ》説《カ》丙諸法《ハ》従《リ》レ縁生《ス》、都《テ》無《シト》乙自性甲、皆是《レ》漸次《ニ》開《クナリ》二実相門《ヲ》一。彼《レニ》言《フ》二諸法実相《ト》一者即《チ》是《レ》此《ノ》経《ノ》心之実相《ナリ》。心実相《ト》者即《チ》是《レ》菩提、更《ニ》無《シ》二別理《ノ》一也。

（大日経義釈1―39ウ、新続23―二七七B―14）

一六―1　弘の一の下五に云わく

【止観輔行伝弘決】　婆沙《ノ》中《ニ》処処《ニ》皆云二法性実相及法身等《ト》一。如《キ》レ是《ノ》等《ノ》名与二大乗一同《シ》。是故《ニ》応二須以レ義判属《ス》一。

（正蔵46―一六九C―4、学林・止会上一七〇―3、影印・弘決上本三三八、止会1―4―17ヲ、天全・止観1―二八二）

一六―3　守護章の中の中三十に云わく

【守護国界章】　雖レ有《リト》二実相《ノ》名一、但偏真《ノ》実相《ナリ》。是《ノ》故《ニ》、名同《ク》義異《ナリ》。

（伝全2―四一六―4）

一六－4　宗祖の云わく

【観心本尊抄】　爾前・迹門の円教すら尚仏因に非ず、何に況んや大日経等の諸小乗経をや。

（新編六五六－1）

一六－6　彼の宗の云わく

【参考・録内啓蒙】　金剛頂経《ニ》但云《ヒ》二現証《ト》一不レ明二本成《ヲ》一、大日経《ノ》中亦云二現成《ト》一不レ云二本覚《ト》一、大乗経論皆云《フハ》二内証無始無終無生滅等一非《ス》二本門意《ニ》一。問、秘教経《ニ》云、我一切本初《ト》、又云、自覚本初云云。此《ハ》是《レ》本来自覚《ノ》仏也。答、帰二本有理《ノ》一故《ニ》曰二本初一、本有《ノ》仏性名《ヲ》為《テ》二自覚《ト》一文。如《ク》レ此判断スレトモ又或時ハ慈覚大日経ノ我昔坐道場ノ文ヲ法華ノ久成ニ同スル義ヲ依用セル事アリ。

（啓蒙7－6ヲ、52ウ、啓蒙・上三二三A、三四六A『本満寺版』）

一六－6　雑問答七十に云わく

問此《ノ》金剛《ノ》等《ノ》中那羅延力大那羅延力執金剛者《ト》。若有《シ》レ意耶《リヤ》。答非《ス》レ無《キニ》レ意矣。問其趣《ノ》云何。答上《ノ》那羅延力者《ト》。以《テ》二大勢力《ヲ》一救《フカ》二衆生《ヲ》一故《ニ》云《フ》二那羅延力《ト》一。次《ニ》大那羅延者《ト》。是《レ》不共之義也。問義意《ノ》如何。答一闡提人《ノ》必死之疾《ヒ》。二乗定性已死之人《ハ》余教《ノ》非《ス》レ所《ニ》レ救《フ》。唯《タ》此《ノ》秘密神通力《ノ》即《チ》能救療《ス》。為《ニ》レ顕《シカ》二此不共之力《ヲ》一以《テ》レ大《ヲ》別《ツ》レ之《ヲ》。

（弘法大師全集4－一六三－9）

一六—10　義釈の九四十五に云わく

【参考・大日経義釈】　仏告《テ》二秘密主《ニ》一言《ク》、我本初説諸仏最勝世所依名称号者《ト》、将《ニ》レ説《カント》二秘蔵《ヲ》一先《ニ》自《ラ》歎《ス》レ徳《ヲ》、以《テノ》二此法難《キヲ》レ信《シ》故《ニ》如《シ》下将《ニ》レ説《ント》二法華《ヲ》一亦自《ラ》歎《スルカ》上也、本初《トハ》即《チ》是《レ》寿量義《ナリ》。

（大日経義釈9—45ヲ、新続23—四二三B—10）

一七—2　証真の云わく

【法華玄義私記】　問《フ》。秘教《ノ》経《ニ》云《ヒ》二我《カ》一切《ノ》本初《ト》一。又云《フ》二自覚《ノ》本初《ト》一云云。此《レハ》是《レ》本来自覚《ノ》仏也。答《フ》。帰《スルカ》二本有《ノ》理《ニ》一故《ニ》曰《フ》二本初《ト》一。

（仏全4・法華玄義私記二一六A—10、天全・玄義4—四七三）

一七—3　弘の六の末六に云わく

【止観輔行伝弘決】　遍尋二法華已前《ノ》諸教《ヲ》一、実《ニ》無《シ》三一乗作仏之文及明《シタルモノ》二如来久成之説《ヲ》一。

（正蔵46—三四五A—23、学林・止会中六八一—6、影印・弘決下本一八八、止会6—3—11ヲ、天全・止観4—二九）

一七―8　宗祖の云わく

【開目抄下】　一代経々の中には此の経計り一念三千の玉をいだけり。余経の理は玉ににたる黄石なり。沙をしぼるに油なし、石女に子のなきがごとし。諸経は智者猶仏にならず。此の経は愚人も仏因を種うべし。
（新編五七四―9）

一七―12　諸抄の中に二文有り

【開目抄上】　しかりといえどもいまだ発迹顕本せざれば、まことの一念三千もあらわれず、二乗作仏も定まらず。水中の月を見るがごとし。根なし草の波の上に浮かべるににたり。本門にいたりて、始成正覚をやぶれば、四教の果をやぶる。四教の果をやぶれば、四教の因やぶれぬ。爾前迹門の十界の因果を打ちやぶって、本門の十界の因果をとき顕はす。此即ち本因本果の法門なり。九界も無始の仏界に具し、仏界も無始の九界に備はりて、真の十界互具・百界千如・一念三千なるべし。
（新編五三六―1）

一八―8　十法界抄に云わく

【十法界事】　迹門には但是始覚の十界互具を説きて未だ必ずしも本覚本有の十界互具を明かさず。故に所化の大衆・能化の円仏皆是悉く始覚なり。若し爾らば本無今有の失何ぞ免るゝことを得んや。
（新編一七八―2）

一八―12　十章抄に云わく

一念三千の出処は略開三の十如実相なれども義分は本門に限る。爾前は迹門の依義判文、迹門は本門の依義判文なり。（新編四六六―8）

一九―1　妙楽の云わく

【法華文句記】外小権迹ヲ望ルニ二内大実本ニ一。並ニ有テレ名無レ義。（正蔵34―一八九C―12、学林・文会上二九八―2、影印・文句記上四六一、文会5―35ウ、天全・文句1―三九二A）

一九―5　本尊抄八十二に云わく

【観心本尊抄】久種を以て下種と為し、大通・前四味・迹門を熟と為して、本門に至って等妙に登らしむ。（新編六五六―11）

一九―8　本尊抄の文は且く久遠下種の一類に約す

【観心本尊抄】久種を以て下種と為し、大通・前四味・迹門を熟と為して、本門に至って等妙に登らし

む。　（新編六五六-11）

一九-13　玄の六五十四に云わく

【法華玄義】　而飲《テ》他《ノ》毒薬《ヲ》。有《リ》失心者不失心者。不失心者拝跪問訊《シテ》。求索《シ》救護《ヲ》。与《ヘレハ》薬《ヲ》即《チ》服《ス》。故《ニ》於《テ》大通覆講《ニ》説《クニ》妙法華《ヲ》。得結《フコトヲ》大乗父子《ヲ》。其失心者。雖《モ》与《フト》良薬《ヲ》而《モ》不肯《テ》服《セ》。流浪《シ》生死《ニ》逃逝《ス》他国《ニ》。

（正蔵33-七五五C-10、国訳・経疏1-二四七-2、学林・玄会下一〇八-13、影印・玄義下一〇七、玄会6下-18ヲ、天全・玄義4-一八〇）

一九-14　籤の六六十三に云わく

【法華玄義釈籤】　忘《ル》本《ノ》所受《ヲ》故《ニ》曰《フ》失心《ト》。

（正蔵33-九一一A-23、学林・玄会下一〇八-10、影印・釈籤下一二六、玄会6下-18ヲ、天全・玄義4-一七八）

二〇-6　大師の言えること有り

【法華文句】　復次《ニ》久遠《ヲ》為《シ》種《ト》、過去《ヲ》為《シ》熟《ト》、近世《ヲ》為《ス》脱《ト》。地涌等是也。復次《ニ》中間《ヲ》為《シ》種《ト》、四味《ヲ》為《シ》熟《ト》、王城《ヲ》為《ス》脱《ト》。今之開示悟入《ノ》者也。復次《ニ》今世《ヲ》為《シ》種《ト》、次世《ヲ》為《シ》熟《ト》、後世《ヲ》為《ス》脱《ト》。未来得度《ノ》者是也。雖《モ》未《タ》是本門《ナラ》、取《テ》

意《ヲ》説《ク》耳。其《ノ》間節節作《ニシ》二三世九世《ヲ》一、為《シ》レ種《ト》為《シ》レ熟《ト》為《ス》レ脱《ト》。

（正蔵34－二C－8、国訳・経疏2－一三－15、学林・文会上三六－14、影印・文句上二一、文会1－31ヲ、天全・文句1－五九A）

二〇－11　文の九三十二に云わく

【法華文句】　今生《ニ》始《テ》得二無生忍《ヲ》一。及未レ得者咸《ク》有二此《ノ》謂一也。
（正蔵34－一三〇A－2、国訳・経疏2－四二九－14、学林・文会下二七九－12、影印・文句下六〇三、文会26－20ヲ、天全・文句5－二二八七A）

二〇－13　十法界抄に云わく

【十法界事】　迹門の二乗は未だ見思を断ぜず、迹門の菩薩は未だ無明を断ぜず、六道の凡夫は本有の六界に住せざれば有名無実なり。故に涌出品に至って爾前迹門の断無明の菩薩を「五十小劫半日の如しと謂へり」と説く。　（新編一七八－6）

二一－4　玄の七に云わく

【法華玄義】　若執《シテ》二迹因《ヲ》一為《サハ》二本因《ト》一者、斯不《レ》レ知レ迹《ヲ》亦不レ識《ルナリ》レ本《ヲ》。如《シ》下不レ識《シテ》二天月《ヲ》一但観《ルカ》中池月《ノ》若光《ハ》、若桂、若輪《ヲ》上。準《シテ》レ下《ニ》知レ上《ヲ》。光《ハ》譬《ヘ》二智妙《ヲ》一、桂《ハ》譬《ヘ》二行妙《ヲ》一、輪《ハ》譬《フ》二位妙《ヲ》一。若識《リテ》二迹中《ノ》三妙《ヲ》一払《ヒ》レ迹《ヲ》顕《スニ》レ本《ヲ》、即《チ》知《ルコト》二本地《ノ》因妙《ヲ》一如《ケン》二撥《テ》レ影《ヲ》指レ天《ヲ》。云何《ンソ》臨《ンテ》レ盆而不《モ》レ仰《カ》レ漢《ヲ》。嗚呼聾騃《ハ》若為《レソ》論《センヤ》レ道《ヲ》耶。若《シ》得《レハ》二斯《ノ》意《ヲ》一迹《ノ》本《ハ》非《ス》レ本《ニ》本《ノ》迹《ハ》非《ス》レ迹《ニ》。本迹雖《モ》レ殊《リト》不思議一也。

（正蔵33－七六六Ｂ－19、国訳・経疏1－二七七－末行、学林・玄会下二二七－1、影印・玄義下二三六、玄会7上－46ウ、天全・玄義4－四〇六）

二－6　恵心僧都の児歌に曰く

手に掬《むす》ぶ水に映れる月影の有か無かの世に社《こそ》有りけれ

（新編国歌大観2－二二六Ｃ、続国歌大観五三三Ｂ）

二－9　小野小町の歌に曰く

侘ぬれば身を萍のねを絶て誘ふ水有らばいなむとぞ思ふ（新編国歌大観3－二二Ａ、続国歌大観二九四Ｂ）

二－11　小町の歌に曰く

【参考・録内啓蒙】　小野小町浮萍ノ題ニテヨメル歌マカナクニナニヲタ子トテ浮クサノ浪ノウ子〳〵オヒワタルラン

（啓蒙5－36ウ、啓蒙・上二五一Ｂ『本満寺版』）

二一－12　資治通鑑に曰く

【参考・御書註】　浮《ト》者如三《シ》物之《ノ》浮二於水上《ニ》一不レ《ルナリ》著レ実《ニ》也。（御書註4－7、御書註一六〇－2『本満寺版』）

【参考・録内啓蒙】　（啓蒙5－36ウ、啓蒙・上二五一B『本満寺版』）

二二－2　啓蒙の第五二十八に云わく

【録内啓蒙】　未発迹顕本ノ未ノ字本迹一致ノ証拠ナリ既ニ発迹顕本シ畢ヌレハ迹ノ一念三千モ真実トナレリ今発迹顕本セサル法華ハコレナケレハ尤一致ナルヘシ云云（啓蒙5－28ヲ、啓蒙・上二四七B『本満寺版』）

二二－6　日講重ねて会して云わく

【参考・録内啓蒙】　権実相対ノ例難僻案ノ至ナリ。（啓蒙5－25ウ、啓蒙・上二四六A『本満寺版』）

二二－12　玄の七三十に云わく

【法華玄義】　問、三世諸仏《ノ》皆顕本《セハ》者、最初実成、若《ソン》為二《ン》顕本一。答、不二必《スシモ》皆顕本一。今作二《サハ》有《ノ》義一者、最初《ノ》妙覚指《ハシテ》二初住《ヲ》一為《ス》レ本《ト》。若初住《ニ》被《リテ》レ加《ヲ》作《ルハ》二妙覚《ト》一亦指《シテ》二初住《ヲ》一為《ス》レ本《ト》。初住之前《ハ》、竪《ニ》無《キモ》レ所レ指、横《ニ》有《レハ》二体用一即指《ス》レ体《ヲ》豈非《ンヤ》レ本《ニ》耶。又発レ願《ヲ》故《ニ》説《クハ》二寿《ノ》長遠《ヲ》一如《シ》レ文云云。又解《スラク》、最初之仏雖《ハ》レ無《シト》二長遠已今権実等《ノ》本迹之可《キ》一レ顕《ハス》、而有《モリ》二体用教行理教事理等《ノ》本迹之可《キ》一レ顕《ハス》云云。若《シ》作《サハ》二無《ノ》義《ヲ》一、若《キハ》二最初始成仏《ノ》一既《ニ》始《メテ》得《テ》レ本《ヲ》、未《タ》レ論《セ》レ垂《ルルコトヲ》迹《ヲ》、無《ク》二久迹《ノ》可《キ》一レ発《ス》、無二久本《ノ》可《キ》一レ顕《ハス》云云。若久成仏《ハ》如《ク》二釈迦之例一以《テ》二東方《ヲ》一為《シ》レ譬《ト》、若《シ》久《シキハ》レ此《ヨリ》者、即以二四方一為《ス》レ譬《ト》。又久者十方《ヲ》為《ス》レ譬。若近《キハ》レ此《ヨリ》者、則滅《シテ》二東方《ヲ》一為《シ》レ譬、若都《ヘテ》無《キハ》者、則無《シ》レ所レ譬《フル》云云。問、若実初成《ニシテ》無《ンハ》二久本《ノ》可《キ》一レ顕、云何経言《ニフヤ》二是我方便《レカ》、諸仏亦然《ナリ》一。答、雖レ無二長久之本一、若《シ》須レ用《フ》二方便一者、仏有《リテ》二延促劫智一、能演《ヘテ》二七日《ヲ》一為《ス》二無量劫義《ノト》一云云。問、仏若有《ニシリ》二久成始成《トト》一、有《ラハ》二発迹不発迹《トト》一、亦応レ有二開三顕一、不開三不顕一一耶。答、若《シ》菩薩声聞《トトニ》共為《サハ》レ僧者、則有二開三顕一一。若純菩薩《ヲ》為《サハ》レ僧者、何《ソ》須《ヒン》二開顕《ヲ》一耶。

（正蔵33－七六九C－18、国訳・経疏1－一八八－14、学林・玄会下一五七－9、影印・玄義下一七六、玄会7下－13ウ、天全・玄義4－四六三）

三－14　文の九十七に云わく

【法華文句】　法華開《ニシ》レ遠《ヲ》竟《ル》常不軽那《ソ》更近《ニキ》。当《ニ》レ知《ル》法華已《ニ》復方便《ナルヤ》。若爾《シラハ》会三帰一竟《シテ》、亦応《ニ》不《ル》二会三帰一一。

（正蔵34－一一七B－22、国訳・経疏2－四二〇－14、学林・文会下一三九－7、影印・文句下五七四、文会25－46ウ、天全・文句5－二三二一A）

二三三―1　文の六二に云わく

【法華文句】　有《ル》人言《ク》此《ノ》品《ハ》是《レ》迹。何《ナレハ》者如来成道已《ニ》久《シ》。乃至中間中止亦是《レ》迹耳。私《ニ》謂《ク》義理乃《チ》然《リ》在《テ》レ文《ニ》不レ便《ナラ》。何《ナレハ》者仏未《タ》レ説二本迹《ヲ》一那《ソ》忽《チ》予領《セン》若レ未《タ》《ルナル》レ会《セ》レ三《ヲ》已《ニ》応《ニ》《シ》レ悟《ル》レ一《ヲ》云云。

（正蔵34―七九B―末行、国訳・経疏2―二五一―4、学林・文会中二三二―6、影印・文句下三、文会16―36ウ、天全・文句3―一三四三A）

二三三―5　記の九の本三十四に云わく

【法華文句記】　若爾会三下《ノハ》、以レ迹《ヲ》例《ス》レ本《ニ》、本門開《シテ》已更《ニ》近《シ》、亦応二迹門会《モ》已《シテ》不《ル》レ会《セ》。

（正蔵34―三三九A―3、学林・文会下二三九―12、影印・文句記下二九四、文会25―47ヲ、天全・文句5―二二三二A）

二三三―6　治病抄に云わく

【治病大小権実違目】　法華経に又二経あり。所謂迹門と本門となり。本迹の相違は水火・天地の違目なり。例せば爾前と法華経との違目よりも猶相違あり。

（新編一二三六―9）

二三－14　啓蒙に云わく

【録内啓蒙】　二乗作仏ノ下ニ於テ多宝ノ証明、分真ノ助舌ヲ引テ真実ノ旨ヲ定玉ヘリ。然レハ発迹顕本セサル時モマコトノ一念三千ニシテ二乗作仏モ既ニ治定セリ（中略）然ルニ今イマタ発迹顕本セサレハマコトノ一念三千モアラハレス等遊シタルハ久成ヲ以テ始成ヲ奪ヒ玉ヘル言ナリ（中略）如《ク》レ此転入ノ機ニ約シテ始成ヲ奪玉ヘル元意ハ天台過時ノ迹ヲ破センカ為ナリ。

（啓蒙5－30ウ、啓蒙・上二四八Ｂ『本満寺版』）

二四－5　妙楽の曰く

【法華文句記】　凡《ソ》諸《ノ》法相所対不《カラ》レ同。

（正蔵34－三三五Ａ－7、学林・文会下二九七－1、影印・文句記下三六六、文会26－34ウ、天全・文句5－二三〇八Ｂ）

二四－5　宗祖の云わく

【法華取要抄】　所詮所対を見て経々の勝劣を弁ふべきなり。

（新編七三二－8）

二四－7　彼の結文に云わく

【開目抄上】　此の法門は迹門と爾前と相対して　（新編五三四-4）

二四-10　既に上の文に言わく

【開目抄上】　一代五十余年の説教は外典外道に対すれば大乗なり。大人の実語なるべし。　（新編五二六-8）

二四-14　次の文に云わく

【開目抄上】　本門にいたりて、始成正覚をやぶれば、四教の果をやぶる。四教の果をやぶれば、四教の因やぶれぬ。爾前迹門の十界の因果を打ちやぶって、本門の十界の因果をとき顕はす。此即ち本因本果の法門なり。九界も無始の仏界に具し、仏界も無始の九界に備はりて、真の十界互具・百界千如・一念三千なるべし。　（新編五三六-3）

二五-4　経に云わく

【如来寿量品】　我実に成仏してより已来、無量無辺百千万億那由他劫なり。　（開結四二九-10）

二五－5 天台の云わく

【法華文句】 然善男子我実成仏已来《ノ》下《ハ》第一明《ニス》三破《シ》レ執《ヲ》遣《リ》レ迷《ヲ》以《テ》顕《ハスコトヲ》二久遠之本《ヲ》一。上《ノ》文《ノ》誠諦之誠《ハ》即是此也。

（正蔵34－一三〇A－3、国訳・経疏2－四二九－15、学林・文会下一八〇－4、影印・文句下六〇四、文会26－20ウ、天全・文句5－二二八八B）

二五－5 宗祖の云わく

【開目抄上】 正しく此の疑ひに答へて云はく「然るに善男子、我実に成仏してより已来、無量無辺百千万億那由他劫なり」等云云。

（新編五三五－14）

二五－11 経に云わく

【如来寿量品】 我本菩薩の道を行じて、成ぜし所の寿命、今猶未だ尽きず。復上の数に倍せり。

（開結四三三－7）

二五－12 天台の云わく

【法華文句】 仏修《シテ》二円因《ヲ》一登《ル》二初住《ニ》一時已《ニ》得二常寿《ヲ》一。常寿亘レ尽、已《ニ》倍《セリ》二上《ノ》数《ニ》一、況《ヤ》復果《ヲヤ》耶。

（正蔵34－一三三A－13、国訳・経疏2－四四〇－19、学林・文会下三一六－5、影印・文句下六四一、文会

26-51ヲ、天全・文句5-二三三三A）

二五-14　経に云わく

【如来寿量品】我成仏してより已来、甚だ大いに久遠なり。寿命無量阿僧祇劫なり。常住にして滅せず。

（開結四三三-6）

二六-3　本尊抄八十に云わく

【観心本尊抄】其の教主を論ずれば始成正覚の仏、本無今有の百界千如を説いて已今当に超過せる随自意・難信難解の正法なり（中略）又本門十四品の一経に序正流通有り。涌出品の半品を序分と為し、寿量品と前後の二半と此を正宗と為す、其の余は流通分なり。其の教主を論ずれば始成正覚の釈尊には非ず。所説の法門も亦天地の如し。十界久遠の上に国土世間既に顕はる。一念三千殆ど竹膜を隔つ。

（新編六五五-6）

二六-7　本尊抄に云わく

【観心本尊抄】百界千如と一念三千と差別如何。答へて曰く、百界千如は有情界に限り、一念三千は情非情に亘る。

（新編六四五-9）

二七－1　有るが謂わく

【参考・録内啓蒙】　一義ニハ如来如実知見等ノ文ヲ指ス。此文能知見ヲトケトモ文ノ底ニ所知見ノ一念三千アル故ニ秘シテ沈ムト遊セル意ト見ルナリ。是則方便品ノ十如実相ハ文ノ面ヨリ一念三千ノ法門ナルニ対シテ文ノ底ト遊ハセリト云云。

（啓蒙4－46ヲ、啓蒙・上二一四B『本満寺版』）

二七－3　有るが謂わく

【参考・録内啓蒙】　一義ニハ是好良薬等ノ文ヲサス。則良薬ノ体ヲ尅定シテ見レハ妙法ノ一念三千ノ具徳ナル故ニ文ノ底ト遊スト見ル義ナリ。

（啓蒙4－46ヲ、啓蒙・上二一四B『本満寺版』）

二七－4　有るが謂わく

【参考・録内啓蒙】　一義ニハ如来秘密神通之力ノ文ヲサス。是則文ノ面ハ本地相即ノ三身ヲ説タレトモ底ニハ常住ノ法体一念三千ノ内証ヲ含メル故ニ文ノ底ニ秘スト遊スト見ル意ナリ。

（啓蒙4－46ヲ、啓蒙・上二一四B『本満寺版』）

二七－6　有るが謂わく

【参考・録内啓蒙】　一義ニハ寿量品ノ題号ノ妙法ヲサス。是則本尊抄ノ妙法五字ノフクロニ一念三千ノ珠ヲツ、ムト遊セルヲ潤色トスル意ナリ。

（啓蒙4-46ヲ、啓蒙・上二一四B『本満寺版』）

二七-7　有るが謂わく

【参考・録内啓蒙】　一義ニハ別シテ一文ヲ取ヘカラス。寿量一品ノ文ヲ指玉フナルヘシト云云。コレニ就テ又不同アリ日朝ノ義ハ払迹顕本ノ上ニ一念三千ハ顕ル、故ニ払迹顕本ノ文ノ底ト見ル義ナリ。サテ健抄ニ要品相対ト云ヘルハ寿量一品ノ文ノ底ニ能開要法ノ妙法ヲ含ム意ナリ。

（啓蒙4-46ヲ、啓蒙・上二一四B『本満寺版』）

二七-9　有るが謂わく

【参考・録内啓蒙】　三大秘法抄云問一念三千ノ正キ證文如何。答云（中略）一見ノ後秘シテ不レ可レ有二他見一文。又日興記ニ我実成仏已来無量無辺等ノ文ニ就テ御義ノ口伝アリ。即事ノ一念三千ナリト決シ玉ヘリ。既ニ祖師ノ勘文明白ナル上ハ異義ニ及ヘカラサル歟。此御義ノ時文ノ底ト遊スニツキ練磨ノ義ニテ云ハ、然我実成仏已来ノ文、一念三千ヲ含メル事幽遠ニシテ知カタク奥義ヲ探テ初テシル趣ニ就テ底ニシツムト遊セル歟。

（啓蒙4-46ウ、啓蒙・上二一四B『本満寺版』）

【参考・真流正伝抄】

（日宗全10-二四六-5）

二七—9 秘法抄に

【三大秘法禀承事】 寿量品に云はく「然我実成仏已来無量無辺」等云云。大覚世尊久遠実成の当初証得の一念三千なり。

（新編一五九五—14）

二七—10 御義口伝に

御義口伝に云はく、我とは釈尊久遠実成道なりと云ふ事を説かれたり。然りと雖も当品の意は、我とは法界の衆生なり。十界己々を指して我と云ふなり。実とは無作の三身の仏なりと定めたり。此を実と云ふなり。成とは能成所成なり。或は開く義なり。法界無作の三身の仏なりと開きたり。仏とは是を覚知するを云ふなり、已とは過去なり、来とは未来なり。已来の言の中に現在は有るなり。我実と成けたる仏にして已も来も無量なり、無辺なり。百界千如一念三千と説かれたり。百千と云ふ二字は、百は百界、千は千如なり。是即ち事の一念三千なり。今日蓮等の類南無妙法蓮華経と唱へ奉る者は寿量品の本主なり。総じては迹化の菩薩此の品に手をつけいろうべきに非ざる者なり。彼は迹表本裏、此は本面迹裏なり。然りと雖も而も当品は末法の要法に非ざるか。其の故は此の品は在世の脱益なり。題目の五字計り当今の下種なり。然れば在世は脱益、滅後は下種なり。仍って下種を以て末法の詮と為す云云。

（新編一七六六—10）

二七－11　有る師の謂わく

【参考・法華玄義】　本因妙者《ト》。経言《ニク》。我本行二菩薩道一時。所レ成寿命者。慧命即《ハチ》本時智妙也。我本行者《ト》。行《ハ》是進趣即《チ》本行妙也。菩薩道時者《ト》。菩薩《ハ》是因人。復顕《ス》二位妙《ヲ》一也。一句文証《ニ》二成《ス》三妙《ヲ》一。三妙即《ハチ》本時因妙。非《サル》二迹因《ニ》一也。

（正蔵33－七六六A－28、国訳・経疏1－二七七－6、学林・玄会下二二三－10、影印・玄義下二三三、玄会7上－43ウ、天全・玄義4－三九八）

二七－12　天台の云わく

【法華玄義】　一句文証《ニ》二成《ス》三妙《ヲ》一。三妙即《ハチ》本時因妙。非《サル》二迹因《ニ》一也。

（正蔵33－七六六B－3、国訳・経疏1－二七七－8、学林・玄会下二二三－11、影印・玄義下二三四、玄会7上－43ウ、天全・玄義4－三九八）

二七－13　妙楽の云わく

【法華玄義釈籤】　一句下《ノハ》結二本因《ノ》四義一、下九皆然。

（正蔵33－九二二B－8、学林・玄会下二二三－9、影印・釈籤下二四六、玄会7上－43ウ、天全・玄義4－三九七）

二八―7　師の曰く

【参考・寿量品文底大事】　問うて云はく、開目抄の上に云はく「一念三千の法門は寿量品の文の底に秘して沈めたまへり」と云ふ意趣如何。仰せに云はく、当流の相伝惟に谷まれり。口外すべからずと雖も末代の為に一筆之を残さん（中略）所謂、文の底とは久遠下種の法華経、名字の妙法に、今日熟脱の法華経の帰入する処を志し給ふなり。されば妙楽大師釈して云はく「雖脱在現具騰本種」云云。今日霊山会上の熟脱の法華経は我等が得分に非ず、断惑証理の聖者、三周得悟の為なり。さて下種の法華経は久遠名字の妙法なり。（下略）　（新編一七〇七―3）

二八―13　輪王の優曇華

【参考・開目抄下】　輪王出世の優曇華よりもあいがたく　（新編五五七―17）

【参考・方便品】　（開結一〇一―4）

【参考・一切経音義】　（正蔵54―三五一C―13）

二八―13　西王母が園の桃

【参考・開目抄下】　西王母がそのゝもゝ（新編五五七-17）

【参考・山海経】（山海経・列子伝・全釈漢文大系33-一三二）

二八-13　本因妙抄に云わく

問うて云はく、寿量品文底大事と云ふ秘法如何。答へて云はく、唯密の正法なり。秘すべし秘すべし。一代応仏のいきをひかえたる方は、理の上の法相なれば、一部共に理の一念三千、迹の上の本門寿量ぞと得意せしむる事を、脱益の文の上と申すなり。文底とは久遠実成の名字の妙法を余行にわたさず、直達正観・事行の一念三千の南無妙法蓮華経是なり。（新編一六八四-4）

二九-5　当体抄

【当体義抄】　至理は名無し、聖人理を観じて万物に名を付くる時、因果倶時・不思議の一法之有り。之を名づけて妙法蓮華と為す。此の妙法蓮華の一法に十界三千の諸法を具足して闕減無し。之を修行する者は仏因仏果同時に之を得るなり。聖人此の法を師と為して修行覚道したまへば、妙因妙果倶時に感得し給ふ。故に妙覚果満の如来と成り給ふなり。（新編六九五-10）

【当体義抄】　釈尊五百塵点劫の当初、此の妙法の当体蓮華を証得して、世々番々に成道を唱へ、能証所証の本理を顕はし給へり。（新編六九六－2）

二九－5　勘文抄

【総勘文抄】　釈迦如来五百塵点劫の当初、凡夫にて御坐せし時、我が身は地水火風空なりと知ろしめして即座に悟りを開きたまひき。（新編一四一九－12）

三〇－1　本因妙抄に云わく

一代応仏のいきをひかえたる方は、理の上の法相なれば、一部共に理の一念三千（新編一六八四－4）

三〇－2　又云わく

【本因妙抄】　迹門をば理具の一念三千と云ふ、脱益の法華は本迹共に迹なり。本門をば事行の一念三千と云ふ、下種の法華は独一本門なり。（新編一六七八－11）

三〇－3　本尊抄に云わく

【観心本尊抄】　一念三千殆ど竹膜を隔つ。（新編六五五－15）

三〇―9　御義口伝に云わく

自受用身とは一念三千なり。伝教の云はく、一念三千即自受用身　（新編一七七二―10）

【参考・天台名匠口決抄】　山家釈云、秘密荘厳論一念三千即自受用身。（仏全40・天台名匠口決抄一五九C―6）

【参考・等海口伝抄】　（天台宗全書9―三九〇A―4）

三〇―10　御相伝に云わく

【御本尊七箇之相承】　見《ルニ》二彼《ノ》池《ヲ》一不思議也、日蓮《カ》影《ノ》今大曼荼羅也云云。

（校定二一〇九五―11、聖典三八〇―1、富要1―三二―末行）

三〇―11　本尊抄に云わく

【観心本尊抄】　其の本尊の為体、本師の娑婆の上に宝塔空に居し、塔中の妙法蓮華経の左右に釈迦牟尼仏・多宝仏、釈尊の脇士上行等の四菩薩、文殊・弥勒等は四菩薩の眷属として末座に居し、迹化・他方の大小の諸菩薩は万民の大地に処して雲閣月卿を見るが如く、十方の諸仏は大地の上に処したまふ。迹仏迹土を表する故なり。是くの如き本尊は在世五十余年に之無し、八年の間但八品に限る。正像二千年の間は小乗の釈尊は迦葉・阿難を脇士と為し、権大乗並びに涅槃・法華経の迹門等の釈尊は文殊・普賢等を以て脇士と為す。此等の仏をば正像に造り画けども未だ寿量の仏有さず。末法に来入して始めて此の仏像出現せしむべきか。（新編六五四－7）

三〇－11　報恩抄に云わく

日本乃至一閻浮提一同に本門の教主釈尊を本尊とすべし。所謂宝塔の内の釈迦・多宝、外の諸仏並びに上行等の四菩薩脇士となるべし。（新編一〇三六－8）

三一－11　文に云わく

【開目抄上】　竜樹天親は知って、しかもいまだひろめたまはず、但我が天台智者のみこれをいだけり。（新編五二六－17）

三二－1　本尊抄に云わく

【観心本尊抄】　問うて曰く、竜樹・天親等は如何。答へて曰く、此等の聖人は知って之を言はざる仁なり。或は迹門の一分之を宣べて本門と観心とを云はず（新編六五一－11）

三二―9　治病抄に云わく

【治病大小権実違目】　一念三千の観法に二あり。一には理、二には事なり。天台・伝教等の御時には理なり。今は事なり。観念すでに勝る故に、大難又色まさる。彼は迹門の一念三千、此は本門の一念三千なり。天地はるかに殊なりことなり
（新編一二三九－2）

三二―14　十章抄に云わく

止観に十章あり。大意・釈名・体相・摂法・偏円・方便・正観・果報・起教・旨帰なり。「前の六重は修多羅に依る」と申して、大意より方便までの六重は先四巻に限る。これは妙解、迹門の心をのべたり。「今妙解に依って以て正行を立つ」と申すは第七の正観、十境十乗の観法、本門の心なり。一念三千此よりはじまる。一念三千と申す事は迹門にすらなを許されず、何に況んや爾前に分たえたる事なり。一念三千の出処は略開三の十如実相なれども義分は本門に限る。

（新編四六六－5）

三三―3　本尊抄に云わく

【観心本尊抄】　像法の中末に観音・薬王、南岳・天台等と示現し出現して、迹門を以て面と為し本門を以て裏と為して、百界千如、一念三千其の義を尽くせり。但理具を論じて事行の南無妙法蓮華経の五字

並びに本門の本尊、未だ広く之を行ぜず。（新編六六〇－13）

三三－7　本因妙抄に云わく

脱益の法華は本迹共に迹なり。（新編一六七八－11）

三三－7　本尊抄に云わく

【観心本尊抄】　迹門を以て面と為し本門を以て裏と為して、百界千如、一念三千其の義を尽くせり。但理具を論じて（新編六六〇－13）

三三－11　本尊抄に云わく

【観心本尊抄】　事行の南無妙法蓮華経の五字並びに本門の本尊、未だ広く之を行ぜず。（新編六六〇－14）

三三－14　太田抄に云わく

【曾谷入道殿許御書】　一には自身堪へざるが故に。二には所被の機無きが故に。三には仏より譲り与へざるが故に。四には時来たらざるが故なり。（新編七八〇－3）

三四－6　本尊抄に云わく

【観心本尊抄】　観音は西方無量寿仏の弟子、薬王菩薩は日月浄明徳仏の弟子、普賢菩薩は宝威仏の弟子なり。一往釈尊の行化を扶けんが為に娑婆世界に来入す。又爾前迹門の菩薩なり、本法所持の人に非ざれば末法の弘法に足らざる者か。

（新編六五八－15）

三四－8　御義口伝の上終に云わく

此の菩薩は本法所持の人なり。本法とは南無妙法蓮華経なり。

（新編一七六四－14）

三四－9　太田抄に云わく

【曾谷入道殿許御書】　此等の大菩薩、末法の衆生を利益したまふこと、猶魚の水に練れ、鳥の天に自在なるが如し。

（新編七八五－3）

三四－11　立正観抄三十八に云わく

天台弘通の所化の機は在世帯権の円機の如し。本化弘通の所化の機は法華本門の直機なり。

（新編七六九－7）

三五—1　本尊抄に云わく

【観心本尊抄】　所詮迹化・他方の大菩薩等に我が内証の寿量品を以て授与すべからず。末法の初めは謗法の国にして悪機なる故に之を止めて、地涌千界の大菩薩を召して寿量品の肝心たる妙法蓮華経の五字を以て閻浮の衆生に授与せしめたまふ。（新編六五七—6）

三五—4　血脈抄に云わく

【百六箇抄】　我が内証の寿量品とは脱益寿量の文底の本因妙の事なり。（新編一六九五—15）

三五—6　涌出品

【従地涌出品】　止みね、善男子。汝等が此の経を護持せんことを須いじ。（開結四〇八—1）

三六—3　義疏の第十の巻に云わく

【法華義疏】　他方非二釈迦所化一（正蔵34—六〇〇A—10、法華義疏10—23ウ、新続27—四〇二B—20）

三六—5　文の九に云わく

【法華文句】　如来止《メタマフニ》レ之《ヲ》凡有《ソリ》二三義一。汝等《ハ》各各自《ラ》有《リ》二己《カ》任一、若《シ》住《セハ》二此土《ニ》一廃《セン》二彼利益《ヲ》一、一《ナリ》。又他方《ト》此土《ノ》結

縁事浅《シ》、雖レ欲《スト》二宣授《セント》一必無《カラン》二巨益一、二《ナリ》。又若許《シハ》レ之則不レ得レ召《スコトヲ》レ下《ヲ》、下若不《シンハ》レ来迹《ヲ》不レ得レ破《スルコトヲ》遠不レ得レ顕《ハスコトヲ》、是《ヲ》為《ス》二三義《モテ》一如来《ハ》止《メタマフト》レ之《ヲ》。召《シテ》二下方《ヲ》一来《ルニモ》亦有《リ》二三義一。是《レ》我弟子《ハ》応《ニ》レ弘二我法《ヲ》一、以《テ》二縁《ノ》深広《ナルヲ》一能《ク》遍《シテ》二此土《ニ》一益《シ》、遍《シテ》二分身《ノ》土《ニ》一益《シ》、遍《シテ》二他方《ノ》土《ニ》一益《ス》。又得二開近顕遠《スルコトヲ》一是故《ニ》止《メテ》レ彼《ヲ》而《シテ》召《シタマフ》レ下《ヲ》也。

（正蔵34−一二四C−20、国訳・経疏2−四一〇−1、学林・文会下一八五−4、影印・文句下五四三、文会25−5ヲ、天全・文句5−二二五一A）

三六−7　天台大師又云わく

【法華文句】他方《ト》此土《ノ》結縁事浅《シ》、雖レ欲《スト》二宣授《セント》一必無《カラン》二巨益一
（正蔵34−一二四C−21、国訳・経疏2−四一〇−1、学林・文会下一八五−5、影印・文句下五四三、文会25−5ヲ、天全・文句5−二二五一A）

三六−9　天台の云わく

【法華文句】是《レ》我弟子《ハ》応《ニ》レ弘二我法《ヲ》一
（正蔵34−一二四C−25、国訳・経疏2−四一〇−5、学林・文会下一八六−2、影印・文句下五四四、文会25−6ヲ、天全・文句5−二二五三B）

三六－11　経に云わく

【従地涌出品】　此等は是れ我が子なり　是の世界に依止せり　（開結四二一－1）

三六－11　太田抄に云わく

【曾谷入道殿許御書】　地涌千界の大菩薩、一には娑婆世界に住すること多塵劫なり。（新編七八四－6）

三六－13　天台の云わく

【法華文句】　以《テ》㆓縁《ノ》深広《ナルヲ》㆒能遍《クシテ》㆓此土《ニ》㆒益

（正蔵34－一二四C－25、国訳・経疏2－四一〇－5、学林・文会下一八六－2、影印・文句下五四四、文会25－6ヲ、天全・文句5－二一五三B）

三七－4　太田抄に云わく

【観心本尊抄】　迹化の大衆は釈尊の初発心の弟子等に非ざるが故なり。（新編六五七－8）

三七－6　新尼抄に云わく

【新尼御前御返事】　補陀落山の観世音、日月浄明徳仏の御弟子の薬王菩薩等の諸大士、我も我もと望み給ひしかども叶はず。是等は智慧いみじく、才学ある人々とはひゞけども、いまだ日あさし、学も始めたり、末代の大難忍びがたかるべし。（新編七六四-5）

三七-8　初心成仏抄に云わく

【法華初心成仏抄】　薬王菩薩・薬上菩薩・観音・勢至等の菩薩は正像二千年の御使ひなり。此等の菩薩達の御番は早過ぎたれば、上古の様に利生有るまじきなり。されば当世の祈りを御覧ぜよ、一切叶はざる者なり。（新編一三一四-1）

三七-10　観心本尊抄に云わく

地涌千界は教主釈尊の初発心の弟子なり。（新編六六〇-末行）

三七-12　下山抄に云わく

【下山御消息】　五百塵点劫より一向に本門寿量の肝心を修行し習ひ給へる上行菩薩（新編一一四〇-15）

三七-14　初心成仏抄に云わく

【法華初心成仏抄】　末法当時は久遠実成の釈迦仏・上行菩薩・無辺行菩薩等の弘めさせ給ふべき法華経

二十八品の肝心たる南無妙法蓮華経の七字計り此の国に弘まりて利生得益もあり、上行菩薩の御利生盛んなるべき時なり。（新編一三一二-2）

三八-3　経に曰く

【薬王菩薩本事品】我が滅度の後、後の五百歳の中に、閻浮提に広宣流布して（開結五三九-7）

三八-3　撰時抄に

彼の大集経の白法隠没の時は第五の五百歳当世なる事は疑ひなし。但し彼の白法隠没の次には法華経の肝心たる南無妙法蓮華経の大白法の、一閻浮提の内に八万の国あり、其の国々に八万の王あり、王々ごとに臣下並びに万民までも、今日本国に弥陀称名を四衆の口々に唱ふるがごとく、広宣流布せさせ給ふべきなり。（新編八三七-2）

三八-4　当体義抄に云わく

天台大師云はく「後五百歳遠く妙道に沾はん」と。妙楽大師云はく「末法の初め冥利無きにあらず」と。伝教大師云はく「正像稍過ぎ已はって末法太だ近きに有り（中略）」と。（新編八三八-7）

凡そ妙法の五字は末法流布の大白法なり。地涌千界の大士の付嘱なり。是の故に南岳・天台・伝教等は内に鑑みて末法の導師に之を譲って弘通し給はざりしなり。（新編七〇二-10）

文底秘沈抄　第二

四二－2　法華取要抄に云わく

問うて云はく、如来滅後二千余年に竜樹・天親・天台・伝教の残したまへる所の秘法何物ぞや。答へて曰く、本門の本尊と戒壇と題目の五字となり。（新編七三六－9）

四三－1　妙楽大師の謂えること有り

【止観輔行伝弘決】　縦使《ヒ》発心不《ル》二真実一者縁《セハ》二於正境《ヲ》一功徳猶多《シ》。何《ヲ》以《ノ》故《ニ》発二菩提心《ヲ》一事、希有《ナルカ》故《ニ》。如二首楞厳《ノ》中一、仏告《ク》二堅意《ニ》一、我滅度《ノ》後《ノ》後五百歳《ニ》多《クテ》有二比丘一、為《ノ》二利養《ノ》一故発心出家《シテ》、以《テ》二軽戯《ノ》心一聞《テ》二是《ノ》三昧《ヲ》一発《サン》二菩提心《ヲ》一。我知《ル》是《ノ》心亦得《レ》作二於菩提《ノ》遠縁《ト》一、況《ヤ》清浄《ノ》発心《ヲヤ》。故知《ヌ》若《シ》非《ハ》二正境《ニ》一縦無《トモ》二妄偽一亦不《レ》成《レ》種。

（正蔵46－一七〇C－3、学林・止会上一七五－8、影印・弘決上本三五〇、止会1－4－21ウ、天全・止観1－二八七）

四三－11　弘の五の中に云わく

【止観輔行伝弘決】　経云二諸法実相所謂諸法如是相等一《ト》、既《ニ》云二諸法一《ト》、故《ニ》実相即十《ナリ》、既《ニ》云二実相一、故《ニ》十即実相《ナリ》。

(正蔵46-二九四A-3、学林・止会中二八三-13、影印・弘決上末六四一、止会5-3-9ウ、天全・止観3-二五二)

四三-13　金錍論に云わく

【金剛錍】而此《ノ》三千性是中理《ナリ》、不レ当《ラ》二有無《ニ》一有無自爾、何《ヲ》以《ノ》故《ニ》、倶実相《ナルカ》故《ニ》、実相法爾《トシテ》具二足諸法《ヲ》一諸法法爾《トシテ》性本《ヨリ》無生《ナリ》。

(正蔵46-七八五B-末行、金錍論34ウ)

四三-13　北峰に云わく

【北峰教義】諸法不レ出二十界十如《ヲ》一、互具故成《ス》二三千世間《ヲ》一。

(続蔵2-6-3-二二九-末行、北峯4ウ、新続57-一二三B-6)

四三-14　本尊抄に云わく

【観心本尊抄】今本時の娑婆世界は三災を離れ四劫を出でたる常住の浄土なり。仏既に過去にも滅せず未来にも生ぜず、所化以て同体なり。此即ち己心の三千具足、三種の世間なり。

(新編六五四-3)

四四－3　文句の第十に云わく

【法華文句】　一切深事者《ト》、因果是《ハ》深事、此結《スル》二妙宗《ヲ》一也。

（正蔵34－一四二Ａ－末行、国訳・経疏2－四七三－12、学林・文会下四六七－3、影印・文句下七四九、文会29－7ヲ、天全・文句5－二五三四Ａ）

四四－5　本尊抄に

【観心本尊抄】　一念三千殆ど竹膜を隔つ。（新編六五五－15）

四四－6　開目抄に

【開目抄上】　一念三千の法門は但法華経の本門寿量品の文の底に秘してしずめたまへり。（新編五二六－16）

四四－7　本尊抄の文

【観心本尊抄】　一念三千殆ど竹膜を隔つ。（新編六五五－15）

四四―8　本迹抄の一に云わく

【本迹問答抄】　国土世間与《トハ》二十如是一開合之《ノ》異《リニシテ》　殆《ント》隔《テタリ》二竹膜《ヲ》一。

（本迹問答抄1―24ヲ）

【参考・法華安心録羽翼】

（日教全8―三〇三―1、安心羽翼5ヲ）

四四―10　決疑抄の下に曰く

【本迹勝劣追加】　一次《ニ》観心本尊抄云、一念三千殆隔二竹膜一云云。是《レ》既ニ本迹ノ不同ハ竹膜ヲヘダテタル分斉ナル故ニ一致ニ非ズ耶ト被レ申方アリ、不レ可レ然候、此竹膜ノ隔ハ本迹ノ事ニハ非ズ候（中略）十界久遠ノ上ニ国土世間既ニ顕レバ、九界ノ一念三千ト仏界ノ一念三千トハ竹膜ノ隔、九界即仏界ニテ有《ル》也ト結シ玉フ也。

（日宗全5―一〇二―6）

【参考・本迹決疑抄】

（決疑抄・下19ウ）

四四―11　又云わく

【本迹決疑抄】　能居ノ十界《ト》所居《ノ》国土《ト》依正既ニ居二一念《ニ》一、豈分《ニタン》二能所《ヲ》一耶。只如二竹膜《ノ》一也。雖レ無《ト》二能所一而モ依正宛然ナレハ隔ト云也

（決疑抄・下20ウ）

四四―12　幽微録の四に云わく

【法華幽微録】　二《ニハ》像法迹化ノ内鑑自行《ノ》辺ト当宗ノ自行化他共ノ口唱ノ首題トハ竹膜ノヘタテナリト已上。

（幽微録4―18ウ）

四四―13　又云わく

【法華幽微録】　三《ニハ》十界久遠ノ万陁羅ト一念三千トハ只《タ》竹膜ホドノヘタテマテナリ、全体同ナリ已上。

（幽微録4―18ウ）

四四―14　又云わく

【法華幽微録】　本門所説ノ法門ハ迹門ノ説相ニハ不レ似、本有常住ノ三千《ニシテ》一念三千殆《トト》隔《ツル》二竹膜《ヲ》一マデナリ。只《タ》是《レ》行者ニ約スレハ一念三千、法相《ニ》約スレハ本有三千ナルノミ。是《レ》豈《ニ》竹膜ノ隔ニ非ヤ。例《シテ》レ之迹門《ニ》ノ説相ノ一念三千遠事《ニキヲ》イハ、宛カ隔《ツト》二胡越《ノ》一云フベシ。

（幽微録4―20ウ）

四五―2　日朝の抄に云わく

【参考・朝師御書見聞集】　サレバ理円三千《ノ》心地ト事円三千《ノ》心地トハ羅穀《ノ》隔ニテ可レ有レ之也。疑云、次上《ニハ》所説亦如㆓天地㆒云云。今何隔《ツ》㆓竹《トイフ》膜《ヲ》㆒耶。答、始成久成等説《ノ》ハ本迹約身約位ナレバ色色ノ違目如《ハ》㆓天地㆒有㆑之也。故所説亦如《ト》㆓天地㆒書玉ヘリ。サレドモ本迹移転スル行者《ノ》心地理円事円ノ隔ハ如《ト》㆓竹膜《ノ》㆒書給ニ有《ン》㆓何《ノ》失㆒耶。

（日宗全16－二九三－3）

四五－3　又云わく

【法華安心録羽翼】　師《ノ》曰《ク》、本門《ノ》一念三千既《ニ》顕《シ》㆑之《ヲ》已《ヌレハ》是《ト》与《ト》㆓自己《ノ》一念三千㆒殆《ト》隔《タリ》㆓竹膜《ヲ》㆒。

（日教全8－三〇四－6、安心羽翼5ウ）

【参考・朝師御書見聞集】

（日宗全16－二九三－3）

四五－5　日享の抄に云わく

【法華安心録羽翼】　自性院日享《ノ》抄《ニ》曰《ク》、迹門《ニハ》未《タ》㆑説《タマハ》㆓国土世間《ヲ》㆒、本門《ニハ》説《タマフ》㆑之《ヲ》、此《ノ》不同相《ノ》殆《ト》隔《タリ》㆓竹膜《ヲ》㆒。

（日教全8－三〇四－7、安心羽翼5ウ）

四五－7　安心録に云わく

【法華安心録】　一念三千凡聖同体《ナリ》、迷情隔《ツルコト》㆑之《ヲ》如《シ》㆑隔《ルカ》㆓竹膜《ヲ》㆒。

（日教全21－一七－2、安心録6ヲ）

四五―9　啓蒙の十八に云わく

【録内啓蒙】　寿量品ノ説相十界久遠ノ上ニ国土世間既顕ルトイヘトモ其説相ノ分ニテハ一念三千ノ観心本尊未タ定カナラサル趣ヲ顕シテ殆隔竹膜ト遊セル元意ナルヘシ。

（啓蒙18-59ウ、啓蒙・上八二五A『本満寺版』）

四五―11　日忠の本尊抄の抄に云わく

【観心本尊抄見聞】　十界久遠ノ上ニ国土世間既《ニ》顕レタリト云重《ト》一念三千《ト》云法門ハ但竹膜ノ隔也。一念三千コソ十界久遠ノ法門ヨ、十界久遠ノ法門コソ即一念ニテハアレト云云、此二ノ法門ハ互ニ竹膜ヲ隔タリ。

（日宗全9-一二一-2）

四五―13　日辰の抄に云わく

問、今文《ニ》迹本《ノ》不同《ヲ》判云、所説《ノ》法門亦如二天地一《ノ》、末《ノ》文《ニ》殆《ツト》隔二竹膜一《ヲ》、前後《ノ》両譬甚《タ》乖角《ス》、其義如何。答、初《ノ》相違《ハ》如《ク》二竹膜一《ノ》終《ノ》相違《ハ》如《シ》二天地一《ノ》。譬《ヘハ》一念《ノ》迷心最初《ヲ》無明名《トツク》、元初《ノ》無明《ハ》微細《ニシテ》譬《ヲ》難《シ》レ取《リ》。此《ノ》無明増進《シテ》凡夫《ト》成《リ》乃至無明《ニ》落《ツ》。此《ノ》故《ニ》最初《ノ》不同《ハ》竹膜如くなれども終に至っては天地の如く不レ同也。

（雪山富全台本・辰抄71ウ）

四六－2　日我の抄に云わく

【観心本尊抄抜書】　膜と者《ハ》始成《ト》与《ト》二久成一事の一念三千《ト》与《ト》二理《ノ》一念三千一也、雖近而不見の類也（中略）近き処の事の三千を不《ル》レ知《ラ》を竹膜の隔と云《フ》也

（富要4－一六三）

四六－7　凡そ本尊抄の中に五種の三段を明かす

【観心本尊抄】　答へて曰く、法華経一部八巻二十八品、進んでは前四味（下略）

（新編六五四－17）

四七－2　玄文の第六

【法華玄義】　第二《ハ》直《ニ》云《テ》二昔曾二万億仏所《ト》一。未レ判二劫数《ヲ》一久近難《シ》レ明《シテ》。将《テ》二後文《ヲ》一準望《スルニ》似二如《タリ》近近《ニ》一。今論《スルニ》二遠益《ヲ》一取《ル》二第三文《ヲ》一。以《テ》二三千界《ノ》墨《ヲ》一。東過《キ》二千界《ヲ》一。乃下《シテ》二一点《ヲ》一。点《ト》与二不点《ト》一尽《ク》抹《シテ》為《シ》レ塵《ト》。一塵《ヲ》一劫《セン》（中略）用《テ》二此明文《ヲ》一望《ムルニ》二二万億仏《ノ》所《ニ》一。始《テ》為《ス》二昨日《ト》一。従《リ》レ是《レ》已《ノ》来《タ》為《ス》下結《スルノ》二大乗《ヲ》一之首《ト》上。彼仏《ノ》八千劫《ニ》説《ク》レ経《ヲ》。十六王子。八万四千劫《ニ》覆講《ス》。（下略）

（正蔵33－七六一B－12、国訳・経疏1－二六三－1、学林・玄会下一六六－8、影印・玄義下一七五、玄会6下－61ウ、天全・玄義4－二八四）

四七－3　疏記の第一

【法華文句記】　指《スニ》二彼《ノ》大通《ヲ》一猶如《シ》二信宿《ノ》一。
（正蔵34－一五四C－15、学林・文会上二三－4、影印・文句記上四六、文会1－19ウ、天全・文句1－四三B）

四七－10　妙楽の云わく

【法華文句記】　本雖《ハモ》二久遠《ト》一、円頓雖《ハモ》レ実《ト》、第一義雖《ハモ》レ理《ナリト》、望《レハ》レ観《ニ》属《ス》レ事《ニ》、故《ニ》咸《ク》成《ル》レ境《ト》。
（正蔵34－一六〇B－25、学林・文会上五七－5、影印・文句記上一一三、文会1－49ウ、天全・文句1－八六A）

四七－12　日忠の一字の口伝

【観心本尊抄見聞】　妙楽云、当知身土云云。上件ノ文義《カ》即一念三千ノ実体ニテアルゾト云功能ヲ此文ヲ引テ結成シ玉フ也。此御釈ニ一字《ノ》口伝ト云事有レ之。其者《ハ》字ヲ一字引ナヲシテ得レ意也。其《ト》者称此本理ノ理ノ字ヲ称此本事一念三千《ト》云云。大段此文ヲ引玉フ事ハ迹ヲ引テ本ヲ証シ玉フ意也。理ノ一念三千ノ文ヲ引テ事《ノ》一念三千ノ誠証トシ玉フ也。依《テ》レ之《ニ》事《ノ》一念三千ト得《ハ》レ意事本覚《ノ》内証也、是即故聞長寿須了宗旨也、長寿ニ即シテ顕《ル》処ノ一念三千也。五百塵点ノ果位《ノ》寿命常住ト復倍上数ノ因ノ寿命常住トニ即シテ顕《ル》処ノ三千カ事ノ三千也。是即寿量品《ノ》文底ニ秘シテシヅメ玉フ処ノ事ノ三千ノ法体也。（日宗全9－一〇七－9）

四七―12　妙楽の云わく

【止観輔行伝弘決】　当㆑知身土一念三千《ナリ》、故成道《ノ》時称《フ》㆓此本理《ニ》㆒、一身一念遍《シ》㆓於法界《ニ》㆒。
（正蔵46―二九五C―23、学林・止会中二九六―9、影印・弘決上末六六三、止会5―3―20ウ、天全・止観3―二七〇）

四七―13　日忠の云わく

【観心本尊抄見聞】　此御釈ニ一字《ノ》口伝ト云事有㆑之。其者《ハ》字ヲ一字引ナヲシテ得㆑意也。其者《ト》称此本理ノ理ノ字ヲ称此本事一念三千《ト》云云。
（日宗全9―一〇七―10）

四八―3　修禅寺決に曰く

【修禅寺相伝私注】　本尊伝《トハ》者、南岳大師以《テ》㆓一念三千観《ノ》本尊《ヲ》㆒付《ス》㆓智者大師《ニ》㆒。所㆑謂絵像《ノ》十一面観音《ナリ》也。長《サ》五寸二分、但不《シ》㆑似㆓通途《ノ》十一面観音《ニ》㆒、頭上《ノ》面《ニハ》図《ス》㆓十界《ノ》形像《ヲ》㆒。本尊《ノ》形状《ニ》顕《ス》㆓一念三千《ノ》体性《ヲ》㆒、十界即百界百界即千如《ナリ》也。一面《ハ》顕《ス》㆓一《ノ》心体性《ヲ》㆒。
（伝全5―八五―7）

四八―12　答う

【参考・信解品】　而も未だ曾て、人に向って此の如きの事を説かず。
（開結一八八―2）

四九－6　血脈抄に云わく

【百六箇抄】　久遠名字已来本因本果の主、本地自受用報身の垂迹上行菩薩の再誕、本門の大師日蓮

（新編一六八五－4）

四九－10　宗祖の云わく

【三三蔵祈雨事】　日蓮仏法をこゝろみるに、道理と証文とにはすぎず。又道理証文よりも現証にはすぎず。

（新編八七四－1）

四九－13　開目抄の下に云わく

日蓮といゐし者は、去年九月十二日子丑の時に頸はねられぬ。此は魂魄佐土の国にいたりて

（新編五六三－10）

四九－14　上野抄外の五に云わく

【上野殿御返事】　三世の諸仏の成道は、ねうしのをはりとらのきざみの成道なり。（新編一三六一－8）

五〇—1　房州日我の本尊抄の見聞に云わく

【観心本尊抄抜書】　高祖の御魂即一念三千の珠也、魂魄佐渡嶋に至ると開目抄に遊《ス》事大難亦色まさる時真実の自解仏乗也、非《ス》㆓凡夫《ノ》魂魄《ニ》㆒久遠名字の本仏の魂也。

（富要4—一八八—3）

五〇—2　四条金吾抄外の二に云わく

【四条金吾殿御消息】　娑婆世界の中には日本国、日本国の中には相模国、相模国の中には片瀬、片瀬の中には竜口に、日蓮が命をとゞめをく事は、法華経の御故なれば寂光土ともいうべきか。

（新編四七八—末行）

五〇—6　血脈抄に云わく

【本因妙抄】　釈尊久遠名字即の位の御身の修行を、末法今時の日蓮が名字即の身に移せり。

（新編一六八四—8）

五〇—7　又云わく

【百六箇抄】　今日蓮が修行は久遠名字の振る舞ひに介爾計りも違はざるなり。

（新編一六九五—13）

五〇－8　血脈抄に云わく

【百六箇抄】　久遠元始の天上天下唯我独尊は日蓮是なり。　（新編一六九六－1）

五〇－9　三位日順の詮要抄に云わく

【本因妙口決】　久遠元初自受用報身とは本行菩薩道の本因妙の日蓮大聖人を久遠元初の自受用身と取り定め申すべきなり　（富要2－八三－12）

五〇－12　等海抄の三に云わく

【天台名匠口決抄】　サレハ異朝人師、天台《ヲハ》小釈迦《ト》云。又釈尊智海、竜樹深位、天台内観、三祖一体成《ト》也云云。此時天台《ト》釈尊《ト》一体《ニシテ》、無二不同一。（仏全40・天台名匠口決抄一三六B－7）

五〇－14　伝法護国論に云わく

龍智在《リ》二天竺《ニ》一、讃《シテ》云《ク》、震旦《ノ》小釈迦広開《クシ》二法華経《ヲ》一一念具《ニシ》二三千《ヲ》一依正皆成仏《ス》。（伝法護国論12ウ）

五一－1　書註の二に山門の縁起を引いて云わく

【御書註】　釈迦為《ハ》下伝《ル》二大教《ヲ》一之師《ト》上。観《ニ》二大千界《ヲ》一有二豊葦原《ノ》中国一。此《ハ》霊地《ナリ》也。忽《ニ》有二一叟一白《シテ》レ仏言《ク》。我《レ》人寿六十歳時《ノ》領《ス》二於此《ヲ》一。故《ニ》不レ許二肯《セ》之《ヲ》一。爾時《ニ》東土《ノ》如来忽《ニ》現《シテ》レ前《ニ》言《ク》。我《レ》自二人寿二万歳《ノ》時一領二此地《ヲ》一矣即付《シテ》二釈迦《ニ》一而環二帰《シタマフ》　本土《ニ》一。爾《ノ》時《ノ》翁《ト》者白鬚《ノ》神是《ナリ》。爾《ノ》時《ノ》釈迦《トハ》　者伝教是《ナリ》　也。故《ニ》以二薬師《ヲ》一為二中堂《ノ》本尊《ト》一。此《ハ》是《レ》且《ク》表二寿量《ノ》大薬師《ヲ》一。而像法転《シテ》レ時《ヲ》号二薬師仏《ト》一。

（御書註2-14、御書註五七-3『本満寺版』）

五一-10　産湯相承に云わく

【産湯相承事】　日蓮《本門下種の口伝》天上天下一切衆生の主君なり、父母なり、師匠なり。今久遠下種の寿量品に云はく「今此三界皆是我有主君の義なり其中衆生悉是吾子父母の義なり而今此処多諸患難国土草木唯我一人能為救護師匠の義なり」と云へり。三世常恒の日蓮《仏と聖人同体の口伝》は今此三界の主なり。

（新編一七一〇-1）

五一-13　血脈抄に云わく

【百六箇抄】　具騰本種正法実義本迹勝劣正伝　本因妙の教主本門の大師日蓮

（新編一六八五-1）

五一-14　又云わく

【百六箇抄】　我が内証の寿量品とは脱益寿量の文底の本因妙の事なり。

（新編一六九五-15）

五二-5　補註の十二四十に云わく

【法華三大部補注】　且夫儒者乃用㆓三皇五帝㆒以為㆓教主㆒尚書序云三皇之書謂㆓之三墳㆒言㆓大道㆒也五帝之書謂㆓之五典㆒言㆓常道㆒也以㆓茲墳典㆒化㆓于天下㆒是故儒宗得為㆓一教㆒仲尼孟軻而下但是伝㆓儒教㆒之人耳。尚非㆔教主沈㆓其余㆒哉。

（続蔵1-44-3-一九六ウA-6、補注12-14ウ、新続28-三六二C-9）

五二-9　宋高僧伝の無畏の伝に云わく

開元初玄宗夢与㆓真僧㆒相見。姿状非㆑常躬御㆓丹青㆒写㆓之殿壁㆒。及㆓畏至㆑此与㆑夢合符。帝悦㆑有㆑縁飾㆓内道場㆒尊為㆓教主㆒。

（正蔵50-七一五A-28、国訳・史伝12-一三-18）

【参考・録内啓蒙】

（啓蒙14-80ヲ、啓蒙・上六六四B『本満寺版』）

五二-11　釈書の第一

【元亨釈書】　釈善無畏者、甘露飯王之裔也。唐開元四年丙辰至㆓長安㆒。玄宗預夢㆓真儀㆒。洎㆓入対㆒与㆑夢無㆑異。大悦館㆓西明寺㆒崇為㆓教主㆒。

（仏全62・元亨釈書七一A-16）

五二-11　止観の第一に云わく

【摩訶止観】　止観明静《ナルコト》前代《ニ》未㆑聞、智者大隋《ノ》開皇十四年四月二十六日《ヨリ》於《テ》㆓荊州《ノ》玉泉寺《ニ》㆒一夏敷揚《シ》㆓時《ニ》慈霆《シタマヘリ》。

（正蔵46-1A-4、国訳・諸宗3-13-7、学林・止会上七-3、影印・止観上一、止会1-1-4ウ、天全・止観1-二〇）

五二-13　弘の一の上ハに云わく

【止観輔行伝弘決】　止観ノ二字ハ正示二聞体一、明静ノ二字ハ歎二体徳一也（中略）前代未聞者明二能聞人ヲ一（中略）智者ノ二字ハ即是教主ナリ（中略）大隋等者説教時也。

（正蔵46-一四二B-6、学林・止会上七-4、影印・弘決上本一六、止会1-1-4ウ、天全・止観1-二〇）

五三-2　開目抄の上に云わく

されば日蓮が法華経の智解は天台伝教には千万が一分も及ぶ事なけれども、難を忍び慈悲のすぐれたる事はをそれをもいだきぬべし。

（新編五四〇-17）

五三-3　報恩抄に云わく

日蓮が慈悲曠大ならば南無妙法蓮華経は万年の外未来までもながるべし。

（新編一〇三六-14）

五三－8　文和元年壬辰六月二十五日大菩薩の綸旨を賜わる

【参考・富士年表】（富年九二）

五三－10　撰時抄の下に云わく

南無日蓮聖人ととなえんとすとも、南無計りにてやあらんずらん。ふびんふびん。（新編八六七－3）

五三－11　又云わく

【撰時抄】当世には日本第一の大人なり（新編八六九－5）

五三－12　聖人知三世抄二十八に云わく

【聖人知三世事】日蓮は一閻浮提第一の聖人なり。（新編七四八－14）

五三－13　開目抄の上十に云わく

此等の人々に勝れて第一なる故に世尊をば大人とは申すぞかし。（新編五二九－5）

五四−2　経に云わく

【方便品】　慧日大聖尊　久しくあって乃し是の法を説きたもう　（開結九五−5）

五四−3　開目抄に云わく

【開目抄上】　仏世尊は実語の人なり、故に聖人・大人と号す。　（新編五二九−4）

五四−5　下山抄二十六二五十に云わく

【下山御消息】　教主釈尊より大事なる行者を、法華経の第五の巻を以て日蓮が頭を打ち　（新編一一五九−1）

五四−6　佐渡抄十四に云わく

【種々御振舞御書】　かゝる日蓮を用ひぬるともあしくうやまはゞ国亡ぶべし。　（新編一〇六六−8）

五四−13　妙楽の所謂

【法華文句記】　故《ニ》知《ヌ》世人目視《ニテ》二如意《ヲ》一而《シテ》争求《テム》二水精《ヲ》一。已遇《ニテ》二日光《ニ》一而《シテ》謀《ル》二灯燭《ヲ》一。

（正蔵34−三四五C−1、学林・文会下四一〇−12、影印・文句記下四九二、文会28−13ウ、天全・文句5−

二四五四）

五五―2　普賢観経に云わく

【観普賢菩薩行法経】此の大乗経典は、諸仏の宝蔵なり。十方三世の諸仏の眼目なり。三世の諸の如来を出生する種なり。（開結六二四―1）

五五―3　又云わく

【観普賢菩薩行法経】方等経典は、為れ慈悲の主なり。唯願わくは我を観、我が所説を聴きたまえ。（開結六三五―8）

五五―3　涅槃経の四に云わく

諸仏《ノ》所レ師所謂法也。是故《ニ》如来《ハ》恭敬供養《ス》。（正蔵12―三八七C―15、国訳・涅1―九六―16）

五五―4　薬王品に云わく

【薬王菩薩本事品】若し復人有って、七宝を以て三千大千世界を満てて、仏、及び大菩薩、辟支仏、阿羅漢に供養せん。是の人の所得の功徳も、此の法華経の、乃至一四句偈を受持する、其の福の最も多き

には如かじ。（開結五三二―9）

五五―6　文の十三十一に云わく

【法華文句】　七宝《ヲ》奉《スルモ》二四聖《ニ》一、不レ如《カ》レ持《スルニ》二一偈《ヲ》一。法《ハ》是《レ》聖《ノ》師《ニシテ》、能《ク》生《シ》能《ク》養《ヒ》、能《ク》成《シ》能《ク》栄《フルハ》、莫《シ》レ過《タルハ》二於法《ニ》一。故《ニ》人《ハ》軽《ク》法《ハ》重《キ》也。

（正蔵34―一四三C―1、国訳・経疏2―四七八―11、学林・文会下五〇五―3、影印・文句下七六六、文会29―39ウ、天全・文句5―二五八七A）

五五―8　記の十六十七に云わく

【法華文句記】　今発心由《ルヲ》レ法《ニ》為《シ》レ生《ト》、始終随逐《ヲ》為《シ》レ養《ト》、令《ルヲ》レ満《タ》二極果一為《シ》レ成《ト》、能《ク》応《スルヲ》二法界《ニ》一為《ス》レ栄《ト》。雖二四不同《ナリト》一以レ法《ヲ》為《ス》レ本《ト》。

（正蔵34―三五五A―8、学林・文会下五〇五―5、影印・文句記下六〇五、文会29―39ウ、天全・文句5―二五八七A）

五五―10　籤の八二十五に云わく

【法華玄義釈籤】　非《レハ》二父母《ニ》一無二以《テ》生《スルコト》一、非《レハ》二師長《ニ》一無二以成《スルコト》一、非二君主一無二以栄《ユルコト》一。

（正蔵33-九三三A-12、学林・玄会下三六三-12、影印・釈籤下三八六、玄会8上-42ウ、天全・玄義4-六四二）

五五-12　方便品に云わく

法を聞いて歓喜し讃めて　乃至一言をも発せば　則ち為れ已に　一切三世の仏を供養するなり

（開結一二五-9）

五五-13　宝塔品に云わく

【見宝塔品】　其れ能く　此の経法を護ること有らん者は　則ち為れ　我及び多宝を供養するなり

（開結三五〇-5）

五五-14　又云わく

【見宝塔品】　此の経は持ち難し　若し暫くも持つ者は　我即ち歓喜す　諸仏も亦然なり

（開結三五四-8）

五六―1　神力品に云わく

【如来神力品】　能く是の経を持たん者は　我及び分身　滅度の多宝仏をして　一切皆歓喜せしめ　十方現在の仏　並びに過去未来　亦は見亦は供養し　亦は歓喜することを得せしめん　（開結五一五―11）

五六―2　陀羅尼品に云わく

八百万億那由他恒河沙等の諸仏を供養せん。汝が意に於て云何。其の所得の福、寧ろ多しと為んや不や。甚だ多し、世尊。仏の言わく、若し善男子、善女人、能く是の経に於て、乃至一四句偈を受持し、読誦し、解義し、説の如く修行せん。功徳甚だ多し。（開結五七三―8）

五六―4　善住天子経に云わく

【止観輔行伝弘決】　如二善住天子経《ノ》一。文殊告二舎利弗《ニ》一、聞レ法生《スルモノハ》レ謗堕《チ》二於地獄一、勝《ル》三於供二養《スルニ》恒沙仏《ヲ》一（正蔵46―一七四C―25、学林・止会上二〇五―10、影印・弘決上本三九九、止会1―5―2ウ、天全・止観1―三二七）

五六―5　名疏の十八三十に云わく

【維摩経略疏】　実相《ハ》是《レ》三世《ノ》諸仏《ノ》之母《ナリ》（中略）若《シ》供二養《スル》仏母実相《ヲ》一之相《ハ》即於《テ》二三世十方仏《ノ》所《ニ》一倶《ニ》得二功徳《ヲ》一。若

毀㆓謗《スル》仏母㆒則《ハ》於《テ》㆓諸仏《ニ》㆒為㆑怨《ト》。　（正蔵38-七〇六C-21、維摩経略疏10-65ヲ）

五六-13　法師品に云わく

若しは経巻所住の処には、皆応に七宝の塔を起てて、極めて高広厳飾ならしむべし。復舎利を安んずることを須いず。所以は何ん。此の中には、已に如来の全身有す。　（開結三二六-10）

五六-14　天台釈して云わく

【法華文句】　指《スニ》㆓経文《ヲ》㆒是法身《ノ》舎利

（正蔵34-一三八A-21、国訳・経疏2-四五八-16、学林・文会下三八八-4、影印・文句下七〇〇、文会27-51ウ、天全・文句5-二四二八A）

五六-14　宝塔品に云わく

【見宝塔品】　若し能く持つこと有るは　則ち仏身を持つなり　（開結三五四-4）

五七-1　普賢観経に云わく

【観普賢菩薩行法経】　此の経を持つ者は、即ち仏身を持ち　（開結六二四-3）

五七－2　文句の第十に云わく

【法華文句】　持レ法即持二仏身一

（正蔵34－一四二B－15、国訳・経疏2－四七四－4、学林・文会下四七〇－3、影印・文句下七五一、文会29－9ウ、天全・文句5－二五三七B）

五七－3　文の八六十五に之れを会して云わく

【法華文句】　如来是《ハ》人、安楽是《ハ》法、如来是《ハ》安楽人《ノ》、安楽是《ハ》如来法《ノ》、総而言《ハハ》レ之《ヲ》其義不レ異。

（正蔵34－一一八C－10、国訳・経疏2－三八七－6、学林・文会下九二－3、影印・文句下四七〇、文会23－50ウ、天全・文句4－二〇三九A）

五七－4　記の八の末に云わく

【法華文句記】　如来涅槃、人法名殊《ナレトモ》大理不レ別《ナラ》、人即法《ノ》故《ニ》。

（正蔵34－三一七A－11、学林・文会下九二－5、影印・文句記下一五二一、文会23－51ヲ、天全・文句4－二〇三九A）

五七－5　会疏の十三二十に云わく

【涅槃経会疏】　如来ハ即是人ノ醍醐也。一実諦者是法ノ醍醐ナリ、醍醐之人説二醍醐法一ヲ成ス二醍醐人一ト、人之与レ法一而無レ二。

（国訳・経疏13－一九六－12、続蔵1－57－1－68ウA－2、涅槃会疏13－24ヲ、新続36－五三八C－13）

五七－7　略法華経に云わく

【参考・法蓮抄】　天台の云はく「稽首妙法蓮華経、一帙八軸四七品、六万九千三八四、一々文々是真仏、真仏説法利衆生」等　（新編八一九－15）

【参考・類雑集】　（類雑3－23ヲ）

五七－8　諸抄の中

【参考・法蓮抄】　今の法華経の文字は皆生身の仏なり。　（新編八一九－11）

【参考・御書】　（新編一〇五四－2、一一二五－9）

五七―8　御義口伝に云わく

自受用身とは一念三千なり。伝教の云はく、一念三千即自受用身（新編一七七二―10）

五七―9　伝教大師の秘密荘厳論に云わく

【参考・天台名匠口決抄】　山家釈云、秘密荘厳論一念三千即自受用身。（仏全40・天台名匠口決抄一五九C―6）

【参考・等海口伝抄】（天台宗全書9―三九〇A―4）

五七―9　報恩抄に云わく

日本乃至一閻浮提一同に本門の教主釈尊を本尊とすべし。所謂宝塔の内の釈迦・多宝、外の諸仏並びに上行等の四菩薩脇士となるべし。（新編一〇三六―8）

五七―10　本尊抄に云わく

【観心本尊抄】　其の本尊の為体、本師の娑婆の上に宝塔空に居し、塔中の妙法蓮華経の左右に釈迦牟尼仏・多宝仏・釈尊の脇士上行等の四菩薩、文殊・弥勒等は四菩薩の眷属として末座に居し、迹化・他方の大小の諸菩薩は万民の大地に処して雲閣月卿を見るが如く、十方の諸仏は大地の上に処したまふ。迹仏迹土を表する故なり。是くの如き本尊は在世五十余年に之無し、八年の間但八品に限る。正像二千年の間は小乗の釈尊は迦葉・阿難を脇士と為し、権大乗並びに涅槃、法華経の迹門等の釈尊は文殊・普賢等を以て脇士と為す。此等の仏をば正像に造り画けども未だ寿量の仏有さず。末法に来入して始めて此の仏像出現せしむべきか。

（新編六五四-7）

五七-11　宗祖示して言わく

【上野殿御返事】　文はまつげのごとしと申すはこれなり。

（新編一二一八-末行）

五八-3　妙楽の所謂

【法華文句記】　本時ノ自行ハ、唯与レ円合ス、化他ハ不定、亦有二八教一。

（正蔵34-一六二B-9、学林・文会上七〇-12、影印・文句記上一三五、文会2-2ウ、天全・文句1-一〇四A）

五八-6　方便品に云わく

我相を以て身を厳り　光明世間を照す　無量の衆に尊まれて　為に実相の印を説く　（開結一一一-4）

五八—7 文の四に云わく

【法華文句】 身相炳著《ニシテ》 光色端厳《ナリ》、内《ニ》無《ク》二闇惑一外《ニ》有二光明一、則口《ニ》無二欺誑一、為レ衆所レ尊説《ク》二大乗印《ヲ》一、則可《シ》二信受《ス》一。

（正蔵34—五五B—2、国訳・経疏2—一七二—16、学林・文会上七三六—7、影印・文句上六四七、文会11—52ウ、天全・文句2—九三五A）

五八—8 弘の六の本に云わく

【止観輔行伝弘決】 謂二仏身相不一レ具、不レ能二一心《ニ》受《ルコトヲ》一レ道《ヲ》、如下器《ノ》不浄《ナルニ》 盛《レト》二好美食一、人《ノ》所上レ不レ喜。如下臭皮嚢《ニ》盛《ルニ》二好宝物《ヲ》一取者不上レ楽。是故《ニ》相好《ヲモテ》 自《ラ》厳《ル》二其身《ヲ》一。

（正蔵46—三三六C—27、学林・止会中六一三—3、影印・弘決下本九三、止会6—2—10ヲ、天全・止観3—六八二）

五八—10 安然の教時義に云わく

【真言宗教時義】 世間皆知《ル》三仏具《スルヲ》二三十二相《ヲ》一、随《テ》二此《ノ》世情《ニ》一三十二相《ヲ》以《テ》為《ス》二仏相《ト》一。

（正蔵75—三八五C—22、日蔵83—八九B—2）

五八―11　止観の七六十七に云わく

【摩訶止観】　為二縁不同一、多少在《ハリ》レ彼《ニ》

（正蔵46―九七B―13、国訳・諸宗3―二九七―1、学林・止会下一七二―12、影印・止観下三二四、止会7―3―48ウ、天全・止観4―三六〇）

五八―13　金剛般若経に云わく

若以《シテ》二三十二相《ヲ》一観《スレハ》二如来《ヲ》一者転輪聖王則是如来《ナラン》。

（正蔵8―七五二A―13、金剛般若経13ウ）

五八―14　偈に云わく

【金剛般若経】　若以《テ》レ色《ヲ》見レ我《ヲ》、以《テ》二音声《ヲ》一求レ我《ヲ》、是《ノ》人行《ス》二邪道《ヲ》一。（正蔵8―七五二A―17、金剛般若経13ウ）

五九―1　明匠口決の五二十六に云わく

【天台名匠口決抄】　他宗権門等意《ハ》、仏果者、紫金《ノ》妙体《ニ》着二瓔珞細輭上服一、威徳具足玉ヘル仏《ヲ》以《テ》為《ス》二仏果《ト》一。其《ノ》内証《ヲ》云ヘハ、湛然虚空不レ起《サ》二一念一、不《ルヲ》レ作二一事《ヲモ》一内証《ソト》思。因位修行云ヘハ為レ得二此仏果一修二万善万行一廃立。即仏果《ノ》境界《モ》因位修行有レ之云事曾以不レ可レ有事也。扨一家円実《ノ》意《ハ》、加様仏果且《ハク》機《ノ》前《ニ》面形着ハケタル仏故有レ相。報仏未免無常仏果《ト》下《シ》、此上真実仏果云物何云ヘハ、以二本地無作三身一為《ス》二真実仏果《ト》一。其無

作三身又何物《ソト》尋《レハ》只十界三千万法本来常住所指《トシテ》為レ体《ト》。然《ル》間究竟仏果無レ外、只我等当体是也。一心三観何物《ソト》云へハ三千依正随縁縁起、三千常住自受用智当体《ヲ》指故、一家所立一心三観鎮《ニ》仏果境界《ヨリ》外《ニ》不レ現事也。サレハ一心三観《ヲ》修《トモ》云行者《ノ》心地《カ》法界胸中全一体《ニ》融即《シテ》無レ隔処指故仏果境界三観現前《スル》条、勿論次第也。仍引二用華厳極心法界等文一即証二法界己心融即心地一也。守護章云、有為報仏夢。○山家釈云、秘密荘厳論一念三千即自受用身（下略）
（仏全40・天台名匠口決抄一五九B−16）

五九−11　文の一二十に云わく

【法華文句】　唯本地《ノ》四仏皆《ハ》是本也
（正蔵34−五A−3、国訳・経疏2−二一−4、学林・文会上七七−12、影印・文句上四八、文会2−9ヲ、天全・文句1−一一七A）

五九−11　籤の七に云わく

【法華玄義釈籤】　既《ニ》有《リ》二四義深浅不同一、当《ニ》レ知《ル》即是本実成後、随二順物機一。機縁不同、従レ本垂レ迹示《ス》二四因相《ヲ》一、故《ニ》知《ヌ》不同《ハ》定《テ》属《ス》二於迹《ニ》一。
（正蔵33−九二一C−18、学林・玄会下二二六−4、影印・釈籤下二五一、玄会7上−46ヲ、天全・玄義4−四〇四）

五九－12　又云わく

【法華玄義釈籤】　本文遠指《ク》㆓最初実得之時所被機縁《ノ》㆒亦有㆓四教㆒。則三教《ヲ》為㆑麁《ト》円教《ヲ》為《ス》㆑妙《ト》。

（正蔵33－九二三B－4、学林・玄会下二三五－11、影印・釈籤下二五八、玄会7上－53ウ、天全・玄義4－四三二）

五九－13　又云わく

【法華玄義釈籤】　又言㆓已今《ト》㆒者、即是昔日《ニ》已得《ルヲ》㆓已今《ヲ》㆒為《シ》㆑本《ト》、今日中間所対《ノ》已今《ヲ》為《ス》㆑迹《ト》。

（正蔵33－九二五A－3、学林・玄会下二六六－8、影印・釈籤下二九〇、玄会7下－21ヲ、天全・玄義4－四九四）

五九－14　記の一に云わく

【法華文句記】　本時《ノ》自行《ハ》、唯与㆑円合《ス》、化他《ハ》不定、亦有㆓八教㆒。言㆓前諸《ト》㆒者、指《ス》㆔向《ノ》四教皆在《ルヲ》㆓迹中《ニ》㆒。

（正蔵34－一六二B－9、学林・文会上七〇－12、影印・文句記上一三五、文会2－2ウ、天全・文句1－一〇四A）

六〇—4　入大乗論の下十二に云わく

若礼二法身《ヲ》一即礼二一切色身一、如下仏於法華経《ノ》中《ニ》説《クカ》上、若人称名供二養観世音法身《ヲ》一者勝《ル》レ供二養《スルニ》六十二億諸仏色身一、何《ヲ》以《ノ》故《ニ》、以三其位階十地得《ルヲ》二仏《ノ》法身一亦名《ケ》二菩薩《ト》一、亦名《テ》為《ス》レ仏《ト》、以《テノ》レ是故知法身《ヲ》為《ス》レ本《ト》、無量色身皆依《テ》二法身一而現化出、是故仏便《チ》仮説二六十二億恒河沙色身一不レ如《カ》レ供二養一法身《ヲ》一乎、如二仏於宝積経中所一レ説。

（正蔵32—四七C—28、入大乗論・下20ヲ）

六〇—6　金剛般若論に云わく

此義云何。菩提者名為二法身一、彼体実無為、是故於彼法身、此二能作二了因一、不レ能二生因一、余者受二報相好荘厳仏化身相好仏一、於レ此為二生因一以能作二菩提因《ト》一、是故名《ニ》レ因《ト》。

（正蔵25—七八五A—19、金剛般若波羅蜜経論・巻上15ヲ）

六〇—7　玄私の五の本に云わく

【法華玄義私記】　彼《ノ》経《ノ》論意《ハ》以《テ》二色相《ノ》仏《ヲ》一非《ス》レ為《スニ》レ仏《ト》、故今以《テ》二報応《ノ》因《ヲ》一亦属《タス》二世間《ノ》福《ニ》一。

（仏全4・法華三大部私記一七一B—10、天全・玄義3—三七四）

六〇—8　名疏の十三十七に云わく

【維摩経略疏】 供二養《スルヲ》生身《ヲ》一名《ケテ》為《スモ》二生因《ト》一不レ趣《カ》二菩提《ニ》一、供二養《スルヲ》法身実《ヲ》一名《ケ》二了因《ト》一能《ク》趣《ク》二菩提《ニ》一。

(正蔵38-七〇六C-15、維摩経略疏10-64ウ)

六〇-10 籖の五ハに云わく

【法華玄義釈籖】 生因《トハ》者有漏《ノ》因也。

(正蔵33-八八八B-4、学林・玄会上七二四-1、影印・釈籖上八七八、玄会5上-10ウ、天全・玄義3-三七三)

六〇-10 法師品に云わく

【参考】 若し悪人有って、不善の心を以て、一劫の中に於て、現に仏前に於て、常に仏を毀罵せん、其の罪尚軽し。若し人一の悪言を以て、在家出家の法華経を読誦する者を毀呰せん、其の罪甚だ重し。

(開結三二一-8)

六〇-10 妙楽の云わく

【法華文句記】 若悩乱者、頭破《レ》二七分一、有《ン》二供養《スル》者一、福過《ク》二十号《ニ》一。

(正蔵34-一三四A-24、学林・文会上六五九-12、影印・文句記中一〇〇、文会10-43ヲ、天全・文句2-

八四二B)

六一-3　文句の第十に

【法華文句】　仏住《シタマフハ》二其中《ニ》一、即是塔《ノ》義也。

(正蔵34-一四二B-9、国訳・経疏2-四七三-19、学林・文会下四六八-7、影印・文句下七五一、文会29-8ヲ、天全・文句5-二五三五A)

六一-5　秘法抄に云わく

【三大秘法稟承事】　王臣一同に本門の三秘密の法を持ちて、有徳王・覚徳比丘の其の乃往を末法濁悪の未来に移さん時、勅宣並びに御教書を申し下して、霊山浄土に似たらん最勝の地を尋ねて戒壇を建立すべき者か。時を待つべきのみ。事の戒法と申すは是なり。

(新編一五九五-2)

六一-7　宗祖の云わく

【南条殿御返事】　此の砌に望まん輩は無始の罪障忽ち消滅し、三業の悪転じて三徳を成ぜん。

(新編一五六九-13)

六一―13　都良香の富士山の記に云わく

【参考・本朝神社考】　本朝文粋第十二載《ニス》。都良香富士山記《ノニ》云、富士山者《ハ》在《リ》二駿河国一、峯如《ク》二削成《セルカ》一、直《ク》聳《テ》属《リ》レ天《ニ》。其高《サ》不レ可レ測《ル》。歴二覧《スルニ》史籍《ノ》所《ヲ》レ記、未レ有レ高二於此山《ヨリ》一者也。其聳《タル》峯鬱起、見《ニ》在《リ》二天際《ニ》一、臨二瞰海中《ヲ》一、観《ニ》三其《ノ》霊基《ノ》所《ヲ》二盤連《ル》一、亘《ル》二数千里間《ノニ》一。行旅之人経二歴《シテ》数日一、乃過《ク》二其下《ヲ》一。去《テ》レ之顧望《ヲミメハ》猶在《リ》二山下《ノニ》一。蓋神仙之所《ノ》二遊華《スル》一也。

（本朝神社考・中4―19ヲ、日本思想闘諍史料1―四九八―5『名著刊行会』）

六二―3　義楚六帖の第二十一ₒ五に云わく

日本国亦名《ハク》二倭国《ト》一、東海中《ノ》。秦時《ノ》徐福将《テ》二五百童男《ノ》五百童女《ノ》一止《ル》二此国《ノニ》一也（中略）又東北千余里有《ニリ》レ山名《ク》二富士一亦名《ハク》二蓬萊《ト》一。

（義楚六帖21―5ウ）

【参考・録内啓蒙】

（啓蒙7―74ヲ、啓蒙・上三五七Ａ『本満寺版』）

六二―5　珠林の十一ₒ十

【法苑珠林】　依二神異経一曰、東北方有二鬼星石室一三百戸而共所。石傍題曰二鬼門一。門昼日不レ閉、至レ暮則有二人語一。有レ火青レ色。

（正蔵53―三一六Ｃ―7、法苑珠林・上―6―21ウ）

六二―5　簠記の第三

【簠簋】　壬午《ハ》。鹿嶋大明神為《ニ》二阿久留王退治《ノ》二下《リ》二東海河《ノニ》一。向二北方《ニ》一構二陳社《ヲ》一。塞《キタマフ》二東北方鬼門関《ヲ》一日也。

（続群書類従31上―三九九A）

六二―5　類聚の一の末五十三に云わく

【天台名目類聚抄】　天竺《ノ》霊鷲山《ハ》王舎城《ノ》丑寅也。震旦《ノ》天台山《ハ》漢陽宮《ノ》丑寅也。日本比叡山《ハ》平安城《ノ》丑寅也。共《ニ》鎮護国家《ノ》道場。

（天台宗全書22―八四A―4）

【参考・録内啓蒙】

（啓蒙11―3ウ、啓蒙・上五〇二B『本満寺版』）

六二―7　上野抄外の五七に云わく

【上野殿御返事】　仏法の住処は鬼門の方に三国ともにたつなり。此等は相承の法門なるべし。

（新編一三六一―8）

六二―9　神道深秘二十六に云わく

駿河《ニハ》大日蓮華山。

（神道深秘26ウ）

六二－10　神社考の四十二に云わく

【本朝神社考】　縁起《ニ》云《ク》。孝安天皇九十二年六月。富士山涌出《ス》（中略）取《テ》㆓郡名《ノヲ》㆒而曰《フ》㆓富士山《ト》㆒。形似《チタリ》㆑合《スルニ》㆓蓮華《ヲ》㆒。絶頂《ニ》八葉《アリ》。

（本朝神社考・中4－20ヲ、日本思想闘諍史料1－四九九－3『名著刊行会』）

六二－12　古徳の富士の詩に云わく

天鐘《ム》㆓神秀《ヲ》㆒海之《ノ》東、万仞《ノ》高嵓壓《テス》㆓岱宗《ヲ》㆒、根跨《ハテ》㆓三州《ニ》㆒煙樹老《ヒ》、嶺分《ハレテ》㆓八葉《ニ》㆒雪花重《ナル》、才衰《ヘテ》難《シ》㆑続都生記《カ》、身病《ンテハ》何尋《ソン》役氏《ノ》蹤、唯有《タリ》㆓浮雲《ノ》変遷去《シル》㆒、巍然《トシテ》不㆑改《メ》旧時《ノ》容《タ》。

（草山集二七六－8『本満寺版』）

六三－1　本門寺の額に云わく

大日本国　冨士山　本門寺　根源

（富要8－一四二－7）

六三－1　御書外の十六に御相承を引いて云わく

【日蓮一期弘法付嘱書】　日蓮一期の弘法、白蓮阿闍梨日興に之を付嘱す、本門弘通の大導師たるべきなり。国主此の法を立てらるれば、富士山に本門寺の戒壇を建立せらるべきなり。時を待つべきのみ。事の戒法と謂ふは是なり。就中我が門弟等此の状を守るべきなり。

（新編一六七五－2）

六三—4　開山上人の門徒存知に云わく

【富士一跡門徒存知事】　凡そ勝地を撰んで伽藍を建立するは仏法の通例なり。然れば駿河富士山は是日本第一の名山なり、最も此の砌に於て本門寺を建立すべき由
（新編一八七三—1）

六三—6　三位日順の詮要抄に云わく

【本因妙口決】　天台大師・漢土の天台山に於いて弘め給ふ彼の山の名を取って天台大師と云ふなり。此れは弘経日王能住の高峯とは富山をば日蓮山と云ふなり、彼の山に於いて本門寺を建立すべき故に日蓮宗を立て給ふ事なり
（富要2—七八—10）

六三—9　経に曰く

【如来神力品】　若しは経巻所住の処、若しは園中に於ても、若しは林中に於ても、若しは樹下に於ても、若しは僧坊に於ても、若しは白衣の舎にても、若しは殿堂に在っても、若しは山谷曠野にても、是の中に皆、応に塔を起てて供養すべし。
（開結五一三—11）

六三—12　諸抄の中に歎じて曰く

【参考・波木井殿御書】　天竺《ノ》霊山にも勝れ、日域の比叡山にも勝れたり。
（新定3—二三二八—4）

六四－3　天台の所謂

【法華文句】　法妙《ナルカ》故《ニ》人貴《シ》。人貴《キカ》故《ニ》処尊《シ》。
（正蔵34－一一〇A－18、国訳・経疏2－三五七－8、学林・文会中六四二－5、影印・文句下三六八、文会22－7ウ、天全・文句4－一八六二B）

六四－4　正応元年の冬、興師離山の後

【参考・富士年表】　（富年五六）

六四－7　有るが謂わく、宗祖の云わく

【参考・南条殿御返事】　釈尊の一大事の秘法を霊鷲山にして相伝し、日蓮が肉団の胸中に秘して隠し持てり。されば日蓮が胸の間は諸仏入定の処なり、舌の上は転法輪の所、喉は誕生の処、口中は正覚の砌なるべし。かゝる不思議なる法華経の行者の住処なれば、いかでか霊山浄土に劣るべき。
（新編一五六九－10）

六五－2　波木井抄三十に云わく

【波木井殿御返事】いづくにて死に候とも、はかをばみのぶさわにせさせ候べく候。（新編一五九六－9）

六五－7　開山上人の御遺状有り

【日興跡条々事】大石寺は御堂と云ひ墓所と云ひ日目之を管領し（新編一八八三－5）

六五－10　有るが謂わく、宗祖の云わく

【参考・波木井殿御書】未来際までも心は身延山に可《ク》レ住《ム》候。（新定3－二三二九－1）

六六－7　取要抄に云わく

【法華取要抄】大小・権実・顕密、共に教のみ有って得道無し。一閻浮提皆謗法と為り了んぬ。逆縁の為には但妙法蓮華経の五字に限る。例せば不軽品の如し。我が門弟は順縁、日本国は逆縁なり。（新編七三六－12）

六六－8　四条抄に云わく

【四条金吾許御文】されば八幡大菩薩は不正直をにくみて天にのぼり給ふとも、法華経の行者を見ては

争でか其の影をばをしみ給ふべき。（新編一五二五−17）

六六−11　癡山日饒が記に云わく

【到彼岸記】富士山可《ニ》レ造《コトハ》二立《ス》戒壇《ヲ》一者約《スル》二所表《ニ》一一往之意也。言《フ》二所表《ト》一者所《ハ》レ言如《フシ》三玄一云《フカ》二如《ノ》レ是詮異仏住《ニ》処異《ナリト》一矣。当《ニテ》下於二大山《ニ》一説《ヲ》中大法《ニ》上故仏於二十二大城之最大王舎城之大山霊鷲山《ニ》一而説《ク》二法華経《ヲ》一。即《チ》是《レ》所三以表《スル》レ説《クコトヲ》二大法《ヲ》一也。釈迦方諸遺跡第四云《ク》、宮城東北十五里許《ばかりニシテ》至二姞栗阿羅矩吒山《きりあらくだニ》一言二鷲嶺亦鷲台一。古云二耆闍堀山《ト》一。自レ山至レ嶺《ヘ》踰《ヲ》レ谷《キ》凌《ヲ》レ岩《テ》編《ヲ》レ石《テ》為《ルコト》二道階《ヲ》一凡六里、広《サ》十余歩、傍《ニ》有二大石一、高《サ》丈四五広三十余歩、是提婆所《カノ》レ擲《ル》レ仏《ニ》者《ナリ》。其南《ノ》崖下《ニ》有レ塔、仏此《ニシテ》説二法華経《ヲ》一文。今又欲レ表レ説《クコトヲ》二大法《ヲ》一故点《ニシテ》二日本国中《ノ》最高富士山大石之辺《ヲ》一言レ応《シ》下建二立《シテ》三大秘法《ノ》戒壇《ヲ》一号中本門寺《ト》上。今之大石寺之《ノ》地是《レ》也。是《ハ》此《レ》約《スル》二所表《ニ》一一往之意也。再往約《スル》二所縁《ニ》一則《ンハ》本化有縁之《ノ》境、本門流布之地皆《ハ》是《レ》富士山本門寺也、本門之戒壇也。故百六箇《ニ》云《ニ》、何《ナル》在処たりとも可レ号二多宝富士山本門寺上行院《ト》一者也矣。所レ言《ハ》興二隆《シ》数多《ノ》三宝《ヲ》一、冨《シ》下聞レ一知レ十、悟二一念即十界《ノ》理《ヲ》一大士上、本門流布《ノ》地本化所住《ノ》境《ナリ》。故《ニ》名《ツクル》二多宝富士山本門寺上行院一也。非三必《ツシモ》言《フニハ》二駿州富士山本門所在処《ノ》皆是《レ》戒壇《ナリト》一。故《ニ》経《ニ》云、当知是処即是道場矣《ト》。言《フハ》三何《レノ》所タリトモ可レ名《シトツク》二本門寺《ト》一、良有《ニ》レ以哉、何必《ソツシモ》以二富士山《ヲ》一為二正意一為《スヲ》二本山《ト》一為《シャ》レ体《ト》乎。不レ知《ノ》二此等所以《ヲ》一誤《リ》レ自誤《ル》レ他《ヲ》、違二背蓮祖興師之意《ニ》一罪報難《ク》レ免堕獄無《シ》レ疑。或《ハク》云、高祖譲状《ニク》云（中略）依《ルニ》二此文《ノニ》一方便寿量非《ス》二末法正行《ノニ》一、只為《メニ》二所破《ノ》一読二誦《シ》之《ヲ》一末法正行《ノ》但題目《ハ》也《ト》、是《レ》又不相伝之僻見也。

（雪文・到彼岸記42ウ）

六六―14　百六箇に云わく

【百六箇抄】　何れの在処たりとも多宝富士山本門寺上行院と号すべきものなり。（聖典三七三―2）

六七―1　経に云わく

【如来神力品】　当に知るべし、是の処は即ち是れ道場なり。（開結五一四―3）

六七―7　一時仏住。王舎城

【無量義経】　一時、仏、王舎城耆闍崛山の中に住したもう。（開結一―3）

六七―14　百六箇に云わく

【百六箇抄】　日興が嫡々相承の曼荼羅を以て本堂の正本尊と為すべきなり（下略）（新編一七〇二―10）

六八―2　御遺状に云わく

【日興跡条々事】　日興が身に宛て給はる所の弘安二年の大御本尊は、日目に之を相伝す。（新編一八八三―4）

六八－6　経に云わく

【如来神力品】　若しは経巻所住の処、若しは園中に於ても、若しは林中に於ても、若しは樹下に於ても、若しは僧坊に於ても、若しは白衣の舎にても、若しは殿堂に在っても、若しは山谷曠野にても、是の中に皆、応に塔を起てて供養すべし。所以は何ん。当に知るべし。是の処は即ち是れ道場なり。諸仏此に於て、阿耨多羅三藐三菩提を得、諸仏此に於て、法輪を転じ、諸仏此に於て、般涅槃したもう。

（開結五一三－11）

六八－12　又云わく

【到彼岸記】　何《ソ》必《ツシモ》以二富士山《ヲ》一為二正意一為《スヲ》二本山《ト》一為《ンヤ》レ体《ト》乎。不レ知二此等《ノ》所以《ヲ》一誤《リ》レ自誤《ル》レ他《ヲ》、違二背蓮祖興師之意《ニ》一罪報難《ク》レ免《レ》堕獄無《シ》レ疑。

（雪文・到彼岸記44ヲ）

六九－1　弘の一の本五十に云わく

【止観輔行伝弘決】　像末四依弘《ス》二宣仏化《ヲ》一、受レ化稟レ教須《ク》レ討二根源一。若迷《シハハ》二於根源一、則《チ》増上《シテ》濫《セン》二乎真証《ニ》一。

（正蔵46－一四三B－21、学林・止会上一二－15、影印・弘決上本三〇、止会1－1－9ウ、天全・止観1－二七）

六九―2　宗祖の云わく

【顕仏未来記】　本門の本尊、妙法蓮華経の五字を以て閻浮提に広宣流布せしめんか。（新編六七六―17）

六九―6　三位日順の詮要抄に云わく

【本因妙口決】　天台大師・漢土の天台山に於いて弘め給ふ彼の山の名を取って天台大師と云ふなり、此れは弘経日王能住の高峯とは富山をば日蓮山と云ふなり、彼の山に於いて本門寺を建立すべき故に日蓮宗を立て給ふ事なり、彼は迹門の本山是れは本門の本寺疑ひ無き者なり、是れは深秘の法門なり（富要2―七八―10）

六九―12　血脈抄に云わく

【百六箇抄】　日興を付弟と定め了んぬ。然る間、予が入滅の導師として寿量品を始め奉るべし。是れ万年已後未来まで総貫主の証拠と為すべし。（聖典三七一―14）

七〇―1　御遺状に云わく

【日興跡条々事】　本門寺建立の時、新田卿阿闍梨日目を座主と為し、日本国乃至一閻浮提の内、山寺等に於て、半分は日目嫡子分として管領せしむべし。残る所の半分は自余の大衆等之を領掌すべし。

（新編一八八三－2）

七〇－6　天台の所謂

【摩訶止観】　然《ルニ》掲《テ》レ流《ヲ》尋《ネ》レ源《ヲ》聞《テ》レ香《ヲ》討《ヌ》レ根《ヲ》。

（正蔵46－一Ａ－7、国訳・諸宗3－一三－12、学林・止会上一一－10、影印・止観上一、止会1－1－9ヲ、天全・止観1－二七）

七〇－11　弘の一の上六十八に云わく

【止観輔行伝弘決】　依《テ》レ理《ニ》起《ス》レ信《ヲ》信《ヲ》為《ス》二行本《ト》一。

（正蔵46－一五二Ｂ－21、学林・止会上六〇－12、影印・弘決上本一三五、止会1－2－13ヲ、天全・止観1－一一七）

七〇－12　記の九の末に云わく

【法華文句記】　一念信解《トハ》者即是レ本門立行之首《ナリ》云云。

（正蔵34－三四二Ｂ－22、学林・文会下三七四－6、影印・文句記下四五四、文会27－41ヲ、天全・文句5－二四一一Ｂ）

七－2　起信の義記に云わく

【大乗起信論義記】　言《フ》能成此信《ト》者有信無《キハ》行則信不堅《カラ》、不堅之信遇《ハテ》縁《ニ》便《チ》退《ス》、故《ニ》修《シテ》五行《ヲ》以成《シテ》四信之心《ヲ》令不退《セ》也。

（正蔵44－二八二A－16、大乗起信論義記・下末20ヲ）

七－3　宗祖の云わく

【法蓮抄】　信なくして此の経を行ぜんは手なくして宝山に入り、足なくして千里の道を企つるがごとし。

（新編八一四－1）

七－5　玄の一に云わく

【法華玄義】　百論有《ニリ》盲跛之譬《ノ》

（正蔵33－六八六A－13、国訳・経疏1－三一－16、学林・玄会上一〇九－6、影印・玄義上六一、玄会1上－65ヲ、天全・玄義1－一九〇）

七－6　謂わく

【法華玄義釈籤】　云百論有《ニ》盲跛等者、百論外人計《シテ》云《ク》、若《シ》神無《クンハ》触《ルル》身不能《ハ》到《ルコト》、如《シ》盲跛二人相仮《テ》能《ク》到《ルカ》、内《ニ》破《シテ》曰《ク》、盲跛《ハ》触《リレ》（中略）今言《ク》、盲而不《ルハ》跛《ナラ》如《ク》有《テ》行無《キカ》解、跛《ニシテ》而不《ルハ》盲如《シ》有解無《キカ》行、若《シ》解

行具足《セハ》猶如《シ》二全《キカ》一（下略）
（正蔵33-八二九C-15、学林・玄会上一〇九-9、影印・釈籤上一七六、玄会1上-65ウ、天全・玄義1-二九一）

七一-7　玄の四に云わく

【法華玄義】　夫《レ》行《ハ》名《クルモ》二進趣《ニ》一非《ンハ》レ智《ニ》不《レ》前《すすマ》、智解導《ク》レ行《ハヲ》、非《ンハ》レ境《ニ》不《レ》正《シカラ》、智目行足《ヲモテ》、到《ル》二清涼池《ニ》一。
（正蔵33-七一五B-18、国訳・経疏1-一一三-15、学林・玄会上五二一-11、影印・玄義上四一五、玄会3下-25ヲ、天全・玄義2-四九六）

七一-8　宗祖の云わく

【四信五品抄】　信を以て慧に代ふ。信の一字を詮と為す。不信は一闡提謗法の因、信は慧の因、名字即の位なり。（新編一一一二-10）

七一-8　当体義抄に云わく

日蓮が一門は、正直に権教の邪法邪師の邪義を捨てゝ、正直に正法正師の正義を信ずる故に、当体蓮華を証得して常寂光の当体の妙理を顕はす事は、本門寿量の教主の金言を信じて南無妙法蓮華経と唱ふる

が故なり。（新編七〇一-16）

七一-10　血脈抄に云わく

【本因妙抄】　信心強盛にして唯余念無く南無妙法蓮華経と唱へ奉れば凡身即ち仏身なり。（新編一六七九-2）

七一-12　宗祖の云わく

【報恩抄】　如是我聞の上の妙法蓮華経の五字は即一部八巻の肝心、亦復一切経の肝心（新編一〇三一-16）

七二-2　妙楽の云わく

【法華文句記】　略《シテ》挙《クルニ》二経題一玄《ニ》収《ム》二一部一、故云《フ》二仏欲以此妙法等《ト》一也。（正蔵34-三二一A-14、学林・文会下九-末行、影印・文句記下八〇、文会22-43ヲ、天全・文句4-一九一七B）

七二-3　宗祖の云わく

【四条金吾殿御返事】　妙法蓮華経と申すは総名なり、二十八品と申すは別名なり。月氏と申すは天竺の総名なり、別しては五天竺是なり。日本と申すは総名なり、別しては六十六州これあり。

（新編六二〇-16）

七二-6　妙楽の云わく

【法華玄義釈籤】　豈以二如レ是妙中之妙中道不空法身等名《ノヲ》一能《ク》定《メンヤ》二法体《ト》一、是《ノ》故《ニ》須《シ》下以《テ》二名下之義一而簡中別《スヲ》之上。

（正蔵33-八四四B-27、学林・玄会上二六四-8、影印・釈籤上三五四、玄会2上-44ウ、天全・玄義1-六二八）

七二-9　玄の一に曰く

【法華玄義】　此《ノ》妙法蓮華経者《ハ》本地甚深之奥蔵也、文《ク》云、是法不レ可レ示、世間相常住、三世如来《ノ》之所二証得《スル》一也。

（正蔵33-六八一C-9、国訳・経疏1-17-末行、学林・玄会上二五-6、影印・玄義上九、玄会1上-20ヲ、天全・玄義1-七〇）

七二―10 籤の一に云わく

【法華玄義釈籤】 迹中《ニ》雖レ説《クト》推《ルニ》レ功《ヲ》有レ在、故云《フ》二本地一。

（正蔵33―八一八C―18、学林・玄会上二五―7、影印・釈籤上四五、玄会1上―20ウ、天全・玄義1―七〇）

七二―13 四信抄に云わく

【四信五品抄】 妙法蓮華経の五字は経文に非ず、其の義に非ず、唯一部の意ならくのみ。

（新編一一一四―16）

七三―2 文底大事の御相伝に云わく

【寿量品文底大事】 文の底とは久遠下種の法華経、名字の妙法に、今日熟脱の法華経の帰入する処を志し給ふなり。

（新編一七〇七―7）

七三―3 古徳の云わく

【参考・法華文句記】 文謂《ハク》文字一部《ノ》始終《ナリ》。

（正蔵34―一五一A―4、学林・文会上三―7、影印・文句記上一、文会1―1ヲ、天全・文句1―八A）

七三—4　妙楽の云わく

【法華文句記】　雖二脱《ハ》在《リト》レ現《ニ》具《ニ》騰《ス》二本種《ニ》一、故名二本眷属《ト》一。

（正蔵34—一五六C—25、学林・文会上三六—4、影印・文句記上七一、文会1—30ウ、天全・文句1—五九A）

七三—8　有るが謂わく

【参考・本迹勝劣之事】　就中高祖聖人我等ニ授玉フ題目《ト》者別物ニ非ズ、下種《ノ》題目也、其下種《ノ》題目《ト》者本門正宗一品二半《ノ》題目《ニ》限ト見タリ、サレバ観心本尊抄云、在世《ノ》本門《ト》与二末法《ノ》初一一同純円《ナリ》、但《シ》彼《ハ》脱此《ハ》種彼《ハ》一品二半此《ハ》題目《ノ》五字也文

（日宗全5—一八二—5）

七三—8　有るが謂わく

【参考・録内啓蒙】　三大秘法《ノ》中《ニ》題目《モ》本門肝心ノ題目《ニ》シテ不レ交二迹門一本尊モ八品ノ儀式《ニ》シテ不レ交二迹門一也

（啓蒙18—25ヲ、啓蒙・上八〇八A『本満寺版』）

七三—13　下山抄に曰く

【下山御消息】　実には釈迦・多宝・十方の諸仏、寿量品の肝要たる南無妙法蓮華経の五字を信ぜしめんが為なりと出だし給ふ広長舌なり。

（新編一一五四—16）

七四－1　撰時抄に曰く

寿量品の南無妙法蓮華経の末法に流布せんずるゆへに、此の菩薩を召し出だされたるとはしらざりしという事なり。（新編八六四－8）

七四－3　下山抄に曰く

【下山御消息】　五百塵点劫より一向に本門寿量の肝心を修行し習ひ給へる上行菩薩等（新編一一四〇－15）

七四－5　本尊抄に曰く

【観心本尊抄】　「是好良薬」とは寿量品の肝要たる名体宗用教の南無妙法蓮華経是なり。此の良薬をば仏猶迹化に授与したまはず。何に況んや他方をや。（新編六五八－9）

七四－7　本尊抄に云わく

【観心本尊抄】　地涌千界の大菩薩を召して寿量品の肝心たる妙法蓮華経の五字を以て閻浮の衆生に授与せしめたまふ。（新編六五七－7）

七四―9　教行証抄外十二に云わく

【教行証御書】　当世の逆謗の二人に、初めて本門の肝心寿量品の南無妙法蓮華経を以て下種と為す。「是の好き良薬を今留めて此に在く。汝取って服すべし。差えじと憂ふること勿れ」とは是なり。

（新編一一〇四―1）

七四―12　下山抄に曰く

【下山御消息】　地涌の大菩薩、末法の初めに出現せさせ給ひて、本門寿量品の肝心たる南無妙法蓮華経の五字を、一閻浮提の一切衆生に唱へさせ給ふ

（新編一一四〇―12）

七四―13　開目抄に云わく

【開目抄上】　一念三千の法門は但法華経の本門寿量品の文の底に秘してしづめたまへり。

（新編五二六―16）

七四―14　血脈抄に云わく

【本因妙抄】　文底とは久遠実成の名字の妙法を余行にわたさず、直達正観・事行の一念三千の南無妙法蓮華経是なり。

（新編一六八四―6）

依義判文抄 第三

七九－2　明者は其の理を貴び

【法華文句】問《フ》、義《モテ》推《スルニ》常《ハ》可《シ》レ然《ル》、徴《シテ》レ文《ニ》何《ナル》拠《アル》。答《フ》、明者《ハ》貴《ヒ》二其《ノ》理《ヲ》一暗者《ハ》守《ル》二其《ノ》文《ヲ》一、但《タ》尋《テ》レ詮《ヲ》会《ス》レ宗《ニ》、是《レ》教《ノ》之正意《ナリ》。苟《モ》執《シ》二糟糠《ニ》一、問《ニ》レ橋《ヲ》何《ソ》益《アラン》。

（正蔵34－一二七C－3、国訳・経疏2－四二一－2、学林・文会下二四一－12、影印・文句下五七六、文会25－48ウ、天全・文句5－二三二七A）

【参考・法華文句記】問《フ》義推等者《ト》、如《ク》二向所一レ説《ノ》、法華《ニ》明《ス》レ常《ヲ》、道理実爾《ニリ》、拠《レハ》レ文不《レ》如《カ》二涅槃常顕《ノノナルニ》一、故今経《ニ》明《ニ》レ常《ヲ》、似《タリ》レ無《ニ》二文拠一。答意《ノ》者、詮教《ハ》也、宗旨《ハ》也、糟糠及橋《ハニ》並能詮《ノ》教《ナリ》、能詮雖《モ》レ異《ナリト》失《フハ》レ旨《ヲ》如《シ》レ糠《ノ》、問《トハ》レ橋《ヲ》、具《ニ》如《シ》二止観《ノ》第十《ノ》一、此且通《ク》途以《テ》斥《フナリ》二執者《ヲ》一。

（正蔵34－三二九B－5、学林・文会下二四一－末行、影印・文句記下二九八、文会25－49ヲ、天全・文句記5－二二二七A）

七九－3　縦い等覚の大士

【開目抄下】　普賢・文殊等の等覚の菩薩、法門を説き給ふとも経を手ににぎらざらんをば用ゆべからず。

（新編五五八－14）

七九－4　開山上人の口決

【上行所伝三大秘法口決】

（新編一七〇三－1）

八〇－2　撰時抄の上に曰く

但し詮と不審なる事は、仏は説き尽くし給へども、仏の滅後に迦葉・阿難・馬鳴・竜樹・無著・天親乃至天台・伝教のいまだ弘通しましまさぬ最大の深秘の正法、経文の面に現前なり。此の深法今末法の始め五五百歳に一閻浮提に広宣流布すべきやの事不審無極なり。

（新編八五一－16）

八〇－10　玄文の第九に

【法華玄義】　他身他事者トハ、皆用テ二本地ノ実因実果種種ノ本法ヲ一為ニ二諸ノ衆生ノ一而作ス二仏事ヲ一。故ニ言ニ二住迹用本ト一。

（正蔵33－七九九A－18、国訳・経疏1－三七六－3、学林・玄会下五七九－9、影印・玄義下六一九、玄会9下－41ヲ、天全・玄義5－三四四）

八一-2　宗祖の云わく

【一代聖教大意】　問ふ、諸経の如きは或は菩薩の為、或は人天の為、或は声聞縁覚の為、機に随って法門もかわり益もかわる。此の経は何なる人の為ぞや。答ふ、此の経は相伝に有らざれば知り難し。悪人善人・有智無智・有戒無戒・男子女人、四趣八部、総じて十界の衆生の為なり。（新編九二-7）

八一-5　三大秘法口決に云わく

【上行所伝三大秘法口決】

- 一　本門寿量の大戒
  - 虚空不動戒
  - 無作の円戒と名づく
  - 本門寿量の大戒壇と名づく
- 一　本門寿量の本尊
  - 虚空不動定
  - 本門無作の大定
  - 本門無作の事の一念三千
- 一　本門寿量の妙法蓮華経
  - 虚空不動慧
  - 自受用の本分と名づく
  - 無作の円慧

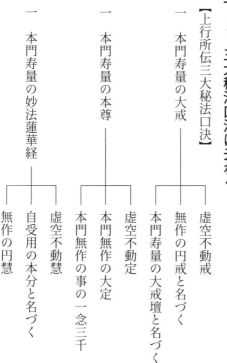

口決に云はく、三大秘法の依文は神力品なり。疏に云はく、於諸法之義の四偈は甚深の事を頌す（下略）（新編一七〇三－2）

八一－8　疏に曰く

【法華文句】　於諸法之義《ノ》四偈《ハ》、頌《ス》二甚深之事《ヲ》一、説法《シテ》破《シテ》レ闇《ヲ》入《ル》二一乗《ニ》一、是《レ》仏《ノ》甚深《ノ》之事也。

（正蔵34－一四二B－17、国訳・経疏2－四七四－6、学林・文会下四七一－5、影印・文句下七五二、文会29－10ヲ、天全・文句5－二五三八B）

八一－11　裏書きに曰く

【上行所伝三大秘法口決】　受持即受戒なり。経に云はく、是を持戒と名づく。釈に云はく、持経即理戒に順ず。（新編一七〇五－5）

八二－6　高僧伝に

【宋高僧伝】　夫《レ》一心《トハ》者万法《ノ》之総也、分《テ》而為《リ》二戒定慧《ト》一、開《テ》而為《リ》二六度《ト》一、散《シテ》而為《ル》二万行《ト》一、万行《ハ》未《タ》三嘗《テ》非二一心《ニ》一、一心《ハ》未《タ》三嘗《テ》違二万行《ニ》一。

（正蔵50－七四二B－12、国訳・史伝12－一一二－21）

八二―13　三大秘法とは

【御義口伝】　戒定慧の三学、寿量品の事の三大秘法是なり。（新編一七七三―3）

八三―2　法師品に云わく

若し復人有って、妙法華経の、乃至一偈を受持、読、誦、解説、書写し、此の経巻に於て、敬い視ること仏の如くにして、種種に華香、瓔珞、抹香、塗香、焼香、繒蓋、幢幡、衣服、伎楽を供養し、乃至合掌恭敬せん。（開結三一九―5）

八三―8　開山上人既に

【上行所伝三大秘法口決】

応受持　持戒清潔にして作法受得の義なり。

斯経　三大秘法の中の本門戒。（新編一七〇四―17）

八三―10　畢竟住一乗

【上行所伝三大秘法口決】

畢竟　必定と云ふ事なり。

住　　即身成仏。

一乗　運載荷負の義、一乗とは三大秘法の中の本門寿量の本尊云云。一切衆生の生死の愛河を荷負する船筏、煩悩の嶮路を運載する車乗なり。
（新編一七〇四－12）

八三－12　能持是経者

【上行所伝三大秘法口決】　能持是経者　三大秘法の中の本門の妙法蓮華経。
（新編一七〇三－12）

八四－6　天台の所謂

【法華文句】　信力《ノ》故《ニ》受、念力《ノ》故《ニ》持、看《ルヲ》レ文為レ読《ト》、不《ルヲ》レ忘為レ誦《ト》、宣伝《スルヲ》為レ説《スト》、聖人《ノ》経書《ハ》難《レハ》レ解、須《シク》二解釈《ス》一。
（正蔵34－一〇七C－27、国訳・経疏2－三四九－9、学林・文会中六一一－10、影印・文句下三四一、文会21－42ウ、天全・文句4－一八二四A）

八四－7　修禅寺の決に曰く

【修禅寺相伝私注】　智者大師、毎日行法《ノ》日記《ニ》云《ク》、奉《ル》二読誦《シ》一一切経《ノ》総要毎日一万反《ト》。玄師《ノ》伝《ニ》云《ク》、一切経《ノ》総要《トハ》者、謂《ク》妙法蓮華経《ノ》五字《ナリト》也。
（伝全5－七五－4）

八四－9　仏欲以此

【見宝塔品】　仏此の妙法華経を以て付属して在ること有らしめんと欲す。　（開結三四七－5）

八四－10　及び

【如来神力品】　能く是の経を持たん者は　久しからずして亦当に得べし　（開結五一六－4）

八四－10　況んや復

【法華文句記】　二十八品倶《ニ》名レ妙《ト》故。故品品之《ノ》内咸《ク》具二体等《ヲ》一、句句之《ノ》下《ニ》通《シテ》結二妙名一。教行人理彼此相摂《シ》、使二妙旨《ヲシテ》不一レ失。

（正蔵34－一五一C－20、学林・文会上七－6、影印・文句記上一一、文会1－4ウ、天全・文句1－一五A）

八四－12　法は是れ聖の師なり

【法華文句】　七宝《ヲ》奉《スルモ》二四聖《ニ》一、不レ如《カ》レ持《スルニ》二一偈《ヲ》一。法《ハ》是《レ》聖《ノ》師《ニシテ》、能《ク》生《シ》能《ク》養《ヒ》、能《ク》成《シ》能《ク》栄《フルハ》、莫《シ》レ過《タルハ》二於法《ニ》一。故《ニ》人《ハ》軽《ク》法《ハ》重《キ》也。

（正蔵34－一四三C－1、国訳・経疏2－四七八－11、学林・文会下五〇五－3、影印・文句下七六六、文会29－39ウ、天全・文句5－二五八七A）

八四―12　何ぞ

【法師品】　此の経巻に於て、敬い視ること仏の如くにして、種種に（中略）供養し、乃至合掌恭敬せん。

（開結三一九―6）

八五―2　法師品に云わく

薬王、在在処処に、若しは説き、若しは読み、若しは誦し、若しは書き、若しは経巻所住の処には、皆応に七宝の塔を起てて、極めて高広厳飾ならしむべし。

（開結三二六―9）

八五―7　修禅寺決の中に

【修禅寺相伝日記】　於《テ》二妙《ノ》一字《ニ》一伝《フ》二五種法師《ノ》行《ヲ》一（下略）

（伝全5―一一九―末行）

八五―7　御義口伝の上に…の文を釈して云わく

此経とは題目なり、悪口とは口業なり、加刀杖とは身業なり、此の身口の二業は意業より起こるなり。

（新編一七五一―2）

八五―8　若説此経

【法師品】 若し此の経を説かん時　人有って悪口し罵り　刀杖瓦石を加うとも　仏を念ずるが故に応に忍ぶべし
（開結三三二－5）

八五－10　本尊問答抄に

問うて云はく、末代悪世の凡夫は何物を以て本尊と定むべきや。答へて云はく、法華経の題目を以て本尊とすべし。

（新編一二七四－2）

八六－3　心底抄に云わく

【本門心底抄】 行者既に出現し久成の定慧・広宣流布せば本門の戒壇其れ豈に立たざらんや
（富要2－三四－7）

八六－6　心底抄に云わく

【本門心底抄】 戒壇の方面は地形に随ふべし、国主信伏し造立の時に至らば智臣大徳宜しく群議を成すべし、兼日の治定後難を招くあり寸尺高下注記するに能へず。
（富要2－三四－8）

八六－10　仏祖統記の第三十三に云わく

【仏祖統紀】　十三年(壬辰)仏還《ハリ》摩竭提国《ニ》為《ニ》弗迦沙王《ノ》説法(十二遊経)、楼至菩薩《ハ》請《テ》立戒壇《ヲ》為《ニ》比丘《ノ》受戒《ス》、仏《ハ》令於《テ》祇園外院《ノ》東南《ニ》建立(四分律上)、戒壇《ハ》従《リ》地而立《テ》、三重《ヲ》為《シ》相《ト》、以《テ》表《ス》三空《ヲ》、帝釈《ハ》又加《ヘテ》覆釜《ヲ》以《テ》覆《フ》舎利《ヲ》、大梵王《ハ》以《テ》無価宝珠《ヲ》置《キ》覆釜上《ニ》、是《ヲ》為《シ》五重《ト》、表《ス》五分法身《ヲ》、梵王《ノ》宝珠、大《ナルコト》如《シ》五斗瓶《ノ》、大福徳者《ノ》見《ルニ》之《ヲ》、光《リ》照《シ》八百由旬《ヲ》、薄福者《ノ》見《ルニ》之《ヲ》如《シ》聚墨《ノ》(南山戒壇図経)。（正蔵49－一五六A－4、国訳・史伝2－七九－2、仏祖統紀3－30ウ）

八六－12　書註の六三十に

【御書註】　伝通記下三四云、孝謙天皇御宇天平勝宝六年甲午《ニ》鑑真和尚来朝《ス》。当《テ》大唐《ノ》第六主玄宗皇帝天宝十三年甲午《ニ》于時鑑真年六十七、欽明天皇壬申已後至《テ》此《ノ》甲午《ニ》経《テ》二百三年《ヲ》於《テ》其《ノ》中間《ニ》雖有《リト》受戒《ヲ》於百済《ニ》学《スル》律《ヲ》於大唐《ニ》律師来朝等之事而諸縁未備不行壇法《ヲ》。鑑真勝宝五年十二月二十六日入大宰府《ニ》前数日之間《ニ》僧衆俗侶遠往遣《シテ》使《ヲ》慰労迎接《ス》。其《ノ》事極《メテ》多《ク》入洛《ノ》之日勅《シテ》遣正四位下安宿王《ヲ》於羅城門《ノ》外《ニ》迎拝慰労《セシメテ》引入《シテ》東大寺《ニ》安置《セシム》。同月五日唐《ノ》道璿律師天竺《ノ》婆羅門菩提僧正各来《テ》慰問《ス》。右大臣大納言宰相已下《ノ》官人百余人来《テ》礼拝問訊《ス》。其《ノ》年《ノ》四月《ニ》初《テ》於《テ》盧舎那殿《ノ》前《ニ》立於戒壇《ヲ》天皇初《テ》登壇《シテ》受《タマフ》菩薩戒《ヲ》。次《ニ》皇后皇太子亦登壇《シテ》受戒《シタマフ》。尋《テ》為《ニ》沙弥澄修等《ノ》四百四十余人《ノ》授戒《ス》。又旧大僧霊福賢璟志忠善頂道縁平徳忍基善謝行潜行忍等八十余人捨《テ》於旧戒《ヲ》重《テ》受《ク》和上所授《ノ》之戒《ヲ》、後《ニ》於大仏殿《ノ》西《ニ》別《シテ》建戒壇院《ヲ》即移天皇受戒《ノ》壇之土《ヲ》、築以作《テ》之。鑒真来朝之時随身《ノ》聖教広多《ニシテ》非一。厥《ノ》中《ニ》律宗《ノ》諸典天台《ノ》諸文賫持《スルコト》是《レ》衆《シ》。随来《ノ》弟子法進曇静思託義静法載法成等《ノ》一十四人並《ニ》是《レ》智解《ノ》名哲皆兼《ヌ》台宗《ヲ》。所立《ノ》戒場有《リ》三重《ノ》壇表《ス》大乗菩薩《ノ》三聚浄戒《ヲ》。故《ニ》於《テ》第三重《ニ》安《シ》多宝塔《ヲ》、塔《ノ》中《ニ》安《シ》釈迦多宝二仏《ノ》像《ヲ》表《ス》一乗深妙理智冥合之相《ヲ》。

（御書註6－22、御書註二六五－末行『本満寺版』）

八七－1　学生式問答の第五に云わく

【天台法華宗学生式問答】問曰《テク》、其《ノ》第一菩薩戒本師塔中《ノ》釈迦伝戒《ノ》相何《ン》。答曰《テク》、塔中《ノ》釈迦《ハ》者、集《テ》分身《ヲ》以《テ》脱《キ》垢衣《ヲ》召《シテ》地涌《ヲ》以《テ》示《ス》常住《ヲ》。

（伝全1－三七〇－8）

八七－5　宝塔品に云わく

【見宝塔品】　此の経は持ち難し　若し暫くも持つ者は　我即ち歓喜す　諸仏も亦然なり（下略）

（開結三五四－8）

八八－7　無量義経に云わく

未だ六波羅蜜を修行することを得ずと雖も、六波羅蜜自然に在前し、即ち是の身に於て、無生法忍を得、生死、煩悩、一時に断壊して、菩薩の第七の地に昇らん。

（開結四三－6）

八八－8　宗祖の云わく

【観心本尊抄】　釈尊の因行果徳の二法は妙法蓮華経の五字に具足す。我等此の五字を受持すれば自然に彼の因果の功徳を譲り与へたまふ。（新編六五三－5）

八九－2　宗祖の云わく

【御義口伝】　自受用身とは一念三千なり。伝教の云はく、一念三千即自受用身（新編一七七二－10）

八九－3　次上の文に云わく

【見宝塔品】　若し能く持つこと有るは　則ち仏身を持つなり（開結三五四－4）

八九－8　釈に曰く

【法華経句解】　勇猛精進　敢為曰㆑勇竭智曰㆑猛心一名㆑精趣㆑果曰㆑進（新続30－四五一A－3）

八九－9　釈に曰く

【止観輔行伝弘決】　言《フ》㆓精進《ト》㆒者。唯専《ラ》観《テ》㆑理《ヲ》使《ム》㆑無《カラ》㆓間雑㆒。無《キ》㆑雑故《ニ》精無《キ》㆑間故《ニ》進《ナリ》。

（正蔵46－三六三C－13、学林・止会下五四－3、影印・弘決下本四〇七、止会7－1－43ウ、天全・止観4

－一二六）

八九－10　宗祖の云わく

【四信五品抄】「直専持此経」と云ふは一経に亘るに非ず。専ら題目を持ちて余文を雑へず、尚一経の読誦だも許さず、何に況んや五度をや。（新編一一一三－17）

八九－10　又云わく

【上野殿御返事】此の南無妙法蓮華経に余事をまじへば、ゆゝしきひが事なり。（新編一二一九－7）

八九－11　記の三の下六十五に云わく

【法華文句記】今於《テ》二権智《ノ》上《ニ》一加《フル》二勇猛精進《ヲ》一者、有《リ》二二意一、一《ニハ》者期心有《リ》レ在《コト》、二《ニハ》者身心倶《ニ》勤《ム》。

（正蔵34－二二〇B－14、学林・文会上五三六－13、影印・文句記上八二一、文会8－59ウ、天全・文句2－六七九A）

九〇－1　宗祖の云わく

【顕立正意抄】日蓮が弟子等又此の大難脱れ難きか（中略）是を免れんと欲せば各薬王・楽法の如く臂

を焼き皮を剝ぎ、雪山・国王等の如く身を投げ心を仕へよ（中略）遍身に汗を流せ。若し爾らずんば珍宝を以て仏前に積め。若し爾らずんば奴婢となって持者に奉へよ。若し爾らずんば等云云。

（新編七五〇‐末行）

九〇‐5　疏の八‐四十に

【法華文句】是則勇猛《ノ》下、第三《ニ》四行半明《ハス》三能《ク》持《テハ》レ難《ヲ》レ持《チ》即《チ》成《スルコトヲ》二勝行《ヲ》一、勝行有《ニル》二自他一也。

（正蔵34‐一一四C‐13、国訳・経疏2‐三七三‐19、学林・文会下三五‐7、影印・文句下四二二、文会23‐5ウ、天全・文句4‐一九五二A）

九〇‐8　文の九‐八十に云わく

【法華文句】若爾《シハ》持経《ハ》即《チ》是《レ》第一義戒《ナリ》、何《カ》故《ソ》復言《ハン》二能持戒者《ト》一。

（正蔵34‐一三八A‐24、国訳・経疏2‐四五八‐18、学林・文会下三八八‐9、影印・文句下七〇一、文会27‐51ウ、天全・文句5‐二四二八B）

九〇‐9　宗祖此の文を釈して曰く

【十法界明因果抄】爾前経の如く師に随ひて戒を持せず、但此の経を信ずるが即ち持戒なり。

九一―2　学生式の第五に曰く

【天台法華宗学生式問答】　虚空不動戒、虚空不動定、虚空不動慧、三学倶《ニ》伝《フルヲ》名《ケテ》曰《フ》二妙法一《ト》。故《ニ》見宝塔品《ニ》云《ク》、此経難《シ》レ持《チ》、若《シ》暫《モ》持《タン》者《ハ》、我則《チ》歓喜《ス》、諸仏亦《モ》然《ナリ》、如《キノ》レ是《ノ》之人《ハ》、諸仏《ノ》所《ナリ》レ歎《スル》、是則《チ》勇猛《ナリ》、是則《チ》精進《ナリ》、是《ヲ》名《ケ》下持《チ》レ戒《ヲ》行《スル》二頭陀《ヲ》一者《ト》上、則《チ》為《ス》三疾《ク》得《タリト》二無上仏道《ヲ》一、能《ク》於《テ》二来世《ニ》一、読二持《セハ》此経《ヲ》一、是真《ノ》仏子《ニシテ》、住《スト》二淳善地《ニ》一。

（伝全1―三七〇―11）

（新編二一六―7）

九一―3　見宝塔品に云わく

此の経は持ち難し（中略）淳善の地に住するなり

（開結三五四―8）

九一―5　寿量品に云わく

【如来寿量品】　此の大良薬は、色香美味、皆悉く具足せり。

（開結四三六―4）

九一―6　大師釈して曰く

【法華文句】　色《トハ》者譬《フ》レ戒《ニ》、戒防《ハク》二身口《ヲ》一、事相彰顕也。香《トハ》者譬《フ》レ定《ニ》、功徳《ノ》香《モテ》薫《スル》二一切《ヲ》一也。味《トハ》者譬《フ》レ慧《ニ》、能《ク》得㆓理味《ヲ》㆒也。此《ノ》戒定慧即《ハチ》八正道《ナリ》、修《シテ》㆓八正道《ヲ》㆒、能見《クル》㆓仏性《ヲ》㆒。又色是《ハレ》般若《ニシテ》照㆓了《シ》法性之色《ヲ》㆒、分明《ニシテ》無《シ》㆑礙《リ》、香是《ハレ》解脱《ニシテ》断徳《モテ》離《ルル》㆑臭《ヲ》也、味是《ハレ》法身《ニシテ》理味也、三法《ノ》不縦不横《ナルヲ》名《ツク》㆓秘密蔵《ト》㆒、依《テ》㆑教《ニ》修《シ》㆑行《ヲ》得《タリ》㆑入《ルコトヲ》㆓此《ノ》蔵《ニ》㆒也。

（正蔵34－一三五A－9、国訳・経疏2－四四七－17、学林・文会下三四四－7、影印・文句下六六四、文会27－16ウ、天全・文句5－二三六九A）

九一－8　開山上人の云わく

【上行所伝三大秘法口決】

- 一　本門寿量の大戒
  - 虚空不動戒
  - 無作の円戒と名づく
  - 本門寿量の大戒壇と名づく
- 一　本門寿量の本尊
  - 虚空不動定
  - 本門無作の大定
  - 本門無作の事の一念三千
- 一　本門寿量の妙法蓮華経
  - 虚空不動慧
  - 自受用の本分と名づく
  - 無作の円慧

（新編一七〇三－2）

九一−10　伝教大師の所謂

【天台法華宗学生式問答】　虚空不動戒、虚空不動定、虚空不動慧、三学倶《ニ》伝《フルヲ》名《ケテ》曰《フ》二妙法《ト》一。故見宝塔品《ニ》云《ク》、此経難《シ》レ持《チ》、若《シ》暫《モ》持《タン》者《ハ》、我《レ》則《チ》歓喜《ス》、諸仏亦《モ》然《ナリ》、如《キノ》レ是《ノ》之人《ハ》、諸仏《ノ》所《ナリ》レ歎《スル》、是則《チ》勇猛《ナリ》、是則《チ》精進《ナリ》、是《ヲ》名《ケ》下持《チ》レ戒《ヲ》行《スル》二頭陀《ヲ》一者《ト》上、則《チ》為《ス》三疾《ク》得《タリト》二無上仏道《ヲ》一、能《ク》於《テ》二来世《ニ》一、読二持《セハ》此経《ヲ》一、是真《ノ》仏子《ニシテ》、住《スト》二淳善地《ニ》一。

（伝全1−三七〇−11）

九一−12　涅槃経の第九三十七に云わく

爾《ノ》時《ニ》是《ノ》経、於《テ》二閻浮提《ニ》一当《ニ》二広《ク》流布《ス》一。是《ノ》時《ニ》当《ニ》レ有二諸《ノ》悪比丘一。抄二略《シ》是《ノ》経《ヲ》一分《テ》作《シ》二多分《ト》一能《ク》滅《セン》二正法《ノ》色香美味《ヲ》一。是《ノ》諸《ノ》悪人雖《モ》三復誦二読《スト》如《キ》レ是《ノ》経典《ヲ》一、滅二除《シテ》如来《ノ》深密《ノ》要義《ヲ》一、安二置《ス》世間《ノ》荘厳文飾無義《ノ》之語《ヲ》一。抄《シテ》レ前《ヲ》著《ケ》レ後《ニ》、抄《シテ》レ後《ヲ》著《ケ》レ前《ニ》、前後《ヲ》著《ケ》レ中《ニ》、中《ヲ》著《ク》二前後《ニ》一。当《ニ》レ知《ル》如《キノ》レ是《ノ》諸悪比丘《ハ》是《レ》魔《ノ》伴侶《ナリ》。

（正蔵12−四二一C−26、国訳・涅1−二一〇−16）

九二−3　宗祖の云わく

【報恩抄】　涅槃経の正法は法華経なり。

（新編一〇二八−6）

【参考・寺泊御書】　涅槃経に説く所の円教は如何。此の法華経に説く所の仏性常住を、重ねて之を説い

て帰本せしめ、涅槃経の円常を以て法華経に摂す。(新編四八五-1)

九二-4　文底秘沈

【開目抄上】　一念三千の法門は但法華経の本門寿量品の文の底に秘してしづめたまへり。(新編五二六-16)

九二-11　諫迷論の第十の巻

真迢不《ル》レ知《ラ》三祖師所立《ノ》三箇《ノ》法門甚《ニ》有《タルコトヲ》二所以一事（下略）(諫迷10-65ヲ、日教全3-四三七-6)

九二-11　啓蒙の第二十巻の意に云わく

【録内啓蒙】　本門《ノ》三《ノ》法門建二立之一等（下略）(啓蒙20-34ウ、啓蒙・上九〇〇A『本満寺版』)

九二-13　一には謂わく

【諫迷論】　又本門ノ題目ト云ハ報恩抄ニ其ノ語ナシ余抄ノ中ニ往往也。是ノ語ニ三義ヲ存セリ。一ニハ妙法の五字ハ一部ノ通号ナレハヒロク一経ヲ該摂セリ。シカルヲ本門ノ題目ト云コトハ。久成ノ釈尊所証ノ法体。本地難思ノ境智ナルカ故也。玄義一《ニ》云《ク》此《ノ》妙法蓮華経《ト》者本地甚深《ノ》之奥也云云　此ノ義ニ約スル

カ故ニ本門ノ題目トイヘリ。（諫迷10-67ヲ、日教全3-四四一-7）

九二-13　二には謂わく

【諫迷論】　二ニハ神力品ノ時ニ塔中ニシテ一部ノ肝心五重玄ノ妙法ヲ。本化上首ノ上行菩薩等ニ付嘱シ玉ヘリ。神力品ノ結要付嘱ノ義ニヨル。是ノ故ニ本門ノ題目トイヘリ。（諫迷10-67ウ、日教全3-四四二-2）

【参考・報恩抄文段】　二には謂わく、本迹一致の妙法なれども、本門神力品に於て之を付嘱す。故に本門と云うなりと。（御書文段四六四B-15、富要4-三六七-1、歴全6-一三二-4）

九二-14　三には謂わく

【諫迷論】　三ニハ上行菩薩等塔中ニ於テ。妙法ノ付嘱ヲ受玉ヘリ。サレハ当今末法ニ妙法ヲ修行セル衆生ハ。師資ノ次第ヲ追テ。本化上首ノ付嘱ヲ血脈トスヘシ。是ノ故ニ本門ノ題目トイヘリ。（諫迷10-67ウ、日教全3-四四二-5）

【参考・報恩抄文段】　三には謂わく、本迹一致の妙法なれども、既に本化の菩薩之を弘む。故に本門の妙法と云うなりと。

（御書文段四六四B－19、富要4－三六七－3、歴全6－一三二－6）

九二－14　四には謂わく

【録内啓蒙】　本門ノ言常途ニ沙汰スルカ如ク像法迹化迹門ノ弘通ニ対シテ末法本化弘通ノ規模ヲ顕サン為ニ別シテ本門ノ言ヲ立玉フ義

（啓蒙20－34ウ、啓蒙・上九〇〇A『本満寺版』）

九三－1　五には謂わく

【録内啓蒙】　宗家ノ本迹ハ本カ家ノ迹ニシテ一妙法ノ上ノ本有ノ徳有ナレハ一部唯本ノ意ニテ本門ノ三大秘法ト名ヲ立玉ヘル義ト両向ヲ以テ納得スヘシ。

（啓蒙20－34ウ、啓蒙・上九〇〇A『本満寺版』）

九三－11　道暹の曰く

【法華経文句輔正記】　付嘱《トハ》者、此《ノ》経《ハ》唯《タ》付《ス》二下方踊出《ノ》菩薩《ニ》一、何《カ》故《ニ》爾《ルヤ》、由《ル》二法《カ》是《ハレ》久成《ノ》之法《ナルニ》一故《ニ》付《スト》二久成《ノ》之人《ニ》一、彼《ハ》但《タ》付《ス》二於此《ノ》土《ノ》菩薩《ニ》一如レ云下此《ノ》大涅槃《ハ》但《タ》付《シテ》二菩薩《ニ》一不レ付《スト》中声聞《ニ》上。

（続蔵1－45－2－一〇五ウA－4、輔正記6－18ヲ、新続28－七三七A－16）

九三－12　宗祖の云わく

【三大秘法稟承事】　教主釈尊、此の秘法をば（中略）上行等の四菩薩を、寂光の大地の底よりはるばると召し出だして付嘱し給ふ。道暹律師云はく「法是久成の法なるに由るが故に久成の人に付す」等云云。

（新編一五九三-7）

九四-12　寿量品に云わく

【如来寿量品】　是の好き良薬を、今留めて此に在く。汝取って服すべし。差えじと憂うること勿れ。

（開結四三七-5）

九五-3　天台大師の云わく

【法華文句】　留《テ》二経教《ヲ》一在《ク》故《ニ》云二是好良薬今留在此《ト》一。

（正蔵34-一三五B-14、国訳・経疏2-四四九-12、学林・文会下三四八-8、影印・文句下六六八、文会27-19ヲ、天全・文句5-二三七二B）

九五-4　妙楽大師の云わく

【法華文句記】　雖《モ》レ被《ルト》二漸頓《ニ》一本在《リ》二実乗《ニ》一、具《ニ》如《シ》下止観《ニ》釈《シ》二道品《ヲ》一後《ニ》円《ノ》三空《ノ》中《ニ》具《スルカ》中一切法《ヲ》上。

（正蔵34-三四〇B-25、学林・文会下三四五-11、影印・文句記下四三〇、文会27-17ヲ、天全・文句5-

二三七〇A）

九五—8　本尊抄に云わく

【観心本尊抄】「是好良薬」とは寿量品の肝要たる名体宗用教の南無妙法蓮華経是なり。此の良薬をば仏猶迹化に授与したまはず。何に況んや他方をや。（新編六五八—9）

九五—11　開目抄には

【開目抄上】一念三千の法門は但法華経の本門寿量品の文の底に秘してしづめたまへり。（新編五二六—16）

九五—12　御相伝に云わく

【寿量品文底大事】所謂、文の底とは久遠下種の法華経、名字の妙法に、今日熟脱の法華経の帰入する処を志し給ふなり。されば妙楽大師釈して云はく「雖脱在現具騰本種」云云。（新編一七〇七—7）

九五—13　妙楽大師の云わく

【法華文句記】雖㆓脱ハ在リト㆑現ニ具ニ騰ス㆓本種ニ㆒

（正蔵34－一五六C－25、学林・文会上三六－4、影印・文句記上七一、文会1－30ウ、天全・文句1－五九A）

九六－2　文の九二六十に云わく

【法華文句】　又色是《ハレ》般若《ニシテ》　照二了《シ》法性之色一《ヲ》、分明《ニシテ》　無《シ》レ礙《リ》、香是《ハレ》解脱《ニシテ》　断徳《モテ》　離《ルル》レ臭《ヲ》也、味是《ハレ》法身《ニシテ》　理味也、三法《ノ》不縦不横《ナルヲ》　名二《ツク》秘密蔵《ト》一、依《テ》レ教修《ニシ》レ行《ヲ》得《タリ》レ入《ルコトヲ》二　此《ノ》蔵《ニ》一也。

（正蔵34－一三五A－12、国訳・経疏2－四四七－19、学林・文会下三四四－9、影印・文句下六六四、文会27－16ウ、天全・文句5－二三六九A）

九六－3　妙楽の云わく

【法華玄義釈籤】　体等《ノ》三章《ハ》秖是三徳乃至秖是一切三法《ナリ》。

（正蔵33－八一七C－11、学林・玄会上一九－3、影印・釈籤上三一、玄会1上－15ヲ、天全・玄義1－五七）

九六－10　証真法印の玄文私記の第一に云わく

【法華玄義私記】　而《ニ》妙法《ノ》名《ハ》含《ムカ》二体宗用一《ヲ》故《ニ》必《ス》応《ニ》レ兼《ヌヘシ》二人法《ノ》二義一《ヲ》、故《ニ》異《ナルナリ》二経体《ノ》円融三諦一《ニ》。

（仏全4・法華玄義私記九三C－23、天全・玄義1－九〇－8）

九六－11　宗祖の云わく

【一念三千法門】　我が身即三徳究竟の体にて三身即一身の本覚の仏なり。　（新編一〇七－4）

九六－14　此の無作三身の宝号を

【御義口伝】　無作三身の宝号を南無妙法蓮華経と云ふなり。　（新編一七六五－11）

九七－1　此の無作三身の所作は

【御義口伝】　無作の三身の所作は何物ぞと云ふ時、南無妙法蓮華経なり云云。　（新編一七六六－1）

九七－2　此の無作三身は

【御義口伝】　無作の三身とは末法の法華経の行者なり。　（新編一七六五－11）

九七－5　有る人の云わく

【啓運抄】　観心本尊抄云、本門寿量品ノ名体宗用教ノ南無妙法蓮華経矣、此ハ約行ノ次第也、此ヲ或ルニ義本迹一体ノ証拠ト云フノ義ハ心、約行ハ序品ノ文也、序品既ニ迹門ノ経ノ内也、仍テ寿量品ノ題目判トシテ約スル二序品ノ約行ノ五重ノ次第ニ一故ニ本迹一致也。
（啓運抄1－47ヲ）

九七―11　妙楽の曰く

【法華玄義釈籤】本因《ハ》狭故《キカニ》、但以《タテ》ㇾ迹例《ヲス》ㇾ本《ヲ》、故但引《ニタク》二迹門《ヲ》一。

(正蔵33―九二〇C―3、学林・玄会下二二二―1、影印・釈籤下二三七、玄会7上―34ヲ、天全・玄義4―三七三)

九七―11　又云わく

【法華玄義釈籤】衆迹雖《モ》ㇾ多《シト》、用《テ》ㇾ本為《ヲス》ㇾ本《ト》、故云《ニフ》二本本《ト》一、本事已往《ニナリ》、若不《シンハ》ㇾ借《ラ》ㇾ迹《ヲ》、何能識《ソクラン》ㇾ本《ヲ》、如《シトハ》二撥《テ》ㇾ影《ヲ》指《スカ》ㇾ天《ヲ》、即《チノ》此義《ナリ》也。

(正蔵33―九二三C―21、学林・玄会下二五四―6、影印・釈籤下二七六、玄会7下―11ヲ、天全・玄義4―四五九)

九七―13　記の三の上二十に曰く

【法華文句記】故近《ニハ》則表《シ》ㇾ迹、遠表《ハス》二於本《ヲ》一、具如《ニキ》二玄文開合《ニ》者《セルノ》一是《レナリ》。

(正蔵34―一九一C―24、学林・文会上三一一―5、影印・文句記上四八七、文会5―47ヲ、天全・文句1―四〇七B)

九八－1　玄の一に曰く

【法華玄義】　開示悟入《モ》亦《タ》約《ス》二行《ノ》次第《ニ》一。

（正蔵33－六八五A－13、国訳・経疏1－二八－18、学林・玄会上九四－9、影印・玄義上四九、玄会1上－53ウ、天全・玄義1－二六四）

九八－2　記の八に云わく

【法華文句記】　勧発四意者《ト》、一《ニハ》諸仏護念、二《ニハ》植衆徳本、三《ニハ》入正定聚、四《ニハ》発救一切衆生之心《ナリ》、下《ノ》文《ニ》亦以二四法《ヲ》一対《ス》二開示悟入《ニ》一、雖二是《レ》迹《ノ》要《ナリト》一若顕レ本已《レハ》即成《ル》二本《ノ》要《ト》一、具《ニハ》如《シ》二下《ニ》弁《スルカ》一。

（正蔵34－三〇五C－10、学林・文会中六二八－3、影印・文句記下一七、文会21－54ウ、天全・文句4－一八四四B）

九八－5　記の第一に曰く

【法華文句記】　本地《ノ》総別《ハ》超二過《ス》諸説《ニ》一、迹中《ノ》三一《ハ》功高《シ》二一期《ニ》一、故《ニ》一中《カ》之《ノ》三《ハ》永《ク》殊《ナル》二前教《ニ》一、即《スルノ》レ三之一《ニハ》不二与レ他同《カラ》一。

（正蔵34－一五一C－3、学林・文会上六－8、影印・文句記上八、文会1－4ヲ、天全・文句1－一四B）

九八―5　道暹の曰く

【法華経文句輔正記】　一《ハ》則超㆓於前十四品《ニ》㆒二《ハ》則超《ユ》㆓於一代《ノ》教門《ニ》㆒。

（続蔵1―45―1―2ウA―15、輔正記1―3ウ、新続28―六三四C―8）

九八―12　大論の第一に曰く

【大智度論】　復《タ》次《ニ》経《ノ》中《ニ》説《テ》㆑信《ヲ》為《ス》㆑手《ト》、如㆘人有《レハ》㆑手入《リテ》㆓宝山《ノ》中《ニ》㆒自在《ニ》取《ルカ》㆖宝《ヲ》。

（正蔵25―六三A―7、国訳・釈1―三六―17）

九八―14　天台の所謂

【法華文句】　将《テ》㆓此《ノ》法《ヲ》㆒与《ヘテ》㆓漸頓《ノ》衆生《ニ》㆒令《ルヲ》㆓修行《セ》㆒名《クル》㆑服《ト》也。

（正蔵34―一三五A―18、国訳・経疏2―四四八―3、学林・文会下三四五―5、影印・文句下六六五、文会27―17ヲ、天全・文句5―一三七〇A）

九九―2　寿量品に云わく

【如来寿量品】　一心に仏を見たてまつらんと欲して　自ら身命を惜しまず　時に我及び衆僧　倶に霊鷲山に出ず

（開結四三九―末行）

九九―6　三大秘法抄に云わく

【三大秘法稟承事】　今日蓮が唱ふる所の題目は前代に異なり、自行化他に亘りて南無妙法蓮華経なり。名体宗用教の五重玄の五字なり。

（新編一五九四―末行）

九九―9　録外の二十五に云わく

【義浄房御書】　寿量品の自我偈に云はく「一心に仏を見たてまつらんと欲して自ら身命を惜しまず」云云。日蓮が己心の仏果を此の文に依って顕はすなり。其の故は寿量品の事の一念三千の三大秘法を成就せる事此の経文なり、秘すべし秘すべし。

（新編六六九―5）

一〇〇―1　例せば

【如来寿量品】　此の大良薬は、色香美味、皆悉く具足せり。

（開結四三六―4）

一〇〇―7　御義口伝に曰く

仍って事の一念三千の明文なり。御本尊は此の文を顕はし出だし玉ふなり。されば倶とは不変真如の理なり、出とは随縁真如の智なり。倶とは一念なり、出とは三千なり云云。又云はく、時とは本時娑婆世界の時なり。下は十界宛然の曼陀羅を顕はす文なり。其の故は時とは末法第五時の時なり。我とは釈尊、

及は菩薩、衆僧は二乗、倶とは六道なり。出とは霊山浄土に列出するなり。（新編一七七〇-4）

一〇〇-10　御義口伝に又云わく

霊山とは御本尊並びに今日蓮等の類南無妙法蓮華経と唱へ奉る者の住処を説くなり云云。

（新編一七七〇-7）

一〇〇-12　録外の十八三十に云わく

【法華宗内証仏法血脈】　法華経所坐之処、行者所住之処、道俗男女貴賤上下所住之処、併《ラ》皆是寂光也。所居既《ニ》浄土也　（校定3-一八五六-12）

一〇一-2　神力品に云わく

【如来神力品】　爾の時に仏、上行等の菩薩大衆に告げたまわく、諸仏の神力は、是の如く無量無辺不可思議なり。若し我、是の神力を以て、無量無辺百千万億阿僧祇劫に於て、嘱累の為の故に、此の経の功徳を説かんに、猶尽すこと能わじ。要を以て之を言わば、如来の一切の所有の法、如来の一切の自在の神力、如来の一切の秘要の蔵、如来の一切の甚深の事、皆此の経に於て宣示顕説す。是の故に汝等、如来の滅後に於て、応当に一心に受持し、読誦し、解説し、書写し、説の如く修行すべし。所在の国土に、若しは受持し、読誦し、解説し、書写し、説の如く修行すること有らん。若しは経巻所住の処、若しは園中に於ても、若しは林中に於ても、若しは樹下に於ても、若しは僧坊に於ても、若しは白衣の舎にても、若しは殿堂に在っても、若しは山谷曠野にても、是の中に皆、応に塔を起て供養すべし。所以は何ん。当に知るべし、是の処は即ち是れ道場なり。諸仏此に於て、阿耨多羅三藐三菩提を得、諸仏此に於て、法輪を転じ、諸仏此に於て、般涅槃したもう。（開結五一三—1）

一〇二—9　其の枢柄を撮って

【法華文句】一切深事者《ト》、因果《ハ》是《レ》深事《ナリ》、此《レ》結《スル》二妙宗《ヲ》一也。皆於此経宣示顕説者《ト》、総《シテ》結《スルニ》二一経《ヲ》一唯四而已、撮《テ》二其枢柄《ヲ》一而《シテ》授二与《ス》之《ヲ》一。

（正蔵34—一四二A—28、国訳・経疏2—四七三—12、学林・文会下四六七—3、影印・文句下七四九、文会29—6ウ、天全・文句5—二五三四A）

一〇二—13　本尊抄に云わく

【観心本尊抄】此の本門の肝心、南無妙法蓮華経の五字に於ては仏猶文殊薬王等にも之を付嘱したまはず、何に況んや其の已外をや。但地涌千界を召して八品を説いて之を付嘱したまふ。其の本尊の為体、本師の娑婆の上に宝塔空に居し、塔中の妙法蓮華経の左右に釈迦牟尼仏・多宝仏、釈尊の脇士上行等の四菩薩、文殊・弥勒等は四菩薩の眷属として末座に居し、迹化・他方の大小の諸菩薩は万民の大地に処して雲閣月卿を見るが如く、十方の諸仏は大地の上に処したまふ。迹仏迹土を表する故なり。

（新編六五四-6）

一〇三-4　新尼抄外の十二(二十七)に云わく

【新尼御前御返事】今此の御本尊は教主釈尊五百塵点劫より心中にをさめさせ給ひて、世に出現せさせ給ひても四十余年、其の後又法華経の中にも迹門はせすぎて、宝塔品より事をこりて寿量品に説き顕はし、神力品嘱累品に事極まりて候ひしが、金色世界の文殊師利、兜史多天宮の弥勒菩薩、補陀落山の観世音、日月浄明徳仏の御弟子の薬王菩薩等の諸大士、我も我もと望み給ひしかども叶はず。是等は智慧いみじく、才学ある人々とはひゞけども、いまだ日あさし、学も始めたり、末代の大難忍びがたかるべし。我五百塵点劫より大地の底にかくしをきたる真の弟子あり、此にゆづるべしとて、上行菩薩等を涌出品に召し出ださせ給ひて、法華経の本門の肝心たる妙法蓮華経の五字をゆづらせ給ひて（下略）

（新編七六四-3）

一〇三-8　妙楽の曰く

【法華玄義釈籤】若《シ》不《ンハ》レ借《ラ》レ迹《ヲ》何《ソ》能《ク》識《ラン》レ本《ヲ》、如《シトハ》二撥レ影指《スカ》㆑天《ヲ》即《チ》此《ノ》義《ナリ》也。

（正蔵33-九二三C-22、学林・玄会下二五四-6、影印・釈籤下二七六、玄会7下-11ヲ、天全・玄義4-四五九）

一〇三-9　又云わく

【法華文句記】　雖㆓脱《ハ》在《リト》㆑現《ニ》具《ニ》騰《ス》㆓本種《ニ》㆒故《ニ》名㆓本眷属《ト》㆒。

（正蔵34-一五六C-25、学林・文会上三六-4、影印・文句記上七一、文会1-30ウ、天全・文句1-五九A）

一〇四-3　宗祖の云わく

【御義口伝】　霊山とは御本尊並びに今日蓮等の類南無妙法蓮華経と唱へ奉る者の住処を説くなり云云。

（新編一七七〇-7）

一〇四-5　三大秘法抄十五-三十に云わく

【三大秘法稟承事】　戒壇とは、王法仏法に冥じ、仏法王法に合して、王臣一同に本門の三秘密の法を持ちて、有徳王・覚徳比丘の其の乃往を末法濁悪の未来に移さん時、勅宣並びに御教書を申し下して、霊山浄土に似たらん最勝の地を尋ねて戒壇を建立すべき者か。時を待つべきのみ。事の戒法と申すは是なり。

（新編一五九五-1）

一〇四―9　録外の十六四十一に云わく

【日蓮一期弘法付嘱書】　日蓮一期の弘法、白蓮阿闍梨日興に之を付嘱す、本門弘通の大導師たるべきなり。国主此の法を立てらるれば、富士山に本門寺の戒壇を建立せらるべきなり。時を待つべきのみ。事の戒法と謂ふは是なり。

（新編一六七五―2）

一〇五―1　疏の十二十四に云わく

【法華文句】　阿含云《ニ》、仏《ノ》出世《シタマフニ》唯四処起《ニツ》塔《ヲ》、生処、得道処、転法輪、入涅槃《ナリト》、坐道場是《ハレ》法身《ノ》生処《ナリ》、余《ハ》悉《ク》如《シ》文。

（正蔵34―一四二B―10、国訳・経疏2―四七三―末行、学林・文会下四六八―7、影印・文句下七五一、文会29―8ヲ、天全・文句5―二五三五A）

一〇五―2　文の八七十に云わく

【法華文句】　夫《レ》仏《ノ》生処、得道、転法輪、入涅槃等《ノ》処《ハ》、法王《ノ》所遊《フ》皆応起塔、此経《ノ》是《ハレ》法身《ノ》生処、得道之場、法輪《ノ》正体、大涅槃《ノ》窟《ナリ》。

（正蔵34―一一〇B―28、国訳・経疏2―三五九―1、学林・文会中六四七―5、影印・文句下三七三、文会

22-12ヲ、天全・文句4-一八六八B）

一〇五-3　記の八の本六十に云わく

【法華文句記】　生処得道転法輪入涅槃等処《ノトハ》、具如《ニ》二止観《ノ》第七化身《ノ》八相一、此四相《ノ》処尚応レ起レ塔、況復五師及此経《ノ》所《ハ》レ在即是法身《ノ》四処《ナリ》、皆応レ起レ塔、況経《ヲモテ》著《ス》二塔中一則《ンハ》為《レ》已《ニ》有二法身《ノ》全身舎利一、故引《テ》レ論証《ス》三生法《ノ》二身《ニ》各有《ルコトヲ》二全砕一。

（正蔵34-三〇六C-24、学林・文会中六四七-10、影印・文句記下三一、文会22-12ヲ、天全・文句4-一八六八B）

一〇五-6　南条抄二十二に云わく

【南条殿御返事】　教主釈尊の一大事の秘法を霊鷲山にして相伝し、日蓮が肉団の胸中に秘して隠し持てり。されば日蓮が胸の間は諸仏入定の処なり、舌の上は転法輪の所、喉は誕生の処、口中は正覚の砌なるべし。かゝる不思議なる法華経の行者の住処なれば、いかでか霊山浄土に劣るべき。法妙なるが故に人貴し、人貴きが故に所尊しと申すは是なり。

（新編一五六九-9）

一〇六-2　本因妙の文に云わく

【如来寿量品】　我本菩薩の道を行じて、成ぜし所の寿命、今猶未だ尽きず。　（開結四三三—7）

一〇六—5　本果妙の文に云わく

【如来寿量品】　我成仏してより已来、甚だ大いに久遠なり。　（開結四三三—6）

一〇六—8　本国土妙の文に云わく

【如来寿量品】　我常に此の娑婆世界に在って、説法教化す。　（開結四三一—4）

一〇六—11　玄文の第七に云わく

【法華玄義】　本因妙《ト》者、経言《ニ》、我《レ》本《ト》行《セシ》二菩薩《ノ》道《ヲ》一時、所《ノ》レ成《スル》寿命《ト》者、慧命《トハ》、即《チ》本時《ノ》智妙也、我本行《ト》者、行《ハ》是進趣《ニシテ》、即《チ》本行妙也、菩薩道時《ト》者、菩薩《ハ》是《レ》因人《ナレハ》復《タ》顕《ス》二位妙《ヲ》一也、一句《ノ》文《ニ》証二成《ス》三妙《ヲ》一、三妙《ハ》即《チ》本時《ノ》因妙《ニシテ》、非《サル》二迹《ノ》因《ニ》一也。

（正蔵33—七六六A—28、国訳・経疏1—二七七—6、学林・玄会下—二三—10、影印・玄義下—二三三、玄会7上—43ウ、天全・玄義4—三九八）

一〇七—1　妙楽の曰く

【法華玄義釈籤】　次《ニ》正《シク》明《ス》因妙《ヲ》、又二、先《ニ》釈、次《ニ》料簡《ナリ》。初又三、初《ニ》立《テ》本《ヲ》、次《ニ》迹因多種《ノ》下《ハ》引《テ》迹《ヲ》弁《ス》異《ヲ》、三《ニ》以三義《ノ》下《ハ》払《テ》迹《ヲ》顕《ス》本《ヲ》。下去九妙《ノ》分文皆然《ナリ》。初《ノ》文《ニ》又三。初《ニ》引文、次《ニ》釈、三《ニ》一句《ノ》下《ハ》結《ス》本因四義《ヲ》。下《ノ》九皆然《ナリ》。

（正蔵33-九二一B-4、学林・玄会下二三-7、影印・釈籤下二四六、玄会7上-43ウ、天全・玄義4-三九七）

一〇七—6　天台大師の文の一に云わく

【法華文句】　後《ノ》五百歳、遠《ク》沾《フ》妙道《ニ》

（正蔵34-二C-15、国訳・経疏2-一三-末行、学林・文会上三八-4、影印・文句上二二、文会1-32ウ、天全・文句1-六三B）

一〇七—11　文の第二に云わく

【法華文句】　観《ニ》釈《サハ》者、中観《ノ》広博《ナルヲ》名《ツケ》大《ト》、無縁《ノ》慈《ヲ》名《ツケ》愛《ト》、中理《ノ》虚通《ナルヲ》名《ツク》道《ト》。大《ハ》即《チ》自行、愛《ハ》即《チ》化他《ナリ》、如《ク》以《テ》愛《ノヲ》故《ニ》受《クルカ》生《ヲ》、慈《ノ》故《ニ》渉《ル》有《ニ》、道《ハ》即《チ》通《スル》自行化他《ニ》也。

（正蔵34-一九B-25、国訳・経疏2-六六-17、学林・文会上二二一-3、影印・文句上二二一、文会4-

22ヲ、天全・文句1‐二九〇A）

一〇八‐2　輔記の第四に云わく

【法華経文句輔正記】　疏云《ニ》、一《ニ》道慧見《テト》二道《ノ》実性《ヲ》一者、道《ヲ》為二所践一、清浄《ノ》智《ヲ》為《ス》二能践《ト》一。

（続蔵1‐45‐1‐70ウA‐11、輔正記4‐14ヲ、新続28‐七〇二C‐17）

一〇八‐3　秘法抄に云わく

【三大秘法稟承事】　戒壇とは、王法仏法に冥じ、仏法王法に合して、王臣一同に本門の三秘密の法を持ちて、有徳王・覚徳比丘の其の乃往を末法濁悪の未来に移さん時、勅宣並びに御教書を申し下して、霊山浄土に似たらん最勝の地を尋ねて戒壇を建立すべき者か。時を待つべきのみ。事の戒法と申すは是なり。三国並びに一閻浮提の人懺悔滅罪の戒法のみならず、大梵天王・帝釈等も来下して踏み給ふべき戒壇なり。

（新編一五九五‐1）

一〇八‐6　天台大師の云わく

【法界次第初門】　道《ハ》以二能通《ヲ》一為レ義《ト》。

（正蔵46‐六八〇B‐末行）

一〇八－7　玄文の四に云わく

【法華玄義】　夫レ行ハ名二クルモ進趣一ニ、非レンハ智不レニ前《すす》マ、智解導レクハ行ヲ、非レンハ境不レニ正シカラ、智目行足ヲモテ到二ル清涼池一ニ。

（正蔵33－七一五B－17、国訳・経疏1－一二三－14、学林・玄会上五二一－11、影印・玄義上四一五、玄会3下－25ヲ、天全・玄義2－四九六）

一〇九－2　実相寺申状に云わく

【四十九院申状】　大覚世尊霊山虚空二処三会二門八年之間雖レ説キ二窮ムト三重之秘法一ヲ仏滅度後二千二百三十余年之間月氏ノ迦葉阿難龍樹天親等ノ大論師漢土ノ天台妙楽日本ノ伝教大師等内ニハ雖レ知ルト之ヲ外而不レ伝レヘ之ヲ第三ノ秘法于今所レ残ル也

（歴全1－七二－8、聖典六〇九－14）

一〇九－5　宗祖の云わく

【常忍抄】　日蓮が法門は第三の法門なり。世間に粗夢の如く一・二をば申せども、第三をば申さず候。

（新編一二八四－末行）

一〇九－7　太田抄に云わく

【曾谷入道殿許御書】　正・像二千余年には猶下種の者有り。例せば在世四十余年の如し。根機を知らずんば左右無く実経を与ふべからず。今は既に末法に入って、在世の結縁の者は漸々に衰微して、権実の二機皆悉く尽きぬ。彼の不軽菩薩、末世に出現して毒鼓を撃たしむるの時なり。（新編七七八‐15）

一一〇‐1　証真の云わく

【法華玄義私記】　聞法名《ヲ》二下《ツク》種《ト》一、是《レ》了因種《ナルカ》故《ニ》。発心名《ヲ》二結《ツク》縁《ト》一、是《レ》仏《ノ》果《ノ》縁故《ニ》。（仏全・法華玄義私記二八A‐4、天全・玄義1‐二一八）

一一〇‐7　経に云わく

【法師品】　是の諸人等は、已に曾て十万億の仏を供養し、諸仏の所に於て、大願を成就して、衆生を愍れむが故に、此の人間に生ずるなり。（開結三一九‐9）

一一〇‐14　宗祖の云わく

【題目弥陀名号勝劣事】　法華経の題目は過去に十万億の生身の仏に値ひ奉りて、功徳を成就する人、初めて妙法蓮華経の五字の名を聞き、始めて信を致すなり。（新編三二八‐1）

二一-3　**妙楽の曰く**

【法華文句記】　仏若不《シハ》レ出《テ》、已未《ノ》二善皆悉《ク》不レ成《セ》、未者《ト》下種《ナリ》、已者《トハ》熟脱《ナリ》。

（正蔵34-一六二C-19、学林・文会上七三-9、影印・文句記上一四一、文会2-5ヲ、天全・文句1-一〇六B）

二一-4　**宗祖の云わく**

【立正観抄】　本化弘通の所化の機は法華本門の直機なり。　（新編七六九-7）

二一-6　**大集経に**

次《ノ》五百年於《ハテ》二我法中《ニ》一闘諍言頌《シ》（ママ）白法隠没《シ》損減《スルコト》堅固《ナリ》。　（正蔵13-三六三B-4、国訳・大4-二〇六-16）

二一-7　**薬王品に**

【薬王菩薩本事品】　我が滅度の後、後の五百歳の中に、閻浮提に広宣流布して、断絶せしむること無けん。悪魔、魔民、諸天、龍、夜叉、鳩槃荼等其の便を得ん。　（開結五三九-7）

二一-8　**宗祖の云わく**

【撰時抄】　何に況んや法華経は釈尊は要当説真実となのらせ給ひ、多宝仏は真実なりと御判をそへ、十方の諸仏は広長舌を梵天につけて誠諦と指し示し、釈尊は重ねて無虚妄の舌を色究竟に付けさせ給ひて、後五百歳に一切の仏法の滅せん時、上行菩薩に妙法蓮華経の五字をもたしめて謗法一闡提の白癩病の輩の良薬とせんと、梵・帝・日・月・四天・竜神等に仰せつけられし金言虚妄なるべしや。（新編八四三―17）

一―一―14　経に云わく

【薬王菩薩本事品】　又、日天子の、能く諸の闇を除くが如く、此の経も亦復是の如し。（開結五三三―10）

一―二―1　宗祖の云わく

【秀句十勝抄】　日蓮が云はく、迹門を月に譬へ、本門を日に譬ふるか。九喩は如何。（新編一三三三―12）

一―二―1　四条抄に

【四条金吾殿御返事】　名のめでたきは印度第二、扶桑第一なり。（新編一一七五―4）

一―二―3　顕仏未来記に云わく

疑って云はく、如来の未来記汝に相当たれり、但し五天竺並びに漢土等にも法華経の行者之有るか如何。

答へて云はく、四天下の中に全く二の日無し、四海の内豈両主有らんや。（新編六七七-14）

一二-12 記の一の末に云わく

【法華文句記】 摩竭提《ト》者、此《ニハ》云二不害一《ト》、劫初《ヨリ》已来《タ》、無二刑殺一故《ナリ》。至《テ》二阿闍世《ニ》一截《ヲ》レ指《ヲ》為《ス》レ刑《ト》。後自《ニラ》齧《テ》レ指《ヲ》痛《ム》、復息《ム》二此《ノ》刑《ヲ》一。仏当《ス》レ生《ノ》二其《ニ》地一故吉兆預《ニ》彰《メル》。所以先《ニ》置《ク》二不害之名《ヲ》一。（正蔵34-一六二C-14、学林・文会上七三-4、影印・文句記上一四一、文会2-4ウ、天全・文句1-一〇五A）

一三-5 太田抄に云わく

【曾谷入道殿許御書】 爰を以て滅後の弘経に於ても、仏の所属に随って弘法の限り有り。然れば則ち迦葉・阿難等は一向に小乗経を弘通して大乗経を申べず。竜樹・無著等は権大乗経を申べて一乗経を弘通せず。設ひ之を申べしかども、纔かに以て之を指示し、或は迹門の一分のみ之を宣べて全く化導の始終を談ぜず。南岳・天台等は観音・薬王等の化身として小大・権実・迹本二門・化導の始終・師弟の遠近等悉く之を宣べ、其の上に已今当の三説を立てゝ一代超過の由を判ぜること、天竺の諸論にも勝れ真丹の衆釈にも過ぎたり。旧訳、新訳の三蔵、宛も此の師には及ばず、顕・密二道の元祖、敢へて敵対に非ず。然りと雖も広略を以て本と為して未だ肝要に能はず。自身に之を存すと雖も敢へて他伝に及ばず。

此偏に付嘱を重んぜしが故なり。（新編七八五-13）

一一三-12　文に云わく

【如来寿量品】　是の好き良薬を、今留めて此に在く。汝取って服すべし。差えじと憂うること勿れ。（開結四三七-5）

一一四-2　御義口伝に云わく

是好良薬とは、或は経教、或は舎利なり。さて末法にては南無妙法蓮華経なり。是とは即ち五重玄義なり。好とは三世の諸仏の好み物は題目の五字なり、今留とは末法なり、此とは一閻浮提の中には日本国なり、汝とは末法の一切衆生なり（新編一七六九-4）

一一四-5　神力品に云わく

【如来神力品】　如来の滅後に於て　仏の所説の経の　因縁及び次第を知って　義に随って実の如く説かん（開結五一六-8）

末法相応抄 第四

一一八−6　四信五品抄十六六十八に文の九八十を引いて云わく

文句の九に云はく「初心は縁に紛動せられて正業を修するを妨げんことを畏る。直ちに専ら此の経を持つは即ち上供養なり。事を廃して理を存するは所益弘多なり」と。此の釈に縁と云ふは五度なり。初心の者が兼ねて五度を行ずれば正業の信を妨ぐるなり。譬へば小船に財を積んで海を渡るに財と倶に没するが如し。「直専持此経」と云ふは一経に亘るに非ず。専ら題目を持ちて余文を雑へず、尚一経の読誦だも許さず、何に況んや五度をや。

（新編一一一三−14）

一一八−10　経に曰く

【常不軽菩薩品】　専らに経典を読誦せずして、但礼拝を行ず。

（開結五〇〇−3）

一一八−11　記の十三十一に云わく

【法華文句記】　云二不専等《ト》一者、顕《ス》レ不《ルコトヲ》二読誦《セ》一、故《ニ》以二不軽《ヲ》一為レ専《ト》、而《シテ》云二但礼《ト》一。

（正蔵34−三四九A−11、学林・文会下四四九−2、影印・文句記下五三三、文会28−48ヲ、天全・文句5−

二五一—B）

一九‐1　聖人知三世抄二十八ヵに云わく

【聖人知三世事】　日蓮は是法華経の行者なり。不軽の跡を紹継するの故に。軽毀する人は頭七分に破れ、信ずる者は福を安明に積まん。

（新編七四八‐10）

一九‐1　開山上人の五人所破抄に云わく

今末法の代を迎へて折伏の相を論ずれば一部読誦を専らとせず。但五字の題目を唱へ、三類の強敵を受くと雖も諸師の邪義を責むべき者か。

（新編一八八〇‐10）

一九‐4　一代大意抄十三二十に云わく

【一代聖教大意】　此の法華経は知らずして習ひ談ずる物は但爾前経の利益なり。

（新編九八‐14）

一九‐7　日辰が記に云わく

【読誦論義】　蓮祖居㆓住《シテ》身延山久遠寺《ニ》㆒九年《ノ》間所《ノ》㆓読誦《シタマフ》㆒法華経一部、各一巻《ノ》大如《サ》㆔二三巻集成《テカ》㆓一巻《ト》㆒、是㆑麁本《ナルカ》故《ニ》無㆓表紙㆒、触《ルル》㆑手《ニ》限《リ》黒白分《ツ》㆑色《ヲ》、十月中旬二日《ノ》申《ノ》剋《ニ》或僧四人《ニシテ》番衆成㆓警固《ヲ》㆒、為㆓万人《ノ》㆒令㆑戴《カ》㆓触

手ノ分ヲ一、為レ令ンレ拝二見セ蓮祖九年ノ読誦ノ行功ヲ一也

（日宗全3－四六一－9）

一一九－9　天目日向問答記に云わく

【参考・録内啓蒙】　大聖人ノ一期ノ行法本迹也毎日勤行方便寿量ノ両品也弘安五年壬午十月十三日池上ニシテ御遷化有レ之御臨終ノ時近ク成シカハ大聖人方便品ヲ我ト御初有テ大衆一同ニ読玉フ方便品畢テ寿量品ノ半ニ御臨終有レ之是現証也。

（啓蒙18－82ヲ、啓蒙・上八三六B『本満寺版』）

一一九－11　身延山抄十八初に云わく

【身延山御書】　庵の内には昼は終日に一乗妙典の御法を論談し、夜は竟夜要文誦持の声のみす。

（新定3－二三〇六－8）

一一九－13　佐渡抄十四五に云わく

【種々御振舞御書】　眼には止観・法華をさらし、口には南無妙法蓮華経と唱へ、夜は月星に向かひ奉りて諸宗の違目と法華経の深義を談ずる程に年もかへりぬ。

（新編一〇六三－末行）

二〇—8　又云わく

【読誦論義】　蓮祖自筆《ノ》紺紙金泥《ノ》法華経一部《ハ》、是《ハ》駿河国富士郡重須郷本門寺《ノ》霊宝也。

（日宗全3—四六一—12）

二〇—14　又云わく

【読誦論義】　正御影《ノ》御前《ニ》有二法華経一部一、大曼荼羅《ノ》宝前机《ノ》上《ニ》安《ス》二法華経一部《ヲ》一、住持毎日三時《ノ》勤行《ニ》向《ハル》二机上《ノ》法華経八軸《ニ》一。

（日宗全3—四六一—13）

二一—2　秘法抄十五三十に云わく

【三大秘法稟承事】　法華経を諸仏出世の一大事と説かせ給ひて候は、此の三大秘法を含めたる経にて渡らせ給へばなり。

（新編一五九五—末行）

二一—5　又云わく

【読誦論義】　日代《ハ》日興《ノ》補処《トシテ》為《ニ》二日興正慶二年二月七日入滅《ノ》已後追善《ノ》一以二法華経一部《ヲ》一、記《スルヲ》レ石名《ニテ》二石経《ト》一、在二重須《ノ》本門寺開山塔下《ノ》二一、其《ノ》石《ノ》大《サ》如レ掌《ノ》、或《ハ》有二大小一、日辰日住日玉並《ニ》見レ之、其《ノ》石《ノ》文于レ時観音品也。

（日宗全3—四六一—末行）

一二一-9　例せば慈覚等の如し

【参考・三大秘法稟承事】　叡山の座主始まって第三・第四の慈覚・智証、存外に本師伝教・義真に背きて、理同事勝の狂言を本として、我が山の戒法をあなづり、戯論と謗ぜし故に、思ひの外に延暦寺の戒、清浄無染の中道の妙戒なりしが、徒に土泥となりぬる事云ひても余りあり、歎きても何かはせん。

（新編一五九五-5）

一二一-11　又云わく

【読誦論義】　転重軽受御書云、今日蓮法華経一部《ヲ》読《テ》候、一句一偈尚蒙㆓受記《ヲ》㆒、何況《ヤ》一部《ヲヤ》、弥憑《シ》文。

（日宗全3-四六二-3）

一二一-11　転重軽受抄十七 二十九に云わく

【転重軽受法門】　今日蓮法華経一部よみて候。一句・一偈に猶受記をかほれり。何に況んや一部をやと、いよいよたのもし。

（新編四八一-17）

一二一―1　次上の文に云わく

【転重軽受法門】　過去の不軽菩薩・覚徳比丘なんどこそ、身にあたりてよみまいらせて候ひけるとみへはんべれ。現在には正像二千年はさてをきぬ。末法に入っては、此の日本国には当時は日蓮一人みへ候か。（新編四八一―14）

一二一―4　下山抄二十六三十七に

【下山御消息】　法華経一部よみまいらせたるにこそとおもひきりて、わざと不軽菩薩の如く（新編一一五一―3）

一二一―5　日辰の御書抄の意に謂わく

（雪文・日辰転重軽受見聞取意歟）

一二一―7　宗祖の云わく

【転重軽受法門】　不軽菩薩・覚徳比丘なんどこそ、身にあたりてよみまいらせて候ひけるとみへはんべれ。（新編四八一―14）

一二一―7　又経に云わく

【常不軽菩薩品】　専らに経典を読誦せずして、但礼拝を行ず。（開結五〇〇-3）

一二二-10　彼の抄の次上に観行即の例を引いて云わく

【転重軽受法門】　円教の六即の位に観行即と申すは「行ずる所言ふ所の如く、言ふ所行ずる所の如し」云云。（新編四八一-8）

一二二-13　次の文に云わく

【転重軽受法門】　法華経は紙付に音をあげてよめども、彼の経文のごとくふれまう事かたく候か。（新編四八一-11）

一二三-1　真間の供養抄に云わく

【真間釈迦仏御供養逐状】　法華経一部、御仏の御六根によみ入れまいらせて、生身の教主釈尊になしまいらせて、かへりて迎ひ入れまいらせさせ給へ。（新編四二六-8）

一二三-3　宗祖の云わく

【経王殿御返事】　仏の御意は法華経なり。日蓮がたましひは南無妙法蓮華経にすぎたるはなし。

（新編六八五-14）

一二三-5　日辰が記に云わく

【読誦論義】法蓮為《ニ》二慈父十三年《ノ》一読二誦《ス》法華経五部《ヲ》一、若為《ハ》二法華読誦《ヲ》一謗罪《ナラハ》者法蓮亦可レ処《ス》二謗罪《ニ》一、若謗罪一定《ナラハ》高祖何《ソン》不レ責二諸宗同前《ノ》謗罪《ヲ》一乎。

（日宗全3-四六八-10）

一二三-11　又云わく

【読誦論義】若依《テ》二不雑余文《ノ》四字《ニ》一禁二制《セハ》一部読誦《ヲ》一、顕応何《ソ》読二誦《スル》方便寿量《ヲ》一耶、方便寿量亦《モ》是題目《ノ》外也。

（日宗全3-四六三-6）

一二四-1　又云わく

【読誦論義】尚不レ許《トハ》二一経読誦一者為レ顕《カ》二初心《ノ》正業《ヲ》一也。

（日宗全3-四六三-7）

一二四-3　四信抄の意の謂わく

【四信五品抄】専ら題目を持ちて余文を雑へず、尚一経の読誦だも許さず、何に況んや五度をや。

（新編一一一三-17）

二二四－5　又云わく

【読誦論義】　蓮祖紹継不軽跡事経釈倶顕《ニ》不軽菩薩《ノ》不読誦《ヲ》也（中略）況《ヤ》不軽菩薩有読誦処《ノ》経釈何覆《ソ》蔵《スル》耶、不軽品云、我於先仏所受持読誦此経為人説故疾得阿耨○菩提文、文句十云読誦経典即《ハ》了因性、皆行菩薩道即《ハ》縁因性、不敢軽慢而復深敬者即《ハ》正因性文、証《スル》不軽《ノ》三仏性《ヲ》中《ニテ》挙《ニ》不軽《ノ》読誦経典《ヲ》証《ス》了因仏性《ヲ》也、汝但見不専読誦《ノ》文《ヲ》宣《ル》不読一部《ヲ》事甚無《レ》謂也。

（日宗全3－四六五－7）

二二四－6　不軽品に云わく

【常不軽菩薩品】　我先仏の所に於て、此の経を受持し、読誦し、人の為に説きしが故に、疾く阿耨多羅三藐三菩提を得たり。

（開結五〇三－9）

二二四－7　文の十に云わく

【法華文句】　読誦経典即《ハ》了因《ノ》性。皆行《ス》菩薩道《ヲ》即縁因《ノ》性。不《シテ》敢《テ》軽慢《セ》而復深《ク》敬《フハ》者即正因《ノ》性。

（正蔵34－一四一A－11、国訳・経疏2－四六九－2、学林・文会下四五〇－9、影印・文句下七三六、文会28－49ウ、天全・文句5－二五一－五A）

一二四－11　一翳眼に在り、空華乱墜す

【景徳伝灯録】　一翳在レ眼空華乱墜　（正蔵51－二八〇C－26）

一二四－11　州の額を県に打つ

【参考・善無畏抄】　此等は牛跡に大海を入れ、県の額を州に打つ者なり。　（新編五〇七－11）

一二五－2　補注の十四に云わく

【法華三大部補注】　経《ニ》云《フ》二若我於宿世不受持読誦此経不能疾得菩提《ト》一、若以《シ》二此《ノ》文《ヲ》一指《シテ》二雲自在王《ノ》時《ヲ》一、受持読誦《ストイハハ》者、然《モ》文句釈《ニシテ》二不専《ノ》文《ヲ》一云《ハク》、読誦経典是《レ》了因《ノ》性《ナリト》、請《フ》細《ニ》詳《セヨ》レ之。然《モ》文句《ニ》云《ク》、是《レ》初随喜《ノ》位《ナリ》、此《レ》則《チ》未レ渉《ラ》二読誦品《ニ》一耳。有人云、問、何故礼俗及《ヒ》引大経礼知法者並《ニ》浄名中比丘礼俗菩薩不作是礼、即是有犯於性罪必獲遮罪有越等《トハ》、皆慈恩疏《ノ》及《ヒ》唐時《ノ》諸師《ニ》有《ルナリ》二此説一也。大涅槃《ニ》云《ク》、有知法者《ハ》、若《シハ》老若《シハ》少故応《ニ》二供養《シ》恭敬《シ》礼拝《ス》一、慈恩又云、礼二四衆《ヲ》一而不レ犯二独礼一而便《チ》虧、余謂《ク》、準《シテ》二何《ノ》戒律《ニ》一作《スヤ》二此説《ヲ》一乎、又云《ク》、比丘礼《スルハ》二維摩《ノ》足《ヲ》一是《レ》新学者《ノ》未レ有《レハ》レ知《ルコト》也、余《ノ》謂《ク》、経《ニ》云《ク》、維摩居士即《チ》入《リ》二三昧《ニ》一、令三此《ノ》比丘《ヲシテ》自《ラ》識《ラ》二宿命《ヲ》一発二菩提心《ヲ》一、比丘方《ニ》乃《チ》礼二維摩《ノ》足《ヲ》一、那《ソ》云《ハンヤ》二新学未レ有レ知耶。入大乗論《ニ》云《ク》、披二法服《ヲ》一菩薩方便《ヲモテ》随順《シテ》得レ礼《スルコトヲ》二白衣《ヲ》一、敬《フコトヲ》レ之如《クスノ》レ仏。然《ルニ》菩薩《ノ》人或《ハ》於《テ》二殺等《ニ》一有レ益《スルコト》二衆生《ヲ》一即便《チ》為《ニスカ》レ之。故云、何箇《ソハンヤ》二遮性《ヲ》一也。慈恩釈《スルニ》二下経《ノ》中《ノ》心無所畏《ヲ》一謂《ク》、入《ルト》二初地一。余《カ》謂《ク》、前《ニ》得《タルハ》二六根浄《ヲ》一是《レ》十信、今又得二六根浄《ヲ》一心《ニ》無レ所レ畏、恐《ラクハ》是《レ》初住《ナラン》也。記《ニ》云《ク》、

本地亦然《トイフハ》者、不レ知《ルカ》レ理《ヲ》故《ニ》瓦石《ヲモテ》打レ之《ヲ》不レ受二本理《ヲ》一也、打二不軽比丘《ヲ》一不レ受二本人一也、打《ツカ》故《ニ》遠住《シ》不レ受二本行《ヲ》一也、高声唱等《トイフハ》、不レ受二本教《ヲ》一也、将《テ》二迹《ノ》不受四一之《ノ》文《ヲ》一対弁《スルコト》如レ此《ノ》耳。

（続蔵1−44−2−一五四ヲB−1、補注10−14ウ、新続28−三二〇C−1）

一二五−6　文の十六十に云わく

【法華文句】　文云《ニ》二不《フハ》専読誦経典但行礼拝《ト》一者、此是《ハレ》初随喜人《ノ》之《ノ》位也。

（正蔵34−一四一A−8、国訳・経疏2−四六八−末行、学林・文会下四四九−1、影印・文句下七三六、文会28−48ヲ、天全・文句5−二五一一B）

一二五−8　経に云わく

【常不軽菩薩品】　復二千億の仏の同じく雲自在灯王と号くるに値いたてまつり、此の諸仏の法の中に於て、受持、読誦し、諸の四衆の為に、此の経典を説くが故に、是の常眼清浄、耳鼻舌身意の諸根の清浄を得て

（開結五〇二−8）

一二五−10　補注の十五十に云わく

【法華三大部補注】　慈恩釈《スルニ》二下《ノ》経《ノ》中心無所畏《ヲ》一謂《ク》、入《ルト》二初地一。余謂《カク》、前《ニ》得《タルハ》二六根浄《ヲ》一是《レ》十信、今又得二六根

浄《ヲ》一、心無レ所レ畏、恐《ラクハ》是《レ》初住《ナラン》也。（続蔵1-44-2-一五四ヲB-16、補注10-15ヲ、新続28-三二〇C-16）

一二五-11　証真の云わく

【法華疏私記】経《ニ》得是常眼清浄等者《ト》、前得《ニ》二相似《ヲ》一、今得二真位一、故云レ常也。問、上品《ノ》云、以二此《ノ》常耳清浄一、常耳等豈是真位《ナラン》。答、前《ハ》是《レ》尋常之常、今《ハ》是《レ》真常之常也、然正経云《ク》、在二所生処一、常《ニ》自然《ニ》獲二眼浄耳浄一。云云

（仏全5・法華疏私記四八B-10、文会28-52ウ、天全・文句5-二五一八A）

一二五-14　文句に云わく

【法華文句】随下喜《ス》一切法《ノ》、悉有二安楽性《ノ》一、皆一実相上《ナルコトヲ》、随三喜《ス》一切人《ノ》、皆有《ルコトヲ》二三仏性一、読誦経典《ハ》即了因《ノ》性、皆行菩薩道《ハ》即縁因《ノ》性、不敢軽慢而復深敬者《ハ》、即正因《ノ》性《ナリ》。

（正蔵34-一四一A-9、国訳・経疏2-四六九-1、学林・文会下四五〇-9、影印・文句下七三六、文会28-49ウ、天全・文句5-二五一五A）

一二六-2　疏に云う

【法華文句】　読誦経典《ハ》即了因《ノ》性

（正蔵34-一四一A-11、国訳・経疏2-四六九-2、学林・文会下四五〇-9、影印・文句下七三六、文会

28-50ヲ、天全・文句5-二五一五A）

一二六-3　玄文の第五四七十に云わく

【法華玄義】是ノ時ニ四衆以テ読ニ誦スルハ衆経ヲ一即チ了因ノ性ナリ、修ニスルハノ諸功徳ヲ一即チ縁因ノ性ナリ。

（正蔵33-七四四C-17、国訳・経疏1-二一三-18、学林・玄会上六五八-13、影印・玄義上七六五、玄会5下-40ウ、天全・玄義3-六六〇）

一二六-6　顕仏未来記二十七十三に云わく

本門の本尊、妙法蓮華経の五字を以て閻浮提に広宣流布せしめんか。例せば威音王仏の像法の時、不軽菩薩「我深敬」等の二十四字を以て彼の土に広宣流布し、一国の杖木等の大難を招きしが如し。彼の二十四字と此の五字と其の語殊なりと雖も其の意之同じ。彼の像法の末と是の末法の初めと全く同じ。

（新編六七六-17）

一二六-11　尼崎の相伝に云わく

（未検）

一二六－12　妙楽の云わく

【法華文句記】　有人云《ノク》、不専《ハ》是雑、今謂《ク》但《ハ》顕《ス》二不雑《ヲ》一。不専《ハ》対《ス》レ専《ニ》。

（正蔵34－三四九A－16、学林・文会下四四九－5、影印・文句記下五三三、文会28－48ヲ、天全・文句5－二五一一B）

一二六－14　正経

【正法華経】　為諸比丘講菩薩行。不受所誨不肯諷誦。　（正蔵9－一二二C－27）

一二七－1　日辰の記に云わく

【読誦論義】　開山上人《ノ》御草案《ニ》云、日興《カ》云如法一日《ノ》之両経《ハ》雖レ為二法華《ノ》真文一、正像伝持《ノ》往古平等摂受《ノ》修行也、今迎二末法之代《ヲ》一論《セハ》二折伏《ノ》相《ヲ》一者、不レ専二一部読誦《ヲ》一但唱二五字《ノ》題目《ヲ》一、雖《ト》レ受二三類《ノ》強敵《ヲ》一可レ責《ム》二諸師《ノ》邪義《ヲ》一者歟、是則勧持不軽《ノ》明文、上行弘通《ノ》現証也、何《ソ》必折伏《ノ》時可《シ》レ修二摂受《ノ》行《ヲ》一哉、但《シ》四悉《ノ》配立二一門《ノ》取捨宜《ク》レ守二時機《ヲ》一、敢《テ》勿二偏執《スルコト》一文（中略）但四悉廃立《ヨリ》下《ハ》世界為人対治第一義《ノ》四悉檀《ト》云事有レ之故《ニ》、或時《ハ》用《ヒ》二世界悉檀《ヲ》一順《シテ》二王法《ニ》一不レ致二仏法破滅《ヲ》一事有レ之、或時《ハ》用二第一義悉檀《ヲ》一以二仏法《ヲ》一立二正理《ヲ》一離《ル》二凡俗《ノ》意《ヲ》一事可レ有レ之、或時《ハ》用《テ》二摂受門《ヲ》一捨《テ》二折伏門《ヲ》一或時《ハ》用《テ》二折伏門《ヲ》一捨《ル》二摂受門《ヲ》一義可《ト》レ有レ之云事ヲ但四悉廃立《ノ》二一門取捨判《トタマヘリ》也、或時《ハ》四悉檀摂折《ノ》二一門可レ用レ之、亦可レ捨レ之、其故《ハ》依《リ》二時節《ニ》一依二人《ノ》機《ニ》一故敢勿《ト》レ生《ルコト》二一偏偏局《ノ》執見《ヲ》一云事《ヲ》宜レ守二時機一

敢《テ》勿《レ》二偏執《スルコト》一ト判《タマヘリ》也、不造不読《ノ》一類殊《ニ》顕応《ハ》但四悉廃立已下《ノ》文《ヲ》不レ見歟不レ知歟。（日宗全3－四六七－4）

一二七－9　開山上人の五人所破抄に云わく

又五人一同に云はく、如法・一日の両経は共に以て法華の真文なり、書写読誦に於ても相違有るべからず云云。

（新編一八八〇－8）

一二八－10　聖愚問答抄の下に云わく

「（前略）取捨宜きを得て一向にすべからず」と此の釈の意分明なり。昔は世もすなをに人もたゞしくして邪法邪義無かりき。されば威儀をたゞし、穏便に行業を積みて、杖をもて人を責めず、邪法をとがむる事無かりき。今の世は濁世なり、人の情もひがみゆがんで権教謗法のみ多ければ正法弘まりがたし。此の時は読誦・書写の修行も観念・工夫・修練も無用なり。只折伏を行じて力あらば威勢を以て謗法をくだき、又法門を以ても邪義を責めよとなり。取捨其の旨を得て一向に執する事なかれと書けり。

（新編四〇三－10）

一二九－7　日瞷の略要集に

迹権本実より非権非実迄は一往也。次ぎに但約此法性より下は再往也。以二但《ノ》字一押レ上故に但の字より下を再往と云也。一往は約《シテ》二法性理《ノニ》一、非本非迹非権非実を論ず。再往は約《シテ》二法性理《ノニ》一本実迹権本妙迹麁を可《シ》レ論と釈せり。興師御草案に云《ハク》、但四悉配《ノ》立二門の取捨宜しく時機を守るべし、敢《テ》勿《レ》二偏執《スル》一者《トハ》但字以下《ハ》押《レ》上文章也、諸文も亦然也。十章抄に云わく、円の行区也、沙を数え大海を見る尚円の行也。何況《ヤ》読《ミ》二爾前経《ノヲ》一弥陀等の諸仏の名号を唱んをや。但是等は時々の行なるべし、真実の円の行に准じて常に口遊すべき事は南無妙法蓮華経也と文。

（雪文・文雅写本・略要集27ウ）

一二九－8　興師の御草案に

【五人所破抄】　但し四悉の廃立二門の取捨宜しく時機を守るべし、敢へて偏執すること勿れ云云。

（新編一八八〇－13）

一二九－9　十章抄に

されば円の行まちまちなり。沙をかずえ大海をみるなを円の行なり。何に況んや爾前の経をよみ、弥陀等の諸仏の名号を唱ふるをや。

（新編四六六－11）

一三〇－4　本因妙抄に云わく

彼は安楽普賢の説相に依り、此は勧持不軽の行相を用ゆ。

（新編一六八二－16）

一三〇－4　三位日順の詮要抄に云わく

【本因妙口決】　尋ねて云はく・第二十に彼れは諸宗の謬義を粗ぼ書き顕はすと雖ども未だ言説せず、此れは身命を惜まずして他師の邪義を糺し・三類の強敵を招くと云ふ事如何、答ふ迹化の衆は世界悉檀に准じて摂受の行業を修する故に・他師の誤りをば各書籍に之れを書き顕はすと雖ども・面つよに其の人に対し或は広席に及び非を顕はす事之れ無し、唯我師高祖一人・法華折伏の掟に任せ謗法の邪義を破し給ふ事之れ有りと云ふ事なり。尋ねて云はく・第二十一に彼れは安楽普賢の説相に依り、此れは勧持不軽の行相を用ふと書く事如何、答ふ彼れは安楽普賢の説相に依るとは摂受門の修行・迹門従因至果の行儀行相なり此の読誦等の因に依つて相似六根の果に至る事なり、此れは勧持不軽の行相を用ふとは折伏門を本と為して読誦を専らにせざるの上・不軽の強毒を抽んづる事を書かるるなり。

（富要2－八一－7）

一三〇－11　譬喩品に云わく

但楽って　大乗経典を受持して　乃至　余経の一偈をも受けざる有らん

（開結一八三－7）

一三〇―14　止観に云わく

【摩訶止観】　但信《シテ》二法性《ヲ》一不《ルヲ》レ信《セ》二其諸《ヲ》一名《ケテ》為《ス》レ観《ト》。

（正蔵46―一〇B―26、国訳・諸宗3―四五―3、学林・止会上―三六―14、影印・止観上―一二、止会1―5―28ウ、天全・止観1―三七六）

一三〇―14　会疏に云わく

【涅槃経会疏】　今昔倶平《ニラハ》応二倶持《ニ》レ戒取捨得レ宜《コトヲ》不レ可二一向《ニス》一。

（続蔵1―56―5―四一五ヲB―13、新続36―三九二C―13、涅槃会疏3―53ウ）

一三一―3　日辰が記に取要抄の

【法華取要抄】　我が門弟は順縁、日本国は逆縁なり。

（新編七三六―13）

一三一―3　日辰が記に…等の文を引いて云わく

【読誦論義】　為二逆縁《ニハ》下種《ノ》一唱《ヘ》二五字《ヲ》一不《ル》レ読二一部《ヲ》一也、若順縁門弟之時《ハ》可レ読二一部《ヲ》一也。

（日宗全3―四六七―13）

一三一－5　彼の抄の意に謂わく

【法華取要抄】　答へて曰く、末法に於ては大小・権実・顕密、共に教のみ有って得道無し。一閻浮提皆謗法と為り了んぬ。逆縁の為には但妙法蓮華経の五字に限る。例せば不軽品の如し。我が門弟は順縁、日本国は逆縁なり。（新編七三六－12）

一三一－7　初心成仏抄の意に同じ

【法華初心成仏抄】　当世の人何となくとも法華経に背く失に依りて、地獄に堕ちん事疑ひなき故に、とてもかくても法華経を強いて説ききかすべし。信ぜん人は仏になるべし、謗ぜん者は毒鼓の縁となって仏になるべきなり。（新編一三一六－4）

一三一－12　又云わく

【読誦論義】　若法華読誦無ンハㇾ罪法華書写亦無ㇾ罪、不造ノ徒輩ハ蓋シ欠ク二五種ノ妙行ヲ一歟。（日宗全3－四七二－10）

一三二－2　経に曰く

【如来神力品】　我が滅度の後に於て　応に斯の経を受持すべし　是の人仏道に於て　決定して疑有ること無けん（開結五一七－2）

一三二-3　宗祖釈して云わく

【御義口伝】　是人とは名字即の凡夫なり、仏道とは究竟即是なり、疑とは根本疑惑の無明を指すなり。末法当今は此の経を受持する一行計りにして成仏すべき事決定なり云云。

（新編一七八五-2）

一三二-5　法師功徳品に云わく

若し善男子、善女人、是の法華経を受持し、若しは読み、若しは誦し、若しは解説し、若しは書写せん。是の人は、当に八百の眼の功徳、千二百の耳の功徳、八百の鼻の功徳、千二百の舌の功徳、八百の身の功徳、千二百の意の功徳を得べし。是の功徳を以て、六根を荘厳して、皆清浄ならしめん。

（開結四七四-3）

一三二-10　修禅寺決十六に云わく

【修禅寺相伝日記】　於《テ》二妙《ノ》一字《ニ》一伝《フ》二五種法師《ノ》行《ヲ》一（中略）通広《ノ》五種《ノ》行《ハ》心散乱《ノ》故《ニ》非《ス》レ要《ニ》。大師為《ニ》二静《ノ》心得証《ノ》一好《ンテ》常《ニ》修《ス》二此行《ヲ》一。亦用《テ》二此行《ヲ》一授《ク》二道俗《ノ》衆《ニ》一。和尚《ノ》云《ク》、一時五種《ニ》妙行《セヨト》。

（伝全5-一一九-末行）

一三二-13　又二十に云わく

【修禅寺相伝私注】　智者大師、毎日行法《ノ》日記《ニ》云《ク》奉《ル》二読誦《シ》一一切経《ノ》惣要毎日一万反《ト》。玄師《ノ》伝《ニ》云《ク》、一切経《ノ》惣

要者《トハ》、謂《ク》妙法蓮華経《ノ》五字也《ナリト》。　（伝全5―七五―4）

一三三―1　大覚抄十八に云わく

【月水御書】　二十八品の中に勝れてめでたきは方便品と寿量品にて侍り。余品は皆枝葉にて候なり。されば常の御所作には、方便品の長行と寿量品の長行とを習ひ読ませ給ひ候へ。　（新編三〇三―12）

一三三―5　本因妙抄に云わく

彼は一部を読誦すと雖も二字を読まざるの義之在り、此は文々句々悉く之を読む。　（新編一六八二―13）

一三三―6　三位順公の云わく

【本因妙口決】　尋ねて云はく・第十八に彼れは一部読誦すと雖ども二字を読まざる義之れ有り、此れは文文句句・悉く之れを読むとは何ぞや、答ふ所開の六万九千の妙文を読誦する事は本迹共に之れを読むと雖ども体外迹仏・所説の本迹なる故に久成の本因本果に及ばず、本因本果とは蓮華の二字なり蓮華の二字に事理の二つ之れ有り一部読誦は理位の観行第二品なり、天台迹門の心なるべし、妙楽云はく初品に云はく何ぞ此の経を読誦する文、迹門流通は五種の妙行是れなり、皆是れ理上の修行天台なり、今当宗の意は能開久成の妙法なれば摂事成理の修行・下種結縁の万機・約身約位の全体・末法相応の時機・

日蓮一宗の行儀行相・内証寿量品の修行なり・忝くも釈迦如来本果を現し給ふ時は本因を裏と為し・本因を表とする時は本果を裏に陰す、末法の導師既に上行菩薩の本因の位に長遠果地の本果の妙法を理即の我等に与へ給へば・本因本果の蓮華の二字を事相に顕はし能開の体内の肝心を行する時は文文句句を読誦する義なり、御書に云はく本門寿量の当体蓮華の仏とは日蓮が弟子檀那等なりと書す是れなり、是の故に此れは文文句句悉く之れを読むと書せらるるなり云云。

（富要2－八〇－9）

一三三－6　房州の要公が云わく

【六人立義草案】一部を専にせずとは一部広読をきらひて要法の助経に方便寿量を読む也

（富要4－七三－9）

一三三－8　又云わく

【読誦論義】報恩抄《ノ》捨他事《ノ》之文《ノ》事、顕応《カ》曰捨他事《トハ》者捨《ヨト》二読誦《ヲ》一云事也ト、悲哉不レ見二経文《ヲ》一乎（下略）

（日宗全3－四七三－9）

一三三－8　報恩抄に

一つには日本乃至一閻浮提一同に本門の教主釈尊を本尊とすべし。所謂宝塔の内の釈迦・多宝、外の諸仏並びに上行等の四菩薩脇士となるべし。二つには本門の戒壇。三つには日本乃至漢土月氏一閻浮提に人ごとに有智無智をきらはず一同に他事をすてゝ南無妙法蓮華経と唱ふべし。此の事いまだひろまらず。一閻浮提の内に仏滅後二千二百二十五年が間一人も唱えず。日蓮一人南無妙法蓮華経・南無妙法蓮華経と声もをしまず唱ふるなり。（新編一〇三六-8）

一三三-9　経に云わく

【分別功徳品】　何に況んや、之を読誦し、受持せん者をや。斯の人は、則ち為れ如来を頂戴したてまつるなり。（開結四五六-9）

一三三-9　又云わく

【随喜功徳品】　何に況んや、一心に聴き、説き、読誦し、而も大衆に於て、人の為に分別し、説の如く修行せんをや。（開結四七〇-6）

一三三-10　又云わく

【陀羅尼品】　法華の名を受持せん者を擁護せんすら、福量るべからず。（開結五八一-6）

一三三―12　文に云わく

【報恩抄】　一同に他事をすてゝ南無妙法蓮華経と唱ふべし。
（新編一〇三六―10）

一三三―13　四信抄に

【四信五品抄】　専ら題目を持ちて余文を雑へず、尚一経の読誦だも許さず、何に況んや五度をや。
（新編一一一三―17）

一三三―13　上野抄に

【上野殿御返事】　今、末法に入りぬれば余経も法華経もせんなし。但南無妙法蓮華経なるべし。
（新編一二一九―6）

一三四―13　太田抄に云わく

【曾谷入道殿許御書】　此の大法を弘通せしむるの法には、必ず一代の聖教を安置し、八宗の章疏を習学すべし。
（新編七九〇―12）

一三六―9　血脈抄に云わく

【本因妙抄】　仏は熟脱の教主、某は下種の法主なり。（新編一六八〇-9）

一三七-2　太田抄に云わく

【曾谷入道殿許御書】　正・像二千年には猶下種の者有り。例せば在世四十余年の如し。根機を知らずんば左右無く実経を与ふべからず。今は既に末法に入って、在世の結縁の者は漸々に衰微して、権実の二機皆悉く尽きぬ。（新編七七八-15）

一三七-6　疏の十三十一に云わく

【法華文句】　七宝《ヲ》奉《スルモ》二四聖《ニ》一、不レ如《カ》レ持《スルニ》二一偈《ヲ》一。法《ハ》是《レ》聖《ノ》師《ニシテ》、能《ク》生《シ》能《ク》養《ヒ》、能《ク》成《シ》能《ク》栄《フルハ》、莫《シ》レ過《タルハ》二於法《ニ》一。故《ニ》人《ハ》軽《ク》法《ハ》重《キ》也。

（正蔵34-一四三C-1、国訳・経疏2-四七八-11、学林・文会下五〇五-3、影印・文句下七六六、文会29-39ウ、天全・文句5-二五八七A）

一三七-8　籤の八二十五に云わく

【法華玄義釈籤】　非《サレハ》二父母《ニ》一無《ク》二以《テ》生《スルコト》一、非《サレハ》二師長《ニ》一無《ク》二以《テ》成《スルコト》一、非《サレハ》二君主《ニ》一無《シ》二以《テ》栄《ルコト》一。

（正蔵33-九三三A-12、学林・玄会下三六三-12、影印・釈籤下三八六、玄会8上-42ウ、天全・玄義4-

六四二）

一三七‐11　法師品に云わく

若しは経巻所住の処には、皆応に七宝の塔を起てて（下略）　（開結三二六‐10）

一三七‐12　文の八七十に云わく

【法華文句】　釈論云ニク、砕骨ハ是レ生身ノ舎利、経巻ハ是レ法身ノ舎利、此経ハ是レ法身ノ舎利ナリ、不レ須ヒ三更ニ安二スルコトヲ生身ノ舎利ヲ一、生法二身各有二全砕一、皆可レ解ス云云。

（正蔵34‐一一〇C‐2、国訳・経疏2‐三五九‐3、学林・文会中六四七‐7、影印・文句下三七四、文会22‐12ヲ、天全・文句4‐一八六八B）

一三七‐13　記の八の本六十に云わく

【法華文句記】　生身ノ全砕ハ如二釈迦ト多宝トノ一、法身ノ二者、諸ノ方便教ハ法身ノ砕也、法華一実ハ法身ノ全也。

（正蔵34‐三〇六C‐末行、学林・文会中六四七‐13、影印・文句記下三二一、文会22‐12ウ、天全・文句4‐一八六八B）

一三八－1　法華三昧[四]に云わく

【法華三昧懺儀】　於《テ》二道場《ノ》中《ニ》一敷二好《キ》高座《ヲ》一。安二置法華経一部《ヲ》一。亦未四必《スシモ》須三安《スルコトヲ》二形像舎利并《ニ》余《ノ》経典《ヲ》一。唯置二法華経《ヲ》一。（正蔵46－九五〇A－27）

一三八－2　本尊問答抄に云わく

問うて云はく、然らば汝云何ぞ釈迦を以て本尊とせずして、法華経の題目を本尊とするや。答ふ、上に挙ぐるところの経釈を見給へ、私のぎにはあらず。（新編一二七五－7）

一三八－4　開山上人の門徒存知に云わく

【富士一跡門徒存知事】　五人一同に云はく、本尊に於ては釈迦如来を崇め奉るべしとて既に立てたり（下略）（新編一八七一－15）

一三八－9　日辰が記に云わく

【造仏論義】　唱法華題目抄云、又堪タラン人ハ釈迦〇造書奉《シ》ルベシ文。（日宗全3－四四三－7）

一三八－9　唱法華題目抄に云わく

問うて云はく、法華経を信ぜん人は本尊並びに行儀並びに常の所行は何にてか候べき。答へて云はく、第一に本尊は法華経八巻・一巻・一品、或は題目を書きて本尊と定むべしと、法師品並びに神力品に見えたり。又たへたらん人は釈迦如来・多宝仏を書きても造りても法華経の左右に之を立て奉るべし。又たへたらんは十方の諸仏・普賢菩薩等をもつくりかきたてまつるべし。

（新編一二二九－6）

一三九－3　又云わく

【造仏論義】　真間供養抄云、釈迦仏御造立事○返《テ》迎《ヘ》進《ラセ》給《ヘ》文、四条金吾釈迦仏供養抄云、御日記《ノ》中《ニ》釈迦仏《ノ》木像一体《ト》云云、開眼《ノ》事普賢経云云、御書目録云、同妻女釈迦仏像供養列《トテ》レ之、次下《ニ》三界《ノ》主《シ》教主釈尊一体三寸《ノ》木像造立《ノ》檀那日眼女御供養《ノ》御布施、前《ニ》二貫今一貫《ト》云云、法華経云若人為仏故建立諸形像如是諸人等皆已成仏道云云（下略）

（日宗全3－四四三－10）

一三九－3　真間供養抄三十七に云わく

【真間釈迦仏御供養逐状】　釈迦仏御造立の御事。無始曠劫よりいまだ顕はれましまさぬ己心の一念三千の仏、造り顕はしましますか。はせまいりてをがみまいらせ候はばや。「欲令衆生開仏知見乃至然我実成仏已来」は是なり。

（新編四二六－6）

一三九－5　四条金吾釈迦仏供養抄二十八に云わく

【四条金吾釈迦仏供養事】　御日記の中に釈迦仏の木像一体等云云。（新編九九二－2）

一三九－6　日眼女釈迦仏供養抄に云わく

【日眼女釈迦仏供養事】　三界の主教主釈尊一体三寸の木像造立の檀那日眼女（下略）（新編一三五一－7）

一三九－9　古来会して云わく

【造仏論義】　真間日眼《ノ》両通等限《ル》二一機一縁《ニ》一也、何《ソ》通《スル》二諸機《ニ》一書判無《キ》二依用一耶、継子一旦《ノ》寵愛也、若不《ンハ》レ然供二養《セン》大黒《ヲ》一耶。（日宗全3－四四七－末行）

一三九－10　真間抄の終わりに云わく

【真間釈迦仏御供養逐状】　いつぞや大黒を供養して候ひし、其の後より世間なげかずしておはするか。（新編四二六－10）

一三九－12　日辰重ねて難じて云わく

【造仏論義】　骨目抄等文《ノ》亦《モ》可㆑属㆓一機一縁《ニ》㆒乎、既《ニ》云㆓一機一縁《ト》㆒、何《ソ》真間、金吾、日眼女等三人有《ル》㆑之耶、既《ニ》有㆓六通㆒、六通皆可㆑属㆓一機一縁《ニ》㆒耶、次《ニ》継子一旦《ノ》寵愛《トハ》者、蓮祖所持《ノ》立像《ノ》釈尊也、豈当宗所造《ノ》本尊《ヲ》称《セン》㆓立像同前《ニ》㆒耶。

（日宗全3－四五二－12）

一四〇－1　一乗要決の下三十八に云わく

然四十余年。未顕真実者《ト》。既《ニ》金口《ノ》文。不㆑可㆓疑念㆒。按㆓其意《ヲ》㆒云。余教《ノ》一乗《ハ》。不㆑如㆓法華広大平等明了演《ニ》説㆒。謂《ク》序正流通。三周節々。開㆓示《シ》演㆔説《ス》一仏乗《ノ》理《ヲ》㆒。況復。多宝〔考〕多宝字一本作十方二字分身。他方《ノ》大士。感応影嚮《シテ》。証明称讃《セリ》。三世諸仏。以為《テ》㆓本懐《ト》㆒。開示悟入。同一《ニシテ》無㆑異。是為《ヲ》㆓広大《ト》㆒。一切衆《ノ》前《ニシテ》。開演顕示。能説能聴。無㆑隔無㆑異。是名《ヲ》㆓平等《ト》㆒。授㆓諸《ノ》声聞《ニ》大菩提《ノ》記㆒。因行果位。劫国名字。主伴依正。一々《ニ》分明《ナリ》。知《ヌ》是事成《ナリ》。非㆓唯理一㆒。唯有《テ》㆓一乗㆒。無㆑二無㆑三。若有㆑聞㆑法者。無㆔一《トシテ》不㆓成仏㆒。知《ヌ》是取㆓一切㆒。非㆓唯不定性㆒。是為㆓明了㆒。余経《ノ》所説。則不㆑知㆑是。或《ハ》但略説。或《ハ》逗㆓一機㆒。或《ハ》不㆓明了㆒。無㆑有㆓具足㆒。由㆓此理㆒故。四十余年。未顕真実。其《ノ》義顕然《ナリ》。

（仏全39・一乗要決四二A－2）

一四〇－4　梵網経の下ゥ初に云わく

爾時《ニ》盧舎那仏。為㆓此大衆《ノ》㆒。略《シテ》開㆓百千恒河沙不可説法門《ノ》中《ノ》心地《ヲ》㆒。

（正蔵24-一〇〇三B-7、国訳・律12-三三三-2）

一四〇-5　文の九二十に云わく

【法華文句】　梵網経結《ハ》㆓成《ス》華厳教《ヲ》㆒。華台為《ヲ》㆑本《シト》華葉為《ヲ》㆑末《ト》。別《シテ》為《ニ》㆓一縁《ノ》㆒作《ス》㆓如㆑此説《ヲ》㆒。而本末不㆑得㆓相離《ルルコトヲ》㆒。

（正蔵34-一二八A-22、国訳・経疏2-四二三-5、学林・文会下二五一-13、影印・文句下五八二、文会25-57ヲ、天全・文句5-二二四八A）

一四〇-7　開山上人の云わく

【五人所破抄】　諸仏の荘厳同じと雖も印契に依って異を弁ず。如来の本迹は測り難きも眷属を以て之を知る（中略）一体の形像豈頭陀の応身に非ずや。

（新編一八七九-13）

一四一-1　又云わく

（未検）

一四一-1　宝軽法重抄二十七に云わく

【宝軽法重事】　一閻浮提の内に法華経の寿量品の釈迦仏の形像をかきつくれる堂塔いまだ候はず。

（新編九九〇-9）

一四一－3　上の文に云わく

【宝軽法重事】　天台云はく「人は軽く法は重し」と。妙楽云はく「四同じからずと雖も法を以て本と為す」云云。（新編九八九－11）

一四一－4　天台云わく

【法華文句】　故《ニ》人《ハ》軽《ク》法《ハ》重《キ》也。

（正蔵34－一四三C－2、国訳・経疏2－四七八－12、学林・文会下五〇五－4、影印・文句下七六六、文会29－39ウ、天全・文句5－二五八七A）

一四一－4　妙楽云わく

【法華文句記】　能生等者。如下父母《ノ》必以二四《ノ》護《ヲ》一護《ルカ》上子《ヲ》。今発心由《ヲ》レ法《ニ》為レ生《ト》。始終随遂《スルヲ》為レ養《ト》。令《ルヲ》レ満二極果《ヲ》一為レ成《ト》。能《ク》応《スルヲ》二法界《ニ》一為レ栄《ト》。雖二四不一レ同以《テ》レ法《ヲ》為《ス》レ本《ト》。

（正蔵34－三五五A－7、学林・文会下五〇五－5、影印・文句記下六〇五、文会29－39ウ、天全・文句5－二五八七A）

一四一－5　又云わく

【宝軽法重事】　天台・伝教もしろしめさゞるにはあらず。時も来たらず、機もなかりしかば、かききわめずしてをわらせ給へり。日蓮が弟子とならむ人々はやすくしりぬべし。
（新編九九〇－7）

一四一－7　又云わく

【造仏論義】　観心抄《ニ》云其本尊《ノ》為《ク》レ体本地《ノ》娑婆《ノ》上《ニ》宝塔居《シ》レ空《ニ》、塔中《ノ》妙法蓮華経《ノ》左右《ニ》釈迦牟尼仏〇可レ令二出現一歟ト判玉リ、此《ノ》仏《ノ》像言《ハ》云レ可《ト》レ作《ル》二釈迦多宝四大菩薩《ヲ》一事分明也。
（日宗全3－四四三－6）

一四一－7　本尊抄八に云わく

【観心本尊抄】　其の本尊の為体、本師の娑婆の上に宝塔空に居し、塔中の妙法蓮華経の左右に釈迦牟尼仏・多宝仏、釈尊の脇士上行等の四菩薩（中略）此等の仏をば正像に造り画けども未だ寿量の仏有さず。末法に来入して始めて此の仏像出現せしむべきか。
（新編六五四－7）

一四二－1　秘密荘厳論に云わく

【参考・御義口伝】　一念三千即自受用身、自受用身とは尊形を出でたる仏と。出尊形仏とは無作の三身と云ふ事なり云云。
（新編一七七二－11）

【参考・天台名匠口決抄】　（仏全40・天台名匠口決抄一五九C-6、天台宗全書9-三九〇A-4）

一四二-3　文句の第九の如し

【参考・法華文句】　燃燈仏于《ハ》レ時《ニ》縁熟《スレハ》、以《テ》二仏像《ヲ》一化《ス》レ之《ヲ》。
（正蔵34-一三〇A-28、国訳・経疏2-四三〇-14、学林・文会下二八五-5、影印・文句下六〇七、文会26-24ヲ、天全・文句5-二二九四B）

【参考・法華文句】　論《ニ》云《ク》示二現《スルカ》成大菩提無上《ヲ》一故《ニ》示《ス》二三種《ノ》菩提《ヲ》一。一《ニ》応化《ノ》菩提《トハ》随《テ》レ所《ニ》二応現《スル》一即《チ》為《メニ》示現《ス》。二《ニ》報仏《ノ》菩提《トハ》十地満足《シテ》得二常涅槃《ヲ》一。如《クナル》二経《ノ》我実成仏已来無量無辺劫《ノ》一故《ナリ》。三《ニ》法仏《ノ》菩提《トハ》謂《フ》二如来蔵性浄涅槃不変《ヲ》一。如《クナル》二経《ノ》如来如実知見三界之相《ノ》一故《ナリト》。経《ニ》具《シ》二其義《ヲ》一論《ニ》出《ス》二其名《ヲ》一。不《ハ》レ作二上《ノ》釈《ヲ》一寧《ソ》会《センヤ》二経論《ヲ》一耶。
（正蔵34-一二八B-12、国訳・経疏2-四二四-1、学林・文会下二五四-12、影印・文句下五八五、文会25-59ヲ、天全・文句5-二二五二A）

一四二-4　前後の文

【観心本尊抄】　本門の四依は地涌千界、末法の始めに必ず出現すべし。　（新編六五八-8）

一四二―6　又云わく

【造仏論義】　観心本尊抄云像法《ノ》中末観音〇未二広《ク》行《シタマハ》レ之、此《ノ》二抄《ノ》意《ハ》以二本門《ノ》教主釈尊《ヲ》一為二本尊《ト》一事分明也。

（日宗全3―四四三―3）

一四二―6　本尊抄に云わく

【観心本尊抄】　南岳・天台等と示現し出現して、迹門を以て面と為し本門を以て裏と為して、百界千如、一念三千其の義を尽くせり。但理具を論じて事行の南無妙法蓮華経の五字並びに本門の本尊、未だ広く之を行ぜず。

（新編六六〇―13）

一四二―12　妙楽の云わく

【法華玄義釈籤】　三正《ク》明《ス》二来意《ヲ》一中。且《ク》依《ルニ》二本業瓔珞《ニ》一云《ク》等覚《ハ》照寂妙覚《ハ》寂照《ト》。問、前《ニ》明《スニ》二境妙《ヲ》一以《テ》二証得《ヲ》一為《ス》二無諦《ト》一。前《ニ》明《スニ》二智妙《ヲ》一二十智《ノ》中訖《リ》至《ル》二妙覚《ニ》一。前《ニ》明《スニ》二行妙《ヲ》一次第《ノ》五行《ハ》訖《リ》至《リ》二初地《ニ》一。不次第《ノ》行《ハ》亦至《ル》二六根《ニ》一。若《シ》明《スニ》二位妙《ヲ》一始終具足《ス》。向《ニ》明《シ》二三法《ヲ》一弁《スル》二始終《ヲ》一中。始《メ》従《リ》二凡心《ノ》一念《ノ》十界一終《リ》至《ルマテ》二究竟《ニ》一、是《レ》三法《ノ》果《ナリ》。今初《ニ》何《ソ》得《ンヤ》三断《シテ》云《フコトヲ》二四《ハ》因一《ハ》果《ト》一。答、一家《ノ》釈義稍異《リ》二今古《ニ》一。若《シ》得《レハ》二文《ノ》大旨《ヲ》一則《チ》不レ瞶二元由《ニ》一。若《シ》随《テ》レ文《ニ》生《セハ》レ解《ヲ》則《チ》前後雑乱《ス》。

（正蔵33―九〇〇C―24、学林・玄会下一一―13、影印・釈籤下四、玄会6上―2ウ、天全・玄義4―四）

一四二－14　又云わく

【造仏論義】報恩抄ノ本門ノ教主釈尊ヲ可レ為二本尊一ト　（日宗全3－四四六－13）

一四二－14　報恩抄の下に云わく

日本乃至一閻浮提一同に本門の教主釈尊を本尊とすべし。所謂宝塔の内の釈迦・多宝、外の諸仏並びに上行等の四菩薩脇士となるべし。　（新編一〇三六－8）

一四三－3　当山古来の御相伝に云わく

【百六箇抄】本因妙の教主本門の大師日蓮　（新編一六八五－2）

【百六箇抄】我が内証の寿量品とは脱益寿量の文底の本因妙の事なり。其の教主は某なり。　（新編一六九五－15）

一四三－4　日辰重ねて難じて云わく

【造仏論義】正ク曲会私情也、汝開テレ眼ヲ可レ穿二鑿ス一、顕応カ才智雖二内外兼包ナリト一、正当ノ文義尚曲会ス、知ヌ自余ノ会通ハ皆以横計ナランヲ事、若シ用ヒハ二顕応カ義ヲ一以二蓮祖ヲ一為二本尊ト一、左右ニ安シ二多宝釈尊ヲ一、上行等ノ四菩薩ヲ可レ為二脇士ト一。

（日宗全3-四五〇-11）

一四三-7　御相伝に

【百六箇抄】　本因妙の教主本門の大師日蓮

（新編一六八五-2）

【百六箇抄】　我が内証の寿量品とは脱益寿量の文底の本因妙の事なり。其の教主は某なり。

（新編一六九五-15）

一四四-1　有るが謂わく

【録内啓蒙】　一義云本迹相対天月水月ノ不同アル故ニ本ノ釈迦ニ望レハ迹門塔中ノ釈迦又脇士トナルヘシ。

（啓蒙15-72ヲ、啓蒙・上七〇二A『本満寺版』）

一四四-2　本尊抄の

【観心本尊抄】　夫始め寂滅道場（中略）三変・四見等の三土四土は、皆成劫の上の無常の土に変化する所の方便・実報・寂光（下略）

（新編六五三-末行）

一四四－2　三変土田

【参考・見宝塔品】　時に娑婆世界、即ち変じて清浄なり。（開結三四〇－10）

【参考・見宝塔品】　時に釈迦牟尼仏、所分身の諸仏を容受せんと欲するが故に、八方に各、更に二百万億那由他の国を変じて、皆清浄ならしめたもう。（開結三四一－末行）

【参考・見宝塔品】　釈迦牟尼仏、諸仏の当に来り坐したもうべきが為の故に、復八方に於て、各二百万億那由他の国を変じて、皆清浄ならしめたもう。（開結三四二－末行）

【参考・法華文句】　三変土浄《トハ》者。此《レ》正《シク》由《ルナリ》二三昧《ニ》一。三昧有《リ》レ三。初《ニ》変《スル》二娑婆《ヲ》一。是《レ》背捨《ノ》能《ク》変《シテ》レ穢《ヲ》為《スナリ》レ浄《ト》。次《ニ》変《スル》二二百那由他《ヲ》一。是《レ》勝処《ノ》転変自在《ナルナリ》。後《ニ》変《スル》二二百那由他《ヲ》一。是《レ》一切処《ノ》於《テ》レ境《ニ》無《キナリ》レ閡《ルトコロ》。又初《ノ》一変浄表《ハス》レ浄二除《スルコトヲ》四住《ヲ》一。次《ノ》一変浄表《ハス》レ浄二除《スルコトヲ》塵沙《ヲ》一。後《ノ》一変浄表《ハス》レ浄二除《スルコトヲ》無明《ヲ》一。（正蔵34－一一四A－28、国訳・経疏2－三七二－10、学林・文会下二四－4、影印・文句下四一六、文会22－54ヲ、天全・文句4－一九三五B）

一四四－4　有るが謂わく

【録内啓蒙】一義云《ニ》能証ノ釈尊ト所証ノ妙法ト人法一体ナルカ故ニ標ノ文ニハ釈尊ヲ本尊トストイヘトモ所謂宝塔ノ下ニハ還テ妙法中尊ノ義ヲ顕シテ（下略）（啓蒙15-72ウ、啓蒙・上七〇二A『本満寺版』）

一四四-7　本尊抄に

【観心本尊抄】塔中の妙法蓮華経の左右に釈迦牟尼仏・多宝仏（新編六五四-8）

一四四-9　有るが謂わく

【録内啓蒙】一義云標釈一轍ニ見テ宝塔ノ中ノ釈迦ト句切スル意ニテ上ニ属シ多宝以外ノ諸仏等ヲ脇士トスル義ナルヘシ。（啓蒙15-73ヲ、啓蒙・上七〇二B『本満寺版』）

一四四-10　取要抄に

【法華取要抄】教主釈尊は既に五百塵点劫より已来妙覚果満の仏なり（中略）多宝仏も寿量品の教主釈尊の所従なり。（新編七三三-5）

一四四-12　有るが謂わく

【録内啓蒙】一義云標ノ文ニハ単ニ釈尊ヲ本尊トスル義ヲ挙玉ヘトモ所謂ノ下ニハ釈迦多宝境智不二ノ

義ニ約シテ倶ニ本尊トシ玉ヒテ以外ノ諸仏並ニ四菩薩ヲ脇士トシ玉フ義ナルヘシ

(啓蒙15-73ウ、啓蒙・上七〇二B『本満寺版』)

一四五-2 啓蒙の十五に

【録内啓蒙】 祖意難レ測故ニ衆義並存シテ後賢ノ研覈ニ備フ

(啓蒙15-74ヲ、啓蒙・上七〇三A『本満寺版』)

一四五-5 妙楽の云わく

【法華玄義釈籤】 凡銷《ソスルニ》二一義《ヲ》一皆混《シ》二一代《ヲ》一窮《ム》二其《ノ》始末、施開廃等《ノ》教観之《ノ》相《ヲ》一。

(正蔵33-八五〇A-21、学林・玄会上三二四-6、影印・釈籤上四二一、玄会2下-27ヲ、天全・玄義2-八三)

一四五-13 日辰の重難の文に云わく

【造仏論義】 以二蓮祖《ヲ》一為二本尊《ト》一、左右安《ニシ》二多宝釈尊《ヲ》一、上行等《ノ》四菩薩《ヲ》可レ為二脇士《ト》一。 (日宗全3-四五〇-13)

一四六-2 又重難の文に云わく

【造仏論義】　然則以二名字ノ凡夫僧ヲ一安二中央ニ一、左右ハ身皆金色ノ仏菩薩也。　（日宗全3‐四五〇‐13）

一四六‐3　当文の意に云わく

【御本尊七箇之相承】　汝等カ身を以て可シレ為ス二本尊ト一、明星カ池を見給へとの給ふ。即チ見ルニ二彼ノ池ヲ一不思議也、日蓮カ影今ノ大曼荼羅也云云。　（校定3‐二〇九五‐11、聖典三七九‐末行、富要1‐三二‐末行）

【御義口伝】　本尊とは法華経の行者の一身の当体なり云云。　（新編一七七三‐4）

一四六‐6　吾が祖、諸抄の中に示して云わく

【開目抄】　日蓮は日本国の諸人に主師父母なり。　（新編五七七‐13）

【参考・御書】　（新編八三〇‐13、一〇三六‐14、一七一〇‐1）

一四六‐8　血脈抄に云わく

【百六箇抄】　本地自受用報身の垂迹上行菩薩の再誕、本門の大師日蓮　（新編一六八五‐4）

一四六―10　撰時抄に云わく

欽明より当帝にいたるまで七百余年、いまだきかず、いまだ見ず、南無妙法蓮華経と唱へよと他人をすゝめ、我と唱へたる智人なし（下略）　（新編八六三―末行）

一四六―13　妙楽の云わく

【法華文句記】　密開《ニス》㆓寿量《ヲ》㆒是《レ》第一義者。即《チ》此《レ》一部最極之《ノ》理。豈非《ニヤ》㆓第一《ニ》㆒。
（正蔵34―三三六B―23、学林・文会下二〇七―1、影印・文句記下二六五、文会25―23ウ、天全・文句5―二一八三B）

一四七―2　知三世抄に云わく

【聖人知三世事】　日蓮は一閻浮提第一の聖人なり（中略）我が弟子仰いで之を見よ。此偏に日蓮が尊貴なるに非ず、法華経の御力の殊勝なるに依るなり。　（新編七四八―14）

一四七―2　吾が祖現に三度の高名有り

【撰時抄】　余に三度のかうみゃうあり。一つには去にし文応元年太歳庚申七月十六日に立正安国論を（中略）二つには去にし文永八年九月十二日申の時に（中略）第三には去年文永十一年四月八日左衛門尉に語って云は

く（下略）　（新編八六七－5）

一四七－5　血脈抄に云わく

【百六箇抄】　我が内証の寿量品とは脱益寿量の文底の本因妙の事なり。其の教主は某なり。

（新編一六九五－15）

一四七－5　又云わく

【百六箇抄】　本因妙の教主本門の大師日蓮　（新編一六八五－2）

一四七－8　金剛般若経に云わく

若以二三十二相一観二如来一者。転輪聖王則是如来。須菩提白レ仏言。世尊。如三我解二仏所説義一。不レ応下以二三十二相一観中如来上。爾時世尊而説レ偈言。若以レ色見レ我、以二音声一求レ我、是人行二邪道一、不レ能レ見二如来一。

（正蔵8－七五二A－13、金剛般若経一五ウ）

一四七－11　法蓮抄に云わく

愚人《ノ》違《ル》二正義《ニ》一事昔《モ》今《モ》不レ異然則迷者《ノ》習《ヒ》貴《テ》二外相《ノミ》一不レ貴二内智《ヲ》一。

（録内15－3ヲ）

一四七－13　本門の教主釈尊

【報恩抄】本門の教主釈尊を本尊とすべし。（新編一〇三六－8）

一四七－14　所謂宝塔

【報恩抄】所謂宝塔の内の釈迦・多宝（新編一〇三六－9）

一四八－6　妙楽の云わく

【法華文句記】本時《ノ》自行《ハ》、唯与レ円合《ス》、化他《ハ》不レ定、亦有二八教一。言二前諸《ト》一者、指《ス》三向《ノ》四教皆在《ルヲ》二迹中《ニ》一。（正蔵34－一六二B－9、学林・文会上七〇－12、影印・文句記上一三五、文会2－2ウ、天全・文句1－一〇四A）

一四八－7　此に相伝有り

【百六箇抄】記の二に云わく「本時の自行は唯円と合す」と。本時とは本因妙の時なり。「化他は不定、亦八教有り」と。中間、今日化導の儀式なり。（新編一六九三－11）

一四九－1　次下の文に蓮祖自身の三徳を示して云わく

【報恩抄】　日蓮が慈悲曠大ならば南無妙法蓮華経は万年の外未来までもながるべし。日本国の一切衆生の盲目をひらける功徳あり。無間地獄の道をふさぎぬ。

（新編一〇三六－14）

一四九－6　日辰が記に云わく

【造仏論義】　一宗ノ本尊ハ久遠元初ノ自受用報身三身宛足ノ教主釈尊也。

（日宗全3－四五一－4）

一四九－8　疏の九に云わく

【法華文句】　此品ノ詮量ハ通シテ明ス二三身ヲ一。若シ従ハハ二別意ニ一正ク在リ二報身ニ一。

（正蔵34－一二九A－19、国訳・経疏2－四二六－17、学林・文会下二六六－9、影印・文句下五九四、文会26－9ヲ、天全・文句5－二二七一B）

一五〇－2　三位日順の詮要抄に云わく

【本因妙口決】　応仏昇進の自受用報身の一念三千・一心三観とは・今日の釈尊は三蔵教の教主・次第次第に通別円と昇りて迹門十四品の中・法師品までは劣応身なり、宝塔品より他受用報身となり・寿量品にして自受用報身と成り給ふ

（富要2－八三－6）

一五〇―7　若し今日寿量の教主を以て

【造仏論義】次《ニ》至《テハ》二本因妙抄《ノ》文《ニ》一者指二応仏昇進《ノ》仏体《ヲ》一歟（已下約一〇〇行に亘り之れを論ぜり）
（日宗全3―四四四―5）

一五〇―10　血脈抄に云わく

【百六箇抄】久遠元初直行の本迹　名字の本因妙は本種なれば本なり
（新編一六九四―4）

一五〇―11　又云わく

【百六箇抄】久遠名字の時受くる処の妙法は本、上行等は迹なり。久遠元初の結要付嘱と日蓮が今日寿量付嘱とは同意なり云云。

（新編一六九七―末行）

一五〇―14　又云わく

【造仏論義】久遠元初《ノ》名字《ノ》報身《ト》云事、法華論並《ニ》天台妙楽末師等《ノ》解釈《ニ》全《ク》証文所レ無《キ》レ之也、何述《ソ》二私曲《ノ》新義《ヲ》一耶。

（日宗全3―四五三―8）

一五一―8　太田抄に云わく

【曾谷入道殿許御書】　迦葉・阿難等、竜樹・天神等、天台・伝教等の諸大聖人、知って而も未だ弘宣せざる所の肝要の秘法は法華経の文に赫々たり。論釈等に載せざること明々たり。生知は自ら知るべし。賢人は明師に値遇して之を信ぜよ。罪根深重の輩は邪推を以て人を軽しめ之を信ぜず。（新編七八八-15）

一五二-1　又云わく

【造仏論義】　引《タマフノ》二法華論《ヲ》一時（中略）次《ニ》報仏《ノ》菩提者本因《ノ》五十二位《ノ》中《ノ》第十地《ノ》修行満足《シテ》得《タマフ》二報仏《ヲ》一菩提也、既《ニ》十地満足《ノ》後《ノ》本果《ノ》報身仏也、何《ソ》此報仏亘《ン》二因位《ニ》一耶、若報身《ノ》言亘《ラハ》二因位《ニ》一者五十二位《ノ》中《ニ》於二何《ノ》処《ニ》一立《ン》二本果《ノ》報身《ヲ》一耶。

（日宗全3-四四九-11）

一五二-1　法華論に云わく

【妙法蓮華経憂波提舎】　示二現報仏菩提一。十地行満足得二常涅槃証一故。如レ経善男子我実成仏已来無量無辺百千万億那由他劫故。

（正蔵26-九B-14、法華論28ウ）

一五二-5　勘文抄に云わく

【総勘文抄】　一切の法は皆是仏法なりと通達し解了する、是を名字即と為づく。名字即の位にて即身成仏する故に円頓の教には次位の次第無し（中略）権教の行は無量劫を経て昇進する次位なれば位の次第を説けり。今の法華は八教に超えたる円なれば、速疾頓成にして心と仏と衆生と此の三は我が一念の心中に摂めて心の外に無しと観ずれば、下根の行者すら尚一生の中に妙覚の位に入る。一と多と相即すれば一位に一切の位皆是具足せり。故に一生に入るなり。下根すら是くの如し。況んや中根の者をや。何に況んや上根をや。

（新編一四一七－12）

一五二－9　録外の十七ヵに云わく

【得受職人功徳法門抄】　天台六即を立て円人の次位を判ず。尚是円教の教門にして証道の実義に非ず。何に況んや五十二位は別教の権門に附するの廃立なるをや。

（新編五八九－11）

一五二－13　又云わく

【造仏論義】　次《ニ》身土相配《ノ》時、劣応《ハ》同居勝応《ハ》方便土、報身《ハ》実報土、法身《ハ》寂光土也、或自受用報身《ハ》寂光土也、爰《ヲ》以《テ》記《ニ》九常在霊山○即本地他土也ト判セリ、自受用報身《ハ》居《スル》二本地寂光《ニ》一事分明也。次《ニ》論《スル》二所化《ノ》身土《ヲ》一時、理即名字観行《ハ》同居《ノ》穢土、相似《ハ》方便土、所住已上《ハ》実報土、究竟《ハ》寂光土也、若《シ》本因《ノ》名字即是報身ナラハ名字《ハ》可レ居二寂光《ニ》一耶。

（日宗全3－四五〇－4）

一五三－4　南条抄二十二に云わく

【南条殿御返事】　教主釈尊の一大事の秘法を霊鷲山にして相伝し、日蓮が肉団の胸中に秘して隠し持てり。されば日蓮が胸の間は諸仏入定の処なり、舌の上は転法輪の処、喉は誕生の処、口中は正覚の砌なるべし。かゝる不思議なる法華経の行者の住処なれば、いかでか霊山浄土に劣るべき。

（新編一五六九－9）

一五三－7　当体義抄に云わく

南無妙法蓮華経と唱ふる人は、煩悩・業・苦の三道、法身・般若・解脱の三徳と転じて、三観・三諦即一心に顕はれ、其の人の所住の処は常寂光土なり。能居・所居、身土・色心、倶体倶用の無作三身、本門寿量の当体蓮華の仏とは、日蓮が弟子檀那等の中の事なり。

（新編六九四－14）

一五三－10　経に云わく

【法師品】　須臾も之を聞かば、即ち阿耨多羅三藐三菩提を究竟することを得んが故なり。

（開結三二一－8）

一五三－11　我が滅度の後に於て

【如来神力品】　我が滅度の後に於て　応に斯の経を受持すべし　是の人仏道に於て　決定して疑有るこ

と無けん　（開結五一七-2）

一五四-2　籖の七に云わく

【法華玄義釈籖】　本文遠指《ク》二最初実得之時所被機縁《ノ》一亦有二四教一。則三教《ヲ》為レ麁《ト》円教《ヲ》為《ス》レ妙《ト》。

（正蔵33-九一二B-4、学林・玄会下一三五-11、影印・釈籤下一五八、玄会7上-53ウ、天全・玄義4-四三一）

一五四-2　又云わく

【法華玄義釈籖】　又言二已今一者、即是昔日已得《ニルヲ》二已今《ヲ》一為《シト》レ本、今日中間所対《ノ》已今《ヲ》為《スト》レ迹。

（正蔵33-九二五A-3、学林・玄会下二六六-8、影印・釈籤下二九〇、玄会7下-21ヲ、天全・玄義4-四九四）

一五四-3　文句の第一に云わく

【法華文句】　本迹釈者、一仏為《シ》レ本、三仏《ヲ》為《シ》レ迹、中間《ニ》示現《シテ》、数数唱《ヘ》レ生《ヲ》、数数唱《フハ》レ滅《ヲ》、皆是《レ》迹也、唯《タ》本地《ノ》四仏、皆是《レ》本也。

（正蔵34-五A-3、国訳・経疏2-二一-4、学林・文会上七七-11、影印・文句上四八、文会2-8ウ、

天全・文句1－一一七A）

一五四－5　若し爾らば

【造仏論義】　今日《ノ》本果《ハ》若《シ》従因至果ナラハ久遠《ノ》本果《ハ》必可㆓従果向因《ナル》㆒歟、何《ソ》久遠《ノ》本果《ハ》勝《レ》今日《ノ》本果《ハ》劣《ル》耶。

（日宗全3－四四八－末行）

一五四－5　血脈抄の中に那ぞ勝劣を判じて

【百六箇抄】　今日の本果は従因至果なれば本の本果には劣るなり。

（新編一六八六－10）

一五五－4　日辰が記に云わく

【造仏論義】　問云日興御筆《ノ》中《ニ》有㆘制㆓止《スル》造仏読誦《ヲ》㆒文㆖耶、答云二十六箇条《ノ》中、門徒化儀抄三十七箇条《ノ》中《ニモ》所㆓全《ク》無㆑之也。

（日宗全3－四五八－2）

一五五－6　開山上人の門徒存知に云わく

【富士一跡門徒存知事】　聖人御立ての法門に於ては全く絵像木像の仏菩薩を以て本尊と為さず、唯御書の意に任せて妙法蓮華経の五字を以て本尊と為すべし

（新編一八七一－末行）

一五五—10　興師の五人所破抄に云わく

五人一同に云はく、先師所持の釈尊は忝くも弘長配流の昔より弘安帰寂の日に到るまで随身せり、何ぞ輙く言ふに及ばんや云云。日興が云はく、諸仏の荘厳同じと雖も印契に依って異を弁ず。如来の本迹は測り難きも眷属を以て之を知る。所以に小乗三蔵の教主は迦葉阿難を脇士と為し、伽耶始成の迹仏は普賢文殊左右に在り、此の外の一体の形像豈頭陀の応身に非ずや。凡そ円頓の学者は広く大綱を存して網目を事とせず。倩聖人出世の本懐を尋ぬれば、源権実已過の化導を改め、上行所伝の乗戒を弘めんが為なり。図する所の本尊は亦正像二千の間一閻浮提の内未曾有の大漫荼羅なり。今に当たっては迹化の教主既に益無し、況んや哆々婆和の拙仏をや。次に随身所持の俗難は只是継子一旦の寵愛、月を待つ片時の蛍光か。執する者は尚強ひて帰依を致さんと欲せば、須く四菩薩を加ふべし　（新編一八七九-11）

五人一同に云はく、本尊に於ては釈迦如来を崇め奉るべしとて既に立てたり　（新編一八七一-15）

一五六—1　波木井殿御返事に云わく

【与波木井実長書】　仏は上行・無辺行・浄行・安立行の脇士を造副進せて、久成之釈迦に造立し進せ給へし。又安国論之趣違まいらせ給へからす、総して久遠寺之院主学頭は未来までも御計へて候へし。

（歴全1-一六二-6、富要5-二五-7）

一五六-4　原殿御返事に云わく

日蓮聖人御出世の本懐南無妙法蓮華経の教主釈尊久遠実成の如来の画像は一二人奉レ書候へども、未だ木像は誰も不レ奉レ造候に、入道殿以《テ》二御微力《ヲ》一如《ク》レ形《ノ》奉《ラント》二造立《シ》一思召立候を（中略）御力不《ハ》二契給一、御子孫の御中に作らせ給仁出来し給までは、聖人の文字にあそばして候を御安置候べし。

（歴全1-一七〇-9、聖典五五九-3）

一五七-1　門徒存知に云わく

【富士一跡門徒存知事】　伊予阿闍梨の下総国真間の堂は一体仏なり。而るに去ぬる年月、日興が義を盗み取って四脇士を造り副ふ

（新編一八七五-2）

一五七-8　日尊実録に云わく

【尊師実録】　日興上人《ノ》仰云、末法ハ濁乱也、三類《ノ》強敵有《リ》レ之、爾《レハ》者木像等ノ色相荘厳ノ仏ハ崇敬有《リ》レ憚、香華灯明ノ供養モ不レ可レ叶《フ》、広宣流布ノ時分マデ大漫荼羅ヲ可《シ》レ奉《ル》二安置《シ》一云云。

（日宗全2-四一九-12）

一五七―14 心底抄に云わく

【本門心底抄】 仏像を安置することは本尊の図の如し・戒壇の方面は地形に随ふべし、国主信伏し造立の時に至らば智臣大徳宜しく群議を成すべし
（富要2―三四―7）

一五八―1 日代師日印に酬うる書簡に云わく

【参考・富士門家中見聞下】 仏像造立ノ事ハ本門寺建立ノ時也。未無二勅裁一、国主御帰依之時三箇大事一度可下令二成就一給上之由御本意也、御本尊図為レ其也。只今仏像造立無レ過者私戒壇又可レ被二建立一候歟。

（歴全2―二六九―末行、聖典七二一―11、富要5―二三七―14）

当流行事抄 第五

一六一－11 荊渓尊者の謂えること有り

【法華文句記】 正助合行 因得《シテ》二大益《ヲ》一。

（正蔵34－一六四B－17、学林・文会上八四－2、影印・文句記上一六一、文会2－14ウ、天全・文句1－一二四A）

一六二－1 円頂方袍にして

【参考・佐渡御書】 今我等が出家して袈裟をかけ懶惰懈怠なるは、是仏在世の六師外道が弟子なりと仏記し給へり。 （新編五八一－2）

【参考・大般泥洹経】 有当来世仮被袈裟。於我法中出家学道懶惰懈怠。誹謗斯等方等契経。当知此等皆是今日諸異道輩。 （正蔵12－八七七C－14）

一六三―4　宗祖の所謂

【観心本尊得意抄】　在々所々に迹門を捨てよと書きて候事は、今我等が読む所の迹門にては候はず
（新編九一四―12）

一六三―5　開山上人の曰く

【五人所破抄】　一には所破の為、二には文証を借るなり。初めに所破の為とは純一無雑の序分には且く権乗の得果を挙げ、廃迹顕本の寿量には猶伽耶の近情を明かす。此を以て之を思ふに方便読誦は本意に非ざれば只是牒破の一段なり。若し所破の為と云はゞ念仏をも申すべきか等の愚難は誠に四重の興廃に迷ひ、未だ三時の弘経を知らず重畳の狂難嗚呼の至極なり。夫諸宗破失の基は天台伝教の助言にして全く先聖の正意に非ず、何ぞ所破の為に読まざるべけんや。経釈の明鏡既に日月の如し、天目の暗きは邪雲に覆はるゝ故なり。次に迹の文証を借りて本の実相を顕はすなり。
（新編一八八二―9）

一六三―11　且く

【方便品】　唯仏与仏。乃能究尽。
（開結八九―12）

一六三―12　立正観抄に云わく

経に「唯仏与仏、乃能究尽」とは、迹門の界如三千の法門をば迹門の仏が当分究竟の辺を説けるなり。

（新編七七〇－13）

一六三－13　十章抄に云わく

一念三千の出処は略開三の十如実相なれども義分は本門に限る。

（新編四六六－8）

一六四－5　譬えば

【法華玄義】如《シ》下不《シテ》レ識《ラ》二天月《ヲ》一但《タ》観《ルカ》中池月《ノ》若《ハ》光、若桂、若輪《ヲ》上。

（正蔵33－七六六B－19、国訳・経疏1－二七七－20、学林・玄会下－二二七－1、影印・玄義下－二三六、玄会7上－46ウ、天全・玄義4－四〇六）

一六四－6　例せば

【法華玄義】従《リ》レ本垂《ルルハ》レ迹《ヲ》如《ク》二月《ノ》現《スルカ》レ水《ニ》

（正蔵33－七六七A－7、国訳・経疏1－二七九－10、学林・玄会下－二三〇－12、影印・玄義下－二四二、玄会7上－49ウ、天全・玄義4－四二四）

一六四―11　古徳の釈に云わく

【参考・本迹研窮抄】　可《シ》レ有《ル》二約《シ》レ機《ニ》約《ス》レ応《ニ》等《ノ》分別一、若《シ》約《セハ》レ応《ニ》者、住本用迹《ノ》迹《ハ》是体外《ノ》迹也。住迹用本《ノ》本《ハ》是《レ》体内《ノ》迹也。既《ニ》住本用《ノ》迹時住本用迹《スル》故也、思《ヘ》レ之《ヲ》。若約《セハ》レ機《ニ》者、籤《ノ》七《ニ》云、執レ権迷レ本、識レ迹知レ本文。執迹迷本《ノ》時《ノ》迹《ハ》体外《ノ》之迹也、識迹知本《ノ》時《ノ》迹《ハ》体内之迹也。又若《シ》約《セハ》二滅後《ニ》一者、天台過時《ノ》迹、蓮祖所破《ノ》迹《ハ》是《レ》体外《ノ》之迹也。天台内鑑《ノ》迹、蓮祖読誦《ノ》迹《ハ》是《レ》体内之迹也。
（日宗全9―三四三―3）

【参考・研窮鈔別記】　迹中所説《ノ》法門《ハ》皆即本法《ナリ》、豈非二本門体内《ノ》迹《ニ》一耶。
（日宗全9―三五六―5）

一六四―12　十章抄に云わく

止観一部は法華経の開会の上に建立せる文なり。爾前の経々をひき、乃至外典を用ひて候も爾前・外典の心にはあらず。文をばかれども義をばけづりすてたるなり。
（新編四六六―1）

一六五―2　十章抄に云うが如し

設ひ開会をさとれる念仏なりとも、猶体内の権なり、体内の実に及ばず。
（新編四六八―3）

一六五―3　十法界抄に云わく

【十法界事】　本門顕はれ已はりぬれば迹門の仏因は則ち本門の仏果なるが故に、天月・水月本有の法と成りて本迹倶に三世常住と顕はるゝなり。　（新編一八〇―2）

一六五―11　往古の難に云わく

【参考・五人所破抄】　若し所破の為と云はゞ念仏をも申すべきか等の愚難は誠に四重の興廃に迷ひ、未だ三時の弘経を知らず　（新編一八八二―11）

【参考・穆作抄】　天目は所破の為ならば弥陀経をも読む可きか云云。　（富要2―二六六―10）

一六六―3　玄文の第九に云わく

【法華玄義】　諸迹悉従《クリ》レ本垂《ル》。若結《シ》二会古今《ヲ》一、環《テ》結《シテ》レ迹而顕《ハス》レ本《ヲ》耳、本迹雖《モ》レ殊《リト》不思議一《ナリ》。

（正蔵33―七九八C―20、国訳・経疏1―三七四―20、学林・玄会下五七七―8、影印・玄義下六一六、玄会9下―39ウ、天全・玄義5―三四一）

一六六―5　迹本の実相方に何の異なり有って

【五人所破抄】　迹の文証を借りて本の実相を顕はすなり。　（新編一八八二―14）

一六六―7　弘の一の末に云わく

【止観輔行伝弘決】第一云《フハ》㆓道理乃至開合等㆒者、一期仏教並《ニ》以《テ》㆓所詮《ヲ》㆒而為《ス》㆓教体《ト》㆒、教既半満偏円不㆑同《カラ》、体亦随㆑教《ニ》権実不㆑一《ナラ》、諸諦離合随智随情、帰㆓会法華㆒唯一実相。

（正蔵46―三八一B―17、学林・止会下一八〇―1、影印・弘決下本六一三、止会7―4―6ヲ、天全・止観4―三七〇）

一六六―8　守護章の中に云わく

【守護国界章】凡《ソ》能《ノ》詮教権《ナレハ》所詮《ノ》理亦《モ》権《ナリ》。能詮《ノ》教権実《ナレハ》所詮亦《モ》権実《ナリ》。

（伝全2―四一九―11）

一六六―10　宗祖の云わく

【開目抄下】教の浅深をしらざれば理の浅深弁ふものなし。

（新編五六一―末行）

一六六―12　玄の九に云わく

【法華玄義】開迹顕本者、此亦就㆑法、亦就㆑理。

（正蔵33―七九八C―10、国訳・経疏1―三七四―14、学林・玄会下五七六―4、影印・玄義下六一四、玄会9下―38ウ、天全・玄義5―三四〇）

一六六―13　籤の第七に云わく

【法華玄義釈籤】　今此本門《ノ》約《ハ》レ身約レ事。雖レ開二身事一猶須レ開レ理。

(正蔵33-九二五B-27、学林・玄会下二七〇-10、影印・釈籤下二九七、玄会7下-24ウ、天全・玄義4-五〇〇)

一六六―14　宗祖の云わく

【題目弥陀名号勝劣事】　能開所開を弁へずして南無阿弥陀仏こそ南無妙法蓮華経よと物知りがほに申し侍るなり。

(新編三三二-9)

一六七―1　記の九に云わく

【法華文句記】　不《ンハ》レ作《サ》二此《ノ》釈一、尚不レ能レ見《ルコト》二昔教《ノ》中《ノ》実《ヲ》一、況《ヤ》開顕《ノ》実、況《ヤ》久遠《ノ》実《ヲヤ》。

(正蔵34-三三五C-20、学林・文会下三〇四-7、影印・文句記下三七五、文会26-41ヲ、天全・文句5-二三二八A)

一六七―2　妙楽、本理を称歎して云わく

【法華文句記】　密開寿量是第一義者、即此一部最極之理、豈非《スヤ》二第一《ニ》一。
(正蔵34―三二六B―23、学林・文会下二〇七―1、影印・文句記下二六五、文会25―23ウ、天全・文句5―二一八三B)

一六七―4　疏の第十に云わく

【法華文句】　聞《テ》二仏《ノ》本地《ノ》深遠深遠《ナルヲ》一、信順《シテ》不レ逆無《シ》二一毫之疑滞一。
(正蔵34―一三八B―21、国訳・経疏2―四五九―20、学林・文会下三九八―3、影印・文句下七〇五、文会28―3ヲ、天全・文句5―二四四〇B)

一六七―5　妙楽釈して云わく

【法華文句記】　但指《スコトリ》在《リ》二久本《ニ》一、功帰《ス》二実証《ニ》一、理深《ク》時遠《シ》、故云《フ》二深遠《ト》一。
(正蔵34―三四四B―11、学林・文会下三九八―5、影印・文句記下四七七、文会28―3ヲ、天全・文句5―二四四〇B)

一六七―6　宗祖の云わく

【立正観抄】　経に「唯仏与仏、乃能究尽」とは、迹門の界如三千の法門をば迹門の仏が当分究竟の辺を説けるなり。本地難思の境智の妙法は迹仏等の思慮に及ばず　（新編七七〇-13）

一六七-10　故に

【五人所破抄】　迹の文証を借りて本の実相を顕はすなり。　（新編一八八二-14）

一六七-11　荊渓の云わく

【法華玄義釈籤】　若無《ンハ》二通《ヲ》識《ルコト》一安《ンソ》能《ク》別《ヲ》知《ラン》

（正蔵33-八二一C-9、学林・玄会上五〇-8、影印・釈籤上七九、玄会1上-18オ、天全・玄義1-一三八）

一六七-13　御法則の抄に云わく

【類聚翰集私】　在々所々に迹門無得道と書いて候は予が読む所の迹には非ず天台過時の迹を破して候なり云云、此の寿量品は聖人の迹門なり・文在迹門義在本門・迹門無益本門有益云云。（富要2-三五三-1）

一六八―2　此の文の由来は

【観心本尊得意抄】教信の御房、観心本尊抄の「未得」等の文字に付いて迹門をよまじと疑心の候なる事、不相伝の僻見にて候か。（新編九一四―10）

一六八―5　彼の文に云わく

【産湯相承事】今久遠下種の寿量品に云はく「今此三界皆是我有（主君の義なり）其中衆生悉是吾子（父母の義なり）而今此処多諸患難（国土草木）唯我一人能為救護（師匠の義なり）」と云へり。（新編一七一〇―2）

一六八―6　次下の文に云わく

【類聚翰集私】文在迹門義在本門（富要2―三五三―2）

一六八―7　日辰の造読論の中に当山鎮師の記を引いて云わく

【読誦論義】日代云迹門ハ施迹分ニハ不レ可レ捨云云。（日宗全3―四八〇―9）

一六八―8　日道師、日尊師に酬うる書に云わく

【遣日尊之状】或同二天目一方便品不二読誦一、或同二鎌倉方一迹門得道之旨立申候、唯日道一人立二正義一間

強敵充満候。（歴全1-二八七-4）

一六八-12　実録に云わく

【日尊上人仰云】

文――一部八巻二十八品

義――十界十如等

意――妙法蓮華経（南岳師挙二三種法一／今師順二南岳心一広解）

- 衆生法妙――迹門
  - 衆生法妙
  - 仏法妙
  - 心法妙
- 仏法妙――本門
  - 仏法妙
  - 衆生法妙
  - 心法妙
- 心法妙――観心
  - 心法妙
  - 衆生法妙
  - 仏法妙

（中略）方便品ハ心法所具ノ衆生法妙ヲ説ク、開示悟入等云云、十如是等云云。寿量品ハ心法所具ノ仏法妙ヲ説《ク》、我成仏等云云、然我実成仏等云云。題目ハ心法妙ノ直体也、此ヲ迹妙本妙観心妙ト名付タル也、如《キ》レ此《ノ》不《シテ》レ知二御深意《ヲ》一為《メニ》二所破《ノ》一読《トル》不レ可レ云也。（日宗全2-四一五-4）

一六九-8　唯仏与仏乃能究尽

【方便品】　唯仏与仏。乃能究尽。（開結八九-12）

一六九-11　疏記の三の下に云わく

【法華文句記】　今歎《スルハ》二諸仏及以釈迦一、為《ナリ》二下《ノ》五仏弄引一。

（正蔵34-二一九A-2、学林・文会上五二五-8、影印・文句記上八〇五、文会8-49ウ、天全・文句2-六六五A）

一六九-12　第七に云わく

【法華文句記】　略開但《ハ》是動執生疑《ノミ》　非《ス》二正開顕《ニ》一。

（正蔵34-二九九A-22、学林・文会中五二五-11、影印・文句記中八六九、文会20-38ヲ、天全・文句4-一七一三B）

一六九-13　教義に云わく

【北峰教義】　三千是不思議妙境（中略）若非㆓開権顕実㆒豈能互具互融乎。
（続蔵2-6-3-二三九A-9、北峰教義1ウ、新続57-一二三B-11）

一六九-14　開目抄の上に云わく

法華経方便品の略開三顕一の時、仏略して一念三千心中の本懐を宣べ給ふ。始めの事なれば、ほとゝぎすの音を、ねをびれたる者の一音きゝたるがやうに、月の山の半をば出でたれども薄雲のをほへるがごとく、かそかなりし
（新編五四七-11）

一七〇-3　大覚抄の中に

【月水御書】　方便品の長行と寿量品の長行とを習ひ読ませ給ひ候へ。
（新編三〇三-13）

一七一-4　且く

【如来寿量品】　我実成仏
（開結四二九-8）

一七一-10 天月を識らずして但池月を観ず

【法華玄義】 不《シテ》レ識《ラ》二天月《ヲ》一但観《タル》二池月《ヲ》一

（正蔵33-七六六B-19、国訳・経疏1-二七七-20、学林・玄会下二二七-1、影印・玄義下二三六、玄会7上-46ウ、天全・玄義4-四〇六）

一七二-2 血脈抄に

【参考・百六箇抄】 本果妙は余行に渡る故に本の上の迹なり。

（新編一六九四-4）

一七二-4 本尊抄に云わく

【観心本尊抄】 久種を以て下種と為し、大通・前四味・迹門を熟と為して、本門に至って等妙に登らしむ。

（新編六五六-11）

一七二-11 荊渓の云わく

【法華文句記】 故聞《テ》二長寿《ヲ》一須レ了《ス》二宗旨《ヲ》一。

（正蔵34-三四三B-19、学林・文会下三八五-14、影印・文句記下四六五、文会27-50ヲ、天全・文句5-二四二四B）

一七二—11　又云わく

【法華文句記】　若但祇信《セハ》二事中《ノ》遠寿《ヲ》一、何能令《ンヤ》三此《ノ》諸菩薩等《ヲシテ》、増道損生《シテ》、至二於極位《ニ》一、故信二解本地難思境《ノ》智《ヲ》一。

（正蔵34—三四二C—3、学林・文会下三七五—4、影印・文句記下四五五、文会27—41ウ、天全・文句5—二四一二B）

一七二—13　祈禱抄に

諸の菩薩皆妙覚の位に上りて、釈迦如来と悟り等しく　（新編六二七—末行）

一七二—14　当流の口伝に云わく

【参考・本因妙口決】　等覚一転入于妙覚　（富要2—八三—14）

一七三—9　経に云わく

【譬喩品】　汝舎利弗　尚此の経に於ては　信を以て入ることを得たり　（開結一七四—末行）

一七三-10　又云わく

【如来寿量品】　世尊、唯願わくは之を説きたまえ。我等当に仏の語を信受したてまつるべし。

（開結四二八-末行）

一七三-11　宗祖釈して云わく

【御義口伝】　此の無作の三身をば一字を以て得たり。所謂信の一字なり。

（新編一七六六-7）

一七三-14　疏の第一の四節の釈に準ずるに

【法華文句】　四《ニ》示レ相《ヲ》者。且約《クシテ》二三段《ニ》一示《ス》二因縁相《ノヲ》一。衆生《ハ》久遠《ヨリ》蒙《リ》三仏《ノ》善巧《ニ》令《ルヲ》レ種《ヘ》二仏道《ノ》因縁《ヲ》一、中間《ニ》相値《ヒテ》更《ニ》以《テ》二異《ノ》方便《ヲ》一助二顕《シ》第一義《ヲ》一而《シテ》成二熟《シ》之《ヲ》一、今日雨花動地《シテ》以《テ》二如来《ノ》滅度《ヲ》一而滅二度《シタマフ》之《ヲ》一。復次《ニ》久遠《ヲ》為《シ》レ種《ト》、過去《ヲ》為《シ》レ熟《ト》、近世《ヲ》為《ス》レ脱《ト》。地涌等是也。復次《ニ》中間《ヲ》為《シ》レ種《ト》、四味《ヲ》為《シ》レ熟《ト》、王城《ヲ》為《ス》レ脱《ト》。今之開示悟入《ノ》者也。復次《ニ》今世《ヲ》為《シ》レ種《ト》、次世《ヲ》為《シ》レ熟《ト》、後世《ヲ》為《ス》レ脱《ト》。未来得度《ノ》者是也。雖《モ》レ未《タ》《ト》二是《レ》本門《ナラ》一、取《テ》レ意《ヲ》説《ク》耳。其《ノ》間節節《ニ》作《シ》二三世九世《ヲ》一、為《シ》レ種《ト》為《シ》レ熟《ト》為《ス》レ脱《ト》。

（正蔵34-二B-末行、国訳・経疏2-一三-10、学林・文会上三六-10、影印・文句上二〇、文会1-31ヲ、天全・文句1-五九A）

【参考・法華文句記】 初文《ノハ》即《チ》是《レ》四節《ノ》示《ス》レ相《ヲ》。初之一節《ハ》本因果種《ニシ》、果後方熟《ニシ》王城乃脱《ニス》。次復次下《ノハ》本因果種《ニシ》果後近熟《ニシ》、適《シテ》過世脱《ニス》。指《スナリ》二地踊者《ノ》一。故知地踊云《ニヌ》二本眷属《ヲハ》一者《ト》、乃是本種《ニシテ》近世始脱《ニスレハナリ》。既弥勒不《ニ》レ識非《サルコトヲ》二極近一也。次中間種昔教《ニシ》熟今日《ニシ》脱《ス》。次復次下《ノハ》今日種未来熟《ニシ》未来脱《ニス》。此四節者《ハ》且取《クル》二大概《ヲ》一。

（正蔵34－一五七A－4、学林・文会上三七－2、影印・文句記上七二、文会1－31ウ、天全・文句1－五九B）

一七四－6　宗祖の云わく

【上野殿御返事】　文はまつげのごとし

（新編一二一八－末行）

一七四－8　疏の第九に云わく

【法華文句】　然《ニ》本門得道数倍《セリ》二衆経《ニ》一、非《ニ》二但数多《ノ》一、又薫修日久《キノミニ》、元本垂《シ》レ迹処処《ニ》開引《シ》中間相値《ヒテ》数数成熟《シ》、今世五味節節《ニ》調伏《シ》、収羅結撮《シテ》帰《ス》二会法華《ニ》一。

（正蔵34－一三七A－1、国訳・経疏2－四五四－12、学林・文会下三六七－4、影印・文句下六八六、文会27－34ウ、天全・文句5－二四〇三A）

一七五‐14　玄文の第七に云わく

【法華玄義】　若《シ》過去最初所《ノ》レ証《ニノ》権実之法《ヲ》、名為《テス》レ本《ト》也。従二本証一已後方便化他《シテ》、開三顕一発迹顕本者《ハ》、還《テ》指《シテ》二最初《ヲ》一為レ本《ト》。中間《ノ》示現発迹顕本亦《モ》指《シテ》二最初《ヲ》一為レ本《ト》。今日《ノ》発迹顕本亦《モ》指《シテ》二最初《ヲ》一為レ本《ト》。未来《ノ》発本顕迹亦《モ》指《シテ》二最初《ヲ》一為レ本《ト》。三世《ハ》乃《チ》殊《ナレトモ》　毘盧遮那《ノ》一本《ハ》不レ異《ナラ》。如三百千《ノ》枝葉同《シク》趣《クカ》二一根《ニ》一云云。

（正蔵33‐七六九B‐21、国訳・経疏1‐二八七‐17、学林・玄会下二五四‐末行、影印・玄義下二七二、玄会7下‐11ウ、天全・玄義4‐四六〇）

一七七‐2　疏の第一に云わく

【法華文句】　本地《ノ》四仏、皆是《レ》本也。

（正蔵34‐五A‐3、国訳・経疏2‐二一‐4、学林・文会上七七‐12、影印・文句上四八、文会2‐9ヲ、天全・文句1‐一一七A）

一七七‐3　籤の第七に云わく

【法華玄義釈籤】　既有《ニリ》二四義深浅不同一、当《ニ》レ知《ル》即是本実成後、随二順物機一。機縁不同、従レ本垂レ迹示《ス》二四因相《ヲ》一、故知《ニヌ》不同定属《ハテス》二於迹《ニ》一。

（正蔵33‐九二一C‐18、学林・玄会下二二六‐4、影印・釈籤下二五一、玄会7上‐46ヲ、天全・玄義4‐

四〇四）

一七七―6　籤の第七に云わく

【法華玄義釈籤】　指二最初実得之時所被機ノ縁一亦有二四教一。

（正蔵33―九二一B―4、学林・玄会下二三五―11、影印・釈籤下二五八、玄会7上―53ウ、天全・玄義4―四三一）

一七七―7　疏記の第一に云わく

【法華文句記】　本時ノ自行ハ、唯与レ円合ス、化他ハ不定、亦有二八教一。

（正蔵34―一六二B―9、学林・文会上七〇―12、影印・文句記上一三五、文会2―2ウ、天全・文句1―一〇四A）

一七七―8　玄の第七に云わく

【法華玄義】　不二必シモ皆顕本一。

（正蔵33―七六九C―19、国訳・経疏1―二八八―14、学林・玄会下二五七―11、影印・玄義下二七六、玄会7下―13ウ、天全・玄義4―四六四）

一七七―13　籤の第七に云わく

【法華玄義釈籤】　又言㆓已今㆒者、即是昔日已得ノ已今ヲ為㆑本。今日中間ノ所対ノ已今ヲ為㆑迹。中間ノ節節皆有ニ㆓五味教㆒故。故四味及以ヒ迹門為㆑已開スルヲ㆓長遠寿ヲ㆒為㆑今。

（正蔵33―九一五A―3、学林・玄会下一六六―8、影印・釈籤下二九〇、玄会7下―21ヲ、天全・玄義4―四九四）

一七九―1　涌出品に云わく

【従地涌出品】　悉く是れ我が所化として　大道心を発さしめたり　此等は是れ我が子なり　是の世界に依止せり

（開結四二〇―末行）

一七九―3　血脈抄に云わく

【百六箇抄】　本地自受用報身の垂迹上行菩薩の再誕、本門の大師日蓮

（新編一六八五―4）

一七九―9　諫暁抄に云わく

【諫暁八幡抄】　天竺国をば月氏国と申す、仏の出現し給ふべき名なり。扶桑国をば日本国と申す、あに聖人出で給はざらむ。月は西より東に向かへり、月氏の仏法、東へ流るべき相なり。日は東より出づ、

日本の仏法、月氏へかへるべき瑞相なり。月は光あきらかならず、在世は但八年なり。日は光明月に勝れり、五五百歳の長き闇を照すべき瑞相なり。仏は法華経謗法の者を治し給はず、在世には無きゆへに。末法には一乗の強敵充満すべし、不軽菩薩の利益此なり。（新編一五四三－13）

一八〇－8　十勝抄に所謂

【秀句十勝抄】　日蓮が云はく、迹門を月に譬へ、本門を日に譬ふるか。（新編一三三三－12）

一八〇－11　本因妙抄に云わく

釈尊久遠名字即の位の御身の修行を、末法今時の日蓮が名字即の身に移せり。（新編一六八四－8）

一八〇－12　血脈抄に云わく

【百六箇抄】　今日蓮が修行は久遠名字の振る舞ひに介爾計りも違はざるなり。（新編一六九五－13）

一八〇－14　血脈抄に云わく

【百六箇抄】　本因妙の教主本門の大師日蓮（新編一六八五－2）

一八〇-14　**又云わく**

【百六箇抄】　下種の法華経の教主の本迹　自受用身は本、上行日蓮は迹なり。我が内証の寿量品とは脱益寿量の文底の本因妙の事なり。其の教主は某なり。（新編一六九五-15）

一八一-6　**血脈抄に云わく**

【百六箇抄】　久遠元始の天上天下唯我独尊は日蓮是なり。（新編一六九六-1）

一八一-7　**三位日順の詮要抄に云わく**

【本因妙口決】　久遠元初自受用報身とは本行菩薩道の本因妙の日蓮大聖人を久遠元初の自受用身と取り定め申すべきなりと云云。（富要2-八三-12）

一八一-9　**開目抄の下に云わく**

日蓮といゐし者は、去年九月十二日子丑の時に頸はねられぬ。此は魂魄佐土の国にいたりて（新編五六三-10）

一八一-11　**上野抄五に云わく**

【上野殿御返事】 相かまへて相かまへて、自他の生死はしらねども、御臨終のきざみ、生死の中間に、日蓮かならずむかいにまいり候べし。三世の諸仏の成道は、ねうしのをはりとらのきざみの成道なり。

（新編一三六一－7）

一八二－1 本尊抄見聞に云わく

【観心本尊抄抜書】 魂魄佐渡嶋に至ると開目抄に遊《ス》事大難亦色まさる時真実の自解仏乗也、非《ス》二凡夫《ノ》魂魄《ニ》一久遠名字の本仏の魂也

（富要4－一八八－3）

一八二－9 記の第三に云わく

【法華文句記】 但以二法身《ヲ》一為レ本《ト》。何《レノ》教《ニカ》無《ン》レ之。

（正蔵34－二一八B－末行、学林・文会上五二二－7、影印・文句記上八〇一、文会8－47ヲ、天全・文句2－六六一B）

一八三－4 玄文の第七に

【法華玄義】 普賢観云《ニ》、東方有《ニ》レ仏、名曰《テフ》二善徳《ト》一。彼仏《ニ》亦有《リ》二分身諸仏《ノ》一、若爾《シラハ》亦有二諸仏一諸仏《ニ》亦有《ラン》二分身一。又神力品云《ニ》、弾指《ト》謦欬《トノ》是二音声、遍《ク》至《ル》二十方諸仏世界《ニ》一。彼仏《ノ》四衆《ノ》遥伸《ニ》二供養《ヲ》一、所《ノ》レ散《スル》諸物従《リ》二十方一来《ルコト》、譬《ヘハ》

如《クニシテ》二雲聚《ノ》一、遍覆《クフ》二此間《ノ》諸仏之上《ニ》一。

（正蔵33−七六九B−末行、国訳・経疏1−二八八−1、学林・玄会下二五五−9、影印・玄義下二七三、玄会7下−12ヲ、天全・玄義4−四六一）

一八三−10　日眼女抄に云わく

【日眼女釈迦仏供養事】　法華経の寿量品に云はく「或は己身を説き或は他身を説く」等云云。東方の善徳仏・中央の大日如来・十方の諸仏・過去の七仏・三世の諸仏、上行菩薩等、文殊師利・舎利弗等、大梵天王・第六天の魔王・釈提桓因王・日天・月天・明星天・北斗七星・二十八宿・五星・七星・八万四千の無量の諸星、阿修羅王・天神・地神・山神・海神・宅神・里神・一切世間の国々の主とある人何れか教主釈尊ならざる。天照太神・八幡大菩薩も其の本地は教主釈尊なり。例せば釈尊は天の一月、諸仏菩薩等は万水に浮ぶる影なり。　（新編一三五一−8）

一八三−14　次に譬えの文に

【法華玄義】　三世乃殊《ハチナレトモ》毘盧遮那《ノ》一本《ハ》不レ異《ナラ》、如三百千《ノ》枝葉同《シク》趣《クカ》二一根《ニ》一云云。

（正蔵33−七六九B−26、国訳・経疏1−二八七−19、学林・玄会下二五五−5、影印・玄義下二七三、玄会7下−12ヲ、天全・玄義4−四六〇）

一八四―3　総勘文抄に云わく

釈迦如来五百塵点劫の当初、凡夫にて御坐せし時、我が身は地水火風空なりと知ろしめして即座に悟りを開きたまひき。後に化他の為に世々番々に出世成道し、在々処々に八相作仏し、王宮に誕生し、樹下に成道して始めて仏に成る様を衆生に見知らしめ、四十余年に方便の教を儲け衆生を誘引す。其の後方便の諸の経教を捨てゝ正直の妙法蓮華経の五智の如来の種子の理を説き顕はして、其の中に四十二年の方便の諸経を丸かし納れて一仏乗と丸し、人一の法と名づく。

（新編一四一九―12）

一八四―13　疏の第九に云わく

【法華文句】又云、如来如実知見三界之相《ト》、即《チ》是《レ》如如智《ノ》、称《フ》二如如《ノ》境《ニ》一、一切種智《ノ》知《ナリ》、見《ハ》即《チ》仏眼《ナリ》、此《ハ》是《レ》報身如来《ノ》義也。

（正蔵34―一二八B―3、国訳・経疏2―四二三―13、学林・文会下二五二―13、影印・文句下五八四、文会25―57ウ、天全・文句5―二三四九B）

一八五―4　妙楽釈して云わく

【法華文句記】何《ヲ》以《テカ》但云二三界相等《ト》一、為《ナリ》レ令四衆生《ヲシテ》知三垂迹《ノ》処《ヲ》無《コトヲ》レ非《イフコト》二法界《ニ》一。

（正蔵34－三三五C－25、学林・文会下三〇四－11、影印・文句記下三七六、文会26－41ヲ、天全・文句5－二三二八A）

一八五－5　当家深秘の御相伝に云わく

【御本尊七箇之相承】法界《ノ》五大《ハ》一身《ノ》五大也、一箇《ノ》五大《ハ》法界《ノ》五大也。法界即日蓮、日蓮即法界也。

（校定3－二〇九四－13、聖典三七九－4、富要1－三一－9）

一八五－9　玄の第七に云わく

【法華玄義】但《タ》本《ノ》極法身《ハ》微妙深遠《ナリ》、仏若不レ説《シンハ》弥勒尚《モ》闇《シ》、何況《ニンヤ》下地《ヲヤ》、何況《ニンヤ》凡夫《ヲヤ》。

（正蔵33－七六六A－25、国訳・経疏1－二七七－3、学林・玄会下二三一－2、影印・玄義下二三三、玄会7上－43ヲ、天全・玄義4－三九七）

一八五－9　金光明に云わく

【金光明最勝王経】唯有二如如如如智一。　（正蔵16－四〇八B－26）

一八五－11　天台の云わく

【法華文句】 乗《ハ》是《レ》法如如《ノ》智、実《ハ》是《レ》法如如《ノ》境。道《ハ》是《レ》因、覚《ハ》是果。若単《シニ》論《セハ》レ乗《ヲ》者、如如無二所知一。単《ニ》明レ実《ヲ》者、如如無二能知一。境智和合則有《リ》二因果一。照《シテ》レ境《ヲ》未《タ》レ窮《ラ》名レ因《ト》。尽《スヲ》レ源《ヲ》為《ス》レ果《ト》。道《ト》覚《ノ》義成《ス》。即是乗《スル》二如実《ニ》一道、来成《テ》二正覚《ヲ》一。此真身《ノ》如来也。

（正蔵34―一二七C―末行、国訳・経疏2―四二二―3、学林・文会下二四六―4、影印・文句下五七九、文会25―52ウ、天全・文句5―二二三三B）

一八五―12　妙楽の云わく

【法華文句記】 先理者《ト》、若信《スレハ》二長遠《ヲ》一信必依《ル》レ理、理《ト》与二迹中《ノ》妙理一不レ殊《ナラ》、但指《スコト》二在《リ》久本《ニ》一、功帰《ス》二実証《ニ》一、理深時遠《ク》、故云《シ》二深遠《フ》一。

（正蔵34―三四四B―10、学林・文会下三九八―5、影印・文句記下四七七、文会28―3ヲ、天全・文句二四四〇B）

一八六―5　止観の六に云わく

【摩訶止観】 又金光明称《シテ》為《ニ》二応身《ス》一、境智相応《スル》也、就《テ》レ境為《ニシ》二法身《ト》一、就《テ》レ智為《ニシ》二報身《ト》一、起用為《ヲス》二応身《ト》一。

（正蔵46―八五A―23、国訳・諸宗3―二六三―3、学林・止会中七六九―11、影印・止観下一八〇、止会6―4―37ウ、天全・止観4―一三一）

一八六―8　是好良薬

【如来寿量品】　是の好き良薬　（開結四三七―5）

一八六―13　止観の一に云わく

【摩訶止観】　名字即ト者、理ハ雖モ二即チ是ナリト一、日ニ用ヒテ不レ知ラ、以テレ未レ聞カ二三諦ヲ一、全ク不レ識ラ二仏法ヲ一、如シ四牛羊ノ眼ノ不ルカ三解セ二方隅ヲ一、或ハ従ヒ二知識ニ一、或ハ従テ二経巻ニ一、聞キ二上ニ所レ説ク一実ノ菩提ヲ一、於二名字ノ中ニ一通達解了シテ、知ル二一切法皆是仏法ナリト一、是ヲ為ス二名字即ノ菩提ト一。

（正蔵46―一〇B―20、国訳・諸宗3―四四―末行、学林・止会上二三六―1、影印・止観上一一二、止会1―5―27ウ、天全・止観1―三七四）

一八七―7　宗祖の云わく

【総勘文抄】　一切の法は皆是仏法なりと通達し解了する、是を名字即と為づく。名字即の位にて即身成仏する故に円頓の教には次位の次第無し。　（新編一四一七―12）

一八七―9　授職抄十七に云わく

【得受職人功徳法門抄】　天台六即を立て円人の次位を判ず。尚是円教の教門にして証道の実義に非ず。

何に況んや五十二位は別教の権門に附するの廃立なるをや。（新編五八九－11）

一八七－10　止観の六《二十》に云わく

【摩訶止観】円人根《ハ》最《モ》利《ナリ》、復是《レ》実説《ナリ》、復無《シ》二品秩一、此《レ》則《チ》最能《ク》超《ユ》、瓔珞《ニハ》明《ス》二頓悟《ノ》如来《ヲ》一、法華《ニハ》一刹那《ノ》頃《ニ》便《チ》成《ス》二正覚《ヲ》一。

（正蔵46－七三B－20、国訳・諸宗3－二三二－1、学林・止会中五九七－6、影印・止観下四二、止会6－1－39ヲ、天全・止観3－六六〇）

一八七－11　相伝に云わく

（未検）

一八七－12　尼崎流之れに同じ

【私新抄】　本門流通ノ正意ハ名字也名字初随喜ガ家ノ観行相似ト可《シ》二得意《ス》一総ジテ本迹ノ六即倶ニ六即一即ト習フ時ハ一即ノ内ニ六即ヲ具足セリ、像法ノ迹門流通ノ時ハ観行即ヨリ外ニ位ヲ不レ置《カ》、当宗ノ意又名字即ヨリ外ニハ不レ置《カ》レ位《ヲ》、名字即ハ体也観行已下ハ用也云云。

（日宗全8－二五六－4）

一八八―1　天台釈して云わく

【法華文句】　境智和合則有《リ》二因果一、照《シテ》レ境《ヲ》未《タ》レ窮《ラ》名レ因《ト》、尽《スヲ》レ源《ヲ》為《ス》レ果《ト》。

（正蔵34―一二八A―2、国訳・経疏2―四二一―4、学林・文会下一四六―9、影印・文句下五八〇、文会25―52ウ、天全・文句5―二二三四A）

一八八―5　玄文の第七

【法華玄義】　三《ニ》迹本《ノ》同異《トハ》者、迹《ノ》中《ニハ》因《ヲ》開《シテ》而果《ヲ》合《ス》。合《シテ》二習果報果一為二三法妙《ト》一也。本《ノ》中《ニハ》因《ヲ》合《シテ》而果《ヲ》開《ス》、開《シテ》二習果《ヲ》一出《シ》二報果《ヲ》一明《ス》二本国土妙《ヲ》一也。作《スハ》二此《ノ》同異《ヲ》一者、依《テ》二於義《ノ》便《ニ》一互《ニ》有《リ》二去取一。迹《ノ》中《ニハ》委悉《ニ》明《ス》二境、知、行、位《ヲ》一、本《ノ》文《ハ》語略《ニシテ》通《シテ》束《テ》為《ス》二因妙《ト》一、得《モノハ》レ意《ヲ》知二是《ノ》開合《ヲ》一耳、果妙《ト》者即《チ》是迹《ノ》中《ノ》三軌妙也。

（正蔵33―七六五C―6、国訳・経疏1―二七五―13、学林・玄会下二一八―9、影印・玄義下二二六、玄会7上―39ウ、天全・玄義4―三八六）

一八八―11　玄の一に釈して云わく

【法華玄義】　心法非レ因《ニ》非レ果《ニ》、能《ク》如《ク》レ理《ノ》観《スレハ》即弁《ス》二因果《ヲ》一、是《ヲ》名《ク》二蓮華《ト》一。

（正蔵33―六八五C―11、国訳・経疏1―三〇―16、学林・玄会上一〇四―11、影印・玄義上五六、玄会1上―61ウ、天全・玄義1―二八四）

一八八－11　宗祖の云わく

【当体義抄】　釈尊五百塵点劫の当初、此の妙法の当体蓮華を証得して、世々番々に成道を唱へ、能証所証の本理を顕はし給へり。　（新編六九六－2）

一八九－2　経に云わく

【方便品】　我が法は妙にして思い難し　諸の増上慢の者は　聞いて必ず敬信せじ　（開結九八－7）

一八九－2　天台の云わく

【法華文句】　如《ト》者、法如如境《ハ》、非因非果《ニシテ》（中略）法如如智《モテ》、乗《シテ》二於如如真実之道《ニ》一来成《テ》二妙覚一。
（正蔵34－一二八A－7、国訳・経疏2－四二二－10、学林・文会下一四八－4、影印・文句下五八〇、文会25－54ヲ、天全・文句5－二二三六）

一八九－3　経に云わく

【方便品】　諸仏両足尊　法は常に無性なり　仏種は縁に従って起ると知ろしめす　（開結一一九－1）

一八九―6 天台釈して云わく

【法華文句】 仏種従縁起者《ト》、中道無性《ハ》、即《チ》是《レ》仏種《ナリ》、迷《フ》二此理《ニ》一者、由《レハ》二無明《ヲ》為《ルニ》レ縁《ト》、則有《リ》二衆生起《ルコト》一云云。

（正蔵34―五八A―3、国訳・経疏2―一七九―末行、学林・文会上七三―4、影印・文句上六七九、文会12―26ウ、天全・文句2―九七九A）

一八九―6 宗祖の云わく

【総勘文抄】 五行とは地水火風空なり。五大種とも五蘊とも五戒とも五常とも五方とも五智とも五時ともいふ。只一物にて経々の異説なり。内典外典の名目の異名なり。今経に之を開して、一切衆生の心中の五仏性、五智の如来の種子と説けり。是即ち妙法蓮華経の五字なり。（新編一四一八―17）

一八九―14 当体義抄に云わく

釈尊五百塵点劫の当初、此の妙法の当体蓮華を証得して、世々番々に成道を唱へ、能証所証の本理を顕はし給へり。（新編六九六―2）

一九〇―4 血脈抄に云わく

【百六箇抄】 我が内証の寿量品とは脱益寿量の文底の本因妙の事なり。（新編一六九五―15）

一九二―1　本尊抄に云わく

【観心本尊抄】　彼は脱、此は種なり。彼は一品二半、此は但題目の五字なり。（新編六五六―13）

一九二―2　本因妙抄に云わく

今日熟脱の本迹二門を迹と為し、久遠名字の本門を本と為す。信心強盛にして唯余念無く南無妙法蓮華経と唱へ奉れば凡身即ち仏身なり。（新編一六七九―2）

一九二―4　又云わく

【本因妙抄】　一代応仏の寿量品を迹と為し、内証の寿量品を本と為し、釈尊久遠名字即の身と位とに約して南無妙法蓮華経と唱へ奉る、是を出離生死の一面と名づく。（新編一六七八―1）

一九二―7　有る抄の中に高祖の譲り状を引いて云わく

【百六箇抄】　方便寿量の読誦は在世一段の一箇の一念三千・心破の一段是れなり　（富要1―二三―10）

一九二―11　房州方の義に云わく

【参考・化儀秘決】　爾前所破の方便品、迹門所破の寿量品
（富要1―二七七―8）

【参考・化儀秘決】　両品は助行なり、題目は正行なり、助行に於《イ》て傍正あり方便品は傍・寿量品は正なり、題目は正が中の正なり
（富要1―二八三―15）

一九三―8　日講が啓蒙の十八に日向天目問答記を引いて云わく

【録内啓蒙】　大聖人《ノ》一期《ノ》行法本迹也、毎日勤行方便寿量《ノ》両品也。
（啓蒙18―82ヲ、啓蒙・上八三六B『本満寺版』）

一九三―11　啓蒙に云わく

【録内啓蒙】　決要抄ニ引二天目抄《ノヲ》一云、白蓮阿闍梨《ハ》口《ニハ》云二末法《ハ》是本門大法《ノ》之時機《ト》一及奉二上《スル》公所《ニ》一申状《ニハ》停二止《シテ》爾前迹門等悪《ノヲ》建二立《セント》本門大法《ノ》一（下略）
（啓蒙18―82ウ、啓蒙・上八三六B『本満寺版』）

一九四―1　授職潅頂抄に云わく

【授職潅頂口伝抄】　問《フ》、一経二十八品也。毎日《ノ》勤行《ハ》我等之所レ不《ル》レ堪《ヘ》也。如何《ニ》読二誦《センヤ》之《ヲ》一耶。答《フ》、二十八

品本迹ノ高下勝劣浅深者ハ教相ノ所談也。今ハ不レ用二此義ヲ一。仍チ一経ノ肝心ハ迹門ノ方便品・本門ノ寿量品也。天台妙楽ノ云ク、迹門ノ正意ハ在リレ顕ハスニ二実相ヲ一。本門ノ正意ハ顕ハス二寿ノ長遠ヲ一云云。

（新定2－一〇五八－5）

【参考・法華玄義釈籤】迹門ノ正意ハ在リレ顕ハスニ二実相ヲ一、故ニ以テ二所顕之理ヲ一与二諸部ノ文一以テ弁ス二同異ヲ一。本門ノ正意ハ顕ハス二寿ノ長遠ヲ一、長遠ハ永ク異ナリ、故ニ用テ比スレ之ニ。実相ハ雖下在リト二迹門一弁シ竟ヌト上今須クレ弁レ同故ニ今ハ但取二実相同辺一、長寿ハ祇是レ証体之用ナリ、未三是親シク証二実相ノ体ヲ一也。

（正蔵33－八二〇C－8、学林・玄会上四一－12、影印・釈籤上六七、玄会1上－11ウ、天全・玄義1－一一四）

一九四－5　大覚抄に云わく

【月水御書】殊に二十八品の中に勝れてめでたきは方便品と寿量品にて侍り。余品は皆枝葉にて候なり。

（新編三〇三－12）

一九四－7　久遠実成名字の妙法を

【参考・本因妙抄】久遠実成の名字の妙法を余行にわたさず、直達正観・事行の一念三千の南無妙法蓮華経是なり。

（新編一六八四－6）

一九四―8　信無くして此の経を

【参考・法蓮抄】　信なくして此の経を行ぜんは手なくして宝山に入り、足なくして千里の道を企つるがごとし。（新編八一四―1）

一九四―13　起信論に云わく

【大乗起信論】　一者《ニ》信《ス》二根本《ヲ》一、所謂楽二念《スルカ》真如《ノ》法《ヲ》一故《ニ》、二者《ニ》信三仏《ニ》有《リト》二無量《ノ》功徳一、常《ニ》念《シテ》親近《シ》供養《シ》恭敬《シテ》発二起《シ》善根《ヲ》一、願二求《スルカ》一切智《ヲ》一故《ニ》、三者《ニ》信《シテ》三法《ニ》有《リト》二大利益一、常《ニ》念《シテ》修二行《スルカ》諸波羅蜜《ヲ》一故《ニ》、四者《ニ》信《シテ》三僧能《ク》正《ク》修二行《スト》自利利他《ヲ》一、常《ニ》楽《テ》親二近《シテ》諸菩薩衆《ニ》一、求二学《スルカ》如実行《ヲ》一故《ニ》。（正蔵32―五八一C―9）

一九五―2　血脈抄に云わく

【本因妙抄】　久遠元初の自受用報身無作本有の妙法（新編一六八二―末行）

一九五―3　又云わく

【百六箇抄】　久遠元初の結要付嘱と日蓮が今日寿量付嘱とは同意なり云云。（新編一六九七―末行）

一九五―14　経に曰く

【如来寿量品】　時に我及び衆僧　倶に霊鷲山に出ず　（開結四四〇-1）

一九六-4　経に説いて

【如来寿量品】　是の諸の罪の衆生は　悪業の因縁を以て　阿僧祇劫を過ぐれども　三宝の名を聞かず　（開結四四一-8）

一九六-5　経に云わく

【如来寿量品】　諸の有らゆる功徳を修し　柔和質直なる者は　則ち皆我が身　此に在って法を説くと見る　（開結四四一-10）

一九六-12　毎に自ら是の念を作さく

【如来寿量品】　毎に自ら是の念を作さく　何を以てか衆生をして　無上道に入り　速かに仏身を成就することを得せしめんと　（開結四四三-2）

一九七-2　釈尊の因行果徳の二法は

【観心本尊抄】　釈尊の因行果徳の二法は妙法蓮華経の五字に具足す。我等此の五字を受持すれば自然に

彼の因果の功徳を譲り与へたまふ。（新編六五三-5）

一九七-3　我が滅度の後に於て

【如来神力品】　我が滅度の後に於て　応に斯の経を受持すべし　是の人仏道に於て　決定して疑有ること無けん（開結五一七-2）

一九七-5　香城に骨を摧き

【参考・摩訶止観】　香城粉《ニ》レ骨《ヲ》雪嶺《ニ》投レ身《ヲ》。亦何足《ン》二以《テ》報《ルニ》一レ徳。

（正蔵46-四九A-14、国訳・諸宗3-一六三-15、学林・止会中一九四-末行、影印・止観上五六九、止会1-11ウ、天全・止観3-一二五）

【参考・四条金吾殿御返事】　香城に骨を砕き、雪嶺に身を投げ（新編一五〇一-9）

一九七-10　有る人難じて云わく

【参考・寿量演説抄】　次日興上人事、具如二御伝《ノ》別紙一云云。六老ノ中ノ第三也。二箇ノ相承云云。或問云、何付二属《シタマフ》第三弟子《ニ》一耶。（歴全4-一四三-末行）

一九八—1　二箇の相承

【日蓮一期弘法付嘱書】　日蓮一期の弘法、白蓮阿闍梨日興に之を付嘱す、本門弘通の大導師たるべきなり。国主此の法を立てらるれば、富士山に本門寺の戒壇を建立せらるべきなり。時を待つべきのみ。事の戒法と謂ふは是なり。就中我が門弟等此の状を守るべきなり。（新編一六七五—2）

【身延山付嘱書】　釈尊五十年の説法、白蓮阿闍梨日興に相承す。身延山久遠寺の別当たるべきなり。背く在家出家共の輩は非法の衆たるべきなり。（新編一六七五—8）

一九八—2　汝等智有らん者

【如来寿量品】　汝等智有らん者　此に於て疑を生ずること勿れ　（開結四四二—4）

一九八—3　有る人尋ねて云わく

（未検）

一九九—2　日饒が記に云わく

【到彼岸記】　須クレ知末法ノ正行ハ寿量品也。言二但行題目ト一者恐テ三最初心ノ人ノ誤ランコトヲ二自他ヲ一令ルノレ励二正信ヲ一之辞、被ルノ二

下根《ノ》二品《ニ》一之辞也。以レ之不レ可レ難《なんス》三寿量品為《ルコトヲ》二正行《ト》一、若《シ》以二単行題目《ヲ》一為二正行《ト》一者恐《クハ》違《セン》下以二寿量品《ヲ》一為《ル》二末法下種《ノ》戒体《ト》一百六箇並本門戒体抄《ニ》上是。（到彼岸記22ヲ）

一九九－6　太田抄に云わく

【曾谷入道殿許御書】　一乗を演説すれども、題目の五字を以て下種と為すべきの由来を知らざるか。（新編七七八－末行）

一九九－7　秋元抄に云わく

【秋元御書】　三世十方の仏は必ず妙法蓮華経の五字を種として仏に成り給へり。（新編一四四八－1）

一九九－8　本尊抄に云わく

【観心本尊抄】　彼は脱、此は種なり。彼は一品二半、此は但題目の五字なり。（新編六五六－13）

一九九－9　四信抄に云わく

【四信五品抄】　問うて云はく、末代初心の行者に何物をか制止するや。答へて曰く、檀戒等の五度を制止して一向に南無妙法蓮華経と称せしむるを、一念信解初随喜の気分と為すなり。是則ち此の経の本意

なり。（新編一一一三－3）

一九九－10　取要抄に云わく

【法華取要抄】　日蓮は広略を捨てゝ肝要を好む、所謂上行菩薩所伝の妙法蓮華経の五字なり。（新編七三六－15）

一九九－11　報恩抄に云わく

日本乃至漢土月氏一閻浮提に人ごとに有智無智をきらはず一同に他事をすてゝ南無妙法蓮華経と唱ふべし。（新編一〇三六－10）

一九九－11　高橋抄に云わく

【高橋入道殿御返事】　末法に入りなば迦葉・阿難等、文殊・弥勒菩薩等、薬王・観音等のゆづられしところの小乗経・大乗経並びに法華経は、文字はありとも衆生の病の薬とはなるべからず。（新編八八七－5）

一九九－12　上野抄に云わく

【上野殿御返事】　今、末法に入りぬれば余経も法華経もせんなし。但南無妙法蓮華経なるべし。

（新編一二二九―6）

一九九―13　寿量品の御義口伝に云わく

此の品は在世の脱益なり。題目の五字計り当今の下種なり。（新編一七六六―17）

二〇〇―5　宗祖の云わく

【祈禱経言上】　奉《ル》二読誦《シ》一寿量品を以為《テシ》二助行《ト》一、奉《ル》レ唱《ヘ》妙法蓮華経を以て為《シテ》二正行《ト》一速《カニ》整《テ》二正助《ノ》二行《ヲ》一奉《ル》レ読二誦《シ》之《ヲ》一。（新定2―一〇五〇―2）

二〇〇―7　宗祖判じて云わく

【御義口伝】　南無妙法蓮華経は体なり心なり、廿八品は用なり廿八品は助行なり。題目は正行なり、正行に助行を摂すべきなり。（新編一八〇六―1）

二〇〇―12　御相伝に云わく

【御本尊七箇之相承】　日蓮《ト》御判置給《ヲキフ》事如何三世印判。日蓮体具。師曰《ノク》、首題《モ》釈迦多宝《モ》上行無辺行等《モ》普賢文殊等《モ》舎利弗迦葉等《モ》梵釈・四天・日月等《モ》鬼子母神十羅刹女等《モ》天照八幡等《モク》悉日蓮也申《トス》心也。

（校定3-二〇九四-10、聖典三七九-1、富要1-三二一-6）

二〇〇-13　又云わく

【御本尊七箇之相承】明星《カ》池を見給へとの給ふ。即《チ》見《ル》二彼《ノ》池《ヲ》一不思議也、日蓮《カ》影今《ノ》大曼荼羅也云云。

（校定3-二〇九五-11、聖典三七九-末行、富要1-三二一-末行）

二〇〇-14　又云わく

【御本尊七箇之相承】被《レ》レ唱《ヘ》給《フ》処《ノ》七字《ハ》仏界也、奉《ル》レ唱《ヘ》我等衆生《ハ》九界也、是則《チ》四教《ノ》因果《ヲ》打《チ》破《テ》真《ノ》十界《ノ》因果《ヲ》説《キ》顕《ス》云云。

（校定3-二〇九三-11、聖典三七八-3、富要1-三一-9）

二〇一-3　当体義抄に云わく

正直に方便を捨て但法華経を信じ、南無妙法蓮華経と唱ふる人は、煩悩・業・苦の三道、法身・般若・解脱の三徳と転じて、三観・三諦即一心に顕はれ、其の人の所住の処は常寂光土なり。能居・所居、身土・色心、倶体倶用の無作三身、本門寿量の当体蓮華の仏とは、日蓮が弟子檀那等の中の事なり。

（新編六九四-14）

二〇一-6　又云わく

【当体義抄】　然るに日蓮が一門は、正直に権教の邪法邪師の邪義を捨てゝ、正直に正法正師の正義を信ずる故に、当体蓮華を証得して常寂光の当体の妙理を顕はす事は、本門寿量の教主の金言を信じて南無妙法蓮華経と唱ふるが故なり。

（新編七〇一-16）

二〇一-8　本因妙抄に云わく

信心強盛にして唯余念無く南無妙法蓮華経と唱へ奉れば凡身即ち仏身なり。是を天真独朗の即身成仏と名づく。

（新編一六七九-2）

二〇一-14　本因妙抄に云わく

天台の云はく「一言三諦・刹那成道・半偈成道」云云。伝教の云はく「仏界の智は九界を境と為し、九界の智は仏界を境と為す。境智互ひに冥薫して凡聖常恒なる、是を刹那成道と謂ひ、三道即三徳と解すれば諸悪慵ちに真善なる、是を半偈成道と名づく」と。今会釈して云はく、諸仏菩薩の定光三昧も、凡聖一如の証道、刹那半偈の成道も、我が家の勝劣修行の南無妙法蓮華経の一言に摂し尽くす者なり。

（新編一六八三-9）

当家三衣抄 第六

二〇五―2 左伝に曰く

【春秋左氏伝】 衣身章也 （全釈漢文大系4―一八一『集英社』）

【参考・釈門章服儀応法記】 左伝曰《ニク》、衣身《ハノ》章也、注云《ニク》、章明《ハカニス》二貴賤《ヲ》一、先王制二五服一各有二等差一尚書孔安国伝曰《ニク》天子《ノ》冕服《ハ》十二章、日月星辰此三《ハ》取《ル》レ照二臨《スルヲ》於下一、山興《シ》レ雲《ヲ》致レ雨《ヲ》、龍変化無レ窮《リ》、華虫即《チ》雉也取《ル》二耿介《ヲ》一此六《ハ》画《ク》二於衣《ニ》一法二天之陽《ニ》一也、藻文章、火炎上以助二其《ノ》徳《ヲ》一、粉潔白、米能養、黼断害、黻背《キ》レ悪《ニ》向《フ》レ善《ニ》此六《ハ》繡《ル》二於裳一法二地之陰一也、皆為《テ》二百王《ノ》明戒《ト》一以益《テス》二其徳一、諸侯《ハ》自レ龍《ノ》下八章、大夫《ハ》藻火粉米《ノ》四章、士《ハ》藻火《ノ》二章、庶人《ニハ》則無。

（新続59―五八一C―6）

二〇五―2 注に云わく

【春秋経伝集解】 衣《きものハ》身《ノ》之章《ナリ》也 章《カニス》二貴賤《ヲ》一

（左氏4―9ヲ、経書集成古注3―六八A『汲古書院』）

二〇五―10 周礼の司服の注に云わく

【周礼注疏】 取二臣民背レ悪向レ善也、此古文字左右画レ之也。

（周礼13ヲ、周礼注疏21-8ヲ、十三経注疏3-三二四B『芸文印書館』）

二〇七-2　法に応じて作る

【釈氏要覧】応レ法而作、故曰二法衣一

（正蔵54-二六八A-17、国訳・目録事彙2-二三二-13）

二〇七-2　法衣に三つ有り

【釈氏要覧】法衣有《ニ》レ三也。一《ニ》僧伽梨即大衣也、二《ニ》鬱多羅僧即七条也、三《ニ》安陀会即五条也。此《ハ》是三衣也。若呼《テ》二七条《ト》・偏衫《ト》・裙《ヲ》一、為《ハ》二三衣《ト》一者、誤レ之也。

（正蔵54-二六八A-24、国訳・目録事彙2-二三二-末行）

二〇七-4　色に亦三つ有り

【釈氏要覧】律有《ニ》二三種壊色《ノ》一。謂《ク》青・黒・木蘭《ナリ》。抄《ニ》云《フ》青《トハ》謂《ヒ》二銅青《ヲ》一、黒《トハ》謂《ヒ》二雑泥《ヲ》一即《チ》溝瀆《ノ》中泥《ナリ》、木蘭《トハ》即《チ》樹皮《ナリ》

（正蔵54-二六九A-13、国訳・目録事彙2-二二五-14）

二〇七-4　抄に云わく

【参考・四分律刪繁補欠行事抄】青《ハ》謂《ハク》銅青。黒《ハ》謂《ハク》雑泥等。木蘭《トハ》者謂《ハク》諸果《ノ》汁等《ナリト》此翻律者《ハ》北方《ニシテ》為《セリ》二木蘭染法《ヲ》一。僧祇律《ハ》在《リテ》二呉地《ニ》一翻《セリ》、以《テノ》レ不レ見故《ナリ》。予於《テ》二蜀郡《ニ》一。親《リニ》見《タルニ》二木蘭樹皮《ヲ》一赤黒《ニシテ》色鮮明《ナリ》。可《シ》二以《テ》為《シツ》レ染《ヲ》。（正蔵40-一〇五C-9、国訳・律疏2-四-6）

二〇七―5　青・赤・白・黒・黄の五正

【参考・仏制比丘六物図】須《ク》レ離《ル》二俗中《ノ》五方《ノ》正色（謂《フ》二青黄赤白黒一）及《ヒ》五間色《ヲ》一（謂《フ》二緋紅紫緑碧一、或《ハ》云《フ》二磂黄《ト》一）。

（正蔵45―八九八B―12、国訳・諸宗14―四四―14）

二〇八―6　妙楽大師の云わく

【止観輔行伝弘決】教弥実《ヨナレハ》位弥下《ヨク》、教弥権《ヨナレハ》位弥高《ヨシ》、故通《ニハ》在二八地《ニ》一、別《ハ》在二初地《ニ》一、円《ハ》在二初住《ニ》一。

（正蔵46―三五三B―5、学林・止会中七四八―2、影印・弘決下本二八三、止会6―4―20ウ、天全・止観4―一〇六）

二〇八―7　宗祖大聖人の云わく

【四信五品抄】「教弥実位弥下」の六字に心を留めて案ずべし。

（新編一一一二―7）

二〇九―2　如幻三昧経には

【参考・釈氏要覧】別名、大集経《ニ》云、袈裟《ヲハ》名《ク》二離染服《ト》一、賢愚経《ニハ》云二出世服《ノ》一、如玄三昧経《ニハ》云二無垢衣《ナリト》一、又名《ク》二忍辱鎧《ト》一、又名《ク》二蓮華衣《ト》一、謂不《ル》下為二欲泥《ノ》一染《ラ》上故《ニ》、又名《ク》二幢相《ト》一、謂不《ル》レ為二邪《ノ》所《ト》レ傾《ケ》故《ニ》、又名《ク》二田相衣《ト》一、謂不《ル》レ為《サ》二見《ル》者生《スルコトヲ》一レ悪《ヲ》故《ニ》、又名二消痩衣《ト》一、謂《ク》著《クレハ》二此《ノ》衣《ヲ》一煩悩《ハ》消痩《スル》故《ニ》、又名二離塵服《ト》一去《ルノ》レ穢《ヲ》衣《ナリ》、又名《ク》二振越《トモ》一。

（正蔵54－二六八B－26、国訳・目録事彙2－二二四－6）

二〇九－2　勧持品に云わく

悪鬼其の身に入って　我を罵詈毀辱せん　我等仏を敬信して　当に忍辱の鎧を著るべし

（開結三七七－7）

二〇九－8　荊渓の云わく

【法華玄義釈籤】　聞《ヲ》法《シ》為レ種《ト》、発《ヲ》心《ス》為レ芽《ト》。在《ルハ》レ賢《ニ》如《ク》レ熟《ノ》、入《ルハ》レ聖《ニ》如《シ》レ脱《ノ》。

（正蔵33－八四〇B－23、学林・玄会上二二五－7、影印・釈籤上三〇五、玄会2上－15ウ、天全・玄義1－五二六）

二〇九－14　薩婆多論に

【参考・釈氏要覧】　薩婆多論《ニ》云、欲レ現《セント》二未曾有《ノ》法《ヲ》一故《ナリ》、九十六種《ノ》外道《ハ》無《シ》二此《ノ》三《ノ》名一、為レ異《ナラン》二外道《ニ》一故《ニ》、著《クルナリ》二三衣《ヲ》一

（正蔵54－二六八B－12、国訳・目録事彙2－二二三－14）

【参考・仏制比丘六物図】（正蔵45-八九七B-1、国訳・諸宗14-四〇-8）

二一〇-2　僧祇律に云わく

【釈氏要覧】　僧祇律云《ニ》、三衣者《ハ》賢聖沙門《ノ》之標幟也（正蔵54-二六八B-9、国訳・目録事彙2-二三三-11）

【参考・摩訶僧祇律】　沙門衣者賢聖標幟。（正蔵22-五二八A-23）

【参考・仏制比丘六物図】（正蔵45-八九七B-4、国訳・諸宗14-四〇-10）

二一〇-3　済縁記に云わく

【四分律羯磨疏済縁記】　軍中旗幟有レ所レ別故（新続41-二九六B-17）

【参考・六物図採摘】　外道ト沙門ト分タンタメニ袈裟ヲ制スルホトニ。標識ト云ソ。故ニ済縁記ニ云。
軍中《ノ》旗幟有《ハ》レ所レ別《ツ》故。矣（日蔵68-一四A-15）

二二一―1　蓮師御伝記の八に云わく

【蓮祖御伝記】　弘安二年富士戒壇の板本尊をきざまるゝ折節、日法末代の見ずきかざる人のために聖人の御影をつくりたきのこゝろざしふかく、一体三寸の御影をつくり奉り袂に入れ、聖人へ御目にかけられ免許を請ひ給ひければ、聖人此木像を御手の上にすへさせられ是を見給ひ笑をふくませられゆるされ給き。これによりて等身の御影をつくり聖人の御そりかみをけし御衣を彩色せられけるこそありがたけれ。
（蓮祖御伝記8―22ヲ）

二二一―9　御書類聚に云わく

（未検）

二二一―10　録外の十五に云わく

【四菩薩造立抄】　薄墨の染め衣一・同色の袈裟一帖・鵞目一貫文給び候。
（新編一三六八―5）

二二一―11　阿仏房抄三十一に云わく

【千日尼御返事】　絹の染め袈裟一つまいらせ候。
（新編一四七八―15）

二二一―12　開山上人の二十六箇条に云わく

【日興遺誡置文】　衣の墨、黒くすべからざる事。　（新編一八八五－5）

二二一－7　会に云わく

【古今韻会挙要】　衫、師銜切音与レ攙同《シ》、小襦也、釈名云《ニク》、芟也、未レ有《ラ》二袖端一。方言、陳魏宋楚之間謂《ニヒ》二之《ヲ》襜《ト》一、或謂《フ》二之《ヲ》単襦《ト》一、集韻通《ニシテ》作《ル》レ襂《ニ》。　（古今韻会挙要10－23ウ）

二二一－7　唐の代に大智禅師

【啓運抄】　大智律師釈云、袖頸《ヲ》付《テ》編衫《トス》云云　（啓運抄5－26ウ）

二二一－8　裙子と言うは

【翻訳名義集】　西域記唐《ニ》言《ニハ》レ裙《ト》云云旧《ノ》曰《ルハ》二涅槃僧《ト》一訛也。既《ニ》無二帯襻一。其《ノ》将《スルトキニ》レ服《ント》也。集《テ》レ衣《ヲ》為《シ》レ襵《ト》（中略）束帯《スルニ》以《ス》レ条《ヲ》。　（正蔵54－一一七一C－12、翻訳名義集7－16ウ）

【参考・大唐西域記】　（正蔵51－八七六B－23、国訳・史伝16上－99－7）

二一二—12　孝経に曰く

先王の法服に非ざれば敢て服せず。（新釈漢文大系・孝経一一四—7『明治書院』）

二一二—12　注に云わく

【孝経大義】　法服《ハ》法度之《ノ》服。先王制《スル》禮《ヲ》異《ニシテ》章服《ヲ》以別《テツ》品秩《ヲ》。卿《ニハ》有《リ》卿之《ノ》服、大夫《ニハ》有大夫之《ノ》服（中略）

若服《シスルハ》非法之《ノ》服《ヲ》是僭《レナリ》也（孝経大義12ヲ）

二一三—1　又云わく

【古文孝経孔氏伝】　賤服貴服謂之僭上僭上為不忠。（古文孝経孔氏伝16ヲ）

二一三—3　中正論の第二十に云わく

吾宗ノ聖人ノ色衣ハ此《ノ》木蘭色ヲ用ルナリ、而モ此《ノ》木蘭皮ニ香気アルカ故ニ此《ノ》色ニナソラヘテ染レハ又ハ香衣ト云ナリ、是外ニ余ノ色ヲ用ルハ僧徒ノ乱謬ナリ。カヤウノ義ヲシラスシテ官衣ヲ盗ムト云ハ真陽カ浅学ノ弊ナリ是五。又木蘭色ヲ聖人ノ色衣ニ定ルハ平僧ニ揀異センカ為ナリ（日教全8—六八五—2）

二一三—11　百丈山懐海大智禅師

【参考・勅修百丈清規】　有レ裙而無二偏衫一。遂合二二衣一為二直裰一。

（正蔵48－一一三九－25、国訳・諸宗9－八八－末行）

【参考・啓運抄】　大智律師釈云、袖頸《ヲ》付《テ》偏衫《トス》云云。

（啓運抄5－26ウ）

二一四－1　健抄の四五十二に云わく

【御書抄】　天台宗裳《ノ》付《ケ》衣《ハ》慈覚大師《ヨリ》初《マル》也。根本《ハ》伝教大師《ノ》御相伝也。

（御書抄4－52ウ、御書抄二四六－4『本満寺版』）

二一四－5　録外の二十一に法鼓経を引いて云わく

【一代五時継図】　法鼓経に云はく「黒衣の謗法なる必ず地獄に堕す」文。

（新編一六四〇－1）

二一四－7　六物図に云うが如し

【仏制比丘六物図】　自楽《ラヒ》二色衣《ヲ》一妄《リニ》称《ス》二王制《ト》一、雖レ云《フト》レ飾《ルト》レ過《ヲ》、深《ク》成《ス》二謗法《ヲ》一。

（正蔵45－八九八B－17、国訳・諸宗14－四四－19）

二一四―9　方等陀羅尼経の如くんば

【大方等陀羅尼経】　不レ得下与二藍染家一往来上。

（正蔵21―六五七C―6）

二一四―14　開山の云わく

【日興遺誡置文】　衣の墨、黒くすべからざる事。

（新編一八八五―5）

二一五―3　資持記の下の一に云わく

【四分律行事抄資持記】　嘗《テ》考《フルニ》二大蔵《ヲ》一但有《テ》二青黒木蘭《ノ》三色一如法《ナリ》、今時《ノ》沙門多尚《クム》二紫服《ヲ》一、按《スルニ》二唐紀《ヲ》一則天《ノ》朝《ニ》薛懐義乱《ス》二於宮庭《ヲ》一、則天寵用《シテ》令《ム》レ参《セ》二朝議《ニ》一、以《テ》二僧衣《ノ》色異《ナルヲ》一、因《テ》令下服《シ》二紫《ノ》袈裟《ヲ》一、帯《セ》中金亀袋《ヲ》上、後《ニ》偽《テ》撰《シ》二大雲経《ヲ》一結《シテ》二十僧《ヲ》一作《リテ》レ疏《ヲ》進上《ス》、復賜《フ》二十僧《ニ》紫衣亀袋《ヲ》一、由《テ》二此弊源《ノ》一洩《ヒル》一于《ニ》レ今不レ返《ラ》、無知《ノ》俗子濫《シ》二跡《ヲ》釈門《ニ》一、不レ務《シテ》二内修《ヲ》一唯誇《ル》二外飾《ニ》一、矧《いはんや》乃《チ》輒《スク》預《テ》二耆年之上《ニ》一、僭《シテ》称《ス》二大聖之名《ヲ》一、国家之所レ未レ詳《カニ》、僧門之所《ナリ》レ不《ル》レ挙《ケ》、致《ス》レ使《コトヲ》三貪婪薔悋之輩《ヲシテ》各逞《シウ》二奢華《ヲ》一少欲清浄之風於《テ》レ茲《ニ》墜滅《ス》、且《ツ》儒宗《ノ》人倫之教《ナレハ》則五正《ヲ》為《シ》レ衣《ト》、釈門《ハ》出世之儀《ナレハ》則正間倶《ニ》離《ル》、故《ニ》論語《ニ》云《ク》、紅紫《ハ》不《ト》三以《テ》為《つくラ》二褻服《ヲタモ》一、褻服《ハ》私服也、決《ニ》云不レ為二褻服一則公服可レ知矣、文中子《ニ》云、君子《ハ》非《レハ》二黄白《ニ》一不レ衣《キ》、尚非《ニ》二俗礼《ノ》所レ許《ス》、豈是《レ》出世《ノ》正儀《ナランヤ》、況《ンヤ》律論《ノ》明文判《ニシテ》為《ス》二非法《ト》一、苟《モ》不《ンハ》二信受一安《ンソ》則為《ンヤ》レ之。

（正蔵40―三六一C―8）

【参考・録内啓蒙】

（啓蒙6―21ヲ、啓蒙・上二八七A『本満寺版』）

二一五―13　応法記に云わく

【釈門章服儀応法記】　朱紫《ハ》世《ニ》以《テ》為《ス》レ栄《ト》、出家《ハ》超《ユル》レ世《ヲ》故《ニ》須《ク》レ捨レ之《ヲ》、今時《ノ》釈子反《テ》求《メテ》二紫服《ヲ》一以《テ》為《ス》二栄身《ト》一、豈非《ヤ》下厭二棄《シテ》聖道《ヲ》一翻《テ》希《フニ》中入俗《ヲ》上乎。

（新続59―五九二C―2）

二一六―1　六物図に云わく

【仏制比丘六物図】　自楽《ラヒ》二色衣《ヲ》一妄《リニ》称《ス》二王制《ト》一、雖レ云《フト》レ飾《ルト》レ過《ヲ》、深《ク》成《ス》二謗法《ヲ》一。

（正蔵45―八九八B―17、国訳・諸宗14―四四―19）

二一六―3　扶桑記に云わく

【参考・録内啓蒙】　又伝教大師奉二為《おんために》八幡大菩薩《ノ》一於《テ》二神宮寺《ニ》一自講《ラス》二法華経《ヲ》一、乃聞《キテ》竟大神託宣《スラク》、我不《レ》レ聞《シテ》二法音《ヲ》一久《ク》歴二歳年《ヲ》一、幸値《ニ》二遇《シテ》和上《ニ》一得《タリ》レ聞《コトヲ》二正教《ヲ》一、兼《テ》為《ニ》レ我修《ス》二種《ノ》種功徳《ヲ》一、至誠随喜何《ソ》足《ラン》レ謝《スルニ》レ徳《ヲ》矣、兼《テ》有《リト》二我《カ》所持《ノ》法衣一、即託宣王自《ラ》開《キ》二宝殿《ヲ》一手《カラ》捧《ケ》二紫袈裟一《ツ》紫衣一《ヲ》一奉《ス》二上和上《ニ》一。

（啓蒙32―52ウ、啓蒙・下六一八B『本満寺版』）

二一六—5　五分律に云わく

【寂照堂谷響集】　五分律云《ニ》、雖《モ》二是我語《ナリト》一、於《テ》二余方《ニ》一不《ハ》二清浄《ナラ》一者、不《ルモ》レ行《セ》無《シ》レ過。雖レ非《スト》二我語《ニ》一、於《テ》二余方《ニ》一清浄《ナラハ》者、不レ得レ不《ルヲ》レ行《セ》。

（仏全94・寂照堂谷響集三一A—2）

【参考・弥沙塞部和醯五分律】　雖二是我所制《カト》一。而於二余方《ニ》一不三以為《サ》二清浄《ヲ》一者。皆不レ応《ニ》レ用《フ》雖レ非二我所制《カニ》一。而於二余方《ニ》一必《ス》応《ニ》レ行《スル》者。皆不レ得レ不レ行《セ》。

（正蔵22—一五三—14、国訳・律14—五四三—12）

二一六—14　白虎通に云わく

衣者《ハ》隠也、裳者《ハ》鄣也

（白虎通・下4—4ヲ、和刻本漢籍随筆集10—63A『汲古書院』）

【参考・釈氏要覧】　白虎通曰《ニ》、衣《トハ》者隠也、所二以隠《ス》レ形《ヲ》也。文子《ノ》曰、衣足《レハ》以《テ》蓋《ヒ》レ形《ヲ》、以禦《テクト》二風寒《ヲ》一也。

（正蔵54—二六八A—15、国訳・目録事彙2—二二二—12）

二一六—14　文子の曰く

衣足《レハ》以《テ》蓋《ヒ》レ形《ヲ》禦《ク》レ寒《ヲ》。

（文子3—5）

二一七－4　注に

【仏制比丘六物図】　謂《フ》緇泥涅《ノ》者《ヲ》。今時《ノ》禅衆《ノ》深黲並《ニ》深蒼褐《ノ》、皆同《シ》黒色《ニ》。

（正蔵45－八九八B－10、国訳・諸宗14－四四－12）

二一七－4　十誦には

【参考・釈門章服儀応法記】　十誦《ニ》云、青泥栈、多論《ニハ》名《ク》紺黒青《ト》等。（応法記30ヲ、新続59－五九二C－23）

【参考・十誦律】　若《シハ》青若《シハ》泥若《シハ》茜《ナリ》

（正蔵23－一〇九B－8、国訳・律5－三三七－11）

二一七－5　補注の十四には

【法華三大部補注】　謂《ク》青泥木蘭木蘭赤色、三《ニハ》云、三色衣《ノ》中《ノ》一衣即《ハチ》用《ニ》三色《ヲ》。

（続蔵1－44－3－二四四ウA－4、補注14－14ウ、新続28－四一〇C－9）

二一七－13　血脈抄に曰く

【本因妙抄】　日蓮は名字即の位、弟子檀那は理即の位なり。

（新編一六八〇－6）

二一八―2　本尊抄に云わく

【観心本尊抄】　末代理即の我等

（新編六四八―4）

二一八―7　如幻三昧経に

【参考・釈氏要覧】　別名、大集経《ニ》云、袈裟《ヲハ》名《ク》二離染服《ト》一、賢愚経《ニハ》云二出世《ノ》服《ナリト》一、如幻三昧経《ニハ》云二無垢衣《ナリト》一、又名《ク》二忍辱鎧《ト》一、又名《ク》二蓮華衣《ト》一、謂《ク》不《ル》下為《ニ》二欲泥《ノ》一染《ラ》上故《ニ》（正蔵54―二六八B―25、国訳・目録事彙2―二二四―4）

二一八―8　涌出品に云わく

【従地涌出品】　世間の法に染まざること　蓮華の水に在るが如し

（開結四二五―10）

二一八―10　摩耶経の下に曰く

【摩訶摩耶経】　時《ニ》摩訶摩耶聞《キ》二此《ノ》語《ヲ》一已《テ》又増二感絶《ヲ》一即《チ》問《フ》二阿難《ニ》一、汝於二往昔《ヨリ》侍《シテ》レ仏以来聞二世尊説《ノ》一、如来正法《ノ》幾時《ニカ》当《ニ》レ滅、阿難垂《テ》レ涙《ヲ》而便《チ》答《テ》言《ク》、我於《テ》二往昔一曾《テ》聞《イテ》三世尊説《タマフヲ》二於当来法滅之後《ノ》事《ヲ》一云《ク》、仏涅槃《ノ》後摩訶迦葉共《ニ》二阿難《ト》一、結二集《スル》法蔵《ヲ》一事悉畢已《テ》、摩訶迦葉於二狼跡山《ノ》中《ニ》一入《ル》二滅尽定《ニ》一、我亦当《ニ》レ得二果証《ヲ》一、次第随《ニテ》レ後入《ニル》二般涅槃《ニ》一、当下以《テ》二正法《ヲ》一付中優婆掬多上、善説《クコト》二法要《ヲ》一如《ク》二富楼那《ノ》一広説度レ人、又復勧二化《シ》阿輸迦王一令丁於二仏法一得丙堅乙固正信甲、以二仏舎利《ヲ》一広起二八万四千《ノ》諸塔一（中略）六百歳已《テ》九十六種《ノ》諸《ノ》外道等邪見競《ヒ》興《リテ》破二滅《セン》仏法《ヲ》一、有二一比丘一、名《テ》曰《フ》二馬鳴《ト》一、善《ク》説《キ》二法要一降二伏《ス》一切《ノ》諸《ノ》外道《ノ》輩《ヲ》一、七百歳已有《テ》二一比丘一、名曰二龍樹一、善説二法要《ヲ》一、滅二邪見幢《ノヲ》一然《ス》二正法炬《ノヲ》一、八百歳後《ノ》諸《ノ》比丘等楽《ヒ》二好衣服《ヲ》一縦逸嬉戯《シ》、百千人《ノ》中或《ハ》有《ン》下一両《ノ》得二道果一者上、九百歳已《テ》奴《ハ》為二比丘《ト》一婢《ハ》為二比丘尼《ト》一、一千歳已《テ》諸《ノ》比丘等聞《テ》二不浄観阿那波那一瞋恚《シテ》不レ欲、無量《ノ》比丘若《ハ》一若《ハ》両《ナカラ》思惟正受《セン》、千一百歳已《テ》諸《ノ》比丘等如二世俗人《ノ》一嫁娶行媒《シ》、於二大衆《ノ》中《ニ》一、毀二謗《セン》毘尼《ヲ》一、千二百歳已《テ》是《ノ》諸《ノ》比丘及比丘尼作二非梵行一、若有《レハ》二子息一男《ハ》為二比丘《ト》一、女《ハ》為二比丘尼《ト》一、千三百歳已《テ》袈裟変《シテ》レ白不レ受《ケ》二染色《ヲ》一、千四百歳已《テ》時《ニ》諸《ノ》四衆猶如《ク》二猟師《ノ》一好二楽《シ》殺生一売《ラン》二三宝物《ノヲ》一千五百歳倶睒弥国有二三蔵比丘一、善《ク》説二法要一、徒衆五百又一羅漢比丘善《ク》持二戒行《ヲ》一、徒衆五百於二十五日布薩之時一、羅漢比丘昇《リ》二於高座一説二清浄法《ノ》一云、此《ハ》所レ応レ作、此《ハ》不《ト》レ応レ作、彼《ノ》三蔵比丘《ノ》弟子答二羅漢《ニ》一言、汝今身口自不二清浄《ナラ》一、云何而反《テ》説《クヤ》二是《ノ》麁言《ヲ》一、羅漢答言、我久《シク》清浄《ニ》身口意業無《シト》二諸過悪一、三蔵《ノ》弟子聞二此《ノ》語一已《テ》倍更《ニ》恚忿《シ》、即《チ》於二座上《ニ》一殺《ス》二彼《ノ》羅漢《ヲ》一、時《ニ》羅漢《ノ》弟子而《モ》作《サク》二是《ノ》言《ヲ》一、我師《ノ》所説合《ス》二於法理《ニ》一、云何《カ》汝等害《スルヤ》二我和上《ヲ》一、即以《テ》二利刀《ヲ》一殺《ス》二彼《ノ》三蔵《ヲ》一、天龍八部莫レ不二憂悩一、悪魔波旬及外道《ノ》衆踊躍歓喜《シテ》競《テ》破二塔寺一、殺二害《ス》比丘《ヲ》一、一切《ノ》経蔵皆悉《ク》流移《シテ》至《ラン》二鳩尸那竭国一、阿耨達龍王悉《ク》持《シテ》入《ル》レ海、於レ是《ニ》仏法而《モ》滅尽也。

（正蔵12－一〇一三B－19）

【参考・録内啓蒙】

（啓蒙6－3ウ、啓蒙・上二七八A『本満寺版』）

二一九－7　応法記に云わく

【釈門章服儀応法記】　摩耶経云、仏滅一千三百年後《ノ》、袈裟変《シテ》レ白不レ受二染色《ヲ》一。若《シ》準《スレハ》二付嘱儀《ノ》云《ニ》一、仏令下阿難《ヲシテ》将《テ》二僧伽梨《ヲ》一往《テ》二須弥《ノ》頂《ニ》一、起《テ》レ塔《ヲ》供養《セ》上。又勅《シテ》二帝釈《ニ》一紛二雨《セシム》新華《ヲ》一、仍告《テ》二風神《ニ》一去《シム》二其《ノ》萎《メル》者《ヲ》一。諸《ノ》比丘、問《フ》レ仏《ニ》。仏言《ク》、慮《ト》二後《ニ》袈裟変《スルヲ》レ白《ニ》一也。今時目覩《ニル》、実《ニ》為《ス》二痛心《ヲ》一豈非《スヤ》三魔外《ノ》壊二滅《スルニ》吾教《カヲ》一乎。悲哉。

（新続59－五八三A－20）

二一九－7　摩耶経に云わく

【摩訶摩耶経】　千三百歳已《テ》袈裟変《シテ》レ白不レ受《ケ》二染色《ヲ》一

（正蔵12－一〇一三C－17）

二一九－12　大集経の第十法滅尽品に云わく

王既知《ニ》二正法隠没已《シルヲ》一、従レ初至レ後夜、出レ城往二詣《シテ》彼《ニ》一、見二諸《ノ》比丘屍《ヲ》一、堕《テ》レ地《ニ》即悶絶《ス》、良久《クシテ》乃得《タリ》レ穌《ルコトヲ》、而復更悲啼《ス》、見下殺二阿羅漢一、三蔵失二師迦一、無量比丘死《ノ》上、我亦不二久活《クセ》一、収二拾阿羅漢《ヲ》一、別取二三蔵屍、及諸比丘喪一、種種而闍維、余残《ノ》在《ル》比丘、召喚《シテ》集《ム》二一処《ニ》一、餚饌衆《ノ》美味、種種《ニ》而供養《シ》、復捨《ス》二千万《ノ》宝《ヲ》一、一宝《ノ》直百千、以二此《ノ》衆《ノ》宝物《ヲ》一、擬レ造二五百寺一、一一《ノ》諸比丘《ニ》、各施《シ》二百千《ノ》物《ヲ》一、師等在《テ》レ此《ニ》住《セ》、我等当二養育一、為《ニ》レ我説《ケ》二正法一、我当二至心聴《ニク》一、一切皆黙然《トシテ》、無レ有《ルコト》二説法者一、其王三《ヒ》勧請、白二諸《ノ》比丘一已、亦皆黙然《トシテ》住《ス》、一切無二説者一、王白二諸比丘一、可レ不レ知レ法耶、語已《リテ》袈裟白《ク》、染色不二復現《セ》一。

（正蔵13－三七九A－11）

二二〇－4　法滅尽経に云わく

仏告《ク》二阿難《ニ》一、吾《カ》涅槃《ノ》後法欲レ滅《セント》時、五逆濁世魔道興盛《シ》、魔作《テ》二沙門《ト》一壊二乱《セン》吾道《ヲ》一、著二俗《ノ》衣裳《ヲ》一楽《ヒ》二好袈裟五色之服《ヲ》一、飲酒噉肉、殺生貪味《シテ》無レ有《コト》二慈心一、更相《ヒ》憎嫉《セン》、時《ニ》有二菩薩辟支羅漢精進《シテ》修《ス》レ徳《ヲ》。一切敬待《シテ》、人《ノ》所二宗向一教化平等《ニシテ》、憐レ貧念レ老鞠二育《ン》窮厄《ヲ》一。恒《ニ》以二経像一令三人《ヲシテ》奉事《ノ》作二諸《ノ》功徳一志性恩《テ》レ善《ヲ》。不レ侵二害人《ヲ》一捐レ身済レ物不二自惜レ己忍辱仁和《ナラン》。設《ヒ》有《レトモ》二是《ノ》人一。衆魔比丘咸《ク》共《ニ》嫉《ミ》レ之誹謗《シテ》揚《テ》レ悪《ヲ》、擯黜駆遣不レ令レ得レ住《ヲ》。自共《ニ》於レ後《ニ》不レ修二道徳《ヲ》一。寺廟空荒《シテ》無二復修理《スルコト》一転就二毀壊一。但貪《テ》二財物《ヲ》一積聚《シ》不レ散不レ作二福徳《ヲ》一。販二売《シ》奴婢一耕レ田種植《ナリ》。焚二焼《シテ》山林一傷二害《シ》衆生《ヲ》一無レ有《コト》二慈心一。奴《ハ》為二比丘《ト》一、婢《ハ》為二比丘尼《ト》一無レ有二道徳一。婬妷濁乱《シテ》男女不レ別《ナラ》。令二道薄淡一皆由《ル》二斯《ノ》輩《ニ》一。或《ハ》避《ケ》二県官《ヲ》一依二倚《シテ》吾《カ》道《ニ》一、求《テ》作二沙門一不レ修二戒律一。月半月尽雖レ名二誦戒《ト》一厭倦懈怠《シテ》不レ欲二聴聞一。抄二略《シテ》前後《ニ》一不二肯《テ》尽説一。経不二誦習一。設《ヒ》有《レトモ》二読者一不レ識二字句一。為二強《テ》言《コトヲ》是《ト》一。不二諮明一者貢高《シテ》求《メ》レ名虚《ク》顕二雅歩《ヲ》一以為レ栄《ト》冀《テ》二望人《ノ》供養《ヲ》一。衆魔比丘命終之後。精神当レ堕二無択地獄一五逆罪《ノ》中餓鬼畜生靡レ不三経二歴恒河沙劫一。罪竟《テ》乃出《レトモ》生下在《セン》辺国無二三宝一処上。法欲《スル》レ滅《ント》時《ハ》女人《ハ》精進《シテ》恒《ニ》作二功徳一。男子《ハ》懈慢《シテ》不レ用二法語一。眼《ニ》見《コト》二沙門《ヲ》一如レ視《ルカ》二糞土《ヲ》一無レ有《コト》二信心一。法将《ニ》殄没《セン》。登爾之時諸天泣涙《シ》、水旱不レ調五穀不レ熟。疫気流行《シ》死亡《ノ》者衆。人民勤苦《シ》県官計剋。不レ順二道理一皆思レ楽レ乱悪人転多《コト》如二海中《ノ》沙一。善者甚少《コト》若一若二《ナリ》。劫欲レ尽《ルト》故日月転短人命転促、四十《ニシテ》頭白《シ》。男子《ハ》婬妷精尽夭命。或《ハ》寿六十《ナラン》。男子《ハ》寿短《ク》女人《ハ》寿長《シテ》七八九十或《ハン》至二百歳一。大水忽起《リ》卒《ニ》至《テ》無レ期。世人不レ信《ノ》故為レ有《ト》レ常。衆生雑類不レ問二豪賤一没溺浮漂《シテ》魚鱉食噉《セン》。時《ニ》有《レトモ》二菩薩辟支羅漢一、衆魔駆逐不二預レ衆会一。三乗《ハ》入レ山《ニ》福徳《ノ》之地、恬怕《トシテ》自守《テ》以為二欣快《ト》一寿命延長《ニシテ》諸天衛護《シ》月光出世。得二相遭値《スルコトヲ》一共《ニ》興《シ》二吾《カ》道《ヲ》一、五十二歳《ニシテ》首楞厳経、般舟三昧、先《ツ》化滅《シ》去《リ》、十二部経尋《テ》後《ニ》復滅《シ》、尽不二復現一不レ見二文字一。沙門袈裟自然《ニ》変レ白《ニ》。吾《カ》法滅《スル》時譬如下油灯《ノ》臨二欲レ滅時《ニ》一光明更盛上。

（正蔵12‐一一一八Ｃ‐14）

【参考・録内啓蒙】

（啓蒙14‐74ヲ、啓蒙・上六六一Ｂ『本満寺版』）

二二〇‐13　名義の七に云わく

【翻訳名義集】捜玄引《ク》二大集《ニ》一、王問《フ》二比丘《ニ》一不レ能レ説《クコトニ》、遂羞《シテ》堕レ地《ニ》、袈裟変《シテ》白《クナラント》。法滅尽経云《ク》、沙門《ノ》袈裟自然《ニ》変《ス》レ白《ニ》。

（正蔵54‐一一七一Ａ‐4）

二二〇‐14　法滅尽経に云わく

沙門《ノ》袈裟自然《ニ》変《ス》レ白《ニ》。

（正蔵12‐一一一九Ｂ‐3）

二二〇‐14　書註の下に云わく

【御書註】法滅尽経云《ニ》、沙門《ノ》袈裟自然《ニ》変レ白、大集云《ニ》、法欲レ滅《ント》時袈裟変レ白《ントニ》。

（御書註1-42、御書註四一-13『本満寺版』）

二三一-5　顕戒論の中に梵網経を引いて云わく

【顕戒論】　梵網経《ノ》下巻《ニ》云《ク》、仏言《ノタマハク》、仏子与《ニ》レ人授《ケン》レ戒《ヲ》時不《レ》レ得《ニ》簡択《スルコトヲ》一。一切《ノ》国王、王子、大臣百官、比丘比丘尼、信男信女、婬男婬女、十八梵、六欲天、無根二根、黄門奴婢、一切《ノ》鬼神等尽《ク》得《シメヨ》レ受《クルコトヲ》レ戒《ヲ》、応《ニ》三教《ヘテ》身《ニ》所《ノ》レ著《スル》袈裟皆使《ム》二壊色《ニシテ》与《レ》レ道相応《セ》一、皆染《メテ》使《メ》二青黄赤黒紫色《ナラ》一、一切染衣《ニシテ》乃至臥具尽《ク》以《テ》壊色《ニセヨ》、身《ニ》所《ノ》レ著《ル》衣、一切染色《ニセヨ》、若《シ》一切《ノ》国土《ノ》中国《ノ》人《ノ》所《ノ》レ著《ル》衣服、比丘皆応《ニ》下与《ニ》二其国土《ノ》衣服《ノ》色一異《ニシ》、与《ニ》二俗服一有《ラシムリ》上異。

（伝全1-一一九-9）

二三二-1　摩耶経付嘱儀の文

【参考・釈門章服儀応法記】　摩耶経云、仏滅一千三百年後《ノ》、袈裟変《シテ》レ白不《レ》レ受《ケ》二染色《ヲ》一。若《シ》準《スレハ》二付嘱儀《ノニ》云《ニ》一、仏令《下》阿難《ヲシテ》将《テ》二僧伽梨《ヲ》一往《テ》二須弥頂《ノ》一、起《テ》レ塔《ヲ》供養《セ》上。又勅《シテ》二帝釈《ニ》一紛二雨《セシム》新華《ヲ》一、仍《ヲ》告《テ》二風神《ニ》一去《シム》二其萎《ノメル》者《ヲ》一。諸《ノ》比丘、問《フ》レ仏《ニ》。仏言《ク》、慮《ト》二後《ニ》袈裟変《スルヲ》レ白《ニ》也。今時目観《ニル》、実為《ニス》二痛心《ヲ》一豈非《スヤ》三魔外《ノ》壊二滅《スルニ》吾教《カヲ》一乎。悲哉。

（新続59-五八三A-20）

二三二－4　玄文の第二

【法華玄義】　一《ニ》当分、二《ニ》跨節《ナリ》、当分《ト》者如㆓三蔵《ノ》仏《ノ》㆒、赴《キテ》㆓種種《ノ》縁《ニ》㆒説《ク》㆓種種《ノ》教《ヲ》㆒、縁異《ナルカ》故《ニ》教別《ナリ》、主一《ナルカ》故《ニ》教通《ナリ》、依《テ》㆓此教㆒行《スルニ》有《リ》㆓能契《ト》所契《ト》㆒、種種名《クレトモ》㆑理《ト》、理無㆓種種㆒。

（正蔵33－六九一A－27、国訳・経疏1－四八－14、学林・玄会上一七九－3、影印・玄義上一二四、玄会1下－50ウ、天全・玄義1－四二八）

二三二－4　妙楽の云わく

【法華玄義釈籤】　当分通《ハス》㆓於一代《ニ》㆒、於㆑今《ニ》便《チ》成《ス》㆓相待《ヲ》㆒、跨節《ハ》唯在《リ》㆓今経《ニ》㆒、仏意《ハ》非㆑適㆑今《ニ》也。

（正蔵33－八三五C－15、学林・玄会上一七八－13、影印・釈籤上二四九、玄会1下－50ヲ、天全・玄義1－四二六）

二三二－10　天台の云わく

【摩訶止観】　正法念云《ニ》、如《シ》㆔画師《ノ》手《ノ》画《キ》㆓出《スカ》五彩《ヲ》㆒、黒、青、赤、黄、白、白白《ナリ》、画手《ハ》譬㆑心《ニ》、黒色《ハ》譬㆓地獄《ノ》陰《ヲ》㆒、青色《ハ》譬㆑鬼《ヲ》、赤《ハ》譬㆑畜《ヲ》、黄《ハ》譬《ヘ》㆓修羅《ヲ》㆒、白《ハ》譬㆑人《ヲ》、白白《ハ》譬《フ》㆑天《ヲ》、此六種《ノ》陰《ハ》、止斉㆓界内《ニ》㆒、若《シ》依《ラハ》五華厳《ニ》云《フニ》㆕、心《ハ》如《シト》㆔工《ナル》画師《ノ》画《クカ》㆓種種《ノ》五陰《ヲ》㆒、界内界外一切世間中《ノ》、莫《シ》㆑不《ルハ》㆓従《リ》㆑心造《ラ》㆒。

（正蔵46－五二A－10、国訳・諸宗3－一七三－2、学林・止会中二六三－2、影印・止観上六〇四、止会5

‐2‐31ウ、天全・止観3‐二一七）

二二二‐11　又云わく

【法華文句】其相柔軟表《ス》レ楽《ヲ》、巻舒自在表《ハ》レ我《ヲ》、白即表《ハ》レ浄《ヲ》、放《チ》レ光《ヲ》破《スハ》レ闇《ヲ》表《ス》三中道《ノ》生《スルヲ》二智慧《ヲ》一、光《ノ》照《スハ》二此土他土《ヲ》一表《ス》二自覚覚他《ヲ》一。

（正蔵34‐二九A‐24、国訳・経疏2‐九六‐6、学林・文会上三四四‐11、影印・文句上三三六、文会6‐17ウ、天全・文句1‐四五〇A）

二二二‐14　摩耶経に

【摩訶摩耶経】千三百歳已《テ》袈裟変《シ》レ白《テ》不レ受《ケ》二染色《ヲ》一（中略）千五百歳倶睒弥国有二三蔵比丘一

（正蔵12‐一〇一三C‐17）

【参考・録内啓蒙】

（啓蒙6‐4ヲ、啓蒙・上二七八B『本満寺版』）

二二三‐12　智度論に云わく

【大智度論】仏因《テ》レ是《ニ》告《ハク》二諸比丘一、従二今日一若有《シテ》二比丘一一心《ニ》求《メ》二涅槃一背二捨《スル》世間一者、若欲《セハ》レ著聴レ著二価直十万両金衣《ノヲ》一、亦聴《ス》レ食二百味食《ヲ》一。

（正蔵25－二五三A－1、国訳・釈2－二六九－3）

二三四－2　悲華経の

【参考・六物図採摘】　悲化経ニ云、仏於二宝蔵仏前《ノニ》一発願《シタマヒキ》、願二成仏《セント》一時、袈裟有《ニン》二五功徳《ノ》一、一《ニハ》入《テ》二我法《カノ》中《ニ》一犯《スモ》二重邪見等《ヲ》一、於《テ》二一念中《ノニ》一敬心《ヲモテ》尊重《セハ》必於二三乗《ニ》一授記《セン》、二《ニハ》天竜人鬼若能敬《シクハハ》二此袈裟少分《ヲ》一即得《ナリトモン》二三乗不退《ノヲ》一、三《ニハ》若有《テ》二鬼神諸人《ハ》一得《ノ》二袈裟乃至四寸《ナリトモ》一、飲食充足《セン》、四《ニハシ》若衆生共相違背《ニ》念《センニ》二袈裟《ヲ》一力尋生《セン》二慈心《ヲ》一、五《ニハ》若持《シテ》二此少分《ヲ》一恭敬《シ》尊重《セハ》常得《ニン》レ勝《ルコトヲ》他《ニ》。

（日蔵68－二一〇B－11）

【参考・釈氏要覧】　（正蔵54－二六九C－21、国訳・目録事彙2－二三八－6）

【参考・翻訳名義集】　（正蔵54－一一七〇C－20）

二三四－2　心地観経の

袈裟神力不思議《ナリ》、能令《ム》レ修二植菩提行《ノヲ》一。道芽増長《ルコト》如二春苗《ノノ》一菩提妙果《ノ》類《ハ》二秋実一（中略）雷電霹靂天之怒《トキ》被《タル》二袈裟《ヲ》一者《ノ》無二恐畏一、白衣若能親《シクク》捧持《ケテハ》一切《ノ》悪鬼無《シ》二能《ク》近《コト》一。

（正蔵3－三一四A－22）

二二四―2　賢愚経の

仏告二阿難《ニ》一。古昔無量阿僧祇劫。此閻浮提《ニ》。有二大国王一。名《ヲ》曰二提毘《ト》一（中略）有二一師子一。名《ヲ》号二迦羅毘《ト》一晋言堅誓躯体金色。光相明顕煥然明裂。食《シ》レ果《ヲ》噉《テ》レ草《ヲ》。不レ害《セ》二群生《ヲ》一。是《ノ》時猟師。剃《リ》レ頭《ヲ》著《テ》二袈裟《ヲ》一。内《ニ》佩《ス》二弓箭《ヲ》一。行《クニ》二於沢中《ヲ》一。見《ル》レ有《ルヲ》二師子一。甚懐《テ》二歓喜《ヲ》一。而心《ニ》念《シテ》言《ク》。我今大利。得レ見《ルコトヲ》二此獣《ヲ》一。可《シ》二殺《シテ》取《ル》一レ皮《ヲ》。以用《テ》上《ラハ》レ王《ニ》。足《ラン》レ得《ルニ》レ脱《スルコトヲ》レ貧《ヲ》。是《ノ》時師子。適値《フ》二睡眠《ニ》一。猟師便《チ》以二毒箭《ヲ》一射《ル》レ之《ヲ》。師子驚《テ》覺《メ》。即欲《ス》二馳害《セント》一。見《ルニ》レ著《ルヲ》二袈裟《ヲ》一。便《チ》自念《シテ》言《ク》。如《キ》レ此《クノ》之人。在世不レ久《シカラ》。必《ス》得《テ》二解脱《ヲ》一。離《ル》二諸《ノ》苦厄《ヲ》一。所以者《ハ》何。此染衣《ノ》者。過去未来現在三世聖人《ノ》標相《ナリ》。我若《シ》害《セハ》レ之《ヲ》。則為悪《ニム》三心趣二向《スルコトヲ》三世諸賢聖人《ニ》一。如《ク》レ是《ノ》思惟《シテ》。害意還《テ》息《ム》。毒箭両行。令レ在レ不レ久。便《チ》説《テ》レ偈《ヲ》言《ク》。耶羅羅。婆奢沙。娑呵。説二此語《ヲ》一時。天地大動。無《クシテ》レ雲而雨。諸天惋惕《シ》。即以二天眼《ヲ》一。下二観《ルニ》世間《ヲ》一。見《ル》三於猟師殺二菩薩師子《ヲ》一。於二虚空中《ニ》一。雨《ラシ》二諸天花《ヲ》一。供二養《ス》其屍《ヲ》一。是《ノ》時猟師。剥二師子皮《ヲ》一。持《テ》至二于家《ニ》一。以奉《ル》二国王《ニ》一（中略）国王。聞《キ》二是《ノ》語《ヲ》一已《テ》。悲喜交集（下略）

（正蔵4―四三八A―25）

二二四―3　海竜王経の

爾時有二龍王一（中略）而白二世尊一曰。於二此海中一無数種龍。若干種行因縁之報来生於是。或有二大種一或有二小種一。或有二羸劣独見軽侮一。有二四種金翅鳥一。常食二斯龍及龍妻子一。恐怖海中諸龍種類。願仏擁護。令下海諸龍常得二安隠一不上レ懐二恐怖一。於レ是世尊脱二身皂衣一。告二海龍王一。汝當下取二是如来皂衣一分二与諸龍王一皆令中周遍上。所以者何。其在二大海中一有二値一縷者一。金翅鳥王不レ能二犯触一。所以者何。持二禁戒一者所願必

得（中略）於ㇾ時海龍王告ニ諸龍王一。当ㇾ敬下此中衣如ㇾ敬ニ世尊一如上敬ニ塔寺一（下略）（正蔵15－一五一A－4）

二二四－3　大智度論の蓮華色尼

【参考・六物図採摘】　華色比丘尼得ニ羅漢果《ヲ》一、常《ニ》遊《ヒ》ニ王宮侍女中一勧《ム》ニ戒法《ヲ》一。宮女《ノ》云、女身《ハ》垢穢《ニシテ》難《シ》ㇾ護《ルコト》ニ戒法《ヲ》一。尼云、我過去戯女也、戯《ニ》取ニ比丘尼《ノ》袈裟一作《ス》ㇾ舞《ヲ》、依《テ》ニ其《ノ》勲力一今得《タリ》ニ三明六通《ヲ》一、雖ニ破戒一唯着ニ袈裟一ト勧ルソ。

（日蔵68－二一A－5）

【参考・大智度論】

（正蔵25－一六一A－27、国訳・釈1－三七八－14）

二二四－3　酔波羅門

【大智度論】　有《リ》ニ一《リノ》酔婆羅門一、来ニ到《シテ》仏所《ニ》一求《ム》ㇾ作《ランコトヲ》ニ比丘《ニ》一。仏勅《シテ》ニ阿難《ニ》一与《メニ》剃頭《シテ》著《セシム》ニ法衣《ヲ》一。酔酒既醒《ニメ》驚㆔怪《シテ》己身《ノ》忽《チニ》為《ルヲ》ニ比丘《ト》一即便走去。諸比丘問ㇾ仏《ニ》、何《ヲ》以《テカ》聴《スト》㆔此酔婆羅門《ニ》作《ルコトヲ》ニ比丘《ト》一。仏言《ク》、此婆羅門無量劫中《ニ》初《ヨリ》無《シ》ニ出家《ノ》心一、今因《ルカ》ㇾ酔《ニ》故《ニ》暫発《ス》ニ微心《ヲ》一、以《テ》ニ是《ノ》因縁《ヲ》一故《ニ》後当《ニ》ニ出家得道一。如ㇾ是種種因縁出家之利功徳無量。以ㇾ是故白衣雖ㇾ有ニ五戒一不ㇾ如ニ出家一。

（正蔵25－一六一B－17、国訳・釈1－三七九－8）

二二四－5　記の三の中に云わく

【法華文句記】　経云《ハ》二被法服《ト》一者、如《シ》二瓔珞経《ニカ》一云。若《シ》天龍八部闘争《アランニ》　念《スレハ》二此袈裟《ヲ》一生《セン》二慈悲心《ヲ》一。意令《ハ》二比丘《ヲシテ》安可一レ不レ忍。亦令三俗衆《ヲシテ》生二慕楽一故《ナリ》。龍得二一縷一牛角一触等云云。彼《ノ》王所レ慕《フ》与レ此大《ニ》同。此中《ノ》《ニハ》祇合下明《メ》二所レ見意《ヲ》一以レ序表上レ正。諸度《ノ》行相功徳及袈裟等《ハ》、但是寄《テ》レ此《ニ》汎《ク》明レ之耳。然必須《スク》下弁《シ》二行体一顕《メ》レ教以分中味殊《ナルコトヲ》上。

（正蔵34－二〇〇C－3、学林・文会上三七七－12、影印・文句記上五八九、文会6－44ウ、天全・文句1－四八三B）

二二四－9　木槵子経に云わく

聞レ如レ是、一時仏遊《ニ》二羅閲祇闍耆崛山中一与二大比丘衆一千二百五十人一倶《ナリ》、菩薩無数名称遠聞天人所敬、時《ニ》難国王名《ク》二波流離一、遣《シテ》レ使《ヲ》来二到《シテ》仏所一、頂礼仏足《シ》、白レ仏言《ク》、世尊、我国辺小《ニシテ》頻歳寇賊、五穀勇貴、疾病流行、人民困苦《ス》、我恒《ニ》不レ得二安臥《スルコトヲ》一、如来法蔵、多悉深広《ナリ》、我《レニ》有《リ》二憂務一、不レ得二修行《スルヲ》一、唯願《ハ》世尊、特《ニ》垂《レ》二慈愍《ヲ》一、賜《ヒ》二我《ニ》要法《ヲ》一、使《メヨ》下我《ヲシテ》　日夜《ニ》易《ク》レ得二修行一未来世中遠中離衆苦上。仏告レ王言《ク》、若欲《シ》レ滅《セント》二煩悩障報障一者、当下貫《キテ》二木槵子一百八一、以《テ》常《ニ》自《ラ》随《フ》上、若《シハ》行若《シハ》坐若《シハ》臥、恒《ニ》当下至心《ニ》無《ク》レ分二散《スルコトヲ》意一、称二仏陀達磨僧伽名一、乃《チ》過《コス》中一木槵子上、如レ是漸次《ニ》度二木槵子一、若十若二十、若百若千、乃至百千万、若能満《スレハ》二二十万遍《ヲ》一身心不レ乱《レ》、無二諸《ノ》諂曲一者、捨《テ》レ命《ヲ》得レ生二第三焔天《ニ》一、衣食自然《ニ》常安楽行。若復能満《スレハ》二一百万遍《ヲ》一者、当レ得レ断二除《スルヲ》百八結業《ヲ》一。始名背生死流、趣二向泥洹《ニ》一、永《ク》断《シ》二煩悩《ノ》根一、獲二無上《ノ》果一、信還啓《スルニ》レ王、王大《ニ》歓喜《シ》、遥向《ヒ》二世尊一頭面《ニ》礼《シテ》レ仏《ヲ》云《ク》、大善、我当二奉行《ス》一、即《チ》勅《シテ》二吏民《ニ》一、営二弁木槵子《ヲ》一以為《シ》二千具一、六親国戚《ニ》皆与《フ》二一具《ヲ》一、王常《ニ》誦念《シ》、雖レ親《ムト》二軍旅《ニ》一亦不二廃置《セ》一、又作《サク》二是《ノ》念一、世尊《ノ》大慈普《ク》応《ス》二一切一、若《シ》我此善《ハ》得レ免三長《ク》淪二苦海一、如来当レ現《ス》、我身為レ我説法《セヨ》、願楽迫心三日不レ食。仏即応形《シテ》与二諸眷属一来《リタマヒテ》二其宮内一而告《テ》レ王曰《ク》、莎斗比丘誦《シ》二三宝《ノ》名《ヲ》一、経二歴《シ》十歳《ヲ》一、得レ成《スルコトヲ》二斯陀含果《ヲ》一、漸次《ニ》習行《シテ》今在《テ》二普香世界《ニ》一作《ル》二辟支仏《ト》一。王聞レ是《ヲ》已《テ》倍復修行《ス》。仏告《ク》二阿難《ニ》一、何況能《ク》誦《センヲヤ》二三宝《ノ》名《ヲ》一、経二歴《シテ》万数《ヲ》一但能《ク》聞二此人名《ヲ》一、生二一念随喜一者、未来生処《ニ》常《ニ》聞《ン》二十善《ヲ》一。説《ク》二是法《ノ》一時、大衆歓喜《シテ》皆願《フ》二奉行《センコトヲ》一。

（正蔵17—七二六A—8）

【参考・釈氏要覧】此《レ》乃《チ》是《レ》引二接《シテ》下根《ヲ》一牽二課《スルノ》修行《ヲ》一之具也〇木槵子経云、昔有二国王一名二波流梨《ト》一。白《シテ》レ仏《ニ》言《ク》、我国《カ》辺小《ニシテ》頻年冠疫(ママ)《アリ》穀貴《ク》民困《シ》、我常《ニ》不レ安。法蔵《ハ》深広《ナルモ》不レ得二遍行一、惟願《ハ》垂二示法要《ヲ》一。仏言《ク》大王若《シ》欲《ハ》レ滅《セント》二煩悩《ヲ》一当《ニ》下貫《イテ》二木槵子一百八箇《ヲ》一常《ニ》自《ラ》随《ヘ》レ身《ニ》、志心《ニ》称《ヘテ》二南無仏陀南無達磨南無僧伽名一乃過《ク》中一子《ヲ》上。

（正蔵54—一七九C—21、国訳・目録事彙2—一六〇—11）

【参考・録外考文】

（録外考文2—48、録外考文一四〇『本満寺版』）

二二四—14　玄文の第一に云わく

【法華玄義】夫《レ》理《ハ》絶《スレトモ》二偏円一寄《セテ》二円珠《ニ》一而《モ》談《ス》レ理《ヲ》、極《ハ》非《レトモ》二遠近《ニ》一託《シテ》二宝所《ニ》一而《モ》論《ス》レ極《ヲ》、極会《シテ》円冥《スレハ》事理倶寂《ニス》。

（正蔵33−六八一B−26、国訳・経疏1−一七−6、学林・玄会上二一−1、影印・玄義上七、玄会1上−16ウ、天全・玄義1−六二）

二三五−1　弘の五の上に云わく

【止観輔行伝弘決】　珠亦無辺《ナリ》、含《ム》二一切法一故《ニ》名《テ》為レ蔵、理体無《シ》レ欠《クル》、譬《ルニ》レ之《ヲ》以《テス》レ珠《ヲ》、是《レ》則開二示《スルハ》衆生本有《ノ》覚蔵一、非二余《ノ》外来《ニ》一。

（正蔵46−二七九B−19、学林・止会中一九一−11、影印・弘決上末四七一、止会5−1−10ヲ、天全・止観3−一二三）

二三五−3　常自随身

【釈氏要覧】　仏言《ク》大王若欲《シハ》レ滅《セント》二煩悩《ヲ》一当《ニ》下貫《イテ》二木槵子一百八箇《ヲ》一常《ニ》自《ラ》随《ヘ》レ身《ニ》、志心《ニ》称《ヘテ》二南無仏陀南無達磨南無僧伽名一乃過《ク》中一子《ヲ》上。

（正蔵54−二七九C−25、国訳・目録事彙2−二六〇−14）

二三五−13　勢至経の如きんば

【参考・戒法門】　勢至菩薩経に云はく「平形の念珠を以ふる者は此は是外道の弟子なり、我が弟子に非ず。我が遺弟は必ず円形の念珠を用ゆべし。次第を超越する者は因果妄語の罪に依って当に地獄に堕す

べし」云云。　（新編一四–10）

二二五–14　数珠経の如きんば

【参考・戒法門】　数珠経に云はく「応に母珠を越ゆべからず、過諸罪に越ゆ。数珠は仏の如くせよ」と。　（新編一四–9）

二二六–1　孔子勝母に至って暮れぬ

【史記】　臣聞盛飾《シ》入《ル》レ朝《ニ》者。不二以レ利《ヲ》汙《サ》レ義《ヲ》。砥二厲《スル》名号《ヲ》一者。不二以レ欲《ヲ》傷《ラ》レ行《ヲ》。故県《ニ》名《テ》二勝母《ト》一。漢書云、里名勝母也。〇正義曰、塩鉄論皆云二里名一、尸子及此伝云二県名一、未詳也。而曾子不レ入《ラ》。索隠曰、淮南子及塩鉄論云、里名二勝母一、曾子不レ入、蓋以二名不レ順一也、尸子以為下孔子至二勝母県一暮而不上レ宿、其説不レ同。　（史記2–八三〇B『汲古書院』）

【参考・文選】　孔子至《テ》二於勝母《ニ》一暮《レヌ》矣。而不《シテ》レ宿《セ》過《ク》。　（文選28–1ウ）

【参考・堯舜禹王抄】　孔子の弟子に曾参と云者《フ》あり（中略）不《シテ》レ違《ハ》死せざりき云云。　（新定1–三七–11）

六巻抄

平成八年四月七日　初版発行
平成三十年七月十六日　第二版発行

編纂　日蓮正宗宗務院
静岡県富士宮市上条二〇五七番地

発行　日蓮正宗総本山大石寺
静岡県富士宮市上条二〇五七番地

発行所　株式会社　大日蓮出版
静岡県富士宮市上条五四六番地の一

ISBN978-4-905522-68-3